知行信“产品创新管理”丛书

CPO “首席产品官CPO（高级）”
线上培养工程考试教材

首席产品官

Chief Products Officer（CPO）

成海清◎著

企业管理出版社
ENTERPRISE MANAGEMENT PUBLISHING HOUSE

图书在版编目（CIP）数据

首席产品官 / 成海清著 .—北京：企业管理出版社，2019.7（2022.6 重印）

ISBN 978－7－5164－1987－8

Ⅰ. ①首… Ⅱ. ①成… Ⅲ. ①高技术企业－企业管理－产品管理 Ⅳ. ①F276.44

中国版本图书馆 CIP 数据核字（2019）第 144799 号

书　　名：首席产品官

作　　者：成海清

责任编辑：蒋舒娟

书　　号：ISBN 978－7－5164－1987－8

出版发行：企业管理出版社

地　　址：北京市海淀区紫竹院南路17号　　**邮编**：100048

网　　址：http://www.emph.cn

电　　话：编辑部 (010) 68701661　发行部 (010) 68701816

电子信箱：26814134@qq.com

印　　刷：北京虎彩文化传播有限公司

经　　销：新华书店

规　　格：185毫米 × 260毫米　　16开本　　28.5印张　　417千字

版　　次：2019年7月第1版　2022年6月第2次印刷

定　　价：98.00元

建立高效创新体系，成就一流创新企业

本书是作者《产品创新管理——方法与案例》（2011 年）一书的升级版，是作者《产品经理实务》（2018 年）一书的进阶版。

创新型企业需要培养产品经理，更需要培养能够为产品经理成长“保驾护航”的首席产品官（Chief Products Officer，CPO）！

对于正在由“跟跑”走向“并跑”甚至走向“领跑”的创新型企业而言，首席产品官应该成为一个正式的公司领导职位。创新型企业应该凸显“产品”的重要性，应该通过“产品创新”实现持续增长，应该通过建立有效的产品创新管理体系实现持续成功创新“可复制”。

首席产品官可能由公司董事长担任，也可能由公司总经理或者分管研发与创新的副总经理担任。不管谁出任公司首席产品官，关键是首席产品官要有强烈的企业家精神，要对企业“持续成功创新”负责，要对企业创新投资回报负责。首席产品官要成为创新型企业的“创新第一责任人”！

本书以企业“创新第一责任人”——首席产品官为主要读者对象，与首席产品官一起探讨如何“建立高效创新体系，成就一流创新企业”。

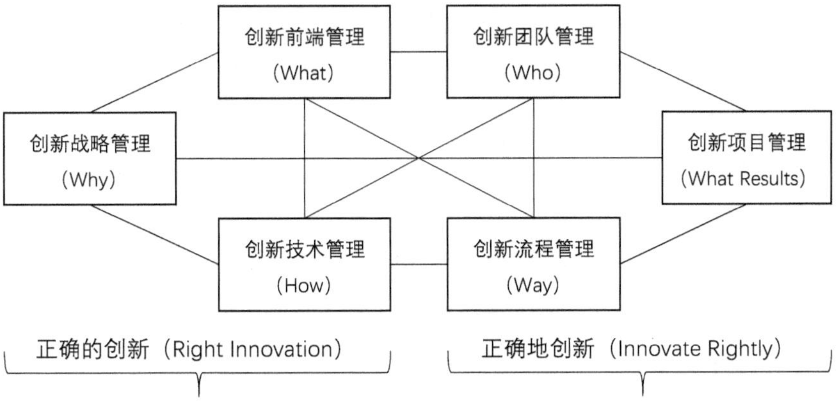

知行信研发与产品创新管理体系（RDIM®）

RDIM® 体系融合了门径管理体系（Stage-Gate System，SGS）、集成产品开发体系（Integrated Product Development，IPD）、产品生命周期优化方法（Product And Cycle-time Excellence，PACE）及美国产品开发管理协会（Product Development and Management Association，PDMA）的新产品开发专业人士认证体系（New Product Development Professional，NPDP）等产品创新管理方法体系的精髓，具有系统性、完整性、针对性和实操性等特点。十余年来，RDIM® 体系在不同地域、不同行业、不同规模、不同发展阶段、不同管理素养的 200 多家科技企业中广泛应用，验证了其适应性与有效性。

建议创新型企业首席产品官采用“创新行动学习法（IAL™），带领企业中高层管理团队及创新骨干系统学习本书内容，及时将所学创新方法用于企业创新实践，解决创新问题、提升创新能力、改善创新绩效，最终建立起一套符合企业自身实际的“可复制”的产品创新管理体系。

RDIM® 体系各个子系统建议学习人员名单

RDIM® 体系子系统	中高层管理团队	创新骨干
创新战略管理	董事长、总经理、副总经理、各职能部门负责人、事业部总经理、产品总监	产品线经理、产品经理、系统工程师
创新前端管理	产品总监	产品线经理、产品经理、系统工程师
创新技术管理	研发总监、产品总监	产品线经理、产品经理、系统工程师、标准化工程师、研发工程师
创新团队管理	人力资源总监、体系总监、项目管理办公室主任、项目总监、产品总监	产品线经理、项目经理
创新流程管理	体系总监、项目管理办公室主任、项目总监、产品总监	流程经理、品质经理、产品线经理、项目经理
创新项目管理	项目管理办公室主任、项目总监、产品总监、体系总监	产品线经理、项目经理

创新创造美好生活！

知行合一，止于至善！

目录

知行信研发与产品创新管理体系（RDIM®）框架

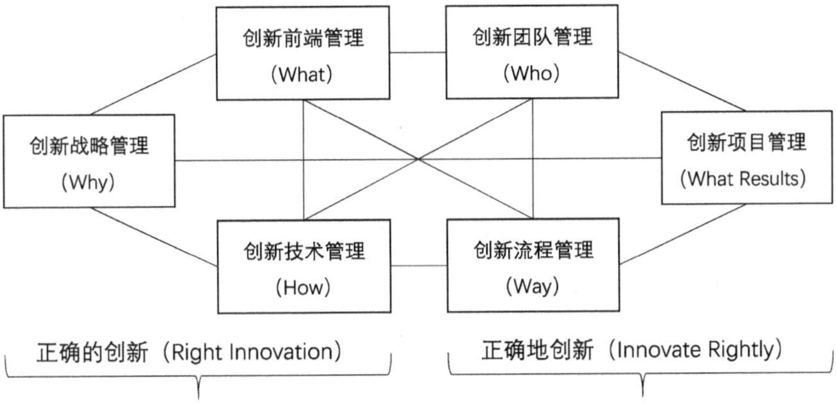

首席产品官（CPO）首先要对产品创新管理体系有系统的认识，要有全局观，要理解企业如何才能持续开发出成功的创新产品，要把握产品创新的关键成功要素。知行信 RDIM® 体系的六大子系统是 CPO “应会”的主要内容，是 CPO 需要通过实践进行的“六项修炼”。

在对产品创新管理体系有系统认识的基础上，CPO 要基于企业的创新能力成熟度，采取“系统诊断、整体规划、分步实施、急用先行”的创新体系建设原则，首先建立起企业系统、完整、科学、有效的 RDIM® 体系 1.0 版本，然后在此基础上随着公司的发展持续优化和持续改善，从有效走向高效，成为创新领导者，成为同类企业争相学习的创新标杆。

CPO 行动准则：知而行，行有信！

第一章
产品创新管理体系概述

知者行之始，行者知之成。圣学只一个功夫，知行不可分作两事。

——［明］王阳明

本章主要帮助首席产品官（CPO）正确认识产品、产品创新和产品创新管理的基本概念，为后续深入学习产品创新管理体系奠定基础。

第一节，什么是产品。产品是客户愿意花钱购买的任何东西，产品是客户满足需求的手段，产品是企业赚钱的工具。提到产品，首先应该认识到产品是可以重复销售的标准化的东西。

第二节，什么是产品创新。企业要由运营驱动走向创新驱动，企业最重要的创新是产品创新，而不是技术创新、管理创新或商业模式创新。产品创新具有开发周期长、开发投入大、开发风险高、开发管理难等特点，CPO 要对产品创新工作的复杂性、艰巨性和长期性有深入的认识与充分的思想准备。

第三节，评价企业产品创新管理水平。CPO 要对企业创新绩效、产品市场竞争力以及企业创新能力成熟度进行评价，评估企业的创新管理水平。通过分析导致产品创新失败的根本原因，明确创新体系建设和优化的重点，明确创新方法学习的重点。

第四节，创新型企业呼唤首席产品官。本节主要介绍 CPO 的主要职责、企业设立 CPO 职位的重要性以及 CPO 如何有效开展工作。

第一节 什么是产品

产品是满足客户需求的手段，产品是企业赚钱的工具，产品好才是真的好！

CPO 思考

(1) 什么是产品？企业有产品吗？

(2) 企业有明确的产品概念和分类定义吗？

(3) 企业有专门的部门（专人）负责产品管理吗？管理的有效性如何？

本节与大家分享对产品的认识，企业的 CPO 可以对照看看企业是否在对产品的认识方面存在一些误区。

一、产品是客户愿意花钱购买的任何东西

产品包括有形实物、软件、无形服务，以及集成了有形实物、软件和无形服务的解决方案等。简而言之，产品是客户愿意花钱购买的任何东西。只要客户愿意花钱购买，只要客户认为值，不管是有形的还是无形的，不管是硬件还是软件，不管是单一实物还是解决方案产品包，都是“产品”。

从图 1-1 可以看出，华为公司针对企业客户的产品既有路由器、交换机等有形产品，也有云操作系统等软件产品，还有咨询和评估等服务产品，也包括电子政务、智能城市等行业解决方案产品。

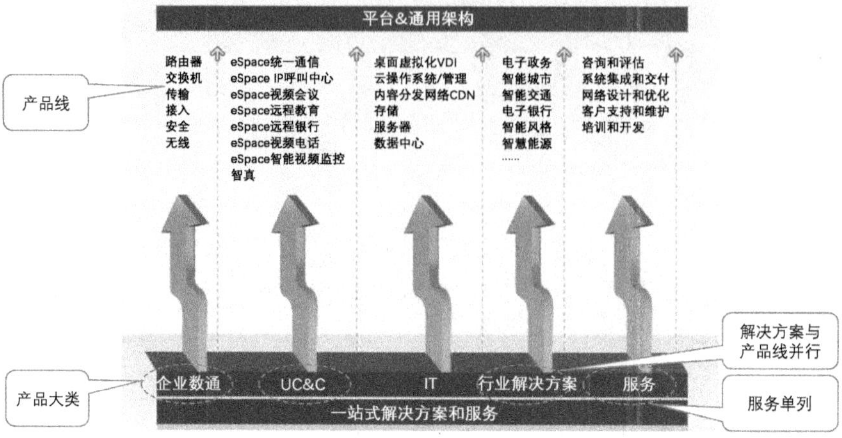

图 1-1　华为公司企业产品列表

产品是可以重复销售的标准化的东西。企业为什么要做可规模化生产的商品，而不做完全个性化的艺术品呢？主要原因是企业要面向规模广大的细分市场，要实现规模经济性，要以客户能够接受的价格销售产品。

（一）产品的主要特点

（1）产品是标准化的，可以重复销售，可以出售给尽可能多的人。例如，苹果公司的 iPhone 手机一度占据全球智能手机 50% 以上的市场份额。

（2）允许在标准化的“基型产品（Basic Products）”的基础上做适当的个性化定制，或者推出配置不同的多款大同小异的系列产品，以适当满足客户的个性化需求。例如，客户可以定制不同动力、颜色、外观、内饰及安全配置的汽车等。

（3）大规模定制是未来产品创新的主流方向。单一产品很难取得很大批量的销售量（苹果公司 iPhone 手机这样单款产品年销售量上亿台的经典案例很难“复制”），完全个性化的产品很难赚钱。大多数企业做产品要在完全标准化与完全个性化之间取得平衡，在较高标准化的基础上提供个性化定制。平台化开发和模块化设计是实现“大规模定制”的有效方法。

（二）对产品认识的误区

1．不认为软件是产品

一些做软硬件结合的产品的企业只核算硬件成本，不核算软件成本，软件作为“赠品”送给客户。这样导致企业内部做软件开发的部门没有成就感，难以衡量这些部门的绩效。还有一些做纯软件的企业，也不认为自己是在做产品，而是在做“项目”。每做一个类似项目，都当成全新项目去做，重新写代码，导致重复工作量大、项目交付周期长、质量问题多、客户满意度低和回款周期长，企业赚钱难。其实，软件也是一种产品，软件也应该产品化、标准化，也应该核算成本，进行定价。即使对客户的报价中不体现软件价格，在企业内部也应该有部门之间的“交易价格”。例如，微软公司的 Windows 操作系统、Word 和 Excel 等办公软件都是产品，都定价销售。

2．不认为服务是产品

服务的无形性导致很多企业不认为服务是产品，未能将服务产品化，未能将服务定价并进行单独销售。例如，一些做安防系统的企业，销售给客户的产品过了保质期后还需要进行维护，但出现的情况是一些企业要么继续提供无偿维护服务，要么不再进行维护。其实，这些企业可以对保质期后的产品或系统的维护服务进行定价，提供有偿服务。这样既可以为公司带来收入，也可以提高客户满意度，甚至可以带来后续的重复销售、交叉销售或引荐销售的机会。通过对服务进行产品化管理与经营，很多公司庞大的服务部门可以由成本中心转化为“利润中心”。

3．不认为解决方案是产品

一些提供集成服务的企业只是在做项目，为不同客户提供不同的解决方案，甚至将个性化的解决方案当成公司的核心竞争力。这样做的结果往往是项目交付周期长、交付质量差、客户满意度低、企业利润率低。其实，解决方案也是产品，企业要设立解决方案产品经理，将解决方案产品化，在标准化的解决方案产品的基础上再针对客户的实际需要进行适当的个性化，实现大规模定制。这样做既提高了公司的规模经济性，也满足了客户的个性化需求，双方皆大欢喜。

当然，一个企业是否能够为客户提供“整体解决方案（Whole Solution）”，主要取决于企业的产品在客户解决方案中的地位。如果企业的产品在客户解决方案中居于核心或重要地位，企业有可能成为解决方案的服务提供商。相反，如果企业的产品在客户解决方案中居于次要或“边缘化”的地位，企业要主动追求“被集成”，通过其他主流厂商的解决方案将公司产品销售出去。

综上，硬件是产品，软件是产品，服务是产品，硬件、软件与服务的结合形成的解决方案也是产品。产品需要“标准化”，产品要能“重复销售”。“项目型”公司要走向“产品型”公司，要在“基型产品”的基础上满足客户的个性化需求，实现“大规模定制”。

二、产品是客户满足需求的手段

客户购买企业的产品，不是为了拥有产品本身，而是希望产品能够满足自己的需求，或者产品能够解决自己的问题。对客户而言，不能满足自己需求的产品就不是好产品。购买钻机的客户需要的是在墙上打出符合自己需要的孔，而不是拥有钻机本身。去酒店住宿的客人需要的是舒舒服服地睡个好觉，而不是去欣赏酒店精美的装修。

总体来说，客户购买的是“价值”，而不是产品。对客户而言，贵与不贵是相对于“值”与“不值”而言的。在大多数情况下，客户都是基于值或不值的权衡做出理性购买决策的。

（1）物超所值，购买。

（2）物值相符，可买可不买。

（3）物不符值，不买。

对于产品的认识，很多企业存在以下“自以为是”的误区。

1．技术越先进，产品就越好

一些企业喜欢宣传产品炫酷的“黑科技”（如手机），认为产品技术含量越高，客户就会越喜欢。

2．功能越多，产品就越好

一些企业的产品患了“功能疲劳综合征”，产品堆砌了很多花里胡哨的功能，但是客户并不愿意为这些“冗余功能”买单。例如，某品牌汽车厂商曾经宣传其电子驾驶系统有300多项功能，客户即使每天学习一项功能也都要将近一年才能掌握这些功能，而这些功能对汽车驾驶者而言到底有多大意义呢？

3．性能参数越高，产品就越好

一些企业盲目追求产品的某些性能参数（如手机摄像头像素、汽车百公里加速时间），将很高的性能参数作为产品的主要卖点。这样做，大幅增加了产品成本，却并不一定能讨客户欢心。

4．质量越好，产品就越好

一些企业将产品质量简单理解为结实、耐用、摔不烂。例如，某手机厂商将“手机从10层楼摔下来也不会烂”作为产品卖点，难道客户买手机是用来摔的？现代社会，质量主要是指客户需求的满足度。客户满意的产品，“质量”就好；客户不满意的产品，“质量”就不好。

5．价格越便宜，产品就越好

一些企业的领导者还是采用“制造思维”来创新，期待通过尽可能降低产品成本，以低价竞争获得客户和市场。须知，对客户而言，价格是相对价值而言的。客户认为不值的产品，价格再便宜客户也不会购买；相反，客户认为超值的产品，价格贵一些客户也会购买。客户做出购买决策是基于价值/价格的权衡，“值得”才会买，“不值得”就不会买。企业以低价为竞争优势的年代已经一去不复返了！这也能解释苹果公司的iPhone手机价格很贵，但是在全球卖得最多；而一些“山寨”智能手机不到1000元，买的人却很少。

6．“卖点”越多，产品就越好

一些企业人为制造一些“卖点”并大肆宣传，但是客户无动于衷。只有客户看重的卖点才是真正意义上的卖点。客户不看重的所谓卖点其实只是噱头，根本无法打动客户。过度宣传的产品很可能会因涉嫌虚假宣传而违法。

7．个性化定制越多，产品就越好

一些企业非常强调产品的个性化，认为产品的个性化程度越高，客户就会越喜欢。其实，个性化也要适度。首先，个性化的功能或性能要被客户真正看重才有意义，追求客户不看重的个性化只能是增加产品成本而已。其次，产品个性化程度太高，通常成本也会很高，产品的稳定性、可靠性会下降，产品的交付周期通常也会很长。例如，劳斯莱斯就是纯手工定制的奢侈汽车，非常小众，企业整体盈利能力与奔驰、宝马等汽车厂商相比不可同日而语。

8．价格越贵，产品就越好

一些企业对其产品故意定高价，期望客户在高价格与高品质之间画等号，期望通过高价吸引客户购买，结果往往适得其反，“曲高和寡”。例如，某些大肆广告投入的茶叶产品每斤卖到5000元以上。其实，高价格不一定意味着高品质，低价格也不一定意味着低品质，关键是产品的价格要与其价值匹配，价格要被大部分目标客户接受。

综上，产品应该是“精益的”，应该是“刚刚好的”，既无不足，亦无冗余。产品的关键是满足客户需求，超出客户期望，让客户感受到“值得”，感受到“超值”！

三、产品是企业赚钱的工具

对客户而言，产品是满足需求的手段。对提供产品的企业而言，产品则是企业赚钱的工具。企业只有通过销售产品盈利之后，才有可能将利润的一部分继续投入新产品开发中。只有这样，企业才能走上“持续成功创新”的良性循环之路。

从图1-2中可以看出，企业首先要洞察客户需求，然后通过创新开发出满足客户需求的产品，客户确认企业的产品可以满足自己的需求后，就会向企业支付高于产品成本的购买费用。这样，企业就创造了“财富”。可以看出，创新的真谛是——“源于客户需求，终于客户满意”。在洞察客户需求和满足客户需求之间所做的所有工作都可以认为是“创新”。

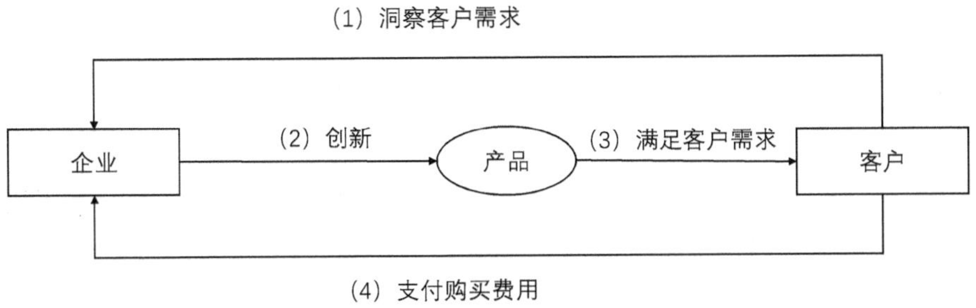

图 1-2　企业—产品—客户之间的逻辑关系图

管理大师德鲁克认为，企业存在的目的就是“创造客户”。德鲁克的下面这段话很好地阐述了企业是如何创造客户、如何创造财富的：

> 做企业的，推出一项新产品、新服务或新流程，要满足客户未被满足的需求或潜在的需求，创造出新的客户满意。客户有新的所得，才会从不买到买，从买得少到买得多，或者愿意付出比过去更高的价格。这反映在企业的收入和利润上，就是创造了新的财富。

通过什么赚钱，不同的企业有不同的认识。正是这些认识上的不同，导致企业的经营理念不同，最终企业发展的可持续性和经营业绩也差距悬殊。理念决定决策，决策决定行动，行动决定结果。

以下是一些企业在赚钱理念方面存在的一些误区。

1．通过政策赚钱

一些企业主要利用各级政府的优惠政策、补贴、资金支持赚钱。一旦这些补贴减少或被取消，企业很快就陷入经营困境。常年的“输血”，导致这些企业缺乏“造血”功能，缺乏市场竞争力。例如，新能源汽车、光伏发电等行业，由于政府补贴“退坡”，不少企业的经营效益大幅下滑，甚至走向衰亡。现在，很多地方政府对企业的帮扶逐步由“授人以鱼”改为“授人以渔”，通过政府购买专业机构服务的方式帮助企业提升管理能力和创新能力。

2．通过融资赚钱

一些企业主要通过一轮又一轮的融资“活着”，一旦融不到资，这些企业很快就倒下。例如，某些共享单车创业企业，没有受客户欢迎的、有市场竞争力的产品支撑的所谓“独角兽企业”“明星企业”，迟早是要“原形毕露”的。泡沫不管怎么吹，不管吹多大，总有破灭的那一刻。

3．通过商业模式创新赚钱

一些企业不关心产品本身，甚至不清楚产品到底是什么，期望通过所谓的商业模式创新获取回报。很多O2O、电子商务企业及一些餐饮等传统企业，制造一些很时髦的概念，利用融资“跑马圈地”，很短时间内做到了较大规模，但由于产品本身不能被客户接受，在2～3年内又轰然倒下，如互联网+洗车、网上卖二手手机、共享雨伞等。

4．通过模仿赚钱

中国改革开放40多年来，很多企业通过模仿赚到了钱。一些企业简单模仿甚至抄袭知名企业的产品，将性能做到领先企业的70%～80%，价格做到领先企业的1/3，赚到了第一桶金。但是，面向未来，这些企业的生存会越来越困难。一是法律法规对知识产权的保护越来越强，模仿企业的违法成本会越来越高；二是消费者对产品品质和企业品牌越来越看重，越来越不愿意购买模仿企业的产品。

5．通过低成本赚钱

通过低成本赚钱曾经是中国大多数制造型企业崛起的原因，也是现在这些企业陷入困境的原因。在产品过剩时代，消费者越来越趋向购买较高价位的高品质的少量产品，而不是购买大量的低价低质产品。一味地降成本（Cost Down）的企业是很难有出路的，这些企业转型升级的根本出路是自主创新。

6．通过宣传赚钱

一些企业期望通过一段时间广告大规模的“狂轰滥炸”实现快速增长。短期来看，这些企业的销售量会有一定的增长，但从中长期看，主要还是取决于产品本身的市场竞争力。产品不好，广告的效果只会昙花一现，很多曾经是电视广告中“标王”的企业都不复存在了。产品好，适度的广告投入是锦上添花；产品不好，广告投入再多最后也会打水漂。须知，品牌最终不是靠广告宣传出来的，而是靠消费者“口口相传”积累来的。产品自己会说话！

“不忘初心，方得始终！”创新型企业要真正认识到产品才是企业赚钱的工具，要通过开发出超出客户期望的精品创新产品“创造客户”，实现企业创新投资回报。

CPO 行动

我们公司在对产品的认识方面是否存在一些误区？我们是否应该成为“产品型”企业？在公司高层管理者中，谁应该负责产品管理？

本节小结

（1）产品是客户愿意花钱购买的任何东西。有形产品、无形服务、软件和解决方案等都是产品。产品有全标准化的，也有部分标准化、部分定制的。基于平台的系列化产品开发和大规模定制是现代企业有效的产品开发与管理方法。

（2）产品是客户满足需求的手段。能满足客户需求的产品才是好产品，不能满足客户需求的产品就不是好产品。客户购买的不是产品本身，而是价值。“值得”是客户购买产品的理由。给客户交付物有所值，甚至物超所值的产品是企业的不懈追求。

（3）产品是企业赚钱的工具。企业存在的目的是创造客户，企业创造客户的手段是产品。企业的产品只有得到了客户的认可才有可能产生收益。将企业赚钱的手段寄托在产品以外的方面最终都是“浮云”，产品好才是真的好！不忘初心，方得始终！

第二节 什么是产品创新

技术创新是手段，管理创新是基础，商业模式创新是补充，产品创新是目标。

CPO 思考

（1）公司主要领导主要抓哪些事情？应该重点抓这些事情吗？为什么？

（2）公司重视产品创新吗？有何具体体现？

（3）公司对产品创新的复杂性有深入理解和认识吗？公司能持续高效地进行产品创新吗？

本节重点讨论对创新的认识，企业 CPO 可以对照思考企业是否将产品创新作为最重要的创新内容。

一、由运营驱动走向创新驱动

企业是营利性组织，不盈利的企业是“罪恶”的企业，盈利能力弱的企业是缺乏市场竞争力的企业。企业亏损意味着企业耗费了很多社会资源却没有创造出应有的价值，企业盈利能力弱说明企业管理水平低。长期亏损或盈利很少的企业会面临以下后果。

（1）企业倒闭或只是形式上存在。

（2）企业没有足够的资金投入面向未来的研发与创新。越投资未来，就越有未来；越不投资未来，就越没有未来！

（3）企业难以吸引和留住优秀人才。

企业需要通过做好两件事实现持续盈利，实现持续、健康、快速地成长，这两件事就是创新和运营（见图 1-3）。

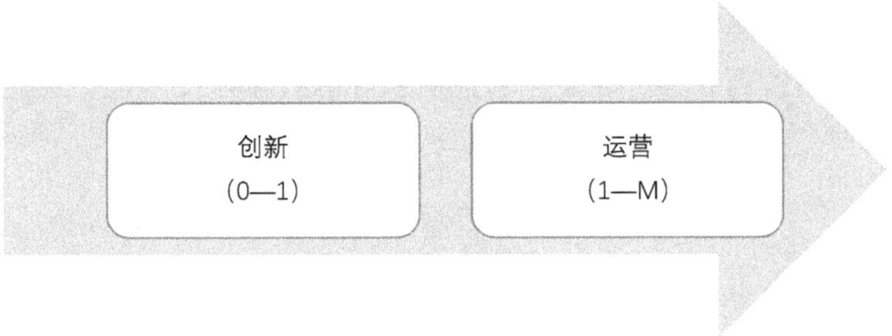

图 1-3　企业经营两件事

企业通过高效创新做出“好卖”的产品，通过卓越运营将“好卖”的产品“卖好”，卖给尽可能多的人，将钱收回来，实现预期投资回报目标。创新做的是 0—1 的工作，运营做的是 1—M 的工作。M 可以理解为很多（Much），也可理解为赚钱（Money），更可以理解为赚很多很多的钱（Much Much Money）。没有 0—1，就没有 1—M！因此，创新是企业成长的发动机，发动机不转或转得不好，企业是不可能持续生存和发展的。

为了实现持续生存和发展，企业应该从运营驱动走向创新驱动。有以下观点与大家分享。

1．企业领导者关注什么，企业就会成为什么

企业领导者关注销售，企业就会成为销售驱动的公司；企业领导者关注生产，企业就会成为成本驱动的公司。

2．产能过剩时代只有创新驱动的企业才能持续生存和发展

销售驱动和成本驱动最终导致的结果就是企业之间陷入同质化竞争，利润率低，难以持续生存和发展。

3．企业领导者只有关注创新才能真正把握企业的命运

企业通过持续洞察客户不断变化的需求，进而开发和交付满足客户需求，甚至超出客户期望的创新产品，才能从激烈的市场竞争中脱颖而出，走向成功与卓越。首席执行官只有成为首席创新官、首席产品官，企业的命运才真正掌握在自己手里。

二、产品创新是企业最重要的创新

创新有技术创新、流程创新、制度创新、文化创新、商业模式创新等

很多种，但对企业而言，最重要、最根本的创新是产品创新，而不是技术创新或商业模式创新等。各类创新应服从和服务于产品创新，通过产品创新创造客户，获取投资回报（见图 1-4）。

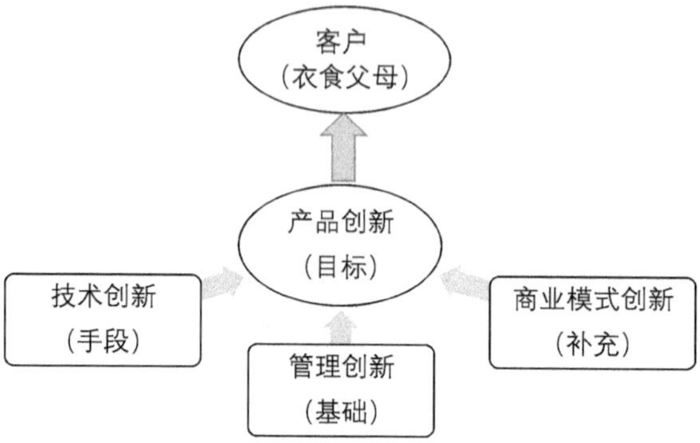

图 1-4　企业各类创新之间的关系

企业通过研发新技术实现产品功能，满足客户需求，因此技术创新是手段；企业通过建立和遵循规范的研发与产品创新管理体系，保证企业有效、高效、持续、成功地创新，因此管理创新是基础；企业通过各种可能的商业模式，将产品低成本地在尽可能短的时间内卖给尽可能多的人，因此商业模式创新是补充。企业的技术创新、管理创新和商业模式创新等最终通过产品创新开发和交付满足客户需求，甚至超出客户期望的产品，实现预期的创新投资回报。一个企业如果技术很好、管理很好、商业模式也很好，就是产品不好，这样的企业能够持续存活吗？

在对各类创新的认识上，很多企业存在以下误区。

1．过度偏执于技术创新

一些企业进行公司介绍时，非常喜欢介绍以下内容：公司是国家高新技术企业，是国家级（省级、市级）技术中心（工程中心）企业，有多少发明专利、“黑科技”、硕士、博士，与哪些知名高校院士合作，等等。甚至有的企业将技术先进与产品卓越画等号，声称“技术这么先进，难道产品还不好吗？”须知，技术再先进，如果不能用于产品，或者虽然用于产品，但实现的产品功能或性能不是客户所看重的，那么，这样的技术对客户是毫无意义的，对企业而言也只是浪费创新资源。摩托罗拉的铱星计划就是典型的技术偏执，在耗费几十亿美元以后不但没有取得商业化成功，还很大程度上影响了公司的可持续发展。

2．过度热衷于管理创新

一些公司的高层管理者热衷于引进各种时髦的管理理论，在公司发起一场又一场组织变革运动。例如，有的公司将主要用于体力劳动者的管理方法用于知识工作者的管理，将公司划分为多个自负盈亏的小单元，公司内部各部门之间都是“买卖关系”，导致公司员工日常工作中花费大量时间算账，公司也很难集中资源做大事。还有一些公司的领导者不断“发明”各种管理理论，这些管理理论经常见诸媒体，也有不少企业管理者到这些公司“游学”、取经，但是这些公司的创新产品很少见诸市场。有家过于重视管理理论创新的集团公司的销售人员每天要花半天的时间填写和提交各种报表，跑业务的时间反倒很少。管理固然非常重要，但是管理一定要有效和高效。如果为了管理而管理，企业很可能会走向官僚和低效。

3．过度看重商业模式创新

与2000年全球网络泡沫非常类似，最近几年中国的互联网泡沫也大行其道。互联网思维、互联网+、O2O、P2P、PPP、“风口的猪”等新名词、新概念层出不穷，互联网企业一时风光无限。一些没有“加上”互联网概念的企业都感到“低人一等”，或者唯恐即将被时代所淘汰。其实，互联网只是工具，产品好才是真的好！例如，网上订餐短期或许能提高餐厅的销售额，但长期来看，餐厅的出品才是制胜之宝。很多O2O企业靠融资活着，钱烧完了，企业也就倒闭了。这些昙花一现的企业很多只关注商业模式创新，不关注产品本身，甚至要做什么产品也没有想清楚。潮退了，就知道谁在裸泳。潮，一定是会退的！

三、产品创新的主要特点

真正意义上的产品创新不是简单的模仿或抄袭，而是具有较大的创新性。综观国内外企业的产品创新实践，我们发现科技企业产品创新具有如下主要特点。

1．开发周期长

真正具有创新性的新产品开发，从创意产生到新产品上市的周期一般为1～3年，短的也需要6个月以上。复杂程度高一些的新产品开发，如医疗器械的开发，加上临床检测可能需要5年以上。不确定性高的新产品开发，如药品开发等，可能需要10年以上。所以，开发周期越长，不确定性越大，可谓是“夜长梦多”。因为开发周期长，客户需求可能会发生变化，竞争对手会推出同类新产品，可能会出现“破坏性技术”，政策法规会发生变化，企业内部的人员也可能会有流动。所以，在当今的“不确定”社会里，很难预料3年之后会发生什么。

2．开发投入大

从事新产品开发工作是很“奢侈”的事情，资金投入最少几十万元，一般的项目需要投入几百万元，大一些的项目可能需要投入上千万元，芯片、操作系统及药品等开发可能需要投入上亿元甚至数十亿元。新产品开发的资金投入主要包括人员费用、设备费用及差旅费用等。从创意到立项分析阶段的投入主要集中在市场研究方面；开发测试阶段的投入主要集中在开发团队的薪酬、样品制作及测试设备投入等方面；上市阶段的投入主要集中在批量生产、市场营销及销售等方面。随着新产品开发的进行，越进入后面的阶段，资金投入越大。例如，一款医疗器械产品的开发在市场研究阶段的投入可能只需要50万元，开发阶段的投入可能需要500万元，而上市阶段的投入可能需要5000万元。

3．开发风险高

从某种意义上说，新产品开发就是一场高风险的赌博。国际最佳实践的研究表明，优秀的公司每4个新产品创意有1个取得商业化的成功；比较差的公司每10个新产品创意只有1个取得成功；平均来看，每7个新产品创意才有1个取得商业化的成功。新产品的创新性越高，失败的风险越大。而且，失败的新产品项目的损失需要靠成功的新产品项目去弥补。因此，创新型企业要追求比较高的利润率，以应对创新失败风险。越到新产品开发的后期，企业投入越大，所以越到后期应该风险越小，这样企业才敢于做更大的投入。

4．开发管理难

新产品开发与企业其他职能性事务不同，很难由一个部门独立完成。很多企业认为新产品开发是“研发部门的事情”。实际上，研发部门离开了市场部门、采购部门、生产部门、财务部门、销售部门及服务部门等的有效配合，是很难成功地开发出一款新产品的。传统的组织模式认为，分工越细，效率越高。这对生产企业可能比较合适，因为这些企业所做的事情重复性很高，不确定性比较低。但是，新产品开发创新性很强，不确定性很高，如果没有多个部门的紧密配合，是很难取得理想结果的。现实情况是，很多企业的“部门墙”很厚，研发部门与其他职能部门之间沟通和配合很不理想。一些部门认为新产品开发与本部门没有太多关系，认为只是给研发部门“帮忙”，有空的时候就帮一下，没空的时候就顾不上了。职能部门之间的沟通和协作障碍，为新产品开发管理工作带来了很大的难度。

产品创新的以上特点，决定了产品创新管理是企业各类管理任务中挑战最大、复杂度最高的管理任务之一。企业必须有效地管理产品创新，通过持续开发和上市成功的创新产品，实现企业的可持续发展。

CPO 行动

公司应该如何正确看待技术创新、管理创新、商业模式创新和产品创新？是否应该将产品创新作为企业创新的重中之重？

本节小结

（1）由运营驱动走向创新驱动。创新是从 0 到 1，运营是从 1 到 M。面向未来的企业要由运营驱动走向创新驱动，首席执行官要成为首席创新官、首席产品官。

（2）企业最重要的创新是产品创新。技术创新是手段，管理创新是基础，商业模式创新是补充，产品创新是目标。企业通过产品创新满足客户需求，实现投资回报。

（3）产品创新的主要特点是开发周期长，开发投入大，开发风险高，开发管理难等。产品创新管理是企业最重要又最难管理的部分，非常考验企业领导者的耐心、毅力和智慧。

第三节　评价企业产品创新管理水平

建立高效创新体系，成就一流创新企业。

CPO 思考

（1）公司的创新绩效符合预期吗？

（2）公司的产品具有很强的市场竞争力吗？

（3）公司具有系统、完整、科学和高效的产品创新管理体系吗？

卓越的创新体系带来卓越的创新产品，卓越的创新产品带来卓越的创新绩效。相反，如果创新绩效不好，就要反思是否缺乏好的创新产品。如果缺乏好的创新产品，就要反思企业是否缺乏有效的创新体系（见图 1-5）。

图 1-5　创新体系—创新产品—创新绩效之间的逻辑关系

按照以上逻辑，企业可以一步一步地评论自身的创新能力，诊断存在的主要创新管理问题。

一、评价企业创新绩效

我们可以从“多、快、好、省”四个方面评价企业的创新绩效（见图 1-6）。

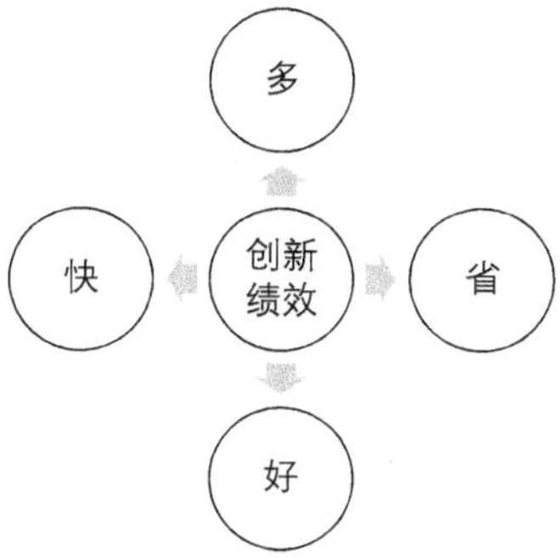

图 1-6　企业创新绩效评价的四个方面

“快、好、省”主要是创新项目层面的创新绩效评价指标，而“多”则是公司层面的创新绩效评价指标。对创新型企业而言，“快、好、省”的创新项目越“多”，企业的创新绩效就越“好”。

表 1-1 具体描述了创新绩效的四个方面，通过与主要竞争对手的对比，企业可以对创新绩效进行“卓越、良好、一般、较差、很差”五级评价。

表 1-1　企业创新绩效评价表

序号	创新绩效评价的主要方面	卓越	良好	一般	较差	很差
1	多：在近 3 年，由新产品贡献的营业收入和利润占总体收入和利润的比重高吗？					
2	快：公司新产品开发和上市的速度比主要竞争对手更快吗？					
3	好：公司开发的新产品能满足客户需求，甚至超出客户期望吗？					
4	省：公司新产品的综合成本比主要竞争对手的同类产品的成本更低吗？					

如果四个方面评价均为“一般”或以下，说明企业的创新绩效需要大幅改善，否则企业将缺乏市场竞争力；如果四个方面评价均为“良好”或“卓越”，说明企业具有较强的市场竞争力，可以通过对创新体系的持续优化和改进，保持领先地位。

二、评价企业产品市场竞争力

如果企业创新绩效不够好，直接原因是缺乏卓越的创新产品。我们可以从“客户、竞争、企业和社会”四个方面评价企业产品的市场竞争力（见图 1-7）。

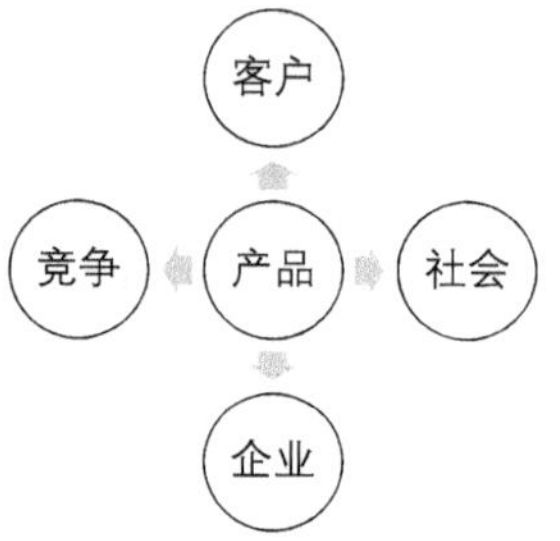

图 1-7　企业产品市场竞争力评价的四个方面

表 1-2 具体描述了企业产品竞争力评价的四个方面，通过与主要竞争对手比较，企业可以对产品竞争力进行“卓越、良好、一般、较差、很差”五级评价。

表 1-2　企业产品市场竞争力评价表

序号	产品竞争力的主要方面	卓越	良好	一般	较差	很差
1	客户方面：满足客户需求，甚至超出客户期望					
2	竞争方面：具备竞争特色，不会轻易被模仿或追赶					
3	企业方面：具有高附加值，产品生命周期长					
4	社会方面：符合安全、健康、环保等法律、法规及标准要求					

如果某款产品或某类产品的竞争力评价的四个方面都是“一般”或以下，说明产品缺乏市场竞争力，不可能有良好的市场表现；如果产品竞争力评价的四个方面都是“良好”或以上，那么产品将有较好的市场竞争力，取得符合预期的销售业绩的可能性很大。

产品竞争力评价方法可以用于事后评价、反思产品上市后销售业绩不理想的主要原因。产品竞争力评价更应该在产品规划和开发过程中进行，确保四个方面的评价均为“良好”或以上时才开发和上市该新产品，确保新产品“不输在起跑线上”。相反，如果产品上市前四个方面有一个或多个方面评价为“一般”或以下，则要么整改产品，要么及时终止产品上市。例如，某产品在竞争方面评价为“很差”，即基本上没有难以模仿的竞争特色，那么即使强行上市，结果也是面临激烈的同质化竞争，陷入打价格战的困境，最终难以实现预期的投资回报。

如果企业创新绩效总是不好，产品总是缺乏市场竞争力，那么就要系统反思企业产品创新管理体系的有效性。

三、评价企业创新能力成熟度

通过十余年的持续深入研究和咨询实践，知行信顾问团队总结出一套具有自主知识产权的研发与产品创新管理体系（Research and Development and Innovation Management，RDIM®），如图 1-8 所示。

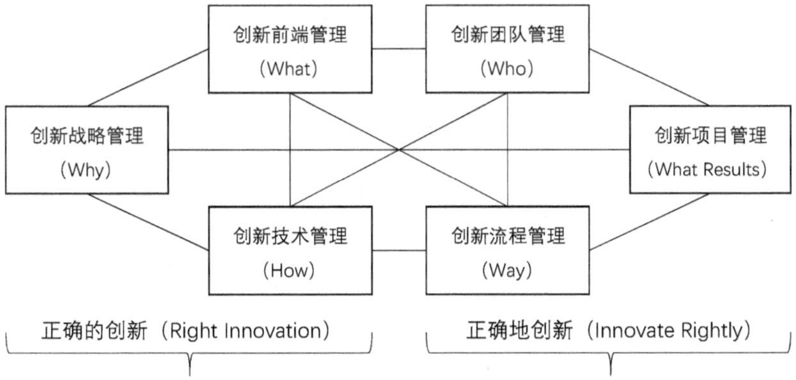

图 1-8　知行信研发与产品创新管理体系（RDIM®）

RDIM® 体系融合了门径管理体系（Stage-Gate System，SGS）、集成产品开发体系（Integrated Product Development，IPD）、产品生命周期优化方法（Product And Cycle-time Excellence，PACE）及美国产品开发管理协会（Product Development and Management Association，PDMA）的新产品开发专

业人士认证体系（New Product Development Professional，NPDP）等产品创新管理方法体系的精髓，具有系统性、完整性、针对性和实操性等特点。十余年来，RDIM® 体系在不同地域、不同行业、不同规模、不同发展阶段、不同管理素养的 200 多家科技企业中广泛应用，验证了其适应性与有效性。

RDIM® 体系分为六大子系统，每个子系统又分为若干管理模块。我们将 RDIM® 体系的六大子系统总结为 5W1H。其中，创新战略管理、创新前端管理和创新技术管理主要回答如何“做正确的事”，即如何做“正确的创新（Right Innovation）”；创新团队管理、创新流程管理和创新项目管理主要回答如何“正确地做事”，即如何“正确地创新（Innovate Rightly）”。本书将分别深入介绍 RDIM® 体系六大子系统的核心内容。

知行信顾问团队基于 RDIM® 体系开发了企业创新能力成熟度评价模型 ICMM™（Innovation Capability Maturity Model），将企业创新能力成熟度分为不规范、有规范、有效和高效四级。创新型企业可以据此评价自身产品创新管理体系的规范性和有效性（见图 1-9）。

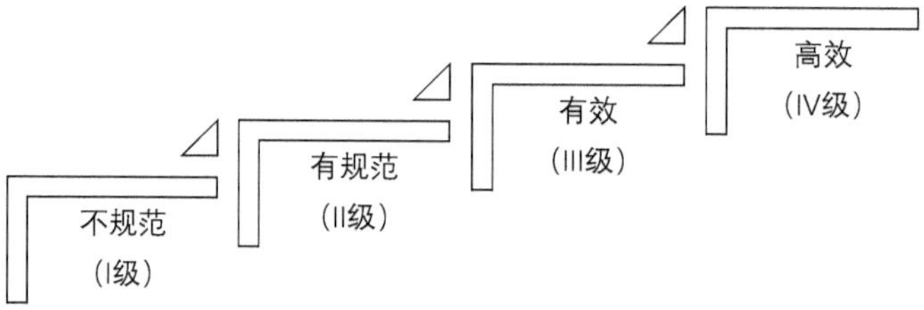

图 1-9 知行信企业创新能力成熟度评价模型（ICMM™）

表 1-3 具体描述了企业创新能力成熟度，企业可以对照该评级标准评价自身的创新能力成熟度。

表 1-3 企业创新能力成熟度（ICMM™）评级描述

评级	名称	描述
Ⅰ级	不规范	主要是经验式管理，项目质量及项目成功率主要取决于个别核心人员的经验、能力和责任心
Ⅱ级	有规范	形成了基本的创新管理规范，但规范本身科学性不够，规范的实施不够严格，项目质量及项目成功率很大程度上还取决于个别核心人员的经验、能力和责任心

续表

评级	名称	描述
Ⅲ级	有效	形成了比较系统和科学的创新管理规范，项目运作以创新管理规范为依据，依据规范运行能重复取得项目的成功，对个人的依赖较少
Ⅳ级	高效	公司能够根据实际需要不断优化创新管理体系，对创新管理体系进行版本管理，项目质量及项目成功率基本上不取决于某个人。公司无论是在创新绩效还是创新管理方面都是同行学习的标杆

知行信顾问团队对RDIM®体系的六大子系统分别进行了创新能力成熟度描述（详见本书的附录），企业可对照描述将自身评级填入表1-4。

表1-4　企业创新能力成熟度评价表

	Ⅰ级（不规范）	Ⅱ级（有规范）	Ⅲ级（有效）	Ⅳ级（高效）
创新战略管理				
创新前端管理				
创新技术管理				
创新团队管理				
创新流程管理				
创新项目管理				
整体水平				

在对六大子系统分别进行评级的基础上，企业可以对自身创新能力成熟度整体水平进行评级。如果整体评级为Ⅰ级或Ⅱ级，说明企业创新能力成熟度低，基于这样的产品创新管理体系，企业难以持续开发出精品产品，难以持续取得卓越创新绩效；如果整体评级为Ⅲ级或Ⅳ级，说明企业创新能力成熟度高，基于这样的产品创新管理体系，企业能够持续开发出精品产品，能够持续取得卓越创新绩效，能够实现持续成功创新“可复制”。

“偶然成功是运气，持续创新靠体系！”建立并持续优化产品创新管理体系是企业首席产品官的主要职责。

四、分析导致企业产品创新失败的根本原因

先找失败根源，再寻成功之道！失败的根本原因找到了，解决问题的对策也就明朗了。企业经营失败主要是两方面的原因：一是产品本身不好（从 0 到 1 的创新工作没做好），二是产品卖得不好（从 1 到 M 的运营工作没做好）。如果是产品卖得不好，主要从订单获取和订单交付等方面找原因，重点改善产品营销管理和订单交付管理；如果是产品本身不好，需要再深入分析导致产品本身不好的根本原因（见图 1-10）。

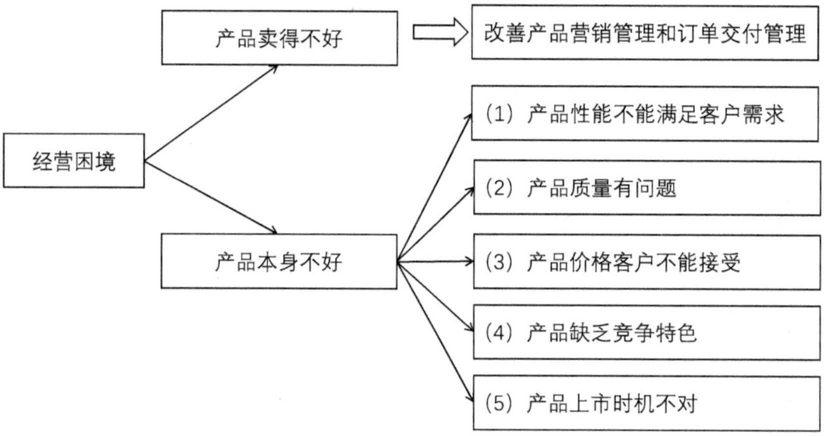

图 1-10　企业出现经营困境的原因分析

基于十余年的创新咨询服务经验，我们总结了导致产品本身不好的五个方面的主要原因，并在此基础上进一步分析产生这五个方面问题的更深层次的原因（见表 1-5）。企业可以基于这些问题及原因分析，对照找到企业需要重点解决的创新问题及解决这些创新问题的主要方法。

表 1-5　分析导致产品本身不好的根本原因

主要原因方面	根本原因（请在相应框内打“√”）	需要学习的主要创新方法
1. 产品性能不能满足客户需求	□ 1.1 未能有效了解客户需求 □ 1.2 客户需求未能有效转化为产品定义 □ 1.3 技术不能实现客户需求 □ 1.4 开发过程管理有效性低 □ 其他原因：	

续表

主要原因方面	根本原因（请在相应框内打“✓”）	需要学习的主要创新方法
2. 产品质量有问题	□ 2.1 技术不过关 □ 2.2 开发过程管理有效性低 □ 其他原因：	
3. 产品价格客户不能接受	□ 3.1 产品成本太高 □ 3.2 产品定价策略有误 □ 其他原因：	
4. 产品缺乏竞争特色	□ 4.1 产品本身没有特色 □ 4.2 产品本身有特色，但很容易被模仿和超越 □ 其他原因：	
5. 产品上市时机不对	□ 5.1 产品上市太早 □ 5.2 产品上市太晚 □ 其他原因：	
6. 其他原因	□ □ □	

对照表 1-5，企业可以基于导致产品创新失败的根本原因，明确需要学习和掌握的主要创新方法。例如，导致产品创新失败的第一个原因是产品功能 / 性能不能满足客户需求，而产品功能 / 性能不能满足客户需求的根本原因又包括四个方面，其中第一个方面是未能有效了解客户需求。对应的，企业需要学习和掌握的创新方法就是如何有效了解客户需求。

对于具有一定规模的科技创新型企业而言，系统的问题需要系统解决。“头痛医头、脚痛医脚”的应付式解决方式不但可能劳而无功，甚至可能带来更多负效应。“系统诊断、总体规划、分步实施、急用先行”是作者建议的产品创新管理体系建设总体思路。

CPO 行动

请评价企业创新绩效，评价企业产品市场竞争力，评价企业创新能力成熟度，分析导致产品本身不好的根本原因，探讨实现企业持续成功创新的关键成功要素。

本节小结

（1）评价企业创新绩效。从“多、快、好、省”等四个维度评价企业创新绩效。“快、好、省”主要从项目层面评价，“多”主要从公司层面评价。

（2）评价企业产品竞争力。从“客户、竞争、企业和社会”等四个方面评价企业产品竞争力。如果有一个或者多个方面评价为“一般”“较差”或“很差”，则该产品很难实现预期的创新投资回报。产品缺乏竞争力会直接影响企业的创新绩效。产品缺乏竞争力的根本原因是企业的产品创新管理体系有效性不够。

（3）评价企业创新能力成熟度。从创新战略管理、创新前端管理、创新技术管理、创新团队管理、创新流程管理和创新项目管理等六个方面系统评价企业的创新能力成熟度。如果企业创新能力成熟度整体处于“不规范”或者“有规范”阶段，则很难持续开发出成功的创新产品，很难持续取得企业预期的创新绩效。只有“有效”甚至“高效”的产品创新管理体系才能实现企业持续成功创新“可复制”。

（4）分析导致企业产品创新失败的根本原因。导致企业经营效益不好的原因主要包括“产品卖得不好”和“产品本身不好”两个方面。通过深入分析导致“产品本身不好”的根本原因，明确公司需要学习和掌握的创新方法的重点，需要优化或建设的产品创新管理体系的要点。

第四节 创新型企业呼唤首席产品官

首席产品官的设立及其专业性，很大程度上决定了企业能否持续成功创新，能否成为“创新驱动发展”的领先企业。

CPO 思考

(1) 公司有首席产品官职位吗?

(2) 公司需要设立首席产品官职位吗?

(3) 首席产品官如何有效开展工作?

首席产品官（CPO）是近年兴起的一个正式职位。谷歌公司两位创始人分别担任首席产品官（产品总裁）和首席技术官（技术总裁），而聘请职业经理担任董事长与首席执行官（CEO），可见产品管理和技术管理在谷歌公司的极端重要性。或许正是企业的主要领导人始终亲自关注产品和技术，谷歌公司才一直勇立潮头，成为全球创新型的企业之一。

一、首席产品官的主要职责

首席产品官是创新型企业的“创新第一责任人”，对企业持续成功创新负责，对企业创新投资回报负责。

请创新型企业领导者对照如下企业首席产品官的主要职责，思考这些职责是谁在承担，企业是否应该设立首席产品官职位，公司中谁最适合担当首席产品官。

1．对企业创新投资回报负责

高新技术企业每年都有一定比例的销售收入投入研发，有的企业投入较少，1% ~ 3%；有的企业投入较大，4% ~ 6%；有的企业投入很大，7% ~ 10%。华为公司近年的研发投入达到了销售收入的12%以上。不管投入大小，投入是手段，回报才是目的。很多公司是“研而不发（发财）”，研发投入不小，回报很有限。一些企业的董事长感叹：不投研发没有未来，投了研发看不到未来！

那么企业中谁应该对创新投资回报负责呢？是企业董事长吗？是总经理吗？是分管研发的副总经理吗？实际上，很多公司是“研发部”在负责创新，因为做不出“好卖”的新产品的责任主要在研发部门。

2．对企业持续成功创新负责

企业需要创新，需要成功创新，需要“持续成功创新”。偶然成功是运气，持续创新靠体系。系统、完整、科学、有效的研发与产品创新管理体系才能帮助企业“从成功走向成功”，实现持续成功创新“可复制”。那么，企业中谁负责建设和持续优化创新体系，谁对企业持续成功创新负责呢？

3．创新管理体系建设与持续优化

新产品开发是“全公司的事”，而不是“研发部的事”，各相关职能部门不是协助者，更不是“看客”，必须在产品创新中承担相应的职责。因此，产品创新需要建立起公司级的跨职能项目团队，需要遵循公司级的、端到端的、规范的流程体系，需要实施“组织级的”项目管理。创新型企业要成为“流程型组织”“项目型组织”。那么，公司中谁应该牵头负责公司级的产品创新管理流程体系的建设？谁来负责组织级的创新项目管理呢？

4．创新人才规划与赋能

创新人才不只是技术人才，还包括领导人才和管理人才。例如，产品经理、项目经理和流程经理都是非常重要的创新管理人才。创新人才需要提前规划和培养，不能到创新项目启动时才去人才市场“招兵买马”。那么，公司里谁应该系统考虑创新人才的规划和赋能呢？

5．产品线规划与管理

企业整体业绩目标的实现取决于各条产品线业绩目标的实现。每条产品线的业绩目标都实现了，那么企业的业绩目标也就实现了。因此，企业战略管理的日常“抓手”应该是产品线管理。产品线管理团队成员的选拔、培养和管理直接影响了各产品线的经营业绩。那么，企业中谁应该统筹负责各条产品线的规划和管理呢？

6．创新资源分配与创新项目管理

同样的创新资源，不同的分配方式，有可能产生几何级数差异的投资回报。企业在不同产品线上应该如何分配创新资源？企业在不同类型的创新项目中应该如何分配创新资源？比如企业在以下类型项目之间应该如何分配创新资源：基础研究、技术预研、平台开发、全新产品开发和改进型产品开发等。企业中谁应该负责创新资源的分配？创新资源投入各类项目中后，谁负责各类创新项目的监控和管理？

7．开放式创新管理

一家企业规模再大，资金和人才总是有限的。企业不仅需要用好内部创新资源，也要积极利用各种外部创新资源，实行“开放式创新”。例如，华为公司有将近 9 万人的研发队伍，常年为华为公司提供软件开发外包服务的机构的软件人员也有近 10 万人。企业应该与哪些机构开展哪些方面的创新合作？企业中谁应该负责统筹创新合作事宜？

对照以上 CPO 主要职责讨论，思考我们公司是否有专人负责以上事项？是否将以上事项分散给不同的人管理？以上事项是在“部门级”而不是在“公司级”进行管理？或者以上事项名义上有人管理，但实际上并没人管理？或者以上事项都归“董事长”管，但由于董事长总是“太忙”，以上事项实际上没有管，或者没管到位？

由以上 CPO 主要职责讨论可以看出，CPO 是一个公司领导级的职位，而不是一个部门级的职位。企业中谁适合担任 CPO，关键取决于公司高管团队中谁负责抓创新工作。如果是董事长亲自负责创新工作，那么董事长应该兼任 CPO。如果是分管研发的副总对创新投资回报负责，那么分管研发的副总应该就是 CPO。

不管哪位高层管理者担任 CPO，其最重要的胜任素质是强烈的企业家精神。CPO 要有将一件事情做到极致的理想、恒心和毅力，不要以短期赚钱为导向，要持续投资未来。CPO 要敢于冒险，善于创新。有再好的创新体系，有再多的创新人才，如果企业 CPO 缺乏企业家精神，这样的企业也是不可能长久的。正如华为公司所主张的：高层要有使命感，中层要有危机感，基层要有饥饿感。

咨询实例

某家具涂料企业的首席产品官选拔与培养

深圳某家具涂料企业，年营业规模达20亿元。公司的销售能力很强，基本上每家大的家具厂都有该公司的销售人员“驻点服务”。但是公司的产品缺乏难以模仿的差异化，没有树立领先的品牌形象，主要靠打价格战获取订单。公司的新产品开发由研发部负责，但是销售部门总是抱怨研发部开发的产品缺乏竞争力。研发部门非常“愤怒”：我们开发的新产品不好，那你们告诉我们应该开发什么新产品，我们照做即可。据此，前几年每年年初都由销售部门提出新产品开发计划，研发部按计划开发和交付新产品。但是，结果并没有明显改善，根据销售部门提出的需求开发出的新产品销售情况也不乐观。公司管理者对如何有效管理产品创新陷入了迷茫。

作者受邀给公司董事会成员、高层管理者以及中层管理者进行产品创新管理培训。咨询顾问指出，公司销售力很强、产品力不强的根本原因是公司的组织模式中缺乏“产品管理部门”，销售部门和研发部门配合是不可能常态化地开发出具有市场竞争力的创新产品的。咨询顾问建议公司引入“产品线管理机制”，在集团公司和子公司层面分别设立首席产品官。集团公司首席产品官整体负责公司的研发与创新管理工作，直接负责集团级共性产品的开发和管理，对集团公司创新投资回报负责。子公司首席产品官在集团公司首席产品官领导下开展工作，为区域市场个性客户提供解决方案，对区域市场创新投资回报负责。

公司董事会认真研究了咨询顾问的意见，决定引入产品线管理机制，在集团及子公司任命两级首席产品官和两级产品线经理。首先，确定集团级首席产品官的人选。集团董事会一共六名董事，包括董事长、总裁、研发总经理、人力资源副总、一名子公司总经理和一名行政副总。董事长说，自己已经多年没在市场一线工作了，自己主要负责公司战略方向和投资决策，不适合担任首席产品官。总裁说，自己主管销售，并且负责公司日常整体管理，没有足够的时间和精力做好首席产品官的工作。人力资源副总、行政副总和子公司总经理缺乏深厚的技术背景，也认为自己不适合首席产品官一职。最后，董事会一致同意选举研发总经理张总为公司首席产品官。主要原因如下：

（1）研发总经理40岁出头，年富力强，学习能力强，有很大的发展潜力。

（2）研发总经理从事技术研发及研发管理工作15年以上，对行业、客户以及技术趋势均有深入的认识。

（3）研发总经理自己觉得现在的状态很“尴尬”，有技术但是做不出好产品，非常认同产品线管理的理念，主动改变的意愿非常强烈。

（4）研发总经理本身是公司六名董事之一，在公司拥有较高的威信，出任首席产品官能够“服众”，不太担心各职能部门、各子公司不听指挥。

公司董事会很快任命研发总经理张总为公司首席产品官，并同步引入顾问团队导入创新方法，建立创新体系，培养创新人才，为首席产品官顺利开展工作“保驾护航”。职位变化了，行为也就变化了。作为研发总经理，张总只对“技术实现负责”，现在为首席产品官，他要对“产品成功负责”。张总原先80%以上的时间都是待在研发中心内部“搞研发”，现在80%的时间都是和领先用户（Lead User）在一起了。为了开发某新型涂料，张总亲自带队，直接将研发队伍部署在某家具厂客户现场，与核心供应商、领先用户一起“协同创新”。

经过两年的产品创新管理体系建设及各类创新人才培养，该公司的“产品力”大幅提升，实现了“销售力”与“产品力”双轮驱动。公司提出了三年翻一番的收入增长目标。公司已经在东南亚设厂，开拓国际市场客户。公司新增的建筑涂料、工业涂料等事业部也“复制”家具涂料的产品线管理机制，依靠具有市场竞争力的创新产品，在市场上站稳了脚跟，为持续、健康、快速增长奠定了坚实的创新管理基础。

二、创新型企业为何需要设立首席产品官

企业在模仿与跟随阶段，CPO职位设立的必要性和紧迫性不是太强，因为我们的前面有“老师”，我们跟着“老师”学就行了。经过二三十年的发展，很多企业已经由“跟跑”走向了“并跑”，甚至走向了“领跑”，这时CPO角色的重要性就凸显出来了。

具体来说，创新型企业设立CPO职位的重要性体现在以下方面。

1．凸显“创新驱动发展”在公司的重要性

由运营驱动走向创新驱动，通过创新驱动实现“高质量发展”已经成为很多公司的共识。设立首席产品官职位，表明公司是在真正践行“创新驱

动发展”，以此引导公司各级干部员工、各个职能部门重视创新、参与创新，实现卓越创新绩效。

2．企业创新工作有最终负责人

很多公司的创新工作是“多头并管”，谁都管，但谁都不承担最终责任，实际上创新工作处于“放任自流”的状态。一方面，这会严重影响公司的创新绩效，另一方面，也影响员工创新的积极性、主动性与责任心。企业正式设立CPO职位，大家不仅能找到最终对创新绩效负责的人，而且也强化了CPO本人的使命感和责任感，CPO自己会更加积极主动地履行职责，真正地对创新投资回报负责。

3．有助于产品管理人才梯队的培养与建设

公司层面有公司级的CPO，事业部层面、产品线层面也应该有相应层级的CPO。产品线、事业部层面的CPO，是未来公司级CPO的候选人。这样，一家创新型企业就建立起了科学的产品管理人才梯队，就能够确保各条产品线经营绩效目标的实现，就能够确保企业源源不断地培养出各级产品管理人才。

三、首席产品官如何有效开展工作

企业任命了CPO，产品创新管理就有了良好的起点。那么CPO应该如何有效地开展工作，实现企业“持续成功创新”呢？

1．建立面向“创新驱动发展”的组织模式

由运营驱动走向创新驱动的典型标志就是企业组织模式由制造型企业的职能型组织模式转变为创新型企业的跨职能团队组织模式。创新型企业要设立公司级的产品管理、项目管理和流程管理部门，新产品开发要由“研发部的事”上升到“全公司的事”。新产品开发任务要由在各个职能部门之间低效传递转变为在跨职能项目团队内高效推进。

组织模式不变革，企业就无法建立“流程型组织”“项目型组织”，新产品开发项目就无法高效推进，企业“创新驱动发展”就会成为空话。CPO要对组织变革的必要性、复杂性和艰巨性有深刻的认识，要明知很难，仍然迎难而上，不建立起真正意义上的跨职能团队不罢休。

关于创新型企业组织模式建设请参见本书第五章第二节。

2．系统规划和培养各类创新人才

组织模式变革解决了“如何做”的问题，人才培养需解决“谁来做”的问题。CPO一定要认识到创新人才不只是技术人才，还包括领导人才和管理人才。CPO要基于企业未来的创新战略与目标规划各类创新人才，适时引聘、选拔与培养各类创新人才，确保各类创新人才的数量、专业性能够匹配和支撑企业创新发展的需要。

关于创新人才的规划与培养请参见本书第五章第三节。

3．建立和实施公司级的、端到端的产品创新管理流程体系

建立了符合创新驱动发展的组织模式，系统培养了各类创新人才，就需要通过有效的产品创新管理流程体系实现企业持续成功创新“可复制”。CPO要主导产品创新管理体系建设，要基于跨职能团队组织模式建立起真正意义上的公司级的创新体系，而不是各部门流程的“汇总”。

流程体系需要严谨建设，更需要严肃执行。CPO要督促各级领导以身作则，带头执行流程、遵循流程，形成良好示范，实现“流程面前人人平等”的流程文化。

产品创新管理流程体系建设请参见本书第六章第二节。

4．开发和上市精品创新产品，形成示范，持之以恒，成为创新领导者

变革组织模式、培养创新人才和规范流程体系是手段和前提，开发和上市精品创新产品才是目的，所有管理方法最终都是为创造价值服务的。通过开发和上市精品产品，实现公司预期的创新绩效目标；通过开发和上市精品产品，验证组织模式的有效性、流程体系的有效性和创新人才的专业性；通过开发和上市精品产品，形成示范效应，引领和督促整个公司“转型升级”。

为了形成示范效应，CPO要亲自主抓一批有代表性的创新项目。对于经过验证有效的组织模式和流程制度，CPO要要求相关部门“固化”，并遵照执行。

随着公司的发展，公司的产品创新管理体系也要与时偕行，持续优化与升级，做好“版本管理”，确保公司“从胜利走向胜利”，成为创新领导者。“除了胜利，我们已经无路可走”是创新型企业的不懈追求。诚如斯

言，CPO就真正成为企业的创新领导者！

经过40多年的改革开放，中国企业普遍学会了“制造与运营”，但普遍尚未学会“创新与颠覆”。很多有一定规模的企业学会了做“跟随者(Follower)”，但尚未学会做“领导者（Leader)”。面向下一个40年，必将有一大批中国企业走向国际，甚至走向全球，成为全球市场的引领者。

期待越来越多的企业一把手由抓运营、抓销售、抓制造走向“抓创新”，期待越来越多的企业的首席执行官（CEO）成为“首席产品官(CPO)”，通过“持续成功创新”，领导企业“由胜利走向胜利”，成为市场领导者。

CPO行动

我们公司应该设立首席产品官职位吗？谁应该担任首席产品官？为什么？首席产品官应该如何有效开展工作？

本节小结

（1）首席产品官是创新型企业的“创新第一责任人”，对企业持续成功创新负责，对企业创新投资回报负责。

（2）设立首席产品官有助于凸显“创新驱动发展”在公司的重要性，能够保证企业创新工作有最终负责人，有助于产品管理人才梯队的建设与培养。

（3）首席产品官要优化公司组织模式、系统规划和培养各类创新人才，要建立公司级的、端到端的产品创新管理流程体系，要持续开发和上市精品创新产品，实现企业持续成功创新“可复制”。

知行信研发与产品创新管理体系（RDIM®）框架

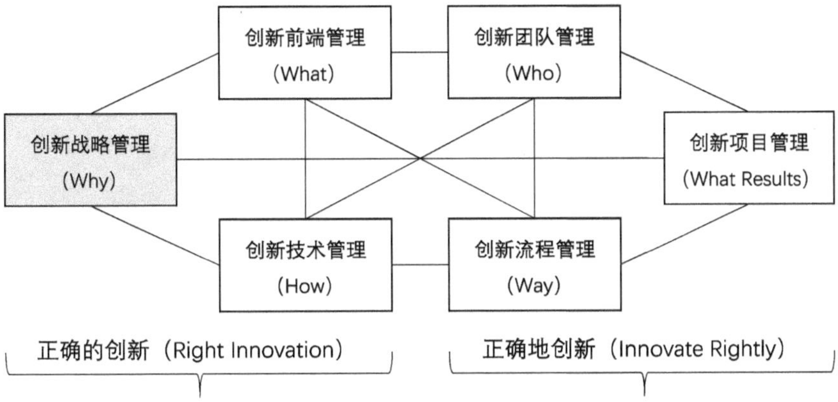

在知行信 RDIM® 体系中，创新战略管理是第一个子系统，回答“为何做（Why）”的问题，也就是企业 CPO 需要决策（Decision）进入什么业务领域，需要回答为什么要进入该业务领域。常言道：男怕入错行，女怕嫁错郎。如果业务方向选择错误，那么再怎么努力也很难实现预期的战略目标。

创新战略管理包括企业创新战略决策、产品线战略规划、产品差异化战略定位等逐步深入的三个层面的内容。

创新战略管理准则：少就是多！

第二章
创新战略管理

不谋万世者，不足谋一时；不谋全局者，不足谋一域。

——［清］陈澹然

本章分为三节，内容包括企业创新战略决策、产品线战略规划和产品差异化战略定位等逐层深入的三个方面，如图 2-1 所示。

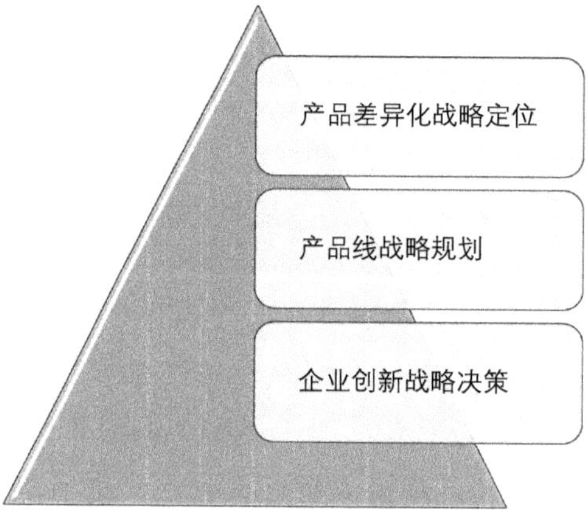

图 2-1　企业创新战略管理框架

第一节，企业创新战略决策，主要包括现有产品线梳理、现有产品线生 / 杀决策、规划中的产品线取舍决策和创新资源分配等。企业创新战略决策是企业首席产品官（CPO）的核心职责，CPO 要明确做什么、不做什么；先做什么、后做什么；多做什么、少做什么。CPO 要通过不同产品线、不同创新项目类型的创新资源分配实现创新资源投入回报最大化。

第二节，产品线战略规划，主要包括明确产品线战略目标、规划产品平台、规划产品线、制订年度开发计划和产品线日常管理等。产品线战略规划与管理是产品线经理的核心职责。产品线经理及产品线管理团队通过有效的产品线规划和管理实现公司预期的收入和利润目标。

第三节，产品差异化战略定位，主要包括目标客户定位、客户价值定位和商业模式定位等。产品差异化战略定位是产品经理的关键工作，产品差异化战略定位指导新产品的设计和开发，产品创新不能“输在起跑线上”。

请 CPO 组织企业高层管理团队对照表 2-1，评估企业在创新战略管理方面是否存在以下常见问题，并从本章后续章节的介绍中寻求相关问题的解决方法。

表 2-1　创新战略管理常见问题描述

创新战略管理常见问题描述	公司现状描述
（1）公司发展方向不清晰，发展重点不明确，发展方向经常摇摆或变化，业务决策轻率	
（2）进入的业务领域太多、太杂，哪块都缺乏强有力的竞争优势，哪块都未能做到细分市场数一数二	
（3）产品线缺乏明确、具体的定义和规划，公司日常新技术、新产品开发计划性不强，重要而不紧急的战略性开发项目总是不断延期，很可能 2 ～ 3 年后无合适的产品可卖	
（4）产品缺乏难以模仿的差异化，同质化竞争激烈，主要靠打价格战获得一些市场份额，企业盈利能力不强	
（5）公司缺乏明确的研发资源投入预算，缺乏明确的研发资源投入分配决策，总体新产品开发成功率不高，研发投资回报率低	

第一节　企业创新战略决策

少就是多，多就是少。企业创新战略决策原则：聚焦、聚焦、再聚焦！

CPO 思考

（1）我们公司是在做“标准化的产品”，还是在做“定制化的项目”？

（2）我们清楚地知道公司有多少款产品吗？我们清楚地知道哪些产品赚钱，哪些产品不赚钱吗？我们应该保留哪些产品线？应该淘汰哪些产品线？

（3）我们应该进入哪些新的业务领域？为什么？

（4）我们每年有明确的创新投入预算吗？我们的创新投入能实现投资回报最大化吗？

一、建立产品线思维

很多企业缺乏产品线思维，企业经营的思维模式还停留在“制造思维”“运营思维”，期待通过强化销售能力和制造能力实现公司持续增长。企业缺乏“产品线思维”的典型症状如下所述。

（1）缺乏产品概念，企业忙于做一个又一个的订单交付项目，将“个性化定制”作为公司的竞争优势进行宣传。

（2）缺乏常设的、专门的、专业的产品线管理团队负责各条产品线的规划和管理，产品线管理处于放任自流的状态。

（3）财务部门没有参与新产品项目分析与决策，企业没有核算产品线、产品收入和利润，哪些产品线（产品）赚钱不知道，哪些产品线（产品）亏钱也不知道。

创新型企业应该设立专门的产品管理部门，将产品管理部门作为公司发展战略的“执行部门”，任命专门的产品线管理团队“经营”各条产品线，对各条产品线的投资回报负责。

由图 2-2 可以看出，企业实现增长的方式有两种，一种是通过自主研发实现有机增长，另一种是通过并购扩大企业规模。如果一家企业主要是通过并购实现增长，那么该公司原则上已经成为一家“投资公司”。

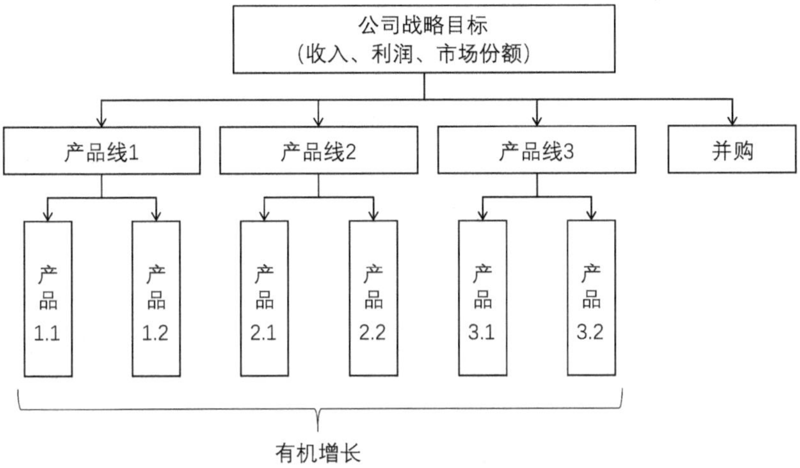

图 2-2　企业通过产品线经营实现有机增长

立足自主研发的“有机增长”应该成为企业的主要增长模式，企业应该通过多条产品线的有效经营实现企业的增长目标。很多企业分解年度增长目标时往往采用的方式是按照销售区域给销售人员“压任务”，而销售人员往往会“反弹”。销售人员会说，只要公司的产品有足够的市场竞争力，我们完成销售目标没有问题。由此可见，“产品好”是“卖好”的前提和基础。因此，创新型企业不但要按照销售区域分解销售任务，更应该按照产品线分解收入和利润指标。产品线管理团队的核心目标是做出“好卖”的产品，让销售团队“卖好”。

咨询实例

深圳某行业软件开发企业，缺乏产品思维和产品线思维，一直在不停地“做项目”。企业 300 名软件工程师，有 250 人以上常年在客户现场“写代码”“做实施”。公司项目总是“缺人”，不停地招聘新人，有些软件工程师第一天入职，第二天就被派往项目现场，入职培训都“来不及参加”。这样做的结果是项目总是延期，客户满意度不高，项目回款不及时，公司现金流非常紧张。由于各个类似项目重复劳动多，人员浪费严重，公司人均产值不高、人均利润不高，人均薪酬也缺乏竞争力，软件开发人员对待遇普遍不满意。

通过与公司董事长及管理团队深入沟通，顾问团队为该公司导入产品思维和产品线思维，成立产品管理部，任命各条产品线的产品线经理和产品线管理团队成员，在“做产品”的基础上“做项目”。建立“共用平台—基型产品—定制项目”的三层产品管理机制。通过平台化开发、模块化设计、产品化管理，实现共用平台达到50%左右的产品线共用，基型产品做到85%左右的同类项目共用，每个项目需要在客户现场实施的定制开发量控制在15%左右。这样，大部分软件开发人员主要在后台进行平台开发和产品开发工作，只有少部分软件人员需要到客户现场进行“定制交付”。

通过两年的产品化管理，该公司建立起了端到端的软件产品开发管理流程，建立起了基于共用组件和共用功能模块的产品平台，项目平均交付周期缩短30%以上，质量缺陷减少90%以上，客户满意度提升到90%。由于订单交付项目绩效的大幅改善，人均产值也提升近100%，人均薪酬提升30%以上。

CPO 行动

公司主要是在做“标准化的产品”，还是在做“定制化的项目”？公司是否需要提高产品的标准化程度？是否需要提高单款产品的投资回报？请思考改善思路与行动。

二、梳理现有产品线

创新咨询顾问进入企业客户的第一件事就是帮助企业梳理产品线，“盘家底”。通过产品线梳理，厘清产品线现状，为产品线战略决策提供输入。

（一）理解产品线

首先，我们需要理解与产品线相关的一些名词：产品大类、产品系列、产品线和产品。

（1）产品大类：指满足同类需求的具有相似功能的多个系列产品的集合，例如，汽车厂商的乘用车是一个大类，客车是一个大类，货车又是一个大类。

（2）产品系列：同类应用多条产品线的组合，例如，乘用车中的轿车、SUV 和跑车分属不同系列。

（3）产品线：同一细分市场同类应用多条产品线的组合，如轿车中不同档次的产品线。

（4）产品：同一产品线中具有不同功能或配置的产品，产品直接定价销售给客户，如奥迪 A6 产品线中 30FSI 技术型产品。

图 2-3 通过奥迪汽车的产品线划分说明了以上四个名词的含义。

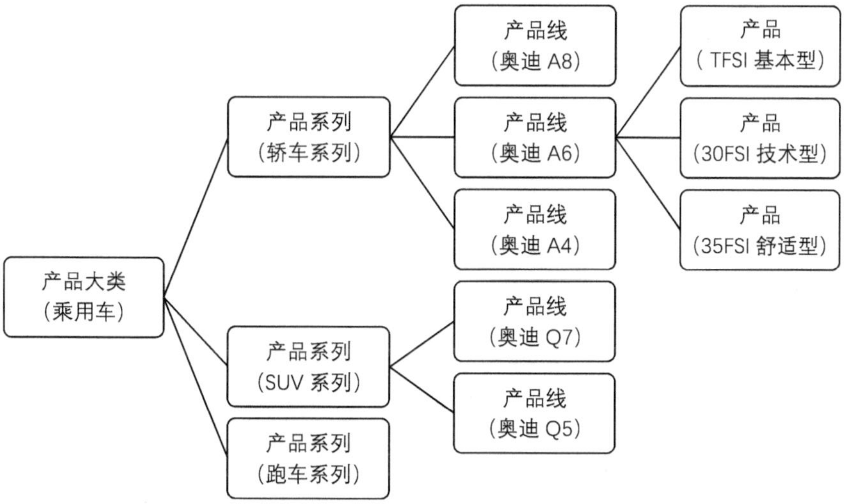

图 2-3　奥迪汽车产品线划分（示例）

注意：定义一条产品线的核心标准是基于共同的需求和共同的技术，而不是按共同的客户划分。产品系列和产品线也可以简单称为一级产品线和二级产品线。

（二）梳理产品线

要按照“完全穷尽、相互独立”的基本原则进行产品线划分和汇总，不要将不同的产品线混在一起。表 2-2 呈现了公司所有产品线和所有产品。销售收入和利润数据尽可能真实可靠。

表 2-2 产品线梳理表

产品系列	产品线	产品	产品状况	历年销售额 / 利润			未来销售额 / 利润预测			初步决策建议
				Y–3	Y–2	Y–1	Y 年	Y+1	Y+2	

填表说明：

（1）表中产品状况分为三类：销售中、开发中和规划中。

（2）表中 Y 表示当前年，Y–3 表示 3 年前，Y+1 表示明年。

（3）历年销售额 / 利润尽可能准确地进行核算，这是产品线、产品生 / 杀决策的主要依据。

（4）未来销售额 / 利润预测数据应该尽可能客观，有明确的假设依据。

（5）产品层面的初步决策建议包括五种：立即退市、×× 年内退市、扩展市场、改进升级和降成本。

（6）本表填写成员应该包括各产品线负责人、各产品线销售代表、技术代表和财务代表。

A 企业年营业收入不到 1 亿元，产品有 100 多款；B 企业年营业收入 30 亿元，产品有近万款。对大多数规模较大的企业而言，产品不是太少了，而是太多了。或者说，是精品产品太少了，平庸产品太多了。我们要思考的问题是：苹果公司是世界上最有钱的公司之一，为什么做那么少的产品？或者说，是否正是由于苹果公司只专注做极少数的精品产品，苹果公司才成为世界上最富有的公司之一？

产品管理原则：少就是多，多就是少！聚焦，聚焦，再聚焦！

咨询实例

2013 年，顾问团队帮助深圳某复合肥上市公司梳理产品线，砍掉了 40% 左右亏损和盈利非常少的产品。2014 年，该公司年营业收入与 2013 年相比基本持平，还是 20 亿元左右，但是税后利润近 3 亿元，增长了一倍。事实证明：砍掉不赚钱的产品就是增加盈利！

（三）对现有产品线进行生 / 杀决策

在对现有产品线进行梳理的基础上，创新型企业需要制订产品线生 /

杀决策准则，对现有产品线进行艰难的、坚定的生 / 杀决策，制订保留下来的产品线的管理策略。

1．制订产品线生 / 杀决策准则

产品线生 / 杀决策准则可以从以下维度思考。

（1）战略一致性：该产品线是否符合公司发展的“主航道”。

（2）市场规模及成长性：该产品线是否符合公司定义的最小市场规模、最低成长速度。

（3）盈利能力与战略价值：该产品线是否符合公司定义的最低利润率，或者利润率不高但是对于其他产品线的发展具有战略价值。

（4）技术实现难度：该产品线的核心技术能否在公司规定的周期内实现。

（5）失败风险：该产品线遭遇各种“破坏性打击”的可能性。

2．对现有产品线进行生 / 杀决策

对难以进行生 / 杀决策的产品线可从现有市场份额和未来盈利潜力两个维度进行可视化对比，选择更具潜力的产品线。

可以采取“贴纸法”将公司现有所有产品线贴在图 2-4 的适当位置，通过产品线之间可视化的对比，做出更有效的产品线生 / 杀决策。

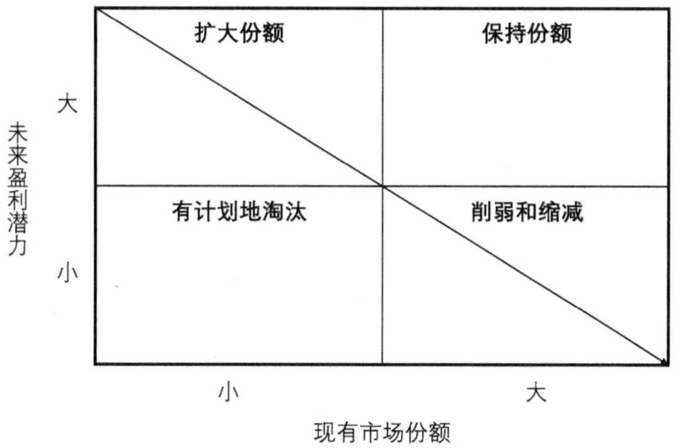

图 2-4　现有产品线生 / 杀决策分析矩阵

在相同的市场份额或未来盈利潜力的情况下，优先保留对角线之上的产品线。

3．制订保留下来的产品线的管理策略

除了做出立即退市决策的产品线外，对保留下来的产品线，可以采取以下四种管理策略。

（1）保持份额。现有市场份额大，未来盈利潜力大。

（2）扩大份额。现有市场份额小，但未来盈利潜力大。

（3）削弱和缩减。现有市场份额大，但未来盈利潜力小。

（4）有计划地淘汰。现有市场份额小，未来盈利潜力小。

CPO 行动

梳理公司现有产品线，制订产品线生/杀决策准则，组织公司管理团队对公司现有产品线进行艰难的、坚定的“生/杀决策”，对保留下来的产品线进行有效管理。

三、洞察新的战略机会

创新型企业既要经营好现有产品线，也要持续寻找新的战略机会。既要经营好“当下”，也要为明天和后天“下注”。梳理现有产品线的一个目的是“汰劣存优”，提升现有产品线的投资回报；另外一个目的是为新的战略机会“释放”宝贵的创新资源。

较大规模的创新型企业要设立专门的团队负责洞察创新机会，持续孵化新业务。华为公司2010年就有300人以上的团队持续研究“华为现在不做的业务”，持续寻找新的战略机会点。

（一）理解战略机会

战略机会是指符合企业战略“主航道”，能为企业未来增长创造巨大收益的业务领域。战略机会应当具备以下“三大”基本特征。

战略价值大：在企业定义的战略“主航道”内，能够增强公司品牌形象，能够与现有业务形成互补，能够利用现有核心能力。

市场规模大：市场总体年销售收入大，且具备连续10年以上高速增长潜力，形成规模销售后对公司利润贡献大。相关数值可以根据企业实际情况定义。

胜出概率大：市场集中度低，未形成“寡头垄断”，公司有相关核心技术积累，能够快速推出有市场竞争力的创新产品。

创新案例

谷歌公司战略机会筛选准则：这个想法必须涉及一个能够影响数亿人甚至几十亿人的巨大挑战或机遇。这个想法必须提供一种与市场上现存的解决方案截然不同的方法。谷歌不希望在已有的做事方法上做改进，而是另辟蹊径。将突破性解决方案变成现实的科技至少必须具备可行性，且在不久的将来可以实现。

（二）洞察战略机会

创新型企业要在企业主航道内从“想、可、能”三个方面的结合点寻找战略机会点。

如图 2-5 所示，“想”是指企业希望实现的战略目标，“可”是指外部是否存在可能的创新机会，“能”是指企业是否具备抓住外部创新机会的实力。“想、可、能”的交汇处就是企业可能的战略机会点来源。

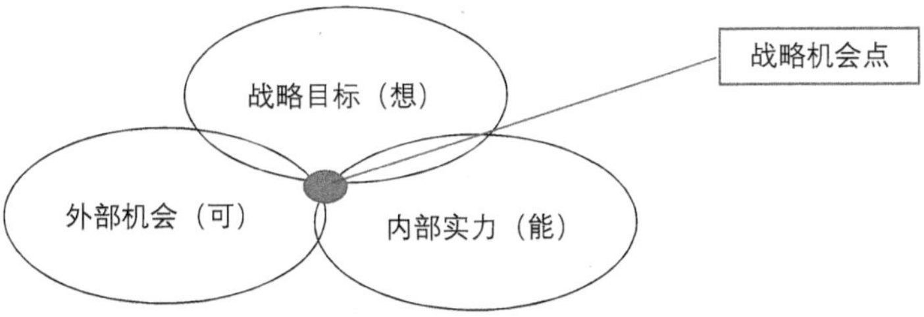

图 2-5　从“想、可、能”三个方面的结合点寻找战略机会点

创新型企业可以召开“创新战略研讨会”，邀请公司部门负责人以上管理者及部分骨干员工参加，通过集思广益、群策群力的方式思考和分析公司可能的战略机会点。创新战略研讨会可以自行组织，也可以邀请专业的创新顾问主持。图 2-6 是一个创新战略研讨会的框架流程，供创新型企业参考。

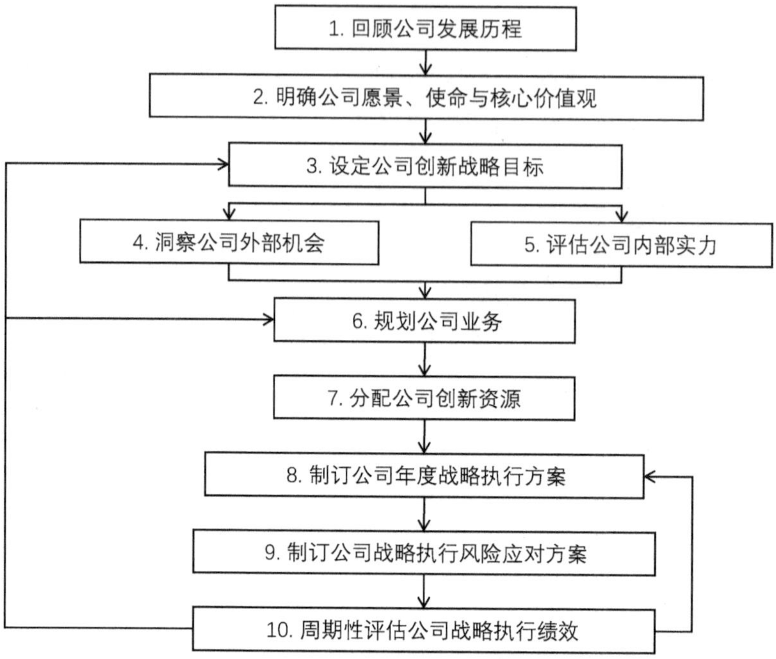

图 2-6　创新战略研讨会框架流程

1．从企业战略目标维度洞察战略机会

企业战略目标包括宏观层面的愿景目标和微观层面的经营目标。

宏观层面的愿景目标是指企业的战略意图，企业希望在所进入的领域成为领导者还是快速跟随者。

（1）领导者（Leader）：希望在什么领域成为领导者？成为国内领导者还是全球领导者？作为领导者，每代产品都必须做到首先上市（First to Market）。

（2）快速跟随者（Fast Follower）：希望在什么领域成为快速跟随者？追赶的标杆企业是哪些？这些标杆企业现在处于什么样的收入 / 利润水平？作为快速跟随者，在领先者每代产品上市后 3 ～ 6 个月之内必须推出同代产品，而且推出的同代产品一般应该比领先者的同代产品有所改进并且更加便宜（Better and Cheaper）。

对创新型企业而言，要么成为领导者，要么成为快速跟随者。做快速跟随者是手段，而不是目标，快速跟随者的最终目标是超越现有领导者，自己成为领导者。

创新案例

华为公司发展的前20年在电信设备领域都是快速跟随者，追赶的主要对象包括爱立信和诺基亚等领导者。在5G时代，华为已经从快速跟随者成长为领导者，逐步由“跟车”走向“领路”，进入了“战略迷茫期”。

现在华为公司的愿景目标是：我们力争成为运营商客户面向未来转型的战略合作伙伴，成为领先的企业ICT基础设施提供商，成为消费者喜爱和信赖的、全球领先的智能终端品牌。

微观层面的经营目标主要是收入、利润、现金流和市场份额等。宏观层面的愿景目标决定了微观层面的经营目标值。作为领导者，要追求领先的市场份额和更高的利润率。

2．从外部环境分析维度洞察战略机会

企业最终的发展战略机会来源于外部，特别是来源于对目标客户真正需求的深刻洞察。创新型企业可以从宏观环境、利益相关者环境、竞争者环境和目标客户需求等四个由浅入深、由表及里的维度进行有效分析，洞察可能的战略机会，如图2-7所示。

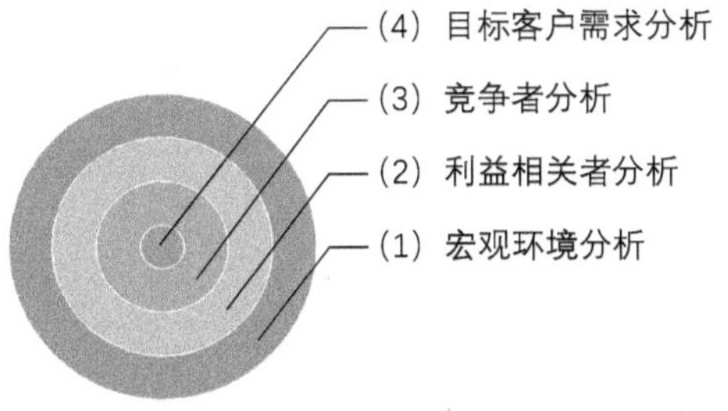

图2-7　通过外部环境分析洞察战略机会

（1）宏观环境分析：包括政治、经济、技术、社会、文化、环保和法律等环境变化的分析。宏观环境的变化往往是“不可逆的”，创新型企业应该洞察趋势、顺应趋势和把握趋势，而不应“与趋势为敌”！

（2）利益相关者分析：利益相关者包括供应商、合作伙伴、互补者、管理者、投资者和影响者等多类角色。这些角色对企业的发展有着非常直接的影响。

（3）竞争者分析：竞争者包括直接竞争者和间接竞争者。例如，对中国移动来说，中国电信和中国联通是直接竞争者，而腾讯的微信则是间接竞争者。大家使用微信后已经很少打电话了，也基本不发短信了，这对中国移动的收入和盈利造成了非常不利的影响。

（4）目标客户需求分析：从价值链视角看，企业的客户包括经销商、零售商和终端客户，也包括“客户的客户（Customer's Customer）”。对B2B企业而言，终端客户还包括各种类型的客户角色：决策者、购买者、使用者、维护者和影响者。这些不同类型的客户和客户中的不同角色的需求的洞察，是创新型企业战略机会洞察的最重要来源。

通过“持续扫描”和系统分析外部环境，创新型企业可以洞察到很多可能的战略机会。即使在外部环境恶劣的情况下，不少创新型企业也能够在“危中窥机”，且“化危为机”。

咨询实例

深圳某家具油漆制造企业敏锐地洞察到家具漆由“油性漆”转为“水性漆”一定会成为国家的强制政策，其主动求变，率先预研“水性漆”关键技术，在市场上领先同行推出全系“水性漆”产品，得到广大消费者的高度认可，成为“水性漆”市场的领先品牌。该企业还提前布局，主动关闭北京、深圳等中心城市的生产厂，将生产厂转移到专业的化工园区和东南亚国家，保证了“水性漆”新品的按时投产供货，及时满足市场需求。

3．从内部实力分析维度洞察战略机会

外因通过内因起作用。外部机会再多，企业“力所能及”的外部机会才是真正属于企业的战略机会。内部实力可以从企业资源、团队能力和品牌声誉等三个维度进行分析，如图2-8所示。

（1）企业资源：企业资源包括内部资源和外部资源。内部资源主要包括人才、专利、资金、设备、厂房（写字楼）等。外部资源主要包括客户关系、供应商关系、技术合作伙伴、渠道合作伙伴以及政府关系等。如果某个战略机会能够利用企业现有的内外资源，企业就可以减少前期投入，提升企业抓住该战略机会的概率。例如，某企业如果与客户的关系很好，卖更多同类产品给该客户的概率就比较高。

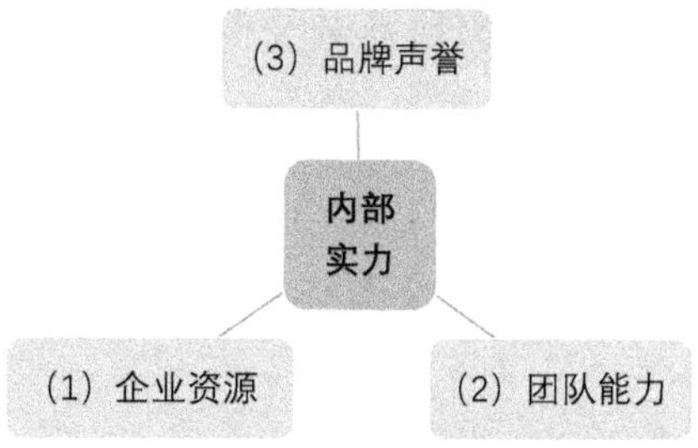

图 2-8　通过内部实力分析洞察战略机会

（2）团队能力：团队能力主要是指隐含在员工头脑中的和已经显性化的知识资产。团队能力主要包括战略规划能力、研发创新能力、销售服务能力、运营交付能力和企业管控能力等。如果企业当前及未来的团队无法把握某个战略机会，那么进入这个战略领域失败的概率将会非常高。

（3）品牌声誉：品牌声誉包括公司总体声誉和公司各个品牌的声誉。公司总体声誉体现在知名度、美誉度和引荐度等方面。知名度高不等于美誉度高。品牌声誉主要体现在该品牌产品的重复购买率、交叉购买率和引荐购买率。进入与公司品牌声誉匹配的战略领域能够增强公司的品牌声誉，提升公司进入该领域的成功概率。进入与公司品牌声誉不匹配的战略领域会“稀释”公司的品牌声誉，进入该领域的成功概率也不会高。例如，做空调领先的企业进入手机、新能源汽车等与公司“主航道”品牌形象不匹配的领域，不但新进入的领域很难成功，还可能会“稀释”公司现有品牌形象，影响空调产品的销售，给竞争对手制造赶超机会。

4．分析公司可能的战略机会点

通过以上“想、可、能”的系统分析，企业可以洞察很多可能的战略机会。总体而言，基于现有业务“主航道”和现有核心能力扩展战略机会领域，推进速度更快、成功概率更高。创新型企业可以基于现有主营业务，从三个方面思考和分析可能的战略机会领域，如图 2-9 所示。

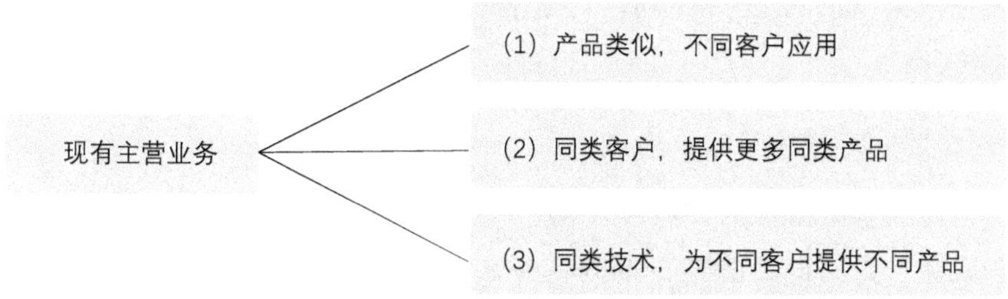

图 2-9　从三个方面思考和分析可能的战略机会领域

我们以中集集团旗下空港板块业务为例说明创新型企业应该如何有效拓展战略机会领域。

咨询实例

中集集团旗下空港板块的主营业务是登机桥业务，经过近30年的聚焦发展，登机桥业务占据了中国90%的市场份额，全球45%的市场份额。2010年，该公司年营业收入约5亿元，到2018年该公司年营业收入增长为近40亿元，8年增长了8倍，利润率也一直保持在10%左右，实现了高速、高质量增长。未来3～5年，该公司年营业收入有望突破100亿元，成为中集集团的一个重要的业务板块。近8年来，该公司基于登机桥这一主营业务，基于机场这一主要客户，进行了有效的战略机会拓展。

（1）产品类似，不同客户应用：由登机桥业务扩展到登船桥业务，客户由机场扩展到邮轮公司。

（2）同类客户，提供更多同类产品：该公司的主要客户为机场，公司现在为机场提供的机电类产品包括行李传送带、旅客摆渡车、食品运输车、机场专用空调等。

（3）同类技术，为不同客户提供不同产品：基于企业掌握的机械、电控、液压等核心技术，开发立体停车库产品，进入市场广阔的立体停车场建设市场。

不同战略机会领域，该公司基于战略目标和内部实力的不同，分别采取了自研、合资和并购等进入策略。例如，立体停车场业务通过自研方式进入，机场专用空调业务通过合资方式进入，行李运送系统业务通过并购方式进入。

（三）管理战略机会

通过以上“想、可、能”的系统分析，企业要将洞察到的诸多战略机会按照介入时机进行规划，对于有望近期介入的战略机会点要进行取舍决策。

1. 规划可能的战略机会点

任何战略机会都有介入的市场机会窗（Window of Opportunity）。市场机会只在一定时间段的窗口期内打开，错过了该窗口期，企业很难实现预期的战略目标。以下是战略机会的三种介入时机及可能的结果。

（1）过早介入：企业很可能成为“先烈”，客户没有“教育”过来，自己先死了。

（2）过晚介入：企业很可能“起了个大早、赶了个晚集”，错过市场机会。

（3）适时介入：企业才有可能成为“先驱”，实现预期的战略目标。

可见，适时介入才是有效的战略机会管理策略。企业可以将多个战略机会基于介入时机的不同分为近期介入、中期介入和远期介入三类，如表 2-3 所示。

表 2-3　战略机会的介入时机管理

介入时机	介入时间	管理策略	战略机会点
近期介入	未来 1 ～ 2 年	任命产品线管理团队，纳入产品创新管理流程进行管理	
中期介入	未来 3 ～ 5 年	指定跟踪团队，做前期业务可行性分析和技术预研	
远期介入	未来 6 ～ 10 年	纳入战略机会池管理，指定专人（团队）持续跟踪，适时进行前期基础研究	

2．评审希望近期介入的战略机会点

对于希望近期介入的战略机会点，创新型企业可以基于技术成功概率和未来盈利潜力等维度进行评审，选择优先介入的战略机会点，如图 2-10 所示。

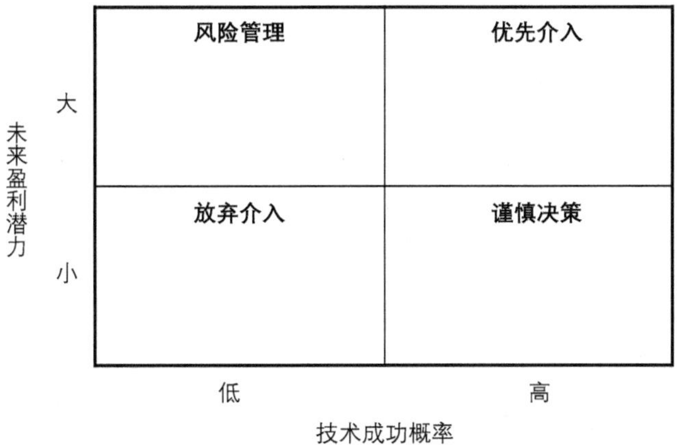

图 2-10　评审希望近期介入的战略机会点

同样可以采取贴纸法将公司所有希望近期介入的战略机会点贴在图 2-10 的适当位置，通过战略机会点之间可视化的相对对比，做出更有效的战略机会点取舍决策。

在相同的技术成功概率或未来盈利潜力的情况下，优先选择对角线之上的战略机会点。

对希望近期介入的战略机会点，可以采取以下四种管理策略。

（1）优先介入：技术成功概率高，未来盈利潜力大。

（2）风险管理：技术成功概率低，但未来盈利潜力大。

（3）谨慎决策：技术成功概率高，但未来盈利潜力小。

（4）放弃介入：技术成功概率低，且未来盈利潜力小。

3．将战略机会转化为收益

对于决定优先介入的战略机会，应该纳入产品创新管理流程，在创新前端深入论证战略机会，孵化出新业务，如图 2-11 所示。

图 2-11　知行信 4D 产品创新管理流程体系

深入的 4D 产品创新管理流程体系介绍，请参见作者 2018 年出版的《产品经理实务》一书。

咨询实例

某能源设备制造企业，上市后融资 10 亿元以上。为了实现公司持续、健康、快速发展，公司董事会决定成立公司战略市场部，组建 3 ~ 5 人的专业团队专注于新的战略机会的识别与论证。该公司战略市场部通过系统分析外部环境和内部实力发现，现有的能源设备每年只有 10 亿元左右的市场规模，而且市场规模呈逐步萎缩趋势，该市场难以支撑公司的可持续发展，公司必须尽快介入新的业务增长点。

战略市场部团队通过深入调研其主营产品客户发现，相比购买能源设备，客户更希望有专业厂商能够提供能源设备管理整体解决方案，而整体解决方案年市场规模近100亿元。该公司战略市场部团队分析认为，公司的设备在整体解决方案中居于核心地位，通过20多年的持续服务，公司与近百家同类客户建立起了良好的关系，对客户的整体需求有深入的认识，公司应该将为能源企业提供能源管理整体解决方案作为公司近期介入的关键战略机会点。

基于战略市场部团队的分析和论证，公司董事会决定将为能源企业提供能源管理整体解决方案作为未来新的战略增长点，公司由设备制造商向整体解决方案服务商转型升级。公司抽调精兵强将成立解决方案产品线管理团队，全面负责解决方案产品的策划、设计、开发与实施交付管理。为了有效地实施解决方案订单交付项目，公司聘请咨询机构建立起了端到端的订单交付管理流程体系，培养出了多个以客户为中心、以客户需求为导向的“订单交付铁三角团队”：客户经理、解决方案经理与交付经理。

通过三年左右的转型升级，公司的解决方案产品和服务得到了主流客户的认可，年营业收入实现了倍增，公司从竞争激烈的能源设备“红海”中走了出来，成为能源管理整体解决方案提供商市场领导者。

CPO 行动

结合公司实际，组建专业团队持续洞察新的战略机会，并将战略机会转化为实际收益，实现公司的可持续增长。

四、有效分配创新资源

只有开始花钱，战略才能落地。也就是说，企业只有对现有或规划中的各条产品线开始进行创新资源投入，才会有创新产品上市，企业才有可能实现回报。越投资未来，企业越有未来；越不投资未来，企业越没有未来。“种瓜得瓜，种豆得豆”。

但是，对任何企业而言，能投入的创新资源的数量是有限的。在创新资源投入方面，企业 CPO 的关键任务是：将有限的创新资源投入最有“钱景”的少数产品线组合之中，以实现公司总体投资回报的最大化。

创新资源主要包括钱、人及人的时间。资金和人才都需要基于公司创新战略提前规划，这样才不至于频频出现“人到用时方恨少”的局面。

咨询实例

某医疗器械企业董事长说，我们每年年初在董事会上都提出今年要做10个以上的新产品，但是到年底总结时发现，真正能够有效实施的新产品开发项目不超过3个。公司当年的主要收入还是来自三年前上市的产品，随着现有产品的老化，公司将陷入三年之后无合适产品可卖的困境。

咨询顾问通过现场系统诊断发现，公司董事会每年只是提出要做哪些项目，对项目所需资源缺乏细致分析，对项目所需资源也缺乏明确承诺。由于项目所需资源无法保证，很多项目要么一再延期，要么长期搁置。

咨询顾问建议该公司要进行有效的产品线战略规划，基于产品线战略规划提前规划、引聘和培养各类创新人才。对于各种类型的创新项目要进行有效的组合管理，要排列项目的优先顺序，要对需要启动的项目承诺所需的创新资源。这样，企业的创新战略才有可能真正落地，而不只是停留在董事会的决议中。

（一）明确创新资源的投入总量与投入分配

企业创新资源分配需要回答以下两个问题。

（1）投入总量问题。公司每年将销售收入的多大比例投入研发和创新？此比例与同行主要竞争对手相比是否具有竞争力？

（2）投入分配问题。相同的投入总量，采取不同的分配方式能产生差别很大的投资回报率。企业需要在不同产品线及不同类型项目间进行合理的创新资源分配。

（二）创新资源投入组合的三大原则

创新资源投入组合应符合以下三大原则。

1．战略一致性原则

创新资源分配方式符合公司的战略规划方向和重点吗？能确保公司战略目标实现吗？投资的产品线组合应与公司愿景、使命及战略一致。不遵守投资的战略一致性是很多企业机会主义导向、盲目多元化扩张的原因。企业要明确并发展“主航道”，不要在非战略领域浪费任何战略资源！

2．长短期平衡原则

公司的资源分配方式既考虑了公司短期生存的需要，也考虑了公司未来发展的需要吗？公司投资的产品线组合要长短期兼顾，既要有近期能够获利的产品线，也要有中长期能够获利的产品线。有些企业的投资过于短期化，赢得了短期的“一场战斗”，但很可能输掉“整场战争”。当然，只考虑未来的发展，不考虑眼下的生存也是不理性的。

3．价值最大化原则

公司的资源分配方式能实现整体创新资源投资回报最大化吗？要保证有限的创新资源投入能实现公司总体投资回报最大化。保证战略一致性、进行长短期平衡最终都是为了实现企业整体创新资源投资回报最大化。

（三）创新资源投入分配

创新资源投入组合可以按照创新项目类型划分。图 2-12 中各类创新项目创新资源分配比例是个示例，各企业可以根据实际情况设定。

如果一家公司 80% 以上的创新资源都投到微小改进型产品的开发，那该公司三年以后很可能“无产品可卖”。同理，如果一家公司 80% 以上的创新资源都投给全新产品开发，那该公司很可能活不过三年。处于不同发展阶段、产品创新程度不同的企业，应该根据企业的实际情况分配创新资源，既要确保“今天能活下去”，也要确保“明后天能活得更好”。

创新资源投入组合也可以按照产品系列划分，如图 2-13 所示。图中各产品系列创新资源分配比例是个示例，各企业可以根据实际情况设定。

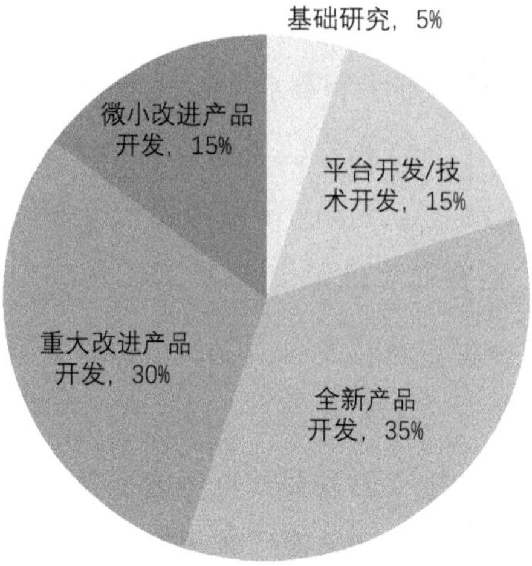

图 2-12　按创新项目类型分配创新资源

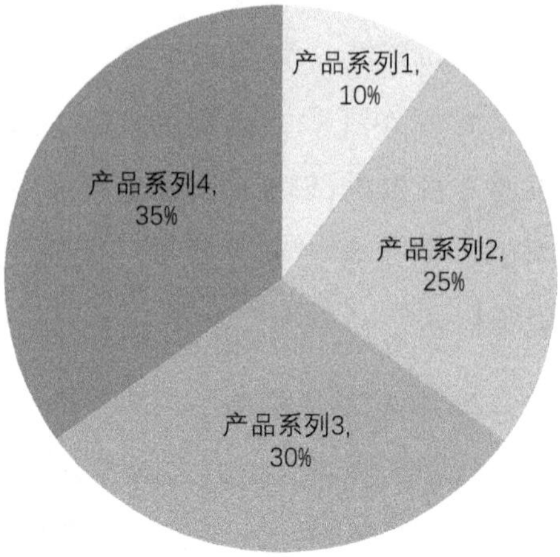

图 2-13　按产品系列分配创新资源

创新案例

华为公司的创新资源投入

华为公司从零起步，在 30 多年内崛起成为世界通信行业领先企业，这与该公司在研发与创新方面长期、持续、大比例投入密切相关。从公司成立一直到现在，华为始终坚持以不少于销售收入 10% 的费用和 45% 的员工投入研发，并将研发投入的 10% 用于前沿技术、核心技术及基础技术的研究。面向未来，华为持续加大投入，构建合作共赢的产业生态。

2015 年，华为将销售收入的 15% 投入研发，达 596 亿元，10 年累计支出超过 2400 亿元。累计获得专利授权 50377 件。

16 个研究所、36 个联合创新中心、约 79000 名研发人员在全球范围开展创新合作。华为创新研究计划已有逾千名学者参与；2015 年新资助百余个项目。（资料来源：华为官网）

在华为公司，年度预算研发经费花不完，相关主管要被问责。原因是什么？因为这些主管没有找到足够多的值得投资的创新项目，一些创新机会华为没有抓住，就很可能被其他友商抓住了，这对华为而言意味着很大的机会成本。

CPO 行动

制订公司投资组合决策原则，对不同类型项目、不同产品线进行有效的资源分配，并动态管理投资组合，实现公司整体投资回报最大化。

本节小结

（1）建立产品线思维：要由“做项目”走向“做产品”，要由高比例的个性化定制走向基于产品平台和标准化产品的“大规模定制”，要组建专业的团队对产品线进行全生命周期管理，产品线管理团队要对产品线的投资回报负责。

（2）梳理现有产品线：梳理产品线的目的是“盘家底”，通过系统梳理、取舍和划分，及时终止没有前景的产品线或产品，将公司有限的创新资源投入投资回报最大的产品线组合之中。

（3）洞察新的战略机会：要从“想、可、能”三个维度分析可能的战略机会点，要组建专业的团队持续进行战略机会洞察和管理，要适时将战略机会转化为收益。

（4）有效分配创新资源：创新资源的投入力度和科学分配对于企业的投资回报非常关键。创新型企业要比照主要竞争对手设定创新资源投入力度，具体可以用创新投入占销售收入比例衡量。创新资源投资组合应考虑战略一致性、价值最大化和长短期平衡。

第二节　产品线战略规划

企业通过每条产品线的规划和管理实现公司战略目标，每条产品线必须由专业的产品线管理团队进行有效管理。

CPO 思考

（1）我们有专门的团队规划和管理各条产品线吗？

（2）我们的每条产品线每年均能实现预设的销售收入、利润和市场份额等战略目标吗？

（3）我们的产品线战略规划能有效指导相关平台、技术和产品的开发吗？

上节，我们讨论了企业如何进行创新战略分析与决策，明确了应该重点投资哪些产品线。接下来，我们就要有效规划和管理各条产品线，确保实现每条产品线战略目标，从而实现公司整体战略目标。

企业创新战略分析与决策是公司 CPO 的职责，而产品线规划和管理则是产品线经理的核心职责。各条产品线的经营目标实现了，公司的创新战略目标也就实现了。

一、产品线管理概述

从有机增长的视角看，企业战略目标的实现源于各条产品线战略目标的实现，而各条产品线战略目标的实现源于产品线内每款产品的收入和利润。因此，管理好每条产品线，管理好每条产品线内的每款产品，就等于管理好了公司的创新战略。可以说，公司产品管理部门就是公司的战略执行部门，有效的产品线管理是实现公司战略目标的关键举措。

由此，也可以看出创新型企业设立产品管理部、产品线经理管理机制的重要性。

1．产品线规划的主要内容

产品线规划是指企业以 3 ～ 5 年为期，滚动规划每条产品线的产品路线图、平台开发路线图以及技术路线图，提前预研关键技术与产品平台，确保各款产品按期上市，实现产品线预定的经营目标。

具体而言，产品线规划的主要内容包括：

（1）设定产品线战略目标。

（2）规划客户需求。

（3）规划产品路线图。

（4）规划产品平台。

（5）规划技术路线图。

（6）制订和执行产品线年度工作计划。

产品线规划的逻辑是客户需求—产品路线图—产品平台—技术路线图，如图 2-14 所示。

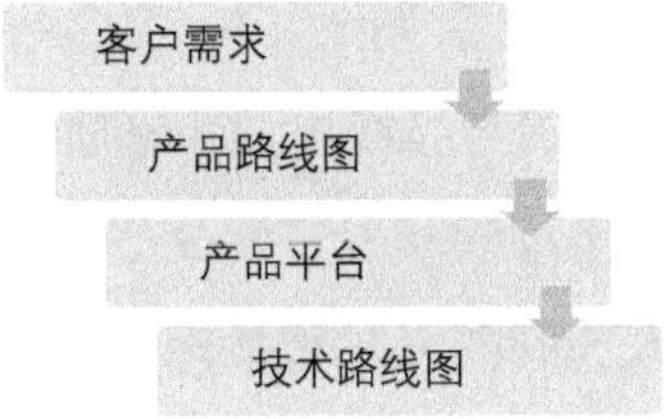

图 2-14　产品线规划的逻辑

产品线规划是源于客户需求研究的。缺乏有效的客户需求研究的产品线规划是“闭门造车”，是没有什么实际价值的。产品线管理团队首先要系统洞察目标客户近期、中期和远期的核心需求，才有可能知道客户未来会需要具备哪些功能（性能）的产品，知道客户需要什么样的产品后才有可能定义产品共用平台，才有可能知道要预研哪些核心技术和关键技术。

规划的目的是提前行动，以便实现未来预期的目标。规划的逻辑是自上而下的，开发的逻辑则是自下而上的。为了开发和上市能满足客户三年后需求的新产品，应该今年就基于技术路线图预研核心技术和关键技术，明年构建好产品平台，第三年才能确保新产品顺利上市。“罗马城不是一日建成的。”企业不要指望今年年初开始调研客户需求，今年年底满足客户需求的新产品就上市了！

2．产品线规划的价值

凡事预则立，不预则废！产品线规划的核心目的是“为了抓住明天的机会而在今天就开始行动”。

有效的产品线规划和管理能够给创新型企业带来以下好处。

（1）通过产品线规划，从逻辑上验证产品线未来经营目标实现的可能性。

（2）通过产品线规划和评审，使公司管理层与产品线管理团队就创新资源的投入达成一致。

（3）通过产品平台的规划、开发和维护，构建公司差异化的、难以模仿的持续竞争优势，提高技术的复用度，降低单个产品开发成本，加快单个产品开发速度，提升产品质量。

（4）通过产品线规划，使产品管理团队、产品开发团队、平台开发团队以及技术开发团队成员对开发项目的重点内容与开发节奏达成一致意见。

3．产品线规划不当的不良后果

一家企业如果缺乏有效的产品线规划和管理，通常会出现以下问题。

（1）公司未来 3 ～ 5 年可能陷入“无合适产品可卖”的困境，公司制订的未来 3 ～ 5 年的收入和利润等经营目标无法达成，公司缺乏持续增长的核心竞争力。

（2）公司创新资源投入短视、低效，绝大部分创新资源投入微小改进项目或订单交付项目，公司核心技术人员常年忙于“救火”，重要而不紧急的全新产品开发项目、重大改进产品开发项目、产品平台开发项目以及关键技术预研项目一再延期，错过很多新产品的最佳上市窗口期。

（3）关键管理和技术人员看不到公司的长远发展希望，自身也得不到有效成长，选择离职或者消极被动应付工作。

以上由于缺乏有效的产品线规划和管理出现的问题，也印证了一句古话：人无远虑，必有近忧！

4．组建跨职能团队负责产品线管理

创新型企业需要打破“部门墙”组建常态化的跨职能产品线管理团队，负责产品线全生命周期的管理，对产品线经营业绩负责。通过产品线管理团队组织模式的有效运作，牵引整个公司由运营驱动走向“以客户为中心、以客户需求为导向”的创新驱动。

一般来说，产品线管理团队由“1+3”四个关键角色组成，即产品线经理、营销代表、技术代表和财务代表，如图 2-15 所示。

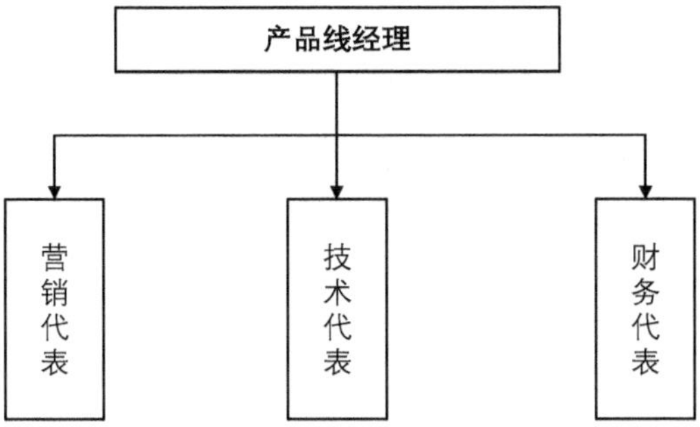

图 2-15 产品线管理团队的“1+3”组织模式

产品线经理是产品线管理的核心角色，产品线经理选拔和培养的有效性很大程度上决定产品线经营业绩的好坏。当然，没有其他三个角色的强力支撑，产品线经理也不可能有效、高效地管理好产品线。产品线管理团队各个角色的主要职责如表 2-4 所示。

表 2-4 产品线管理团队各个角色的主要职责

团队角色	主要职责
产品线经理	①领导产品线管理团队，对产品线投资回报负责 ②主责产品线规划与管理工作，对产品线全生命周期管理负责 ③主责客户需求研究与客户需求管理工作 ④主责战略机会分析工作，为公司创新战略决策提供依据 ⑤主责创新前端管理、产品上市管理、产品生命周期管理和产品退市管理
营销代表	①主责市场分析和竞争分析工作 ②主责产品宣传和销售工作 ③主责产品渠道建设工作
技术代表	①主责产品技术平台规划、建设与维护工作 ②主责产品技术可行性分析和技术预研工作 ③参与客户需求研究、产品定义工作
财务代表	①主责产品成本核算工作 ②主责产品融资、现金流管理工作 ③主责产品定价和价格管理工作

各个企业可以根据企业的实际情况，设立产品线管理角色，并明确各个角色的主要职责。不过，以上“1+3”的角色设置，是产品线管理的基

本配置。在一些企业，产品线经理也可能兼任技术代表或者营销代表，但一般不可能兼任财务代表。

创新案例

谷歌公司的产品线管理

2018 年 6 月，作者作为创新顾问，陪同国内某大型央企高管团队参访美国硅谷的多家创新型企业。在谷歌公司参访时，接待我们的正好是一个资深产品线经理。作者借机与他交流了谷歌公司的产品线经理组织模式。该产品线经理说，他是整个产品线的负责人，负责产品线的整体规划和管理，对产品线经营业绩和可持续发展负责。他自己兼任产品线经理和架构师，名片上印了两个职位：Product Owner & Architect。作者问他是否也兼任产品开发项目的项目经理。他的回答是当项目很少并且项目非常重要时，他自己也会兼任产品开发项目的项目经理。当产品线项目比较多时，他会任命多个项目经理分担自己的管理压力。

二、设定产品线战略目标

设立产品线管理机制，任命产品线管理团队的核心目的是实现公司预期的产品线战略目标。产品线战略目标分为愿景目标和经营目标。产品线愿景目标也称为产品线核心战略愿景，是产品线战略目标的宏观描述。产品线经营目标包括未来 3 ～ 5 年的收入、利润、现金流和市场地位等微观目标。

在进行产品线规划时，可以先大致设定产品线战略目标，在产品线详细规划中再适当调整和优化战略目标。设定的产品线战略目标要具有挑战性，也要具备现实性，最好是经过努力可以达成的目标。

（一）设定产品线愿景目标

核心战略愿景（Core Strategic Vision，CSV）是产品线要实现的愿景目标、如何实现该目标及公司为何会取得成功的陈述。核心战略愿景陈述要求聚焦、清晰、完整和可行。核心战略愿景陈述应该由产品线经理负责。

1．核心战略愿景的作用

（1）明确公司的目标和策略，有效地与客户、员工和股东进行沟通。

（2）指导产品线战略的制订，指导产品线技术开发和产品开发。

（3）保证相关战略的决策和行动与产品线战略的一致性。

2．核心战略愿景需要回答的主要问题

核心战略愿景需要回答三个核心问题。

（1）我们要实现什么愿景目标？

（2）我们如何才能实现这些目标？（通过什么方式和途径）

（3）我们为什么会成功？（独特的客户价值定位）

咨询实例

某电脑外围设备制造商的核心战略愿景陈述

我们要在五年内成为世界前三名的电脑外围设备供应商。我们要通过建立一个比竞争对手更好的产品开发流程体系、更有竞争力的价格、更有效的成本控制及更好的客户服务来实现我们的愿景。我们将不断为客户提供更简便易用、价格适中、设计时尚的创新产品。

（二）设定产品线经营目标

在陈述核心战略愿景的基础上，产品线经理要组织产品线管理团队成员设定产品线未来 3 ～ 5 年的具体的经营目标（见表 2-5）。

表 2-5　设定产品线经营目标

年份	销售收入（亿元）	利润（亿元）	年度经营现金流（亿元）	市场份额（百分比）	市场地位（第 × 名）
CY+1					
CY+2					
CY+3					
CY+4					
CY+5					

注：CY 指今年，填表时可以用实际年份替代。

产品线战略目标设定需要尽可能客观，要有假设依据，不能简单地凭空拍脑袋填写。当数据假设条件变化时，相应数据也要进行调整。

三、规划客户需求

产品创新法则：源于客户需求，终于客户满意。企业开发的产品要能满足客户需求，能让客户满意，客户才可能购买，企业才能获得销售收入，实现投资回报。因此，洞察客户需求是产品线规划和管理的起点。

洞察客户需求的具体方法将在第三章相关章节详细介绍。通过系统、完整、深入、正确地洞察目标客户需求，产品线管理团队要建立“客户需求库”，要对客户需求进行规划和动态管理，要将客户需求规划和管理作为产品线规划和管理的指引，如图 2-16 所示。

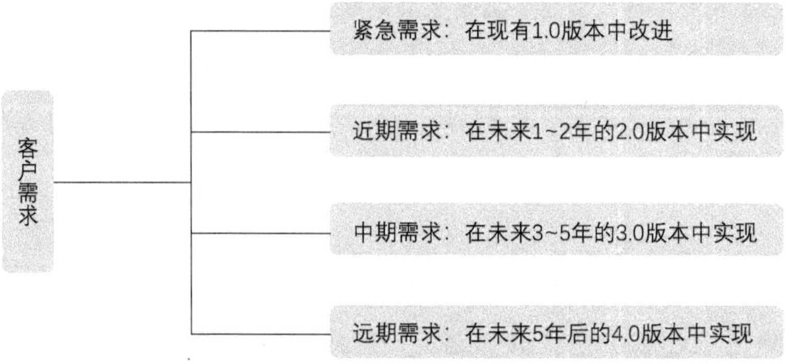

图 2-16 客户需求规划（示例）

图 2-16 中产品版本及实现时间是示例，企业可根据产品线的实际情况进行定义。在不同产品版本中要实现的客户需求也是需要进行动态管理的。以下情形可能会影响客户需求规划。

（1）客户需求变化：一方面是企业对客户需求的洞察不断深入，另一方面是客户需求本身发生了变化。例如，当消费者普遍接受了微信等网上支付方式时，银行及为银行提供智能柜台、自助存取款机等设备的企业的相关需求规划以及产品规划就需要大幅调整。

（2）竞争对手新产品上市：如果竞争对手将企业本来规划在产品 3.0 版本中满足的需求提前在 2.0 版本中实现了，那么企业可能也需要在 2.0

版本中满足该需求。这样，产品才能有竞争力。例如，当苹果公司的某代手机推出了前置双摄镜头时，其他厂商也需调整产品规划，提前推出该项功能。

（3）技术变化：一方面是某项核心技术提前实现了，规划在产品 3.0 版本中满足的某项客户需求可能提前在产品 2.0 版本中实现；另一方面是某项核心技术的实现延后了，规划在产品 2.0 版本中满足的需求可能要推延到产品 3.0 版本中才能实现。

（4）政策法规变化：强制性政策法规的变化也可能会提前或延后某项客户需求的满足。例如，当国家对新能源汽车的补贴调整为续驶里程不低于 300 千米时，某厂商正在开发中的续驶里程为 250 千米的新能源汽车车型就必须调整为续驶里程 300 千米以上。

四、规划产品路线图

产品路线图（Product Roadmap）规划的主要目的是排列同一产品线不同产品开发的先后顺序和上市时间。

1. 产品路线图规划原则

（1）产品线涵盖所有主要的目标细分市场。在一个产品线内的不同产品要针对不同的细分市场；否则就没必要分为多个产品。

（2）每个产品要足够聚焦，以避免产品繁多和市场混乱。不要试图为所有人开发所有产品。

（3）产品线开发计划是有时间阶段的。同一产品线的不同产品应该依次推出。

（4）相似的产品线要协同推出，例如，在推出高端产品的同时也可推出低端产品。

2. 产品路线图规划方法

基于客户需求规划制订产品路线图。产品路线图规划要采取“上市一代、开发一代、规划一代”的策略，以保证公司的可持续发展。

图 2-17 是一个产品路线图规划的示例。

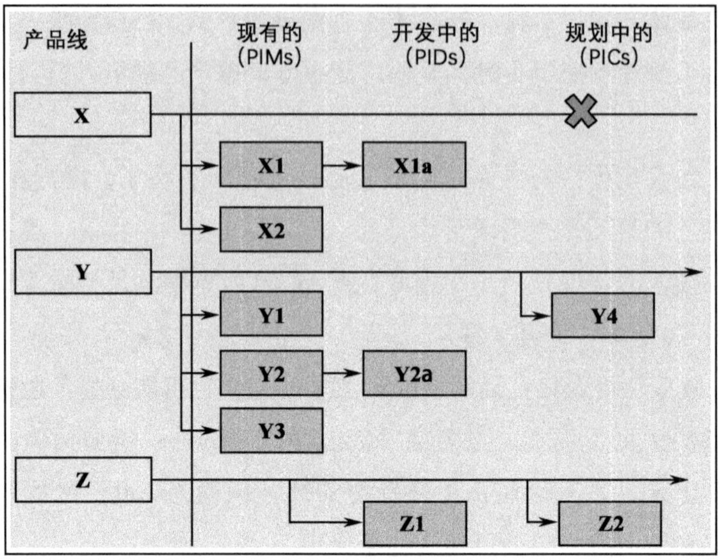

图 2-17 产品路线图规划示例

如图 2-17 所示，某企业共规划了 X、Y、Z 三条产品线。企业最好在图中标注每款产品的上市及退市时间。该企业每条产品线均按开发和上市的先后顺序将产品分为以下三类。

（1）现有的（Products in the Market，PIMs）：已经上市销售的产品。

（2）开发中的（Products in Development，PIDs）：已经进入开发阶段的产品。

（3）规划中的（Product Innovation Charters，PICs）：正在规划中、尚未进入开发阶段的产品。

通过图 2-17，我们可以直观地获知以下产品线规划信息。

（1）当前两条产品线（X、Y）共有五款产品上市。

（2）有两款产品（X1a、Y2a）正处于开发管道中。

（3）X 产品线标记“X”，表示在不久的将来该产品线退市。

（4）公司规划了一条新产品线 Z。该产品线第一款产品正在开发，第二款产品正在规划之中。

通过图 2-17，我们还可以看出该公司在产品线规划方面的战略意图。

（1）该公司将一些资源投入现有产品的升级方面（X1a、Y2a）。

（2）该公司做出了终止一条产品线（X）的决策。

（3）该公司计划增加一条全新的产品线（Z）。

3．系列产品开发策略

产品线系列产品的开发一般从中等复杂程度的产品开始。先开发出一个基型产品（Basic Product），然后通过该基型产品的“变型”，开发面向低端市场和高端市场的系列产品。这样做，第一个产品的开发成本可能比较高，但是随着系列产品的开发和上市，整个产品系列的单位产品成本能大大摊薄。图 2-18 描述了一条产品线系列产品的开发路线图。

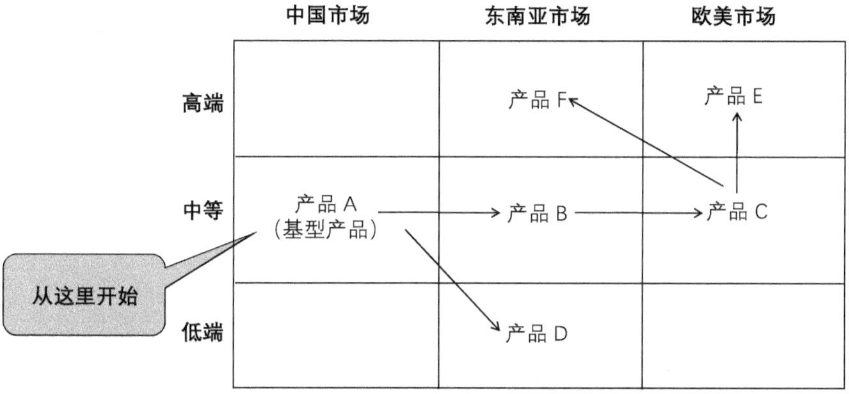

图 2-18　产品线系列产品开发路线图示例

如图 2-18 所示，该公司先面向中国市场开发中等复杂程度的产品 A 作为基型产品，然后面向东南亚市场快速推出低端产品 D。接着，面向东南亚市场开发中等复杂程度的产品 B，接下来面向欧美发达国家市场开发中等复杂程度的产品 C。在中等复杂程度的产品得到国际市场认可的基础上，面向国际高端市场开发产品 F 和产品 E。

以上系列产品开发路线图，也是很多企业国际化的路线图。先在本土市场占据领先地位，然后向东南亚等类似市场扩展，积累经验，最后进入欧美等发达国家市场。

五、规划产品平台

产品平台（Product Platform）是指多个产品共用的结构或基本架构，或者是多系列产品成功商业化的基础。产品平台可以是技术、部件、子系统及流程等。对科技型企业而言，产品平台主要是用于一系列产品或产品线的共同的技术、模块或部件的集合。产品平台决定了最终产品的成本结构、功能及差异化。产品平台很大程度上决定了企业该系列产品的竞争优势。

当一款新产品的开发成本很高，但是可以开发系列产品时，应该考虑建立产品平台。图 2-19 描述了产品平台与产品线之间的关系。

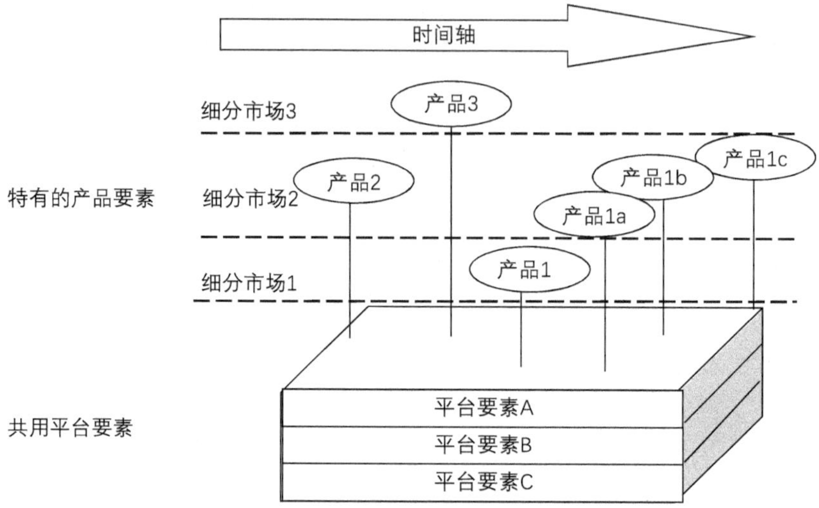

图 2-19　基于产品平台的系列化产品开发

从图 2-19 中可以看出，技术要素 A、B、C 是细分市场 1、2、3 各个产品共用的平台要素，即细分市场 1 ～ 3 开发的产品都是基于这些共用平台要素的。在共用平台的基础上，每款产品根据细分市场客户的差异化需求，还需要开发一些特有的技术要素。共用平台要素的复用（Reuse）能大大加快该市场系列产品开发的速度，并提高新产品的可靠性。而各款产品的特有的技术要素又能保证产品满足客户的个性化需求。这样，企业就在客户的个性化需求和企业自身的规模经济性需要之间取得了适度的平衡，实现了大规模定制（Mass Customization）。可以说，产品平台的规划和建设，对企业而言是战略性的举措，而不只是一项技术性工作。

创新案例

惠普打印机的产品平台

惠普系列彩色打印机的开发均基于三大关键技术组成的共用平台，分别为成像技术、内部打印服务器技术和打印管理软件技术（见图 2-20）。惠普的这三大技术决定了其打印机产品与其他竞争者同类产品的主要差异，这也是惠普彩色打印机系列产品竞争优势的主要来源。

产品线	细分市场	主要性能	系列产品及价格
8500系列	快速和高性能的彩色打印需求部门	每分钟打印 6 页彩页、24 页黑白，页面尺寸从 3.9 英寸 × 7.5 英寸到 12 英寸 × 18.5 英寸	• \$5999——8500：3 屉纸，32MB，不联网 • \$6999——8500N：3 屉纸，32MB，不联网 • \$8699——8500DN：4 屉纸，64MB，不联网
4500系列	比较低的价格 / 性能要求的细分市场	每分钟打印 4 页彩色、16 页黑白，页面尺寸 8.5 英寸 × 14 英寸	• \$2499——4500DN：2 屉纸，32MB，不联网 • \$2949——4500DN：2 屉纸，64MB，联网 • \$3799——8500DN：3 屉纸，64MB，联网

注：1 英寸 =2.54 厘米

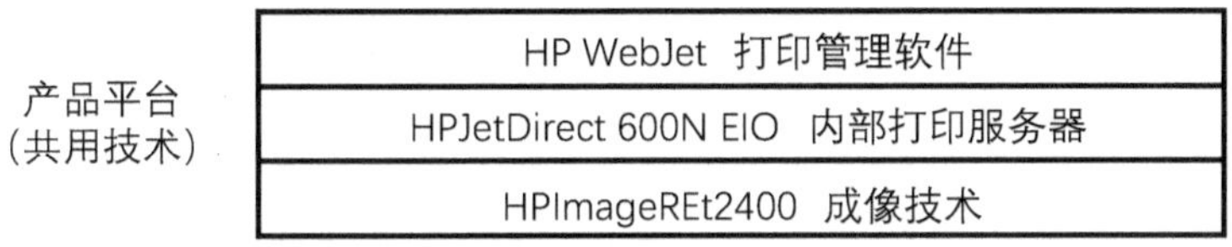

图 2-20　惠普公司彩色打印机产品平台与产品线规划（示例）

在由这三大技术组成的共用平台的基础上，惠普公司将彩色打印机分为 8500 和 4500 两大系列，分别对应高端市场和中低端市场。两条产品线产品的主要区别体现在打印速度和页面尺寸方面。每条产品线又根据打印机装纸屉数、内存大小及是否联网规划了三款产品。每款产品也相应采取阶梯式定价，价格区间从 2499 美元到 8699 美元不等，为客户提供了较大的选择空间。

六、规划技术路线图

产品路线图及产品平台的规划为技术路线图的规划提供了输入。

平台共用技术往往是产品线的核心技术，平台技术不能攻克，整条产品线的核心功能可能就无法实现。例如，电机、电控和电池等三电技术是纯电动汽车的核心共用技术，如果某新能源汽车厂商的这三大技术无法过关，则该公司很难开发出有竞争力的电动汽车。

除平台技术外，实现系列产品中各款产品独特功能或性能指标的关键技术如果无法解决，则该产品的某些“卖点”功能就无法实现。例如，某款新能源汽车希望将旋钮升降式换挡器作为汽车的高科技卖点之一，但该换挡器的可靠性技术一直难以攻克，那么该卖点功能也不可能实现。

产品开发是以技术开发作为前提和基础的。特别是一些难度比较大、不确定性比较高、开发周期长的技术需要在产品开发前进行“技术预研”。只有在关键技术问题得以解决的前提下项目才能进入新产品开发流程，否则很有可能由于关键技术问题迟迟不能解决而导致新产品开发项目一再延期或者中途夭折。所以，企业需要制订与新产品开发相对应的技术开发计划，如图 2-21 所示。

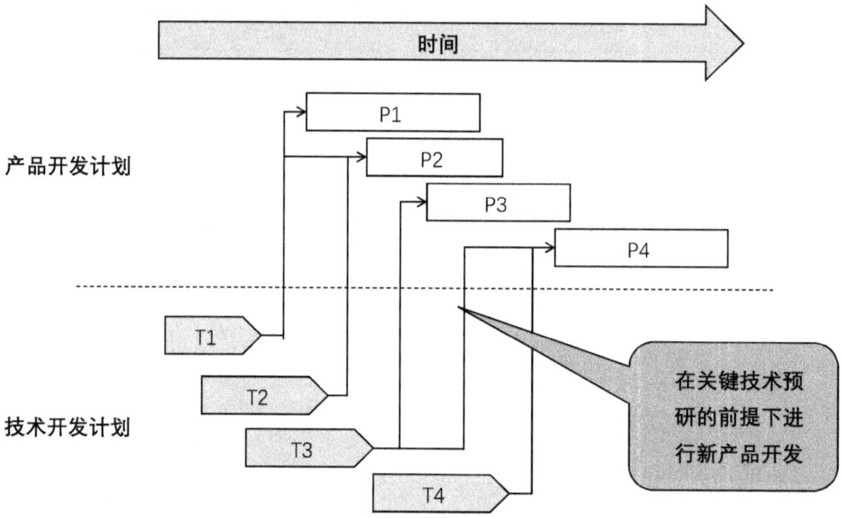

图 2-21　技术开发路线图示例

由图 2-21 可以看出，技术 T1 是产品 P1、P2 开发所需要的，技术 T2 是产品 P2 开发所需要的，技术 T3 是产品 P3、P4 开发所需要的，技术 T4 是产品 P4 开发所需要的。这些关键技术需要在相应的产品开发之前“前置”开发完成，否则可能由于关键技术问题迟迟不能得到解决而导致新产品上市大幅延期，或者新产品开发项目中途夭折。直观地建立技术开发与产品开发之间的对应关系，可以明确技术开发的前置周期，确保新产品开发是在关键技术问题得到解决的基础上进行的。这样，可以有效降低新产品开发风险，缩短新产品开发周期，抢占市场先机。

七、产品线日常管理

产品线管理团队基于评审通过的产品线战略规划文件对产品线进行日常管理，对产品线的经营绩效目标负责。产品线管理团队要密切监控市场环境、竞争环境、技术环境及客户需求等的变化，及时修正或优化产品线战略规划文件。产品线平台、产品、技术或战略目标等有重大变化时，应该及时提请公司产品决策团队对产品线战略规划进行评审。

产品线经理的日常工作较多，可以将重要事项列入工作看板，适时跟进完成（见表 2-6）。

表 2-6 产品线经理工作看板（示例）

工作分类	项目 / 任务事项	主要工作内容	需提交的交付件	主责人 / 团队成员	起止时间
1. 产品线战略规划					
2. 产品平台规划与开发					
3. 新产品创意激发与管理					
4. 新产品需求研究与立项分析	A项目可行性分析	（1）需求调研 （2）产品定义 （3）项目立项分析	项目立项分析报告	张三 / 李四	2011 年 9 月 12 日—2011 年 10 月 30 日
5. 新产品开发管理					
6. 技术预研管理					
7. 团队建设					
8. 风险管理					
9. 其他重要事项					

表 2-6 列出了产品线经理日常工作的九个方面，企业可根据实际需要对该表单的内容进行增加或减少。

CPO 行动

审视公司现有产品线规划和管理工作的有效性，参考本节介绍的方法，组织各产品线管理团队制订系统、完整、可信、可行的产品线战略规划文件，并经公司产品决策团队评审后，对各产品线进行有效的日常管理。

本节小结

（1）产品线规划是企业的战略性工作，而不是技术性工作。产品线规划的有效性直接影响企业的创新绩效。创新型企业要组建跨职能的、专业的产品线管理团队，对各产品线进行有效规划和管理。

（2）企业必须在核心战略愿景中说明该产品线为何会赢，也就是要对该产品线进行差异化价值定位，以区别于主要竞争对手。

（3）基于产品平台进行新产品开发，能大大提高技术复用率，缩短新产品上市周期。通过产品平台规划系列产品的开发，能大大延长产品线的生命周期，帮助企业获得更大的投资回报。

（4）企业应该基于产品平台针对不同细分市场规划多条产品线，要采取“上市一代，开发一代，规划一代”的策略，有计划地推出系列新产品。

（5）企业应该在产品线规划的基础上，制订系列产品的开发计划，并在新产品开发计划的基础上制订关键技术的开发计划。关键技术开发应该先于相应的新产品开发，在关键技术问题没有解决前，企业不应该启动相应的新产品开发项目。

（6）产品线经理应该建立日常工作看板，将重要工作事项列入工作看板，及时跟进完成，确保产品线战略目标的实现。

第三节 产品差异化战略定位

没有差异化，就没有一切。创新型企业要“不同凡想（Think Differently）”。

CPO 思考

（1）我们准确地知道我们的目标客户是谁吗？

（2）客户最看重的到底是什么？我们产品的主要卖点是什么？

（3）我们如何低成本地快速销售我们的产品？

本章第一节介绍企业创新战略决策决定企业做什么和不做什么，是企业 CPO 需要回答的问题。本章第二节介绍产品线战略规划，决定每条产品线要做哪些产品，要实现什么样的战略目标，是产品线管理团队要回答的问题。本节的产品差异化战略定位决定产品如何从激烈的竞争中胜出，是每款产品的产品经理要回答的问题。企业创新战略和产品线战略最终要落实到产品层面。

产品即企业（Product Is Your Business）。一款产品的产品经理也就是一个小企业的迷你 CEO。经营企业就是经营产品。产品本身才是企业战略管理最基础和最重要的单元。苹果公司正是凭借 iPhone 手机等少数几款精品产品成为富可敌国的全球创新领导者。产品战略定位是产品管理的起点。产品经理不能“输在起跑线上”！产品战略定位决定了企业如何进行产品的设计、开发、生产和上市。对一款产品而言，“战略定位决定成败”！

企业做任何产品，必须先回答三个问题：卖给谁？卖什么？怎么卖？这三个问题分别对应着产品战略定位三要素：目标客户定位（Who）、客户价值定位（What）和商业模式定位（How）（见图 2-22）。

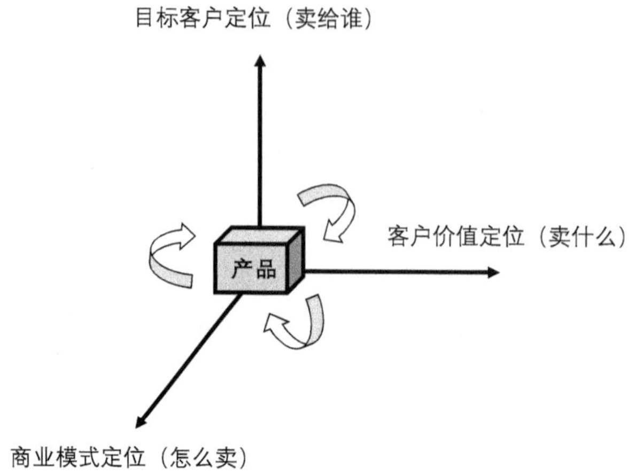

图 2-22　产品战略定位三要素

在产品战略定位的这三个方面，一款产品至少要有一个方面与众不同，否则就很可能陷入同质化竞争的泥潭。产品战略定位法则：没有差异化，就没有一切（No Different, No Matter）！在这三个要素中，目标客户定位和商业模式定位相对容易模仿，差异化很难长久；但客户价值定位通常难以模仿，能够长久。因此，作为一款产品的迷你 CEO，产品经理在正式设计和开发一款产品前，必须清晰定位产品的这三个战略要素。

一、目标客户定位

目标客户定位是一个由外而内、由表及里的过程。

产品经理给公司销售人员做产品培训时，销售人员通常都会问产品经理三个基本问题。

（1）去哪儿？

（2）见谁？

（3）说啥？

这三个问题正好对应产品目标客户定位的三个层面：地理范围定位（去哪儿）、行为特征定位（见谁）、共同需求定位（说啥）（见图 2-23）。

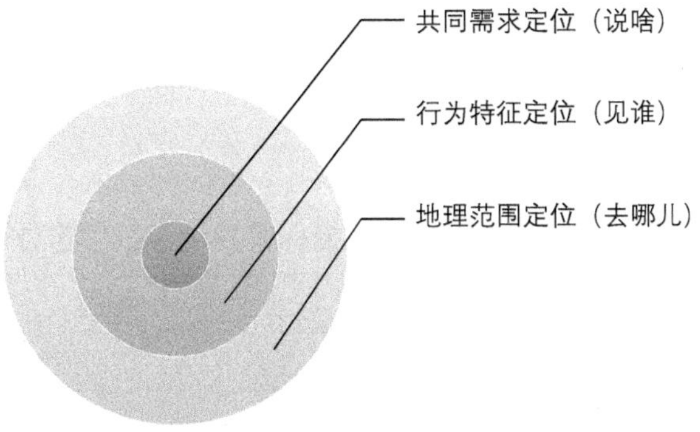

图 2-23 目标客户定位的三个层面

目标客户定位的三个层面是循序渐进、层层深入的。首先，我们要了解目标客户主要在哪些地域，以便销售人员出门后知道往哪儿跑；其次，我们要了解目标客户具有哪些典型特征，方便销售人员找到合适的人；最后，我们要了解目标客户真正看重的共同需求有哪些，方便销售人员说正确的话，以打动目标客户。

以上我们以产品销售为例来说明什么是目标客户定位，但目标客户定位不只是为销售服务的，目标客户定位是客户价值定位和商业模式定位的前提和基础。此外，企业的资源和能力是有限的，企业不可能为所有客户提供所有产品和服务。因此，企业必须明确定位目标客户群，明确细分市场，以便为选定的细分市场的目标客户提供有针对性的产品和服务。

1. 地理范围定位

地理范围定位回答“客户在哪儿”的问题，具体需要回答以下问题。

（1）目标客户主要在国内还是国外？国外主要分布在哪些洲、哪些国家？

（2）国内主要分布在哪些区域？

（3）区域中主要分布在城市还是乡镇？

（4）主要是哪些对象？

咨询实例

某复合肥产品的目标客户地理范围定位如表 2-7 所示。

表 2-7　某复合肥产品的目标客户地理范围定位

地理范围定位	描述
国别：国内、国际、全球？	国内
区域：东部、南部、西部、北部、中部？	南部、西部、中部地区
城乡：城市、郊区、乡镇、乡村？	郊区、乡村
对象：政府、企业、机构、个人？	蔬菜、水果、粮食作物种植户
小结：目标客户的地理范围定位	分布在国内南部、中西部地区的郊区、乡村的蔬菜、水果、粮食作物种植户

在表 2-7 中，通过一层一层的思考，逐步聚焦目标客户的地理范围，为进一步的行为特征定位及共同需求定位缩小包围圈。

2．行为特征定位

行为特征定位回答"客户是什么样的"，需要明确目标客户对象及目标客户的典型特征。

我们同样以某复合肥产品为例定位目标客户的行为特征（见表 2-8）。

表 2-8　某复合肥产品目标客户的行为特征定位

行为特征定位	描述
主要目标客户对象	蔬菜、水果、农作物种植大户
主要目标客户的行为特征	种植面积大、肥料需求量大
小结：目标客户的行为特征定位	种植面积大、肥料需求量大的蔬菜、水果、农作物种植大户

行为特征定位比地理范围定位更进了一步，逐步看清了目标客户是什么样的人。

3．共同需求定位

共同需求定位是最有效的目标客户定位维度！简而言之，有共同需求的客户都是目标客户，而不管客户分布在哪里，具有什么样的行为特征。

共同需求定位需要回答的主要问题：目标客户购买我们的产品主要是

为了满足哪些需求？主要是为了解决哪些问题？

详细的客户需求研究方法我们将在第三章中详细介绍。

我们继续以某复合肥产品为例理解目标客户的共同需求定位（见表 2-9）。

表 2-9　某复合肥产品目标客户的共同需求定位

共同需求定位	描述
目标客户共同看重的需求有哪些？	• 肥料能够促进作物安全、健康、快速成长 • 肥料便于使用 • 肥料能够帮助种植户提高收益

通过表 2-9 中对共同需求定位的描述，我们真正知道了我们的目标客户是谁。具有以上三个方面需求的客户就是该复合肥产品真正的目标客户。地理范围定位和行为特征定位只是作为参考。

在以上逐层分析的基础上，我们可以对产品目标客户定位进行总结，为后续客户价值定位及商业模式定位提供输入。

我们继续以某复合肥产品为例总结目标客户定位的三个方面（见表 2-10）。

表 2-10　某复合肥产品的目标客户定位总结

目标客户定位	定位描述
（1）地理范围定位	分布在国内南部、中西部地区的郊区、乡村的蔬菜、水果、粮食作物种植户
（2）行为特征定位	种植面积大、肥料需求量大的蔬菜、水果、农作物种植大户
（3）共同需求定位	• 肥料能够促进作物安全、健康、快速成长 • 肥料便于使用 • 肥料能够帮助种植户提高收益
总结：目标客户定位描述	分布在国内南部、中西部地区的郊区、乡村的蔬菜、水果、粮食作物种植大户，他们的种植面积大，对肥料的需求量大。他们希望肥料能够促进作物安全、健康、快速地成长；希望肥料便于使用，能够帮助他们提高收益

目标客户定位决定了产品的细分市场。产品细分市场的选择要适度，没必要太大，也不能太小。选择太大的目标市场可能导致战线太长，精力和资源过度分散，最终哪一块也做不好。细分市场选择太小，可能无法实现公司的规模化增长，导致公司无持续发展空间。

二、客户价值定位

进行差异化的客户价值定位是产品规避同质化竞争，从激烈的同类产品竞争中脱颖而出的关键。客户价值定位需要回答的核心问题是：在众多同类产品中，客户为什么要买你的产品而不买其他竞争产品，即使你的产品价格比人家更贵。你必须明确告诉目标客户购买你的产品的理由，而且这些理由要能真正打动客户。

创新案例

苹果公司 iPhone 7 手机的差异化价值定位

iPhone 7 的出现，让 iPhone 的体验在许多重大方面都有了质的飞跃。它带来了先进的新摄像头系统、更胜以往的性能和电池续航力、富有沉浸感的立体声扬声器、色彩更明亮丰富的 iPhone 显示屏，以及防溅抗水的特性。它周身的每一处，都闪耀着强大科技的光芒。这，就是 iPhone 7。（资料来源：苹果公司官网）

从 iPhone 7 手机的介绍可以看出，苹果公司在全力宣传该手机的与众不同之处，宣传该手机给客户带来的新的体验，以期打动客户购买该手机而不是其他竞品手机。iPhone 的广告语更是特别强调该手机的与众不同："iPhone 手机，唯一的不同，是处处都不同！""有了 iPhone，其他只能是其他！"由此可见，苹果公司之所以成为全球极具创新精神的企业，其主要创新之处就在于其产品给客户带来独特的价值，且其价值远远超出客户期望，让客户"欲罢不能"。

下面我们先来理解什么是客户价值，然后从客户类型、客户角色和客户不同的体验周期了解客户看重的价值要素，最后进行差异化的客户价值定位并制订实现差异化价值定位的行动举措。

（一）理解客户价值

客户价值是指客户从产品中得到的东西。客户购买的是价值，而不是产品！客户购买一个钻机，不是为了拥有钻机本身，而是为了能在墙上打出其所需要的孔。我们出去旅游度假，不只是为了看看不同的风景，而是为了放松心情、愉悦自我、享受亲人关爱等。

我们可以从客户感知形态和客户价值性质两个方面来理解客户价值。

1．从客户感知形态理解客户价值

从客户感知形态看，客户感知价值可以分为产品价值、服务价值与体验价值（见图 2-24）。

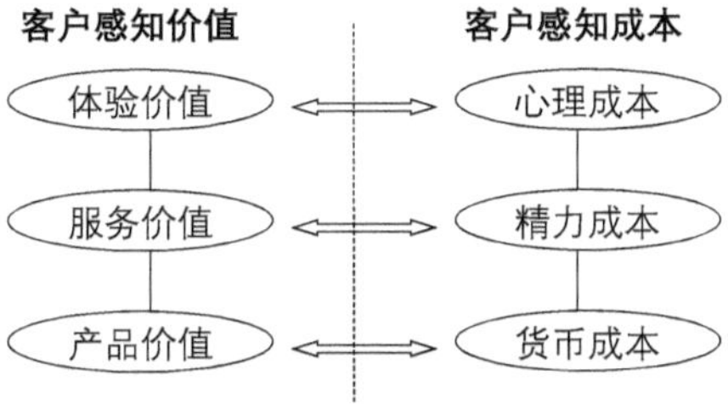

图 2-24　客户感知价值的三个方面

从图 2-24 可以看出，与客户感知价值相对应的是客户感知成本，客户的诉求是以尽可能低的感知成本获得尽可能多的感知价值。

客户感知价值是指影响客户对企业及其产品的价值的感知和评价的要素。客户感知价值由三个核心驱动要素构成，即产品价值、服务价值和体验价值。客户在获得企业提供的价值的同时，也必然会付出一定的成本和代价。与客户感知价值相对应的就是客户感知成本。客户感知成本也由三大驱动要素构成，即货币成本、精力成本和心理成本。

产品价值是指客户从企业提供的产品本身所感知和获得的价值；服务价值是指客户在与企业的人员接触的全过程中从企业所感知和获得的无形的价值；体验价值是指客户从企业提供的产品或服务中所体味到的源于内心感受的价值。从产品价值到服务价值，再到体验价值，是一个从具体到抽象的过程，也是一个从实物感受到心理感受的过程。

货币成本是指客户购买企业产品、维修保养及与使用相关支出的货币的总和；精力成本是指客户在认知、选择、购买、消费和丢弃产品的全过程中所付出的时间、体力及脑力成本的总和；心理成本是指客户在产品的购买或消费过程中感受到的心理上的“不幸感”。与客户感知价值一样，从货币成本到精力成本，再到心理成本，是一个从具体到抽象的过程，也是一个从实体感受到心理感受的过程。

在各类产品普遍过剩的时代，服务价值和体验价值是企业创新的主要方向。在满足了基本需求之后，客户越来越期待从体验价值中得到满足。

2．从客户价值要素性质视角理解客户价值

从客户价值要素性质视角，我们可将客户价值分为保健价值、期望价值与惊喜价值，如图 2-25 所示。

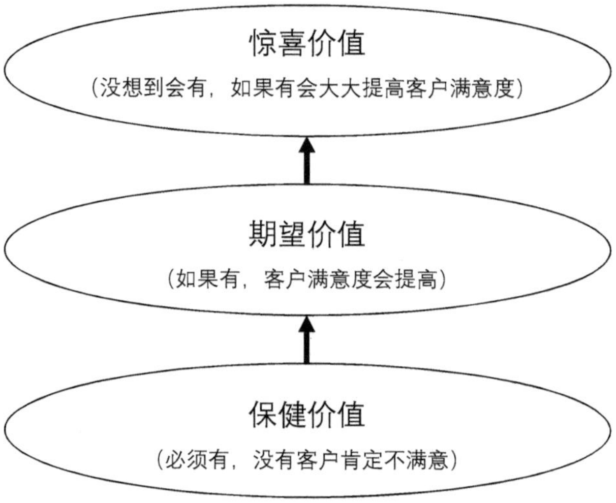

图 2-25　保健价值、期望价值与惊喜价值

保健价值是产品必须提供的，如果没有客户肯定不满意。例如，汽车如果没有安全气囊，客户一定不会购买。期望价值是希望产品能提供的，如果不提供，对客户满意度也不会有太大的影响，但是如果提供了，客户满意度会有所提高。例如，汽车的驾驶座椅自动记忆功能，驾驶者期望有，但如果没有，一般也不会影响其购买决策。惊喜价值是没想到会有，如果产品提供，则客户满意度会大大提高。例如，汽车在低于安全车距时的自动刹车系统，对大多数汽车来说就属于惊喜价值。

客户做出购买决策时，通常会先看保健价值能否满足，然后看期望价值能否满足，最后才考虑有否惊喜价值。如果保健价值都不能满足的话，就谈不上期望价值和惊喜价值了。对大多数产品而言，在保健价值和期望价值方面一般很难拉开差距，形成明显的差异化。惊喜价值往往是产品差异化的主要来源。

创新案例

别克全新一代 GL8 的惊喜价值

别克 GL8 一直在国内 MPV 市场上居于领先地位。全新一代 GL8 在第二排提供了头等舱座椅，大幅提升了长途旅行的舒适性。前排和第二排座椅均具有加热、通风和按摩等舒适配置。从图 2-26 可以看出，其广告图片呈现的重点就是第二排座椅，广告语“坐享其程”表达的也是该车乘坐舒适性这一核心卖点。

图 2-26　全新一代 GL8 宣传图片

由本案例可以看出，卓越的产品背后一定有一个卓越的产品经理，有一支卓越的产品管理团队。该产品管理团队通过深入调研客户需求，发现舒适性是目标客户非常看重的价值要素，于是通过产品设计和开发，在全新一代产品中提供很多舒适配置，形成差异化的卖点，使客户有舒适的乘坐体验，给客户带来惊喜价值，激发目标客户的购买意愿。新一代 GL8 的售价比上一代整体提升了 50% 以上，并且比上一代销售得更好。由此可见，对于创新产品而言，价格往往不是问题，是否具有差异化的客户价值才是重点！

（二）了解不同类型的客户看重的价值要素

从供应商的视角，客户有多种类型，终端客户是客户，经销商、零售商也是客户，不同的客户看重的价值要素不同。这些不同的客户看重的不同的价值要素供应商都要满足，否则有可能由于某类客户不满意而导致产品销售困难。

我们不但要了解经销商、零售商及终端客户的需求，我们还要了解客户的客户（Customer's Customer）的需求，因为客户的客户才是我们最终的衣食父母（见图 2-27）。如果我们的产品能够帮助客户的客户成功，那么客户的客户就会帮助我们的终端客户成功，因而终端客户会通过不断购买我们的产品而帮助我们成功。

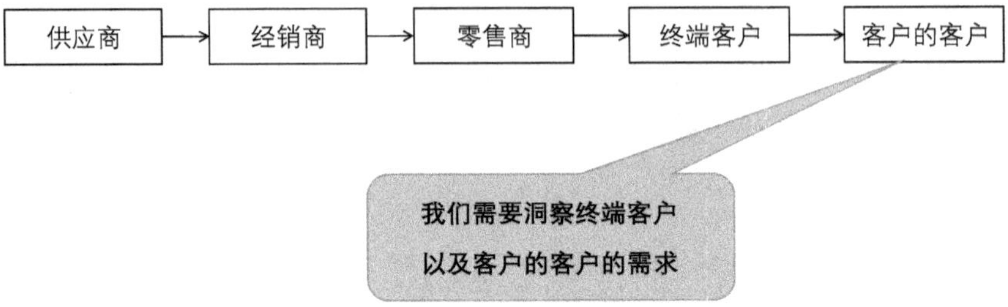

图 2-27　不同类型客户看重的价值要素不同

咨询实例

某医疗器械公司不同类型的客户看重的价值要素分析

某从事心电图机研发和销售的医疗器械公司面临激烈的同质化市场竞争，很多时候中了一个大标，但是最后算账时却发现亏了钱。该公司期望通过差异化的产品价值定位走出同质化竞争泥潭，开辟出一片“蓝海”市场。该公司对价值链上的不同类型的客户进行了深入的走访调研，找出了不同客户类型看重的不同的价值要素（见表 2-11）。

表 2-11　某医疗器械公司不同类型的客户看重的价值要素分析

客户类型	经销商	零售商	终端客户	客户的客户
客户对象	省、市级医疗器械代理公司	省会城市、地级市医疗器械销售门店	各类医院	患者、患者家属
看重的价值要素	• 企业品牌形象 • 到货及时性 • 账期长短	• 企业品牌形象 • 包装及外观美观性	• 安全性 • 可靠性 • 易用性	• 测量准确性 • 触感舒适性 • 外观美观性

注：以上只是示例，未穷举各类客户看重的价值要素。

（三）了解客户内不同角色看重的价值要素

对大多数 B2B 企业（客户是企业而不是家庭或个人）而言，终端客户内部会有多种角色参与到产品的选型、决策、购买和使用等环节。不同的角色对产品看重的价值要素也会有很大的不同。这些不同的角色看重的不同的价值要素企业都应该满足，否则会影响产品的销售和企业的声誉（见图 2-28）。

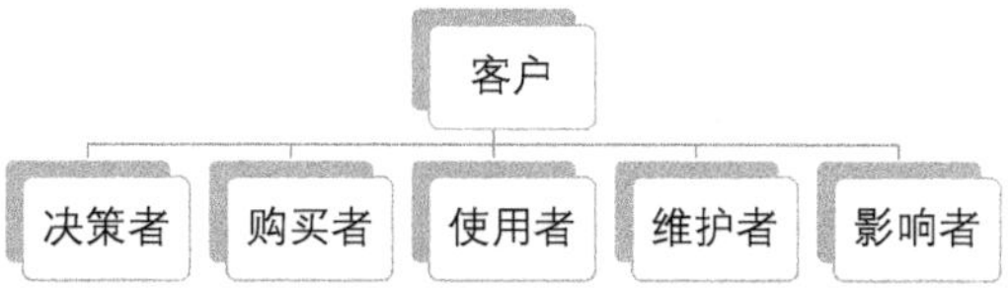

图 2-28 不同的角色看重的价值要素不同

咨询实例

某心电图机产品不同的角色看重的价值要素分析

接上例，该公司在对价值链上不同类型的客户进行深入调研的基础上，继续深入终端客户——医院，对不同的角色进行深入调研（主要采用现场观察、一对一深度访谈和小组访谈等市场研究方法），洞察到医院不同角色看重的不同的价值要素（见表 2-12）。

表 2-12 某心电图机产品不同的角色看重的价值要素分析

客户角色	决策者	购买者	使用者	维护者	影响者
角色对象	院长、分管副院长	采购部	医生、护士、患者	维修部	患者家属
看重的价值要素	• 安全性 • 投资回报	• 合规性 • 交货期	• 稳定性 • 可靠性 • 易用性 • 舒适性	• 故障率 • 易维护性 • 备品备件供应及时性 • 服务及时性、专业性	• 测量准确性 • 外观美观性

注：以上只是示例，未穷举不同角色看重的价值要素。

（四）了解客户在不同体验周期看重的价值要素

不同类型的客户有不同的看重的价值要素，客户内不同的角色有不同的看重的价值要素，客户在与企业产品的不同接触点（Touch Point）也有不同的看重的价值要素。企业只有对以上三个维度均进行深入的客户需求研究，才能系统、全面、深入地把握客户看重的价值要素。

从购买、使用到最终丢弃产品的全体验周期中，客户与企业有多个接触点，每个接触点的客户满意度会直接或间接影响到客户对企业产品的购买、重复购买及引荐购买。客户关注的不只是产品价值，还包括服务价值和体验价值。

客户的产品体验周期包括六个基本阶段：购买、送货、使用、配件、维修保养及丢弃，如图 2-29 所示。

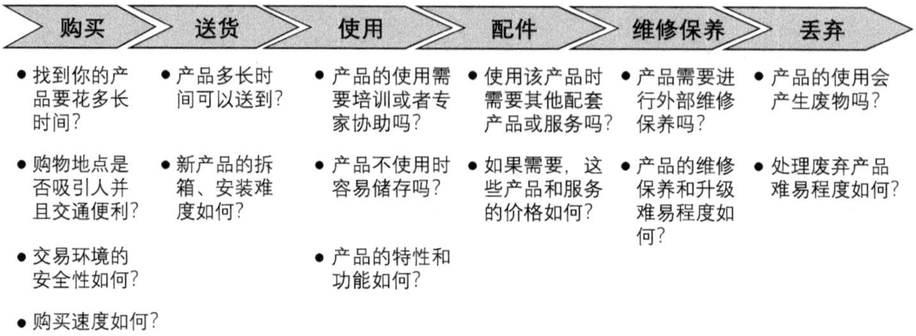

图 2-29　客户产品体验周期的六个阶段

在客户的产品体验周期中，客户与企业的接触点有很多个。客户在不同的接触点有不同的价值诉求，企业可以通过回答各个体验阶段的一些关键问题来洞察客户的价值需求。不同行业、不同产品类型的客户体验周期可能会有所不同，企业可根据自身行业特点画出产品的客户体验周期，并思考和回答以下问题。

（1）我们的产品客户体验周期包括哪些阶段？

（2）在每个阶段企业与客户的接触点主要有哪些？

（3）在每个接触点客户看重的价值要素有哪些？

（4）客户对我们的产品在各个接触点的表现评价如何？

（5）客户对我们的主要竞争对手的同类产品在各个接触点的表现评价如何？

通过深入调研，企业可以列出客户在产品不同体验周期看重的主要价值要素。基于客户在不同体验周期看重的价值要素，企业可以对照自身产品及主要竞争对手产品的客户评价，明确产品需要重点改进的内容。

咨询实例

客户在全体验周期对某心电图机产品看重的价值要素（见表 2-13）

表 2-13　某心电图机产品客户全体验周期看重的价值要素

购买	送货	使用	配件	维修保养	丢弃
便利性	及时性	• 稳定性 • 可靠性 • 易用性	及时性	• 及时性 • 专业性	环保性

注：以上只是示例，未穷举不同体验周期客户看重的价值要素。

（五）绘制价值曲线

通过以上三个方面的分析，企业需要找出 5 ~ 7 个客户看重的价值要素。将这些价值要素与主要竞争对手进行比较，寻求差异化的客户价值定位。企业可以通过绘制如图 2-30 所示的价值曲线对各价值要素进行直观比较。

在图 2-30 中，横轴表示客户看重的主要的价值要素，价格是其中的一个，A ~ F 代表各个价值要素，一般列出 5 ~ 7 个主要的方面。纵轴表示各价值要素的相对评分值。60 分以下表示有待重大改善，60 ~ 80 分表示尚可，80 ~ 90 分表示优秀。

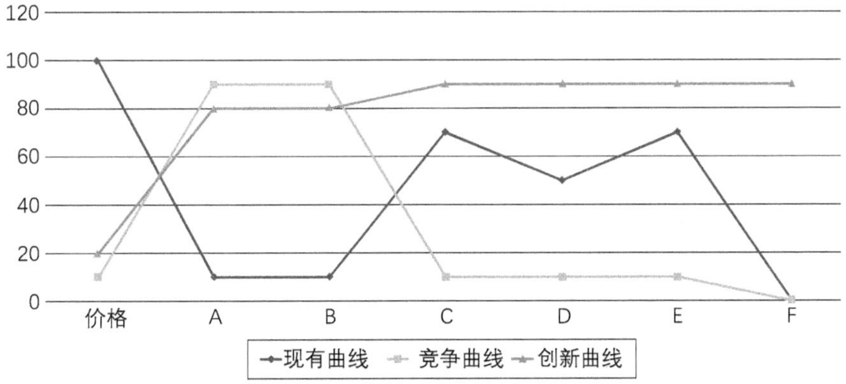

图 2-30　客户价值曲线比较

现有曲线表示企业自己现有产品的表现。竞争曲线表示主要竞争对手同类产品的表现，主要竞争对手如有多家，竞争曲线可相应画出多条。创新曲线表示综合现有产品表现和主要竞争对手同类产品表现后希望改善的产品价值曲线。

通过绘制价值曲线，可以直观地看出很多有价值的信息。

（1）如果企业的价值曲线与主要竞争对手的价值曲线几乎重合，说明企业与其他主要竞争对手正在进行激烈的同质化竞争。对客户而言，这几家公司的产品的品质没有什么差异。

（2）如果企业的价值曲线与主要竞争对手的价值曲线走势趋同，但是整体高于或低于主要竞争对手的价值曲线，说明企业与主要竞争对手正在进行的也是无差异化的竞争，只是企业产品的品质在整体上比主要竞争对手更高或更低。

咨询实例

某心电图机产品的价值曲线绘制与分析

通过对不同客户类型、终端客户内不同角色、终端客户不同体验周期的深入调研，某医疗器械公司总结出某心电图机产品客户最看重的六个价值要素：稳定性、可靠性、准确性、易用性、界面友好性和外观美观性。基于这六个价值要素，该企业分别绘制出现有曲线、竞争曲线和创新曲线（见图 2–31）。

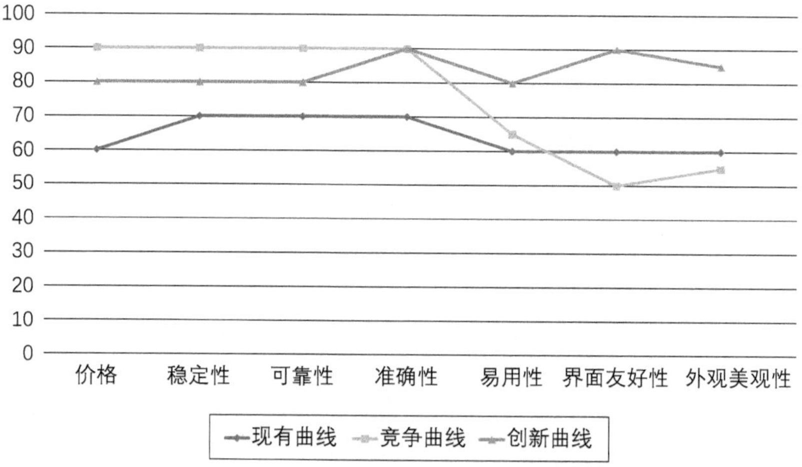

图 2-31　某心电图机产品的客户价值曲线比较

从图 2–31 可以看出，该公司的现有产品与主要竞争对手相比缺乏竞争优势，除界面友好性和外观美观性得分比主要竞争对手稍高外，其他四个方面的得分均低于主要竞争对手。得分稍高的两个方面也不足以与主要竞争对手拉开差距，形成竞争优势。在稳定性、可靠性和准确性这三个客户非常看重的价值要素方面，该公司与主要竞争对手差距很大。由以上直观分析可以看出，该公司的产品与主要竞争对手相比处于劣势，缺乏竞争优势。在价格上，该公司的产品与主要竞品相比也差距较大。由于产品缺乏竞争力，价格也缺乏竞争力。该公司迫切需要对产品进行针对性的重大改善，以提升产品市场竞争力和价格水平，进而提升产品的盈利能力。

从该公司绘制的创新曲线可以看出，该公司希望在产品稳定性、可靠性和准确性这三个主要方面缩小与主要竞争对手的差距。毕竟这些方面差距的缩小需要时间，需要核心技术的积累。同时，这三个方面较大幅度的提升往往也意味着产品成本的大幅提升。此外，该公司希望大幅提升产品的易用性、界面友好性和外观美观性，凭借这三个方面与主要竞争对手拉开差距，形成差异化的产品卖点，给客户带来更好的使用体验。

由以上分析可以看出，该公司的产品差异化定位战略如下：在稳定性、可靠性和准确性等主要保健价值方面缩小与主要竞争对手的差距，做到让客户满意。在易用性、界面友好性和外观美观性等主要体验价值方面大幅拉开与主要竞争对手的差距，形成差异化的产品卖点。在主要保健价值与主要竞争对手相当、主要体验价值大幅超越主要竞争对手的定位下，适当提高产品定价，进而提升产品盈利能力和品牌形象。

（六）制订实现创新价值曲线的措施

以上客户价值要素定位只是明确了想要实现的价值曲线，企业还必须明确如何从现有价值曲线走向创新价值曲线的措施，以指导新产品的设计和开发。

咨询实例

某心电图机产品创新价值曲线实现措施

在上述心电图机产品案例中，通过市场调研、与主要竞争对手比较分析，企业明确了要将易用性、界面友好性和外观美观性作为差异化的卖点。企业产品管理团队进一步明确了各个价值要素的定义及实现创新价值曲线的具体措施（见表 2-14）。

表 2-14　某心电图机产品创新价值曲线实现措施

价值要素	价值要素定义	创新价值曲线的实现措施
1．易用性	1.1 任何角度都可以看清显示屏	（1）采用不会反光的显示屏 （2）增大显示屏 （3）增大显示屏上的字体及字体的清晰度
	1.2 各种导线容易辨识，不会缠绕在一起	（1）不同导线选用不同颜色 （2）同类导线捆扎在一起
2．界面友好性	2.1 便于操作	（1）软件菜单由三层改为一层 （2）关键信息直接呈现在界面上
	2.2 看着舒服	（1）优化界面设计 （2）不同模块用不同颜色标识
3．外观美观性	……	
……		

注：以上价值要素定义及创新曲线实现措施均为示例，仅供参考。

通过价值要素定义和创新曲线实现措施描述，客户看重的各个价值要素具体化了，这为具体的产品设计和开发明确了重点，帮助企业用尽可能少的投入实现尽可能大的差异化，大幅提升客户满意度和产品的市场竞争力。

三、商业模式定位

目标客户定位回答了产品卖给谁的问题，客户价值定位回答了产品如何提供差异化的卖点以打动目标客户的问题，商业模式定位则要回答如何尽可能低成本地在尽可能短的时间内将产品卖给尽可能多的人的问题。目标客户定位、客户价值定位与商业模式定位分别回答“卖给谁”“卖什么”和“怎么卖”这三大关键问题。目标客户定位和客户价值定位主要是产品层面的创新，而商业模式定位则主要是企业运营管理层面的创新。

战略定价（Strategic Pricing）是指企业根据大多数目标客户都能接受的价格水平进行产品价格政策制订。战略定价能使企业迅速占据广大的市场份额，形成规模效应，取得定价的主动权，并且一路领先，建立和保持持续的经营优势（见图 2-32）。

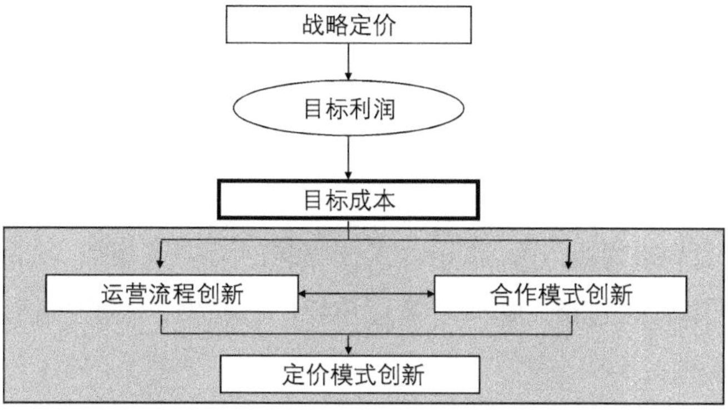

图 2-32　基于战略定价进行商业模式创新

目标利润是指企业希望从产品中获得的利润水平。目标利润的确定可根据行业平均利润水平、企业发展的风险和企业的经营能力等因素确定。为保持企业的可持续发展，企业的利润水平一般要高于行业的平均水平，这样企业才可能有更多的资金用于现有产品的完善和新产品的开发，以更好地实现客户价值，保持持续的经营优势。如企业所在行业发展的风险较大，则也应考虑有较高的利润水平。例如，一些高新技术企业新产品开发的不确定性较高、一次性投入较大、沉没成本较高，则应考虑比传统产业更高的利润水平以抵御高风险。此外，企业的经营能力也影响企业的利润水平。如果企业的经营能力很强，能以较低的成本为目标客户提供超出客户期望的产品，则其利润水平可以定得较高。相反，如果企业的经营能力还需较大幅度的提升，则一开始不要期望有太高的利润水平，应先求生存后求发展。目标利润值直接影响企业面临的目标成本压力。

由以上战略定价和目标利润的分析，可得到企业目标成本的算式：

目标成本＝战略定价－目标利润

例如，某产品的战略定价是 100 元，企业期望的利润率是 20%，即期望利润为 20 元，则该产品的目标成本必须控制在 80 元以内。目标成本是企业聚集内外资源，通过商业模式创新要实现的目标。如果目标成本不能保证，企业就不能保证期望的利润水平，甚至战略定价也不能保证，这样就既不能实现客户价值，也不能实现企业价值，更谈不上建立和保持持续的经营优势。所以，降低产品成本与提升客户价值同等重要，而且降低产品成本是在客户价值实现的过程中持续进行的。客户价值提升和产品成本降低不仅要两手同时抓，而且两手都要硬。

目标成本的确定是商业模式定位的前提，商业模式定位的目的就是实现产品的目标成本。

商业模式定位主要从运营模式创新、合作模式创新和定价模式创新三个方面考虑。

（1）运营模式创新。我们的运营流程等哪些环节需要增加、去除或外包？

（2）合作模式创新。哪些事情应该我们自己做，哪些事情应该寻求合作伙伴的配合？

（3）定价模式创新。我们如何在不牺牲目标利润的前提下让产品定价能得到大多数目标客户的认可？

（一）运营模式创新

运营模式创新主要从企业运营流程视角寻求在保证客户价值实现的前提下尽可能降低成本。运营流程是企业日常经营活动的主要部分，企业应当认真比照行业内的竞争对手及相关产业的成功实践，创造一些能显著降低产品成本的与众不同的运营活动，减少或去除一些对客户价值提升没有多大贡献的运营活动。成本创新不是简单地压低原材料采购价格、支付员工较低的薪酬、削减各项员工福利或牺牲环保等。通过流程优化降低企业管理成本是企业降成本非常重要的内容。客户价值实现过程的成本创新应当以不牺牲客户、员工和各利益相关者的利益为原则（见图2-33）。

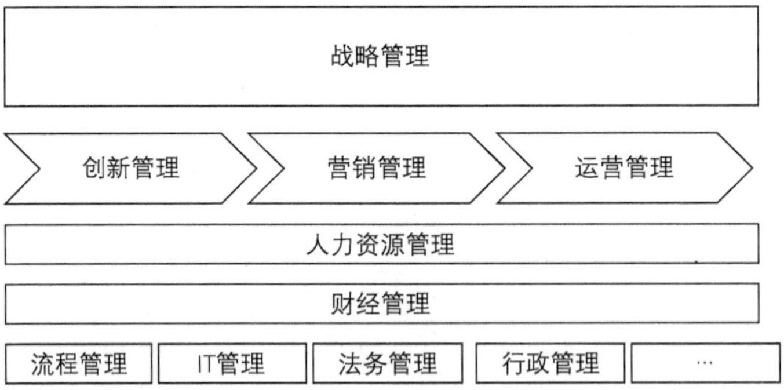

图2-33　知行信企业管理要素框架

图2-33涵盖了企业日常经营管理的主要管理要素，其中创新管理、营销管理和运营管理是企业日常管理的三大关键。在这三大关键事项上企业投

入的人力、物力和财力是最多的。企业需要比照行业标杆，对照以上管理要素，思考和回答以下问题。

（1）哪些管理要素是企业的关键成功要素，是企业的核心能力？一定要牢牢把握。

（2）哪些管理要素能够进一步提高效率、降低成本？

（3）哪些管理要素应该外包，或者部分外包？

企业可以从战略重要性和成本两个维度决定哪些管理要素需要自己做，哪些管理要素可以外包（见图 2-34）。

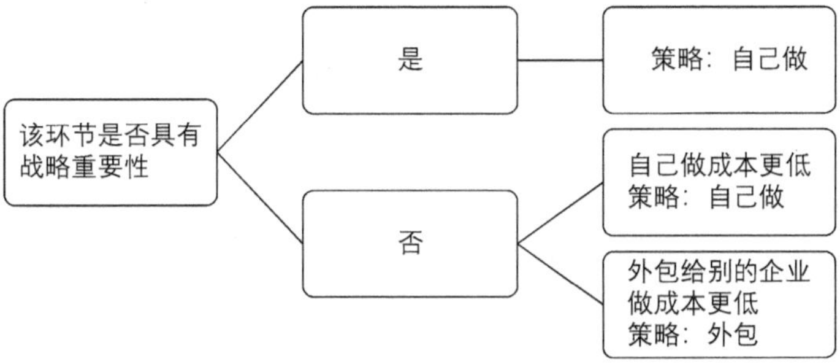

图 2-34　企业管理环节外包决策原则

由图 2-34 可见，对于具有战略重要性的管理要素，无论成本高低，都要坚持自己做，如客户需求研究和产品核心技术开发等。如果一个企业将具有战略重要性的核心管理要素都外包了，那么该企业就会空心化，就会失去市场竞争力。例如，开发软件的不应该外包关键算法开发，制作汽车的不应该外包发动机技术开发，生产硬件的不应该外包关键芯片开发等。

对于非战略重要性的管理要素，如果自己做成本更低，那么可以自己做；如果外包给别人做成本更低，那么应该外包。"麻雀虽小、五脏俱全"或事无巨细都自己完成的企业很难实现规模经济性和降低产品成本。

创新案例

耐克公司只专注两件事：产品设计与品牌宣传

耐克是全球领先的运动服装和运动鞋厂商，主要专注做好产品设计与品牌宣传工作，而将生产、销售等工作都外包给专业的企业去做。例如，耐克专心研究人们在从事不同运动时所需要的鞋子，开发出了适合不同人群的篮球鞋、足球鞋、网球鞋、跑步鞋和休闲鞋等。耐克将洞察客户需求，进而设计和开发满足客户需求，甚至超出客户期望的产品作为公司的核心管理要素，从而持续引领市场潮流，保持全球领导地位。

（二）合作模式创新

受资源和能力的限制，每个企业都只能专注做自己最擅长的事情，在很多价值实现环节上要与外部的伙伴进行分工合作，实施开放式创新（Open Innovation）。与合适的外部伙伴进行合作，不但可以利用合作伙伴的专业优势保证相关价值环节的质量，而且可以减少企业的一次性投入，缩短产品交付周期，降低产品成本，提升客户满意度，提升公司盈利能力。当然，选择不合适的合作伙伴或与合作伙伴之间的关系管理不善，也有可能影响客户满意度，并且加大产品成本。所以，合作伙伴的选择及合作关系的管理是合作成功的关键。

根据上述流程环节外包原则，对于企业非战略重要性的环节和内容，如果外部合作伙伴做成本更低，我们就应该外包出去。因此，企业在经营的各个方面都有寻求外部机构合作的机会。图 2-35 列出了企业合作模式创新的多个方面。

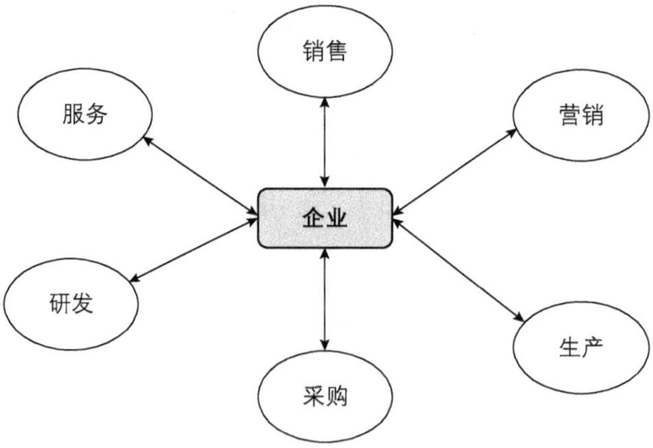

图 2-35　合作模式创新的多个方面

企业可以结合对以下问题的思考，在多个方面寻求合适的合作伙伴。

（1）我们应该优先在哪些方面寻求与外部机构的合作？为什么？

（2）在这些方面我们能够找到合适的合作伙伴吗？他们有意愿与我们

合作吗？

（3）我们应该如何有效管理这些合作？如何有效规避合作风险？

创新案例

华为公司的合作模式创新

2017年，华为公司员工总数约18万人，华为公司员工分布大概比例如下：

- 研发与创新45%。
- 营销与服务35%。
- 制造与运营15%。
- 管理与后勤5%。

由以上人员分布可以看出，华为公司非常重视研发与创新、营销与服务，这两部分的人员占公司总人数的80%。华为公司持续在研发与创新方面加强投入，厚积薄发，由模仿走向全球引领。华为公司非常重视市场拓展和客户服务，在全球170多个国家和地区建立了办事处，贴近客户，提供服务。华为公司的制造与运营体系人员占比很低，主要原因是华为公司将不太增值的制造环节外包给了富士康等代工企业。同时，华为公司的智能制造做得很好，大部分生产线都实现了"机器换人"，生产的自动化程度很高。华为公司的管理与后勤人员占比也比较低，主要是因为华为公司持续优化和简化各个方面的流程和制度，实施"小机关"制度，将决策重心前移，"让听得见炮声的人做决策"。

（三）定价模式创新

对一些企业而言，有时运营流程的成本创新或合作模式的成本创新都还不足以实现目标成本的要求，那么企业可以考虑在定价模式方面进行创新来降低产品成本。定价模式创新（Pricing Innovation）是指在不改变战略定价标准的前提下采用与同类产品不同的定价模式来满足目标客户的价值需要，以降低产品成本，提高客户对产品的接受度。

定价模式创新主要有如下几种方式。

1．租赁模式

企业通过将产品的购买模式改变为租赁模式，一方面客户通过花费较少的费用获得了所需的价值，另一方面企业通过多次出租该产品也获得了理想的回报。租赁定价模式适合单值高、客户使用频率低或客户难以一次性支付大额款项的产品。电梯、机器设备、软件、LED 显示屏等产品均有采取租赁模式的案例。

创新案例

如 IBM 将服务器等价值高昂的设备租赁给企业使用，按月收取费用，一方面保证了租赁方市场份额的拓展，另一方面又使企业不必一次性花费巨资购买这些设备，而且不用担心设备升级换代和维护保养问题。这是一种双赢的解决方案。

2．分期付款

对于一些单值高、客户又希望早些拥有的产品，可以考虑采取分期付款模式。房产就是一种典型的可采取分期付款模式的产品。有些厂商的笔记本电脑也采取分期付款模式吸引支付能力较弱的年轻人购买。

创新案例

某笔记本电脑售价 4800 元，采取等额分期支付的方式，消费者分 12 期免息支付购买费用，每月只需支付 400 元。这样，年轻的白领能够在没有较大经济压力的情况下提前一年拥有一台笔记本电脑。对厂商而言，分期付款方式也激发了潜在客户的购买意愿，增加了笔记本电脑的销量。

3．转移支付

转移支付是指厂商向一类客户提供服务但从另一类客户获取回报。例如，谷歌免费向广大网络用户提供搜索引擎、新闻和电子邮箱等服务，主要收入来源则是付费广告。这种“羊毛出在猪身上”的收费模式如今在互联网行业非常普遍。这种收费模式的要点是互联网企业提供的服务对网络用户是否有足够的吸引力和黏性，是否是高频和刚需，能否长期黏住大批用户。只有这样，才能吸引足够多的广告主长期支付足够多的广告费用，维持互联网企业的生存和发展。博客网站、视频网站、汽车网站等很多垂直应用网站的主要收入来源都是广告收入，而不是对用户的收费。

4．分成模式

分成模式是指某企业在出售产品给另一企业时不直接收费，而是从该企业以后的收益中收取一定比例的费用。例如，某咨询公司为一些中小企业提供常年管理顾问服务，但不收取常规的项目咨询费用，而是从该企业的年度收入中收取一定比例的费用。对被服务企业而言，不必立即支付费用但可享受管理咨询服务，而对咨询公司而言，最终获得的回报可能比收取项目咨询费用更大。这种模式在软件企业也比较普遍。例如，网络游戏软件开发方与游戏运营方合作，由开发方免费提供游戏软件给运营方负责运营，最后开发方从运营方分取一定比例的游戏运营收入。

5．分时享用

客户享有某一产品一定时段或次数的使用权，但是不必购买该产品。这种定价模式在一些价格昂贵但不会经常使用的产品中采用，如公务用直升机、豪华游艇、度假酒店、高尔夫会员卡等。如某人可能会购买某旅游度假区酒店的某套别墅一年多少天的使用权，而无须支付全部别墅费用。

当然，在某行业看来是定价创新的模式在另一行业可能是正常的定价模式，但采用与同类产品不同的有效定价模式就是创新。例如，公务直升机采取分时享用的方式是一种创新，而高尔夫球场通过卖会员卡的方式提供服务也是一种分时享用的方式，却是球场的普遍定价模式。

以上讨论的商业模式定位的三个方面——运营流程创新、合作模式创新及定价模式创新需要企业顺序考虑。不同的企业根据行业特点及企业的实际需要，可能会在一个方面进行重点创新或在几个方面都有创新。如果涉及多个方面的创新或在某个方面的多个价值环节进行创新，企业要考虑多个创新的相互配合，不能相互矛盾。

需要强调的是，商业模式创新是补充，产品创新才是根本。如果产品本身不好，只是强调商业模式创新，企业很可能是昙花一现，难以持久。“互联网 +”创业失败率很高，主要原因就是这些企业只看重商业模式创新，不看重产品创新本身。共享单车、共享充电宝等“一哄而上，一哄而散”的现象就是典型。

CPO 行动

请评估企业产品差异化战略定位的有效性，基于本节介绍的方法，组织各产品线管理团队对主营产品从目标客户、客户价值和商业模式等三个方面进行差异化定位，经过公司产品决策团队评审后组织实施。

本节小结

（1）产品战略定位是企业战略决策最基本、也是最重要的部分，企业所有战略目标的实现最终都是通过产品的市场成功实现的。因此，产品经理需要对每款产品进行明确的、有效的战略定位。

（2）产品战略定位包括目标客户定位、客户价值定位和商业模式定位。企业应该在产品目标客户定位的基础上进行客户价值定位，在客户价值定位的基础上进行商业模式定位。产品战略定位是这三个方面定位的有机结合。

（3）目标客户定位要在地理人口定位、行为特征定位的基础上进行心理需要定位。心理需要定位是最有效、最可靠的市场细分方法。具有同样心理需要的客户群应该定义为一个细分市场。

（4）客户价值定位是新产品设计和开发的前提和基础。在进行客户价值定位时，既要考虑产品价值和服务价值，也要考虑体验价值。在考虑保健价值和期望价值的同时，还要考虑惊喜价值。可以通过绘制价值曲线进行差异化的客户价值定位；通过审视客户体验周期，明确客户体验周期各阶段的客户价值需要。

（5）商业模式定位的主要目的是在提升客户价值的同时，持续地降低产品成本，以实现企业的目标成本和目标利润。商业模式创新主要包括运营流程创新、合作模式创新和定价模式创新。

（6）在产品战略定位的基础上，企业应该制订切实可行的战略执行举措，并且将战略执行举措融入产品线管理团队的日常工作中，以保证产品创新绩效目标的实现。

知行信研发与产品创新管理体系（RDIM®）框架

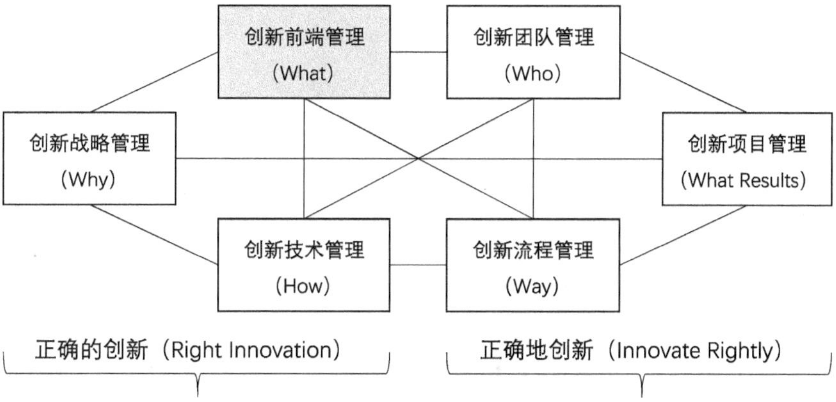

在知行信 RDIM® 体系中，创新前端管理是第二个子系统，回答“做什么（What）”的问题。企业创新战略管理回答进入什么业务领域，创新前端管理需要系统分析、论证和评审应该做什么新产品项目。创新前端管理是产品线管理团队、产品经理的核心职责。产品经理的专业性很大程度上体现在创新前端管理水平。

创新前端管理包括产品创意产生、产品概念开发和产品立项分析等渐次明晰的三个阶段的内容。

创新前端管理准则：慢就是快！

第三章
创新前端管理

> 凡事预（豫）则立，不预（豫）则废。言前定，则不跲；事前定，则不困；行前定，则不疚；道前定，则不穷。
>
> ——《礼记·中庸》

创新前端（Front End of Innovation，FEI）又称模糊前端（Fuzzy Front End，FFE），是产品创新管理 4D 流程的第二大阶段。创新前端管理包括创意产生、概念开发和立项分析等三个子阶段。如果说创意是一句话，那概念就是一张纸，立项分析就是一本书。

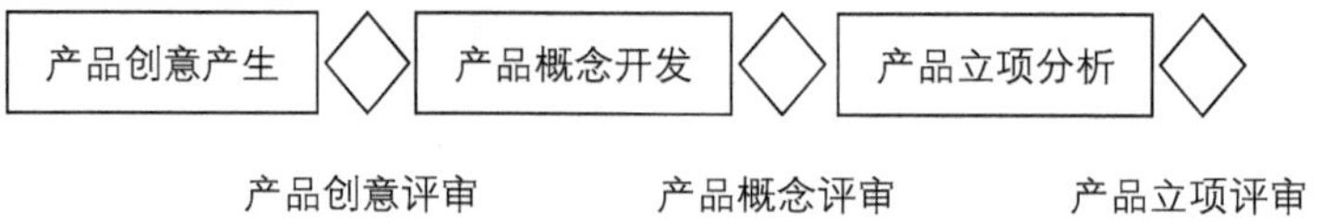

图 3-1　创新前端管理框架流程

本章分为八节，内容除产品创意产生和产品概念开发两个阶段的概要介绍外，展开介绍产品立项分析阶段的主要内容，包括市场研究方法、客户需求研究、产品定义、概念测试、项目立项分析以及项目决策评审等。

第一节，产品创意产生。主要内容包括如何营造良好的创新氛围、如何激发突破性的新产品创意、如何管理新产品创意和如何评审新产品创意等。

第二节，产品概念开发。主要内容包括产品概念优化、产品概念分析和产品概念评审等。

第三节，市场研究方法。主要内容包括市场研究的主要内容、二手市场研究方法、定性市场研究方法和定量市场研究方法等。

第四节，客户需求研究。系统介绍客户需求研究的目的、内容、方法和注意事项等。

第五节，产品定义。重点介绍质量功能展开（QFD）方法。

第六节，概念测试。重点介绍概念测试的主要步骤。

第七节，项目立项分析。主要介绍项目立项分析的团队组成及立项分析的主要内容。

第八节，项目决策评审。重点介绍如何制订决策评审准则，如何召开决策评审会议等。

请企业 CPO 组织企业产品管理团队对照表 3-1，评估企业在创新前端管理方面是否存在以下常见问题，并从本章后续章节的介绍中寻求相关问题的解决方法。

表 3-1　创新前端管理常见问题描述

创新前端管理常见问题描述	公司现状描述
(1) 突破性的新产品创意很少，或者创意虽多但都很平庸，难以对众多新产品创意进行有效筛选与评审	
(2) 公司没有专人负责市场研究工作，对客户需求理解不系统、不完整、不深入、不正确，闭门造车现象严重，开发出的产品难以满足客户需求	
(3) 没有将客户需求有效地转化为产品功能定义，开发出的产品冗余功能多，产品稳定性差，产品成本高，市场竞争力不强	
(4) 项目立项分析不严谨，在开发过程中经常发现关键原材料难以采购，开发出来的产品难以生产或难以维护，新产品开发项目中途夭折多，或者开发进度总是大幅延期，延误上市时机	
(5) 新产品项目决策评审缺乏规范的评审流程和科学的评审准则，董事长个人说了算，或者只是形式上的集体决策，很多没有“钱景”的项目进入了开发流程，新产品开发项目投资回报率低	

第一节　产品创意产生

种子的基因很大程度上决定了其是否可以长成参天大树。新产品创意的质量也同样决定了能否开发出卓越的创新产品。

CPO 思考

（1）我们公司能够源源不断地产生足够多的突破性的新产品创意吗?

（2）公司每条产品线都有专人负责新产品创意管理吗? 公司有正式的新产品创意库吗?

（3）我们能有效对新产品创意进行评审决策吗?

产品创意产生是新产品开发的第一个阶段，是新产品开发的源头。“问渠那得清如许，为有源头活水来。”新产品开发的前提是要有足够多的、足够新颖的新产品创意供公司筛选。缺乏足够多的创意的新产品开发就是无源之水、无本之木。在创意产生阶段，“数量是成功的朋友”。企业首先应该通过多种方式激发出尽可能多的新产品创意，然后通过有效的创意优化和筛选流程，选择最有前景的创意进入概念开发阶段（见图 3-2）。

图 3-2　产品创意产生与评审框架流程

新产品创意大致可以分为两类：一类是突破性创意（Breakthrough Idea），另一类是改进型创意（Incremental Idea）。

突破性创意是指对于本行业或企业所在市场而言，新产品的创意是独一无二的；而改进型创意主要是指在现有产品的基础上进行一些或大或小的改进、升级或优化。改进型创意又可根据改进幅度分为重大改进型创意和微小改进型创意。例如，苹果公司 2007 年推出的 iPhone 手机是突破性创意产品，大部分国内家电厂商推出的新一代电视机都是改进型创意产品。

追求持续、快速成长的企业需要改进型创意，更需要突破性创意。很多企业正是由于很长时间内都不能推出突破性的新产品而停滞不前，甚至走向衰败。有些企业正是由于推出了突破性的新产品而一跃成为市场的领导者。中国中车推出的高铁、谷歌推出的搜索引擎、亚马逊推出的网上书店、阿里巴巴推出的淘宝、腾讯推出的微信等都属于突破性创意产品。

一、激发突破性新产品创意的重要性

突破性的新产品能带给企业的好处主要有如下方面。

1．突破性的新产品能为企业开创巨大的市场空间

突破性的新产品通常能开创出巨大的“蓝海”市场，市场空间非常广阔。苹果公司2010年推出的iPad平板电脑，上市80天就卖出了300万台，远远高于任何品牌的台式电脑或笔记本电脑的日均销售量。

2．突破性的新产品能帮助企业成为行业的领导者，或者标准制订者

成为行业领导者，并且与跟随者拉开差距的最好的方式就是开发和上市突破性的新产品。英特尔公司通过突破性创新在CPU市场上一直领先，占据80%以上的市场份额，成为行业的领导者，也是标准的制订者。

3．突破性的新产品能为公司带来良好的品牌形象

公司的品牌形象不是靠广告宣传出来的，而是通过产品的使用由客户传播形成的。产品本身就是最好的品牌宣传媒介。时尚、个性、特色是现代人的追求，创新性强的产品能给客户带来更多的体验价值和惊喜价值，创新型企业比模仿型企业的品牌知名度和美誉度要高得多。苹果公司凭借持续推出突破性的创新产品，其知名度和美誉度要远远高于其他消费类电子生产厂商，苹果公司已成为时尚和创新的代名词。

4．突破性的新产品能为公司带来更高的利润率

由于突破性的新产品特色鲜明，又不容易被模仿，因而企业具有较高

的定价权，能够持续保持较高的利润率。苹果公司的手机占全球智能手机销量 20% 左右，但利润却占全球智能手机利润的 90% 以上。

CPO 行动

突破性的新产品创意对我们公司的发展重要吗？为什么？我们公司如何才能源源不断地产生足够多的突破性的新产品创意呢？

二、阻碍企业产生突破性新产品创意的主要原因

突破性新产品是大多数企业的追求，但是要开发出突破性的新产品非常不容易。在各种类型的新产品中，真正有突破性的新产品只占 10% 左右。为什么大多数企业不能开发出突破性的新产品？根本原因有以下几个方面。

1．公司领导者缺乏创新意识和长远抱负

一些企业的领导者缺乏真正的企业家精神，满足于做跟随者，认为这样做研发投入少、风险低、见效快。模仿策略在市场不饱和、竞争不激烈的情况下是有效的，但是随着模仿者的快速增多、市场容量的日渐饱和，市场很快出现同质化竞争的局面，大多数企业很难持续生存和发展。很多突破性创新的案例一再说明，“没有做不到，只有想不到”。在突破性创新方面，如果连想都不敢想，那么成为现实就根本不可能了。

2．公司的新产品创意绝大部分来源于董事长

很多企业在创业初期都是靠创业者的一两个好点子发展起来的。随着公司规模的扩大，公司的新产品创意还是来源于公司的一两个最高领导。有家做数码印花机械的高科技企业的总经理明确地对员工说，“你们不要跟我谈什么创新，你们把我想出来的创意做好就不错了。”还有一家做智能手机的企业，年营业收入达到 100 亿元以上，主要的新产品创意还是来自董事长一人。这家公司的市场总监满脸无奈地说，“我们虽然有十几个人在做产品规划，但是我们公司真正的产品经理只有一个，就是我们的董事长。”一些企业新产品开发流程图的第一步就是董事长提出创意。

也就是说，如果董事长不能提出创意，企业就没有新的新产品开发项目。这种创意来源过于依赖一两个人的企业，一方面会抑制员工们的创新激情，另一方面很可能出现“成也董事长，败也董事长”的局面。企业发展到一定规模，董事长很可能成为企业发展的瓶颈。

3．过于强调新产品项目的上市速度

有些企业认为新产品的竞争就是速度的竞争，新产品上市的速度越快越好。这种现象在手机、电子词典等消费类电子行业比较普遍。一方面，过于强调新产品上市速度，会导致项目执行质量下降，结果新产品上市很快，但由于质量问题不断，新产品退市速度也很快。牺牲质量的速度不但不可取，而且是对公司宝贵的创新资源的巨大浪费！另一方面，迫于上市速度的压力，企业决策者会倾向于选择那些开发周期短、风险低的项目。这些项目容易做，而且能很快做好。但是这些项目往往是非常平庸的项目，是大多数竞争者都在做、都能做好的项目。常言道：“慢工出细活。”没有较长的周期，没有较大的投入，是不可能做出“一鸣惊人”的创新产品来的。

4．创新团队忙于“救火”的项目

一些企业的新产品开发团队非常忙，但主要忙于响应客户或销售人员的紧急需求。创新团队成员的绝大部分时间和精力用于应付源源不断的“救火”项目，重要而又不紧急的创新项目总是被迫一再延期。最终，三五年过去了，企业可能忽然发现没有合适的产品可卖了。

5．新产品项目评审准则错误

有些企业员工一提出一个新产品创意，公司董事长或高管马上就问：“能赚钱吗？能赚多少钱？”在创意筛选阶段，有些企业过于看重财务回报指标，因而倾向于选择投入少、风险低的项目。因为这些项目一眼看去显得更好，开发成本更低，确定性更高。但是创新性越高的项目，在前期越看不太清楚，很难算出明确的投资回报。企业很可能由于采用与传统项目一样的筛选决策准则，导致很多创新性强的项目过早地被扼杀。

某大型电信设备制造企业，有 100 多人的团队负责与现有产品线不同的新产品线业务的孵化，但是创新团队提出来的项目报到上级领导那儿，要么由于风险太高，迟迟没有下文；要么被认为没有前景，很快被“枪毙”。新产品创意筛选和立项成了阻碍该公司持续创新的“拦路虎”。

CPO 行动

哪些原因影响了我们公司产生突破性的新产品创意？我们应当如何改善？

三、如何营造良好的创新氛围

有什么样的创新环境就会有什么样的创新成果。如果一个公司从上到下的氛围都是“鼓励创新，宽容失败”，那么很可能会有源源不断的新产品创意涌现；如果公司的文化是跟随、模仿甚至抄袭，则很难有真正的创新产品面世。要激发突破性的新产品创意，企业首先要在企业内外营造良好的创新氛围。

企业可以从以下几个方面考虑如何营造良好的创新氛围。

1．领导者重视创新，鼓励创新，支持创新，带头创新

营造良好的创新氛围是企业领导者的重要职责。营造良好的创新氛围的最有效的方法就是企业领导者身先士卒，率先垂范。员工不但会看你如何说，更会留意你如何做。如果只是口头上说重视创新、鼓励创新、支持创新，而不落实到自己的行动上的话，其效果还不如不说。真正重视创新的领导者通常会有以下行动。

（1）带头参加公司组织的创新会议，并且自始至终参加。

（2）不在创新会议上对任何人提出的任何创意提出批评。

（3）带头走出办公室，走向市场，每月有固定的几天时间拜访客户。

（4）坚持基于对客户需求的理解进行新产品设计和开发。

（5）认真倾听客户的反馈、投诉甚至谩骂，并且真诚地对客户表示感谢。

（6）为创新提供必要的资源。

（7）宽容失败，不惩罚失败。

2．有专人负责创意搜集、管理和反馈

对员工和外部创新者提交的新产品创意，要有专人负责搜集和管理。

不要将新产品创意与合理化建议等混为一谈。关于如何进行有效的创意搜集和管理，详见后文介绍。

3．对任何创意提交者均及时反馈，表示感谢

对任何人提交的创意，都应该在一周内予以明确回复，并对创意提交者表示感谢。如果不能对提出的创意进行有效的反馈，员工将很快丧失创意提交的热情。

4．对被采纳的创意给予适当的奖励

对通过评估进入概念开发阶段的创意给予小额的物质奖励，如有些公司给予 50 元左右的物质奖励。但非物质奖励更重要，企业可以对创意提交者予以表扬、认可或颁发荣誉证书。

5．给员工适当的弹性工作时间

不要期望员工在加班时间或在周末想出很多突破性的创意。对于与新产品开发直接相关的市场和技术等人员，可以给予他们一些弹性的工作时间用于激发新产品创意。例如，3M 公司规定研发人员可以有 15% 的时间用于做自己想做的事，做这些事情是不需要经过上司批准的。谷歌公司也明确规定员工每周可以有一天时间自由安排，用于研究自己感兴趣的领域。

6．为创意提供适当的资源

为未经正式批准立项的项目提供必要的试验设备、场地或小额经费。对于攻关项目，可以将整个团队安排到公司以外的某个度假村或酒店封闭几个月，进行封闭开发，与日常工作隔绝，减少日常工作的干扰。

7．宽容失败

失败是成功之母！或者说，没有失败就没有成功。确保不失败的唯一做法就是什么都不做！即使项目失败了，也应该认真总结，并庆贺学到的一切，而不要避之唯恐不及。我们从失败的项目中所学习到的要远远多于从成功的项目中所学到的。企业要认识到，“正确地‘枪毙’一个项目，也是一种成功”。如果对创新失败的项目大肆批评，甚至惩罚，很可能团队里就没有人愿意参加高风险、高创新性的项目了。

8．鼓励外部创意

内部员工只是突破性创意来源的一部分。客户、合作伙伴、供应商乃至竞争对手都是可能的创意来源。企业可以通过网站等方式建立与外部创意提交者的直接联系。宝洁公司通过采用“联系＋开发”（Connect + Develop）的开放式创新模式，每年有超过50%的新产品创意来自公司外部。

9．鼓励团队提交创意

任何突破性的创新靠个人的力量是非常难以实现的，创新型企业应鼓励以团队方式提交新产品创意。研发部门内部的人员可以组成团队提交新产品创意，市场、销售人员与研发人员也可以组成团队提交新产品创意。而且在创意提交的初期，这些团队都是非正式的。企业应该打破“部门墙”，鼓励不同职能部门、不同地域、不同国别员工之间的交流和互动，以提高创造性。

10．对取得经济价值的创意进行宣传和表彰

企业可以通过设立荣誉墙、出版内部刊物等方式对取得经济价值的创意进行宣传和表彰，鼓励全体员工向获奖者学习。要奖励和表彰创新绩效突出的个人，也要奖励和表彰整个创新团队，并以团队奖励为主。

CPO 行动

公司有良好的创新氛围吗？哪些因素影响了公司形成良好的创新氛围？我们应该如何营造良好的创新氛围？

四、激发突破性新产品创意的主要方法

战略分析和决策为新产品创意的产生指明了方向，确定了范围。企业需要在公司确定的战略区域内采取多种有效的方法激发尽可能多的突破性的新产品创意，为企业的新产品开发提供源源不断的高价值创意。下面介绍几个主要的突破性新产品创意激发方法，供创新型企业选用（见图3-3）。

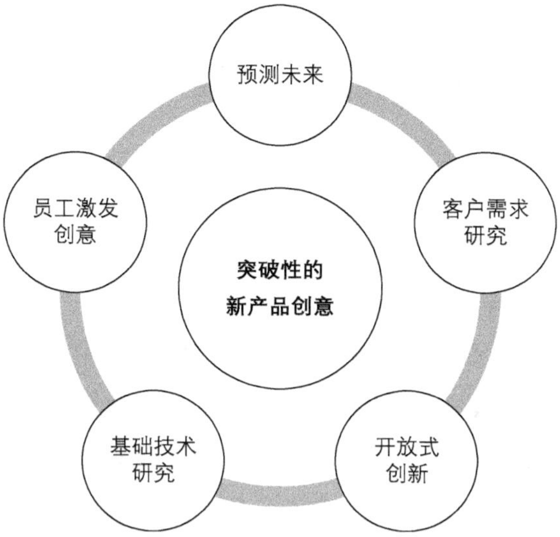

图 3-3　激发突破性新产品创意的主要方法

1．通过预测未来激发创意

战略性的创意激发要求公司的领导团队对未来有正确的愿景和看法。创新型企业的领导团队应该有能力通过整合现有资源，结合对未来趋势的判断，比较准确地预测未来的情境。如果预测成功，企业将比其他竞争对手更早地洞察未来市场对新产品和新服务的需求。

预测未来的行业、市场或世界的状态很不容易。很多大公司由于错误地估计了未来的发展趋势而错失了很多很好的发展机会。例如，IBM 在 20 世纪 80 年代不看好个人电脑市场的发展，放弃了与英特尔、微软公司的紧密合作，结果培育了惠普和戴尔等强劲的竞争对手。

虽然没有准确地预测未来的灵丹妙药，但是还是有方法可以帮助创新型企业的领导者更好地预测未来。预测未来的主要方法有三种：洞察外部环境，识别破坏性技术，以及描绘未来情境。

咨询实例

大家可以畅想一下机器换人、人工智能（AI）给我们带来的可能的变化。10 年以后哪些类型生产工人将会被机器取代？哪些脑力工作者将会被机器取代（如专业翻译）？汽车自动驾驶是否会成为现实？这会给我们带来哪些变化？

面对这些可能的未来，哪些行业会被颠覆？有哪些创新的机会？例如，有些快递公司已经在尝试采用无人机投递包裹，有些银行已经在尝试使用机器人作为大堂经理回答顾客的日常问题，有些商家已经开发出陪伴小孩玩耍的机器人。

2．通过客户需求研究激发创意

客户是创新之母!

通过各种方式产生的新产品创意最终都要通过客户需求研究来验证和完善。因为只有最终被客户接受的创意才是真正有价值的创意，突破性创意的产生更是深入洞察客户需求的结果。但是很多公司不知道如何进行客户需求研究，在客户需求研究方面投入的资源也很少。还有一些公司认为自己做了客户需求研究工作，因为他们听取了很多销售人员、促销人员及市场专员反馈的“客户需求”。这些都是公司难以产生突破性创意的重要原因!

客户需求研究的主要目的不是了解客户已经明确说出来的需求，而是要深入洞察客户未得到满足的、未说出来的，甚至客户自己也未想到的隐性需求。正是这些隐性的需求中蕴含着产生突破性创意的巨大机会。可以说，企业能否产生突破性创意根本上取决于对客户隐性需求的洞察能力。企业需要掌握多种有效的客户需求研究方法，洞察客户的隐性需求，激发出突破性的新产品创意。

咨询实例

某医疗器械企业通过深入的客户需求洞察激发新产品创意

某医疗器械制造商在全国各地组织了十多个市场调查小组，深入各类医院病房，实地观察医生、护士、病人和病人家属操作和使用多参数监护仪的情况，得出了300多条有价值的需求信息。这些需求信息与采购招标书上的需求信息完全不一样。基于这些需求信息，该企业提炼出了多个与现有竞争产品差异化很大的新产品创意。

3. 通过开放式创新激发创意

任何一家公司都不可能聘请全世界所有最好的人才为其工作，但是这些公司外部的人才很可能有很多公司所需要的创意和创新。怎么办？最好的办法就是采取开放式创新，充分利用各种外部资源激发突破性的新产品创意。

很多公司的内部研发团队已经不再是公司创新的引擎，他们正在错失一个又一个创新机会。开放式创新的主要目的是帮助企业充分利用各种外部创新资源，为开发团队提供创意、概念及技术等。

外部创意来源主要有合作开发的伙伴、供应商、客户、社会公众、科技人员、合作研究机构、政府实验室、大学、竞争对手、专利代理机构、风险投资机构、小的创业型企业、品牌合作机构、渠道合作机构、贸易展览会、贸易出版物等。

4. 通过公司员工激发创意

很多公司忙于通过客户及各种外部途径寻找新产品创意，却忽略了公司最宝贵的财富——员工，员工很少为公司带来有价值的创意。

咨询实例

2009年，我们协助深圳一家知名的陶瓷产品制造企业激发突破性新产品创意。该企业管理层希望在第二代产品畅销的基础上，开发出全新的第三代产品，以全面冲击国际市场和国内市场，争取早日实现“争创世界第一”的梦想。我们采取客户理想设计（CID）方法与头脑风暴方法相结合的方式帮助该企业激发突破性创意。该公司董事长亲自在全员大会上进行动员，阐述突破性新产品对公司发展的重要性。在创新顾问团队的指导下，该公司开展了为期三个月的“全员创新大赛”活动。创新大赛的主题是“我最想要的陶瓷产品是……”。我们将该公司1000多名员工以班组和部门为单位，分成70个创意激发小组。创新顾问团队对各个创意激发小组进行了创意激发方法的轮番培训，并在创意激发过程中给予适时指导。结果，70个创意激发小组共提交了200件图文并茂的作品。公司创意评审委员会经过认真评审，选择了20件作品进入概念开发阶段，其中获得综合评分第一名的作品是由一个生产一线的班组提交的。由全员集思广益提交的形式多样、内容丰富、不拘一格的设计作品，大大开阔了公司管理团队和设计师团队的眼界。公司设计师团队将所有创意纳入创意库，并通过对多个作品的结合和改进，构思出更多、更好的新产品概念。

5．通过基础技术研究激发创意

在商业史上，确实有很多突破性的技术通过商业应用改变了世界。例如，化学实验室发明的新合成材料和聚合物，如尼龙、合成纤维、塑料等，改变了世界，并且催生了杜邦公司等伟大的化工企业。贝尔实验室发明的激光技术，催生了激光切割设备、医疗器械、光碟等多代新产品。

如果你的公司正在进行一些基础研究工作，这些研究机构应该成为新产品创意的一个重要来源。从这些研究机构开发的技术孵化出的新产品，很有可能改变一个行业的竞争格局。国内一些规模较大的企业都成立了研究院，但是从投入产出的角度看运作的效果不是太好。

CPO 行动

我们的新产品创意主要来源于哪些途径？组织各产品线团队成员利用以上介绍的创意激发方法激发 10 个以上突破性的新产品创意。

五、有效管理新产品创意

管理学大师德鲁克说，创新不是灵机一闪的结果，创新意味着守纪律的、艰苦的劳动。要持续地推出创新性产品，企业必须要有一个正式的、结构化的、有效的产品创意管理系统。不要指望新产品创意会自动自发地浮现，更不要指望新产品创意会自动自发地变为成功的创新产品！创意必须管理，而且必须有效管理！

一个有效的创意管理系统由创意提交者、创意管理人、创意筛选流程和创意库等几部分组成，如图 3-4 所示。

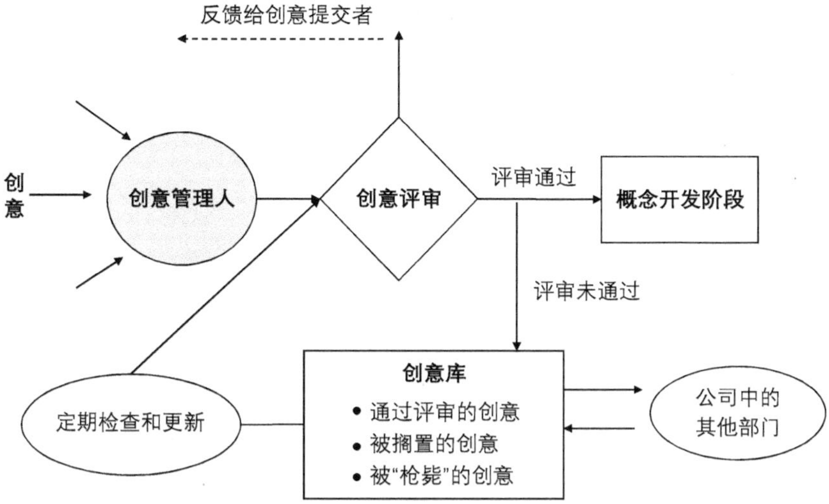

图 3-4　产品创意管理系统框架

1．任命创意管理人

在很多公司，创意产生是每个人的工作，但是没有任何一个人对创意管理负责，没有指定专人或专门的创意小组负责激发创意，没有人将一个好的创意付诸行动。建立创意管理系统的首要工作就是任命创意管理人或创意管理小组。创意管理人或创意管理小组的主要职责如下所述。

（1）激发新的创意。

（2）从公司内外搜集创意。

（3）组织进行完善和优化创意，推动创意进入决策评审点。

（4）组织创意的生 / 杀决策。

（5）如果创意获得通过，推动创意进入概念开发阶段。

每条产品线的产品线经理应该成为该产品线创意管理的当然负责人。

2．明确主要的创意来源

创意管理者要做的第一步工作就是梳理公司的新产品创意的主要来源，可结合以下问题进行思考。

（1）我们企业的新产品创意来源主要有哪些？我们的新产品创意主要来自研发人员还是销售人员？

（2）这些创意来源提交的创意的质量如何？

（3）从这些创意来源我们可以获得足够多的创意吗？

（4）我们是否正在错失一些重要的新产品创意来源？

创意的来源很大程度上决定了创意的质量。如果单纯依靠企业内部人员的“近亲繁殖”，是很难开发出成功的新产品的，更谈不上开发出突破性的新产品。这也是依靠内部研发人员“闭门造车”很难造出“好车”的根本原因！

创新案例

有一家生产电脑外部设备鼠标、键盘、电源、机箱和音箱等的公司，该公司的新产品创意来源主要就是竞争对手推出的新产品及互联网上的公开信息。该公司的办公室远离市区，产品经理几个月也不“进城”一次，更谈不上与客户进行面对面的沟通。该公司董事长在年终总结会上说，我们公司创新的主要成果就是一大堆卖不出去的库存品和一大堆还没来得及使用的电子材料。

3．建立创意筛选流程

接下来，创意管理者需要组织制订一个有效的创意筛选流程。要制订不同于传统项目的创意筛选准则进行新产品创意的筛选。对获得通过的项目，要推动其进入概念开发阶段；对需要再完善的创意，要及时告知创意提交者，并指导和帮助他们完善创意；被“枪毙”的创意，也要存入创意库。不管创意筛选决策的结果如何，创意管理者都要将创意决策结果及时反馈给创意提交者，并对创意提交者表示感谢。新产品创意筛选管理将在下文详述。

4．设立创意库

公司要设立一个基于网络的交互式创意库，对于被搁置的创意及被“枪毙”的创意要全部存入创意库。或许这些创意哪天就会死而复生，或者与其他创意一起组合成一个新的创意。创意库要定期检查和更新，方便公司内其他员工使用。

CPO 行动

我们有正式的新产品创意搜集和管理流程吗？我们有必要建立正式的创意库吗？如何建立？

六、有效评审新产品创意

在新产品创意评审方面，企业往往有两种比较极端的做法：一种是评审失控，很多没有价值的项目进入了开发阶段；另一种是只做一次决策，创意评审通过后就一直到上市，中途再也没有严格的生 / 杀决策。新产品创意评审决策的关键是要把握好度：既要让有前景的突破性创意获得“战斗”的机会，也要尽可能减少没有前景的创意进入开发管道的机会。有效做法如下所述。

（1）采用基于最佳实践总结的项目决策评审方法对新产品创意进行评审。

（2）对新产品创意进行多次评审。

首先，企业要采取有效的评审准则对新产品创意进行科学的决策评审。其次，为降低决策风险，要在概念开发阶段和立项分析阶段继续对新产品创意进行越来越严格的评审。

产品创意评审是新产品开发流程中的第一个决策评审点，应该是一个“温柔”的决策评审点。如果在创意评审点对新产品创意进行过于严格的决策评审，很可能过早“枪毙”掉那些极具市场前景的突破性创意项目，选择的是那些小的、低价值和低风险的“平庸的项目”。

以下我们介绍一种简便、实用的新产品创意筛选决策评审方法，企业可根据实际情况进行适当优化后选择采用。该方法主要通过回答三个基本问题对新产品创意进行决策评审，如表 3-2 所示。

表 3-2　产品创意决策评审方法（Real-Worth-Win 方法）

决策评审准则	评分
（1）该项目真实吗？（Real） 有市场需求吗？ 技术可行吗？	
（2）该项目值得做吗？（Worth） 该项目对公司的价值有多大（销售额和利润）？ 做该项目的成本有多高？	
（3）我们能赢吗？（Win） 我们在这方面有竞争优势吗？ 我们有做该项目所需的资源和能力吗？（或者这些资源和能力能够从外部获取吗？） 竞争有多激烈——竞争对手会防御吗？它们防得住吗？	

企业可结合对这三个方面更具体的思考，以 0 ~ 10 分为每个新产品创意打分。例如，如果有一项评审得分低于六分，则该项目将被枪毙；如果不考虑三个方面的权重，该项目的合计得分低于 18 分，则该项目也将被枪毙。以上是对新产品创意筛选的比较宽松的评分，在概念评审和立项评审时将会更为严格。

CPO 行动

我们能有效评审新产品创意吗？我们有正式的新产品创意决策评审准则吗？我们应该如何提升新产品创意评审的有效性？

本节小结

（1）新产品创意产生阶段的主要任务是激发尽可能多的突破性的新产品创意。在创意产生阶段，创意数量是成功的朋友。

（2）营造良好的创新氛围是激发突破性新产品创意的前提。企业领导者应该鼓励创新，支持创新，认可创新，带头创新。

（3）激发突破性新产品创意需要遵循有效的方法。员工是新产品创意的重要来源。客户是创新之母。“由用户设计”是激发突破性创意的突破性方法。

（4）新产品创意不会自动自发地产生，新产品创意更不会自动转化为畅销的新产品。对新产品创意必须进行有效的管理。创新型企业应该建立由专人负责管理的创意管理系统。

（5）需要有明确的评审准则对新产品创意进行筛选。新产品创意筛选主要看创意的市场潜力和实现的可能性，不要过多考虑财务指标。

第二节　产品概念开发

通过概念开发进一步论证新产品创意，为有“钱景”的新产品创意争取投入“战斗”的机会。

CPO 思考

(1) 我们公司有规范的新产品概念开发流程吗？

(2) 我们应该如何有效进行新产品概念开发和完善？

(3) 我们应该如何有效进行新产品概念评审？

新产品创意产生阶段的主要任务是激发尽可能多的新产品创意，而且应该激发尽可能多的突破性的新产品创意。在概念开发阶段，我们将对在创意产生阶段通过评审的新产品创意进一步完善和筛选，以便为立项分析阶段提供具有高投资回报潜力的新产品创意。

对于一些风险很低、投入不大的改进型项目，企业可以简化流程，使其快速进入立项分析或开发阶段。但是对于风险很高、投入很大，并且对公司的发展具有战略重要性的突破性新产品创意，在其进入正式的立项分析阶段前，企业还需要经历一个分析和决策评审阶段——概念开发（Concept Development）阶段，如图 3-5 所示。

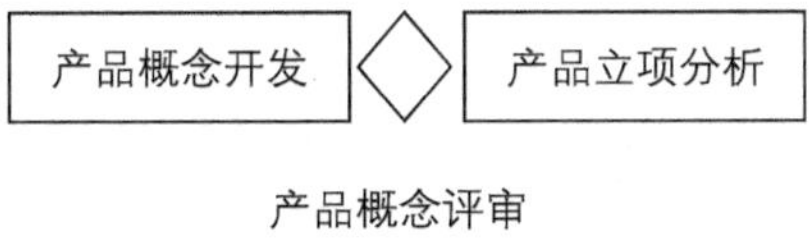

图 3-5　产品概念开发与评审框架流程

概念开发阶段的主要工作是对经过初步筛选的新产品创意进一步优化和完善，以便筛选出更有价值的新产品创意进入立项分析阶段。在概念开发阶段，为了减少资源浪费，提高立项分析阶段工作的效率和质量，企业需要投入较多的人手和资源对新产品创意进行比较深入的分析，并对经优化和完善后的概念进行比较严格的评审决策。

一、优化新产品概念

产品概念开发阶段的关键工作是完善和优化新产品创意。只有在新产品创意更为明确和清晰的情况下，才有可能进行比较有效的市场、技术、商务和财务等评估。但是新产品概念开发阶段经常出现以下问题。

（1）没有经过思考、讨论和评价就草率地“枪毙”新创意。

（2）虽然举行概念优化会议，但是花费了很多时间没有得到预期效果。

（3）新颖的创意通过一系列筛选、分析、定义后变成了新形式的“旧创意”，据此开发出来的产品与原有产品大同小异。

本节介绍一个简便有效的新产品概念开发方法——SWIFT 方法，以解决以上常见问题。SWIFT 方法通过五个步骤完善和优化产品概念，如图 3-6 所示。

图 3-6　SWIFT 产品概念优化方法流程

SWIFT 方法一个人可以应用，一个团队也可以应用。可以由公司内部的人员进行，也可以邀请一些合作伙伴或潜在客户一起参与讨论。如果创意提交者认为自己提出的创意是突破性的，最好邀请公司的高层管理者一起参加 SWIFT 会议，以争取高层管理者的认可和支持。SWIFT 方法采用聚焦的头脑风暴方法（Focus Brainstorming），通过提出和回答一系列结构化的问题来完善和优化创意，也可以用于新产品创意筛选。

SWIFT 方法不仅是一个很好的完善和优化创意的方法，也是一个快速、有效的创意筛选方法。

咨询实例

某集成房屋制造企业的新产品概念开发

2010 年 12 月，我们为深圳某知名集成房屋制造商提供研发与产品创新管理培训。该公司的研发负责人提到两年前公司开发和上市了一款厢房产品，开发团队认为这款产品品质不错，但就是卖得不好，销售部门甚至提出来以半价进行促销。我们采用 SWIFT 方法在现场对该款产品进行评价。开发团队成员能说出该款产品的很多优势，不足方面主要是成本和价格偏高。但是，开发团队在谈到该款产品的特色时非常勉强，很难说出该款产品与市场上的同类产品有何不同之处。由此，我们找到了该款产品不好卖的根本原因：产品没有特色，产品一上市就陷入了同质化竞争。而该产品又没有价格优势，因此销售量上不去也就不足为奇了。要是该产品的开发团队在概念开发阶段就采用 SWIFT 方法对该创意进行优化和评价，那开发出的新产品可能会与现在需要降价促销的产品有很大的不同。

CPO 行动

我们是如何进行新产品创意优化和完善的？有效性如何？采用 SWIFT 方法优化我们的新产品概念开发。

二、分析新产品概念

概念开发阶段的工作一般由创意提出者或公司指定的人员进行，通常利用非正式的团队进行工作。概念开发负责人根据概念开发任务的需要，在公司内外寻找合适的合作伙伴一起进行概念开发工作。

概念开发工作的指导思想是：花一点资金，搜集一些信息，这样项目可以根据更准确的信息在概念评审点进行重新评估。概念开发阶段投入的费用一般不超过一万元，投入的工作量一般不超过 10 人 / 天。概念开发阶段工作一般应该在一个月内完成。在一个月内，概念开发小组要在概念评审点汇报所得到的更详尽的信息，以便对新产品创意进行更具有确定性的筛选决策评审。

概念开发阶段的主要工作包括初步的市场评估、初步的技术评估、初步的商务评估以及初步的财务评估。

1．进行初步的市场评估

初步的市场评估需要做的工作是进行快速的市场调研，其目的是确定推荐的项目是否具有商业前景。该阶段的任务是低成本、快速地（通常在一个月以内）获得尽可能多的市场信息，包括市场规模、成长性、细分市场、客户需求和兴趣以及竞争状况等。

初步的市场评估工作要回答以下主要问题。

（1）该市场的吸引力大吗？该市场的潜力如何？

（2）基于该概念开发出的新产品能为大多数潜在客户所接受吗？

（3）预计该产品上市后，市场竞争激烈程度如何？

（4）该产品看起来是什么样的？能否描述得比较清楚？

2．进行初步的技术评估

可以将建议的项目提交给公司的技术人员——研究开发、工程和运营等方面的人员进行评估。

通过初步的技术评估，需要简要回答以下问题。

（1）产品需求或规格基本上会是什么样子的？（注意产品定义在这种早期阶段可能还是比较模糊和不确定的。）

（2）从技术方面看如何才能实现这些需求？有可预见的技术解决方案吗？或者需要新的发明或采用新技术吗？

（3）该项目在技术上可行的概率有多大？将会花费多大的成本和多长的时间？

（4）公司是否具备独自开发该产品的技术能力？或者在某些开发活动中公司是否需要合作伙伴或外部供应商？对于技术合作要审慎考虑。

（5）该产品可以生产或制造出来吗？如何制造？用什么样的设备、以多少成本去生产或制造？你是否考虑过外包或找一个合作伙伴？

（6）涉及什么样的知识产权和法规问题？法规和专利问题应在这种比

较早的阶段被提出来并给予考虑。

（7）主要的技术风险是什么？我们将如何应对这些风险？

3．进行初步的商务评估

初步的商务评估需要回答的主要问题如下所述。

（1）该项目与公司的战略一致吗？

（2）我们主要的竞争策略是什么？

（3）做好该项目我们需要具有哪些核心能力？我们是否需要采取外包或合作的方式？应该与哪些机构合作？

4．进行初步的财务评估

初步的财务评估需要回答如下主要问题。

（1）期望的收入是多少？

（2）单位产品的成本有多高？

（3）开发和上市该产品需要投入多少资金？

（4）投资回收期有多长？

基于以上四个方面的分析，概念开发团队需要向概念评审团队提交概念分析表。在概念分析表中，除了要回答以上四个方面的主要评估问题外，还要提出明确的关于该概念的生/杀决策建议。如果建议该概念进入立项分析阶段，概念开发团队需要制订立项分析阶段的工作计划，内容包括立项分析工作的时间期限、所需资金、人员及人/天，以及立项分析决策评审的建议日期等。

CPO 行动

我们是如何进行新产品概念分析的？有效性如何？采用上述方法对新产品概念进行分析。

三、评审新产品概念

通过筛选评审的新产品概念将进入立项分析阶段，公司将花费较长的周期、投入较多的资源对新产品概念进行客户需求研究、技术可行性分析及多方面的可行性分析。因此，概念评审应该比创意评审更为严格，以确保真正有前景的创意进入立项分析阶段。

概念评审一般由产品线经理主责，团队成员主要是市场、技术及财务等职能部门的负责人。

我们将介绍一个基于最佳实践的新产品概念筛选方法，如表 3-3 所示。

表 3-3 产品概念评审准则

评审准则	评分
战略： • 与公司战略的一致性 • 项目的战略重要性	
产品的竞争优势： • 对用户而言具有独特的产品利益	
• 与竞争对手的产品相比具有差异化 • 更好地满足客户需求 • 性价比高	
市场吸引力： • 市场的规模 • 市场的成长性 • 竞争地位	
能否利用公司的核心竞争力： • 营销和分销核心竞争力的利用 • 技术核心竞争力的利用 • 制造、运营核心竞争力的利用	
技术可行性： • 技术差距的大小 • 技术复杂性 • 技术的不确定性	
回报与风险： • 回报的大小——预测如果成功上市利润的大小 • 预测投入的大小 • 回报期——预测实现盈亏平衡的周期 • 收入、成本和利润估计的可信度	

企业可以依据每个项目的吸引力分数，对多个项目按得分高低进行排列，以确定进入立项分析阶段的优先顺序。

CPO 行动

我们是如何进行产品概念评审的？有效性如何？是否可以参照表 3-3 的设计概念评审准则对每个概念进行吸引力打分？

本节小结

（1）采用 SWIFT 方法可以简便、快捷地对新产品创意进行完善和筛选。

（2）新产品概念开发阶段的主要任务是对新产品创意进一步完善和筛选，以确保进入立项分析阶段的创意是真正具有投资价值的。概念开发阶段的主要工作包括对新产品概念进行初步的市场、技术、商务和财务可行性分析。

（3）可以从战略、产品、市场、核心能力、技术和投资回报等六个方面对多个新产品概念进行评分，选择评分靠前的项目进入立项分析阶段。

第三节 市场研究方法

市场研究方法是产品经理“吃饭用的筷子”，是产品经理必须掌握的最基础、最重要的产品创新方法。

CPO 思考

(1) 我们公司的市场研究主要包括哪些内容?

(2) 我们公司主要采取哪些方法进行市场研究? 有效性如何?

(3) 我们公司哪些人应该熟练掌握各种主要的市场研究方法? 掌握程度如何?

市场研究是创新型企业从创新战略管理阶段到创新前端管理阶段，到产品开发管理阶段，再到产品生命周期管理阶段都要进行的工作。不同的创新阶段使用的市场研究方法不同，市场研究工作要实现的目的与目标也不同。

市场研究方法按照是否与客户直接接触划分，可以分为一手研究和二手研究。一手研究直接与客户接触，现场通过访谈、观察或体验客户的生活等方式了解客户需求；二手研究通过间接的方式了解客户需求，主要包括案头资料查阅等。

在市场研究工作中，通常先做二手研究，再做一手研究。因为二手研究成本低、速度快，能够在很短的时间内获取大量的信息。企业没有必要对能够简易获取的信息再通过现场研究去重复获取。二手研究虽然能在很短的时间内获得大量信息，但是很多信息的质量、真伪值得怀疑，所以很多信息还要通过一手研究去验证或获取。二手研究方法通常用于了解竞争者信息和市场整体信息，而一手研究主要用于客户需求研究。

在市场研究实践中，市场研究人员需要一手研究与二手研究方法相结合，定性研究与定量研究方法相结合，以实现预期的市场研究目标。

一、市场研究的主要内容

我们通常所指的市场研究（Market Research）主要包括客户需求研究、竞争分析和市场分析这三方面的内容。

客户需求研究主要是对客户本身未说出来的、未想到的、未预期的隐性需求进行研究；竞争分析主要是对主要的竞争对手的产品、企业运营及企业战略等进行调查和分析；市场分析是在客户需求研究和竞争分析的基础上，对整个市场的规模、趋势等进行调查和分析。

1．客户需求研究

客户需求研究（Voice of Customer，VOC）又可称为用户需求研究（User Needs-and-Wants Study），其主要目的是获得突破性的新产品创意，获得完整的新产品利益、价值、特性、性能特点等的描述，获得产品设计的输入。

客户需求研究的主要内容包括：

（1）识别客户的需求（Needs）、需要（Wants）和偏好（Preferences）。

（2）识别他们正在寻找的卓越的产品所必须具备的特性。

（3）识别什么绝对可以取悦他们。

（4）最终的目标是交付给客户具有真正价值的产品。

2．竞争分析

要交付卓越的产品，除了要洞察客户需求外，还要进行有效的竞争分析。竞争分析主要通过对主要竞争对手的分析，发现竞争者有哪些值得学习的地方，以及竞争者有哪些弱点或不足之处可以利用。通过学习竞争者的长处和解决竞争者未能解决的问题，企业就有可能开发出差异化的、卓越的新产品。

竞争分析要注意分析直接竞争对手，也要注意分析间接竞争对手。互联网时代行业之间的边界越来越模糊，很多行业都是被外行颠覆的。例如，微信与电信运营商、银行都不是直接竞争对手，但是微信正在快速颠覆这两个行业。

竞争分析的主要内容包括以下三点。

（1）了解竞争者的产品及其优势与弱点。如果你要开发出卓越的产品，就必须全面了解你的主要竞争对手的产品，以便进行比较。

（2）了解竞争者是如何做的：他们如何竞争？他们在哪里获取客户？他们是如何获取客户的？这方面的分析可以获得关于该行业的关键成功要素的有价值的洞察。

（3）了解竞争者的战略、竞争者的产品及其如何与它的战略相匹配。这方面的分析能够为你提供一些当你的产品上市后可能带来的反应的线索。例如，当你的产品上市后，会不会引发竞争者强烈的市场防御活动？

3．市场分析

客户需求研究和竞争分析对设计卓越的产品非常重要，但是也要了解更多的市场信息。市场分析是在以上两方面分析的基础上，结合一些二手研究，描绘出市场的全貌。市场分析可以采用在概念开发阶段介绍的初步的市场评估方法进行，只是比概念开发阶段的分析更加深入和具体。

市场分析的主要内容如下所述。

（1）市场规模、成长性和发展趋势。

（2）细分市场的规模、成长性和发展趋势。

（3）购买者行为：在购买活动中谁买、买什么、什么时候买、在哪里买、如何买等。

（4）竞争状况。

CPO 行动

我们的市场研究工作应该包括哪些内容？应该重点研究哪些内容？为什么？我们应该如何开展市场研究工作？

二、二手市场研究

二手研究（Secondary Research）是指从已有的数据或已经做过的研究中获取有价值的市场信息。要进行有效的二手研究，首先，要明确研究所要回答的具体的问题，即要明确研究的目标；其次，要清楚所需的各种信息的可能来源；最后，通过各种信息来源对信息进行搜索、搜集、整理与分析。泛泛地、毫无目的地搜索信息是低效的，难以获得有意义的结果。

二手研究的关键是识别所需信息的来源。表 3-4 列举了一些主要的二手信息来源，可供市场研究者参考。

表 3-4　二手研究的主要信息来源

信息类型	可能的信息来源举例
纸质媒体	商业期刊、报纸
在线商业服务	财经网站、CNKI 等期刊论文库
互联网	搜索引擎（百度、谷歌等）
公司信息来源	上市公司年报、证券交易所、大学等专业研究机构
行业信息来源	证券公司的研究所、行业协会网站、行业分析机构
新闻资源	腾讯等新闻门户网站
国际资源	各个国家的商务、贸易、工业网站
政府资源	政府网站的公告、年度统计数据、公共图书馆
专利资源	国家专利局、世界专利查询机构、专利代理机构

三、定性市场研究

一手市场研究方法按照研究的数量化程度划分，可以分为定性研究和定量研究。定性研究通常以获得有价值的信息为目的。例如，现场访谈、现场观察等定性研究方法的主要目的是获取有价值的客户需求信息。定量研究的主要目的是通过较多样本的研究，获得关于某一问题的统计结果。例如，了解客户对产品不同定价水平的接受程度，就可以采取定量研究的方法。

1．主要的定性市场研究方法

定性研究方法在创新前端阶段使用最多，主要用于洞察客户需求。用于洞察客户需求的定性研究方法主要有三类：自己扮演客户、与客户交谈和现场观察。

（1）自己扮演客户。自己扮演客户是指新产品开发团队成员自己亲自使用自己的产品及竞争者的产品，从中发现存在的问题，找出可能的改进方案。这是了解客户需求最简单的一种方法。这种方法也可以称为角色扮演法。

（2）与客户交谈。主要有三种与客户交谈以了解客户需求的方法，分别是深度访谈方法、焦点小组方法和领先用户方法。深度访谈方法是指与客户一对一、面对面地深入交流。焦点小组方法是指同时与多位客户一起交流，以了解客户面临的问题和需求。领先用户方法是指与走在市场潮流前面甚至其需求超出普通客户的用户交流，以获取他们对创新性产品的需求。

（3）现场观察。观察客户如何使用产品是洞察客户需求必不可少的方法。只有在观察客户使用产品的过程中，才能深切了解客户在产品使用中遇到的问题，洞察到许多通过访谈难以发现的需求。客户的很多隐性需求是看出来的，而不是说出来的。走进客户的家里或办公室，花几小时或几天的时间和客户生活在一起，就能够获得很多客户未满足的需求，发现开发新产品的机会。

定性研究方法适合企业的开发团队自己做。如果外包给市场研究公司，企业获得的将是已经过滤的二手信息，而不是直接来自客户的原汁原味的需求信息。这些过滤后的信息将影响开发团队对客户真正需求的理解，从而影响产品定义的质量。不同的市场研究方法的使用能得到不同类型的客户信息。没有一种市场研究方法能够了解客户各方面的需求。企业可以综合应用上述三类定性研究方法中的多个方法，来洞察客户需求，识别突破性新产品机会。表 3-5 对三类定性研究方法进行了简要的比较。

表 3-5　三类定性研究方法的比较

定性研究方法	获得的信息	主要的优点	主要的缺点
自己扮演客户	• 隐性知识 • 对产品功能的比较	• 知识深度 • 相信识别的需求	• 难以将知识转移给别人 • 费时、费钱
与客户交谈	• 大量的细节 • 背景需求	• 搜集信息的速度快 • 信息面宽	• 难以获得可信的隐性需求和流程需求 • 被看成营销行为
现场观察	• 流程知识 • 隐性知识	• 学习客户的语言 • 发现未预期的需求	• 费时、费钱 • 必须将观察到的现象转换为文字描述

2．定性市场研究方法与定量市场研究方法的比较

通常，可以先通过定性研究了解客户需求的关键信息，再通过定量研究的方式去验证。

在新产品开发的创意产生、概念开发及立项分析等前端阶段，较多地采用定性研究方法；在新产品开发、测试和上市阶段，较多地采用定量研究方法。例如，在客户需求研究中，企业可以先通过现场访谈、现场观察等定性研究方法获得主要的客户需求信息，然后通过概念测试等定量研究方法确定这些需求信息是否真正是客户所需要的。请客户对需求信息的重要度排序也是非常重要的定量研究方法。

定性市场研究方法与定量市场研究方法的比较如表 3-6 所示。

表 3-6 定性市场研究方法与定量市场研究方法的比较

	定性市场研究	定量市场研究
调研目的	• 主要用于洞察未满足的需求 • 对潜在的理由和动机求得定性的理解	• 主要用于优化新产品的吸引力 • 用数据表示调研结果，并把结果从样本推广到所研究的总体
调研样本	• 样本规模较小	• 样本规模较大
数据搜集	• 词句及印象 • 软数据	• 数字 • 硬数据
数据分析	• 探究调研主题更深入的含义	• 采用统计方法进行分析
调研结果	• 更具探索性 • 获得初步的理解 • 对某个问题的深入理解	• 更具确定性 • 统计性

四、定量市场研究

定量市场研究主要包括调查和问卷两种类型。调查者可以根据调研时间、调研费用及调研数据的可靠性要求等权衡选择各种定量研究方法。大样本的定量研究一般外包给市场研究公司。重要的、小样本的定量研究建议由公司自己做。调查问卷设计及调查样本的选择是定量研究取得成功的关键。

1．了解主要的定量市场研究方法

通过定量市场研究收集数据的主要方法包括邮件调查、电话访问、上门访问、街头拦访和网络调查等五种。

（1）邮件调查。调查员将问卷邮寄给被调查者，说明填写方法，请对方填好后邮寄回来，或者调查者上门收取。也可以采用电子邮件或传真等方式进行调查。邮件调查由于回收速度慢、回复率低、填写质量难以保证，使用的频率正在降低。

（2）电话访问。选取一个被调查者的样本，然后拨通电话，询问一系列问题。调查员集中在某个场所或专门的电话访问室，在固定的时间内进行访问工作，现场有督导人员进行管理。调查员都是经过专门训练的。电话访问可以外包给专门的市场调查机构。电话访问面临的最大障碍就是受访者拒绝接受访问。由于要拨通多个电话才可能有一个愿意配合的受访者，因此电话访问的成本正在不断上升。但是，电话访问对于需要很快获取信息的调查还是有速度和成本优势的。

（3）上门访问。调查员到被调查者的家中或工作单位进行访问，直接与被调查者接触，利用访问式问卷逐个进行询问，并记录对方的回答。到客户现场进行访谈的成本通常很高，但是由于访谈是在客户的环境中进行的，访谈的质量一般都不错。

（4）街头拦访。在某个场所对拦截在场的某些人进行面访调查。对于消费品，可以在购物商场进行拦访调查；对于工业产品，可以在展会上进行拦访调查。如果一个公司的大量客户集中在某一个地方，而且这些客户有时间接受访谈，那么街头拦访就是一种很好的调查方式。

（5）网络调查。通过互联网对上网的客户进行问卷调查。网络调查是最快速的一种数据搜集方法。

2．进行定量市场研究的主要步骤

各种定量市场研究方法都有关键的四个步骤。

（1）撰写调查问卷。这一步最为关键，需要由经过培训并且有经验的调查人员负责撰写调查问卷。调查问卷应该是清晰的、不带偏见的、准确的，调查问卷的长度和难度要适中。调查问卷的质量很大程度上决定了定量研究获取的信息的质量。

（2）搜集数据。搜集数据的方式主要有：邮件调查、电话访问、上门访问（办公室或家庭）、街头拦访与网络调查等。

（3）数据分析。首先将纸面的数据转换为电子格式，然后采用 Excel 或 SPSS 等专业的统计分析软件对数据进行统计和分析。

（4）汇报结果。这是定量研究的最后一步。可以采用 PPT 简要地汇报调研结果中的关键信息。简要的汇报能使听取汇报的人问研究者一些问题，更好地理解调研结果。最好在数据搜集完成后不久就召开研讨会议，以小组方式讨论这些数据的含义。研究团队在征集大家意见的基础上，进行更为深入的数据分析，提交对新产品开发更有用的最终报告。

五、产品全生命周期的市场研究

市场研究不是在产品开发前进行的一次性工作，而是贯穿产品创新全过程的。对客户需求的管理应该树立全流程管理的观念。在产品创新的不同阶段，企业需要采用不同的市场研究方法，持续地洞察客户需求，征求客户的反馈意见，开发出满足客户需求，甚至超出客户期望的新产品。表 3-7 列出了在产品创新管理各阶段主要的市场研究方法的应用情况。

表 3-7　产品创新管理各阶段主要的市场研究方法的应用情况

产品创新阶段	市场研究的主要内容	主要应用的市场研究方法
创新战略管理	• 战略机会识别 • 客户需求研究 • 竞争者分析 • 市场分析	• 二手研究法 • 焦点小组法 • 领先用户法
创新前端管理	• 突破性新产品创意激发 • 新产品创意完善 • 客户需求研究 • 客户需求排序 • 产品概念测试	• 领先用户法 • 深度访谈法 • 现场观察法 • 焦点小组法 • 定量研究法
产品开发管理	• 客户需求研究 • 原型测试 • 使用测试 • 客户测试 • 市场测试 • 产品试销	• 深度访谈法 • 现场观察法 • 焦点小组法 • 定量研究法
产品交付管理	• 产品改进与升级 • 产品系列化开发	• 深度访谈法 • 现场观察法 • 焦点小组法 • 定量研究法

1．创新战略管理阶段的市场研究

创新战略管理阶段主要通过对客户需求、竞争对手及市场环境等的研究和分析，发现可能的市场机会，确定企业要进入的战略区域。这个阶段可以通过二手研究了解竞争者的相关信息，了解目标市场的基本情况，并通过焦点小组方法、领先用户方法等对客户未满足的、未预期的需求进行研究，发现可能的战略机会。

2．创新前端管理阶段的市场研究

通过领先用户研究、深度访谈和现场研究等方法，洞察客户隐性需求，激发突破性的新产品创意，优化和完善新产品创意。通过各种定性、定量，一手、二手市场研究方法的应用，系统洞察客户需求，为产品定义和产品线规划提供正确的输入。

3．产品开发管理阶段的市场研究

对创新性比较高的新产品而言，进入产品开发阶段时客户需求的确定性只有 50%。也就是说，还有 50% 左右的客户需求需要在设计开发阶段进一步了解和完善。所以，在产品的设计和开发过程应该持续保持和客户的密切接触，倾听客户需求，了解客户对开发中的产品的意见和建议。企业可以通过邀请客户参加产品概念测试、速制原型测试和样机测试等方式，实施并行工程，持续听取客户的声音，及时改进和完善产品，减少开发过程中的返工。

测试和矫正阶段需要邀请客户对产品样机进行使用现场的测试，以了解产品有哪些需要改进和完善之处。此外，企业还要通过部分样本客户的测试或试销，了解市场对产品的接受度，预测可能的市场规模，检验营销方案的有效性。

产品批量上市后并不意味着市场研究工作的结束，相反正是一个新的市场研究周期的开始。企业需要通过听取客户对产品的反馈意见，对现有的产品进行完善和改进，直至产品完全稳定。

4．产品交付管理阶段的市场研究

产品批量销售一段时间后，企业需要结合对产品生命周期的理解，及时推陈出新，开发产品的升级版本或重大改进版本。对于考虑了平台规划的产品而言，要对不同的细分市场进行深入的调研，及时推出能满足不同的细分市场需求的系列产品。

CPO行动

我们的市场研究工作需要用到哪些方法？各种市场研究方法的掌握程度如何？我们应该重点掌握哪些市场研究方法？为什么？

本节小结

（1）市场研究的主要内容包括客户需求研究、竞争分析和市场分析。客户需求研究是市场研究的核心。

（2）市场研究工作一般先从二手研究开始，快速、低成本地获取各种公开信息。

（3）一手研究包括定性研究和定量研究。市场研究的基本原则是：先二手，后一手；先定性，后定量。

（4）定性研究的主要方法包括自己扮演客户、现场交谈和现场观察等。定性研究方法是洞察客户隐性需求的最重要的方法，产品经理必须熟练掌握。

（5）在产品全生命周期的各个阶段都要进行市场研究工作，不同创新阶段的研究目的、研究内容不同，所采用的市场研究方法组合也不相同。

（6）创新型企业要有明确的市场研究经费预算，市场研究预算要成为年度研发预算中非常重要的一部分。

第四节 客户需求研究

洞察客户隐性需求，开发突破性的创新产品。

CPO 思考

(1) 我们公司重视客户需求研究工作吗？有效性如何？

(2) 我们公司哪些人应该掌握客户需求研究方法？掌握程度如何？

(3) 我们公司有规范的客户需求研究流程吗？有效性如何？

真正卓越的产品一定是满足客户需求，甚至超出客户期望的产品。而满足客户需求，甚至超出客户期望的前提是洞察客户需求。要取得产品创新成功，创新型企业必须比它们的客户更了解客户自己。本节深入介绍客户需求研究的主要步骤。

一、明确调研目的

首先要明确客户需求研究项目的目的和目标。研究的目的是开发突破性的新产品，还是开发相对于竞争对手有重大改进的新产品，或者对现有新产品做一些改进和升级？研究的目标主要是要获取客户的需求信息，还是要对主要的竞争对手进行比较深入的研究，市场分析是否是本项目的重点。其实，客户需求研究的过程，也能获得很多竞争者的信息和市场信息，企业没有必要将这三方面的研究割裂，最好融合在一起，为获取客户需求信息的完整列表而同时展开这三方面的研究，但是研究的重点一般放在客户需求研究方面。

客户需求调研的目的不同，相应的调研方法也会有所差异。客户需求调研目的主要有三种：新产品开发、现有产品改进和战略机会识别。

(1) 新产品开发。新产品开发是指开发企业以前没做过的产品，可能是世界上全新的，也可能是本公司虽没做过，但市场上已经有了的类似产品。这类产品需求不确定性高、开发周期长、开发投入大、开发风险高，需要企业采取各种可能的市场研究方法深入调研。

(2) 现有产品改进。现有产品改进包括重大改进和微小改进。改进的幅度越大，调研的工作量相应越大，采取的调研方法也相应越多。微小改进可能采用焦点小组方法对现有客户进行调研就可以了。

(3) 战略机会识别。战略机会识别是指对可能的市场机会进行前期的探索性的研究，主要调研对象为领先用户。

表 3-8 总结了三种调研目的应采用的主要调研方法。

表 3-8　不同调研目的采用的主要调研方法

调研目的	主要调研对象	主要调研方法
新产品开发	• 友商现有客户 • 潜在目标客户 • 领先用户	• 一对一访谈 • 现场观察 • 焦点小组
现有产品改进	• 现有客户、流失客户 • 友商客户 • 潜在目标客户	• 焦点小组 • 现场观察 • 一对一访谈
战略机会识别	• 领先用户	• 一对一访谈 • 焦点小组

二、确定调研对象

客户需求研究一般要调研多种类型的客户，以获得系统、全面的客户需求信息。不同类型的客户要选择合适的样本量进行调研。

表 3-9 总结了不同客户分类的主要调研对象。

表 3-9　不同客户分类的主要调研对象

分类	主要调研对象	举例
按客户类型分	经销商、零售商、终端客户、客户的客户	汽车零部件产品
按客户角色分	决策者、购买者、使用者、维护者、影响者	医疗器械产品
按客户性质分	满意的客户、抱怨的客户、流失的客户、沉默的客户、友商的客户、间接友商的客户、非客户	电信产品

对于有经销商和零售商等渠道客户的企业，不同的客户均需选择一定的样本量进行调研，因为不同的客户均有不同的需求，任何一类客户的需

求不能得到满足，都会影响产品的销售。要特别重视对客户的客户的需求的调研，因为最终买单的是客户的客户。例如，对汽车零部件产品而言，有经销商，也有零售商，终端客户是汽车整车厂商，“客户的客户”是驾驶和乘坐汽车的人。

对 B2B 企业而言，客户有不同的角色，不同的角色有不同的需求。要特别重视对决策者的需求的调研，因为决策者是最终决定买单还是不买单的人。例如，对医疗器械产品而言，我们不但要了解医生、护士、患者和患者家属的需求，也要了解医院院长等决策者的需求。

我们不能只调研现有客户和满意的客户的需求，还要调研友商的客户和流失的客户的需求。要了解这些客户为什么选择了友商的产品而没有选择我们的产品，为什么以前的客户不再选择我们的产品。我们除了要调研直接友商的客户，还要调研间接友商的客户及非客户。例如，对中国联通而言，开发一款新的电信服务产品或改善现有的服务产品，不但要调研中国移动、中国电信的客户，还要调研微信用户。

详细的客户类型介绍请参见第二章第三节产品差异化战略定位中的相关内容。

三、确定调研内容

客户需求是描述客户需要或期望（不管有意还是无意）从某一产品、服务或流程获得的利益。客户需求研究的目的就是要获得客户对某一产品的需求的完整列表。该列表应该以客户自己的语言表达，通过客户思考、使用和与产品或服务相互作用的方式来组织。该列表应该反映客户对各项需求的需要程度的优先顺序。顺序的排定应该由客户根据各项需求对自己的重要性和客户对当前同类产品的满意度来确定。

企业需要通过客户需求研究洞察客户的隐性需求，以开发出差异化的创新产品。隐性需求是指客户没有说出来的、没有想到的、没有预期的需求，这些需求主要通过一对一访谈和现场观察等定性研究方法进行洞察。客户需求研究需要获取的具体信息主要包括如下内容。

（1）识别客户的问题，需要由一种新的解决方案或新的产品才能解决的问题。

（2）确定没有得到满足的或没有想到的需求。

（3）识别客户对新产品的需要和偏好。

（4）识别对需求相对重要性的排序。

（5）确定客户对当前（竞争的）产品的喜欢和满意的地方，以及对这些产品不喜欢和不满意的地方。

（6）研究客户如何使用产品，他们在使用中面临着什么样的问题。

（7）理解客户使用的经济性及客户的全生命周期成本。

四、确定调研方法

不同调研目的的调研方法不同，企业需要综合运用多种市场研究方法洞察客户需求。

客户需求研究采用的主要方法有现场访谈、现场观察和焦点小组等。项目团队可根据项目的目的和目标，选择一种或多种有效的、可行的市场研究方法，或者多种方法组合使用。例如，在进行客户现场访谈时，可以同时进行现场观察。

一对一访谈和现场观察是最常用的客户需求研究方法，焦点小组和案头研究方法可以根据实际情况作为补充（见表 3-10）。

表 3-10 几种主要的市场研究方法的比较

市场研究方法	优势	不足	适用范围
一对一访谈	• 每个访谈者有更多发言时间 • 能获得更多的需求 • 更容易按计划安排	• 花费更多的访谈时间 • 花费更多的分析时间 • 花费更多的人力和资金	• 了解更多、更细致的客户需求
现场观察	• 与访谈相比，现场观察需要被观察人员的配合度不高 • 获得的信息最真实	• 只能获得通过行为表现出的信息，无法了解用户的想法 • 调研结果可能受观察者主观判断的影响	• 了解客户通过语言没有表达出来的信息 • 了解客户对产品的使用情况
焦点小组访谈	• 成员可相互激发 • 多个顾客同时访谈，节约时间	• 每个参与者表达的时间有限，某一两个人可能主导了讨论 • “从众思考”现象 • 让更多顾客同时参与更困难	• 了解用户需求 • 激发用户提出创意

续表

市场研究方法	优势	不足	适用范围
案头研究	• 搜集资料费用低、耗时少 • 更容易获得	• 信息真实性、准确性受到怀疑 • 可能与调研主题相关性不高	• 为实地调研提供客户背景资料等线索

五、制订调研计划

周详的计划是成功的一半。客户需求研究计划制订的过程也是准备的过程。在制订客户需求研究计划时要准备以下事项：调研团队组成、调研日程安排、调研提纲准备和调研人员培训。

表 3-11 是一个调研计划的模板，供调研团队参考。

表 3-11　调研计划模板

调研目标						
序号	调研客户	调研对象	调研方法	调研地点	调研团队	调研时间
1						
2						
3						
4						
5						

六、实施调研计划

基于调研计划开展调研活动，要及时发现和解决调研过程中的问题和偏差，确保调研质量和效率。以下简要介绍调研过程中的要点。

1．进行有效提问

提问是有效挖掘客户需求的最重要的工具。你问什么，你就会得到什么！开放式的、间接的问题最好。不能问封闭式的问题，因为封闭式的问题除了得到“是”“否”或者“不知道”的答案外，再也没有更多有价值的信息。例如，问“你喜欢某公司的某产品吗”就是基本上没有价值的问题。而问“你为什么喜欢（不喜欢）某公司的某产品”就能得到很多有价值的信息。一种最好的提问技巧就是简单地问“为什么”，并且不断地问“为什么”。

（1）你为什么那样说？

（2）为什么你有那种感觉？

（3）为什么你喜欢那一个？

（4）为什么那对你是重要的？

（5）为什么那样更好？

采用“为什么”的提问能挖掘出客户需要什么、喜欢什么、不喜欢什么、偏爱什么的根本原因。

2．有效挖掘需求

关于如何有效挖掘客户需求，有如下建议。

（1）强烈建议在访谈时进行录音（要事先征得客户的同意），以便访谈后进行更为仔细的分析。

（2）要尽可能多地采用客户的语言进行提问和记录，不要在访谈中掺杂访谈者自己的想法。

（3）在记录时将阐明需求的词句突出标记出来，方便事后整理。

（4）市场、技术等不同职能人员的参与能从不同角度识别需求。

（5）由两个以上的人进行需求分析，能更全面地识别客户的需求。美国麻省理工学院的研究表明，一个人只能识别出大约40%的需求。

3．及时结束访谈

客户需求研究的目标是要理解需求的细微之处，以发现新的或创造性的方法来满足那些竞争者还未能满足的客户需求。在访谈快要结束时，可以通过以下方法追问客户的真实需求。

（1）对于客户提出的工程特征或解决方案，要问他们为什么认为这是一个好的解决方案。

（2）对于客户提出的价值或特征，要问为什么，以便了解真实的需求。

（3）当对方阐明观点时，要问为什么会有这种观点。

对照结构化的访谈提纲，当绝大多数问题都已经得到客户的明确回答后，可以考虑结束访谈。但是，在结束访谈时，貌似无心地再问客户某个关键问题，可能会有意外的收获。

七、整理需求信息

客户需求信息的整理工作非常关键，既不能遗漏重要的客户需求信息，又需要去除无实际价值的信息。

1．整理需求列表

建议按以下步骤对调研得到的客户需求信息进行整理。

（1）由 2 ～ 3 个分析者对 20 ～ 30 位受访者的记录进行分析，可能产生 750 ～ 1500 条需求词句。

（2）找一个记忆力好的人花 1 ～ 3 天的时间将这些需求词句合并成 150 ～ 200 条彼此独立的词句。

（3）将这些词句写在小纸条或便签纸上，邀请团队成员进一步合并同类项，最后剩下 70 ～ 140 条需求信息，中间值是 100 条。

2．分类需求信息

以上整理出的 100 条左右的客户需求信息还需要按照逻辑结构进行分类。可以采取以下步骤对客户需求信息进行分类。

（1）将所有需求陈述写到卡片上或便签纸上，每张卡片或便签纸上写 1 条需求。

（2）研究团队成员将这些需求按照逻辑结构进行分类。

（3）大致归类后为每组取名，可以分为 15 ～ 25 组，如图 3-7 所示。

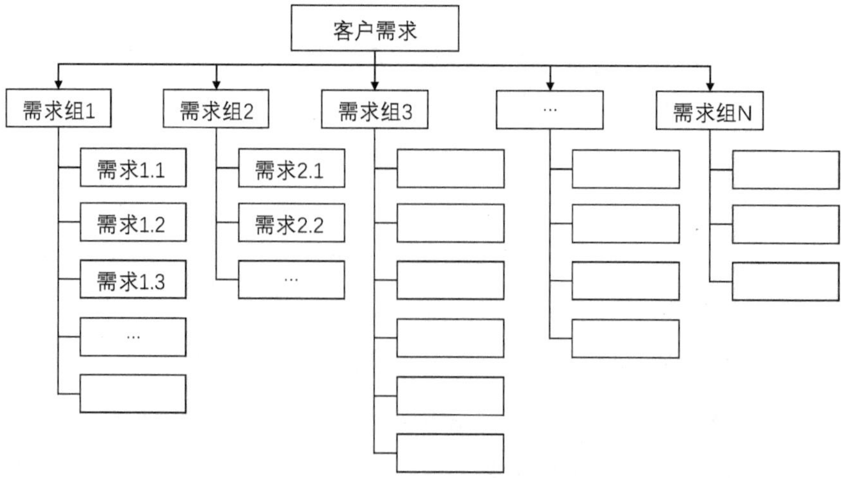

图 3-7 客户需求信息分类

例如，某医疗器械产品客户需求调研后的客户需求信息可分为外观、可靠性、安全性、界面等组。

最好的办法是邀请客户参与合并同类项的工作，并请客户对各类需求信息排定优先顺序。很可能客户的分类与研究项目团队的分类方法不同，客户对需求信息重要性的排序更不是研究项目团队可以代劳的。

3．对需求信息进行排序

根据重要度和满意度对分类的客户需求信息进行排序。重要度是指客户对某类需求能带给自己利益和价值的看重程度；满意度是指客户对现有同类产品满足其需求的满意程度。

研究项目团队可以根据这两个维度将各类需求信息填入图 3-8 中。

重要性高	痛点 重点关注	优势 保持水准
重要性低	潜在机会 留意挖掘	需求过份 降低水准
	满意度低	满意度高

图 3-8　客户需求信息排序

由图 3-8 可以看出如下结论。

（1）重要性高、满意度低一栏的需求信息，是客户非常看重、但是现有的产品又做得不好的方面。这是现有产品的弱项，是客户的痛点需求，需要企业重点关注。

（2）重要性低、满意度低一栏的需求信息，客户不是很看重，但是现有的产品做得不好，可能是企业努力的机会。有些需求可能并不是客户真的不看重，而是客户认为企业反正不可能做好，便不作为重点提出来。

（3）重要性高、满意度高一栏的需求信息，是客户非常看重、现有产品做得不错的方面。这是现有产品的优势，对于此栏的客户需求，企业应该做好，才有可能使客户满意。

（4）重要性低、满意度高一栏的需求信息，是客户不太看重、现有产品做得不错的方面，这些可能是过分的需求，企业需要仔细评估。如果这些需求确实对客户没有太大的价值，但是实现成本又很高，可以去掉这些需求或弱化这些需求，以较大程度地降低产品成本。

以上各栏需求信息的排序应该是从（1）～（4），在每栏中还可以对多类信息进行比较排序。

排序以上需求信息时，应该邀请客户参加，以便得到客观、正确的排序，为产品的定义和开发提供正确的输入。

八、确认需求信息

"客户说对才是真的对！"在企业内部，在对需求信息进行整理、分类和初步排序的基础上，调研团队要设计结构化的问卷，对需求信息进行确认。确认需求信息的客户可以是已经参加过访谈的客户，也可以找一些没有参加过前期访谈的客户，以进一步挖掘和确认客户需求信息。这个阶段的调研就开始从定性走向定量了。

以下是进一步调研需要确认的内容。

（1）确认需求信息描述的准确性和完整性。

（2）确认需求信息分类的准确性和完整性。

（3）确认需求信息的重要性，分为非常重要、比较重要、不太重要、不重要。

（4）确认需求信息的满足度，分为非常满意、比较满意、不太满意、不满意。

（5）确认需求信息满足的紧迫性，分为紧急、近期、中期、远期。

九、应用调研成果

客户需求调研成果主要用于产品开发和产品规划。基于客户对满足需求信息的紧迫性，紧急需求要融入现有产品中马上改进，近期需求应该在产品的下一个版本中满足，而中期和远期需求则可列入产品线规划中。

可以基于表 3-12 将所有的客户需求信息按照实现的紧迫性进行分类。

表 3-12　客户需求紧迫性分类

紧迫性	需求信息	应用策略
紧急需求		插入现有产品中实现
近期需求		在产品的下一个版本中实现
中期需求		列入产品线规划
远期需求		列入产品线规划

各项需求信息列入近期、中期还是远期满足，除了看客户的紧迫性之外，还要考虑竞品表现和技术可行性。例如，某项中期需求，竞争者在产品的下一个版本中已经实现了，那企业也要考虑在下一个版本中提前实现该需求。此外，如果某项近期需求实现的技术难度太大，或者成本太高，可能要考虑将该项需求在中期版本中实现。因此，客户需求信息的紧迫性分类能够指导产品路线图和技术路线图的制订，能够提示企业提前进行技术预研。客户需求研究应该为产品线战略规划提供输入信息。关于产品线战略规划内容详见创新战略管理相关章节。

CPO 行动

我们的客户需求研究工作的有效性如何？我们应该重点改善哪些方面？参照以上方法进行一个产品的完整的客户需求研究。

本节小结

（1）客户需求研究是市场研究中最重要的内容，客户需求研究是产品经理需要掌握的最基础、最重要的产品创新方法。

（2）客户需求研究的核心目标是要洞察到其他“友商”未能洞察到的客户的“隐性需求”，创新型企业通过产品创新满足“友商”同类产品未能满足的“隐性需求”，获得差异化的竞争优势。

（3）客户需求研究工作需要通过流程进行规范，确保此项工作的严肃性和有效性。

第五节　产品定义

客户需求研究是产品定义的输入，而产品定义又是产品设计和开发的输入。两次输入的质量很大程度上决定了新产品开发的质量和成败。

CPO 思考

(1) 我们是如何将客户需求转化为产品定义的？有效性如何？

(2) 我们的市场人员与研发人员能够共同进行客户需求研究与产品定义工作吗？协同性如何？

(3) 我们能够通过产品定义“定量”地实现产品差异化吗？

通过采用多种市场研究方法进行客户需求研究，我们得出了按重要度排序的客户需求列表。客户需求研究回答了“做什么（What)”，但是我们应该如何满足客户需求呢？我们接下来要回答的是“如何做（How)”，即回答如何将客户需求转化为产品设计的性能指标。将客户需求转化为产品需求的工作是产品定义的主要工作。

一、产品定义的重要性

产品定义是创新前端管理的关键环节。产品定义的质量直接决定了新产品的质量和成败。具体而言，产品定义在产品创新前端管理中的重要性主要体现在以下方面。

1. 产品定义是实现客户需求的关键

产品定义工作是将客户需求“翻译”成产品要实现的性能指标。有效的产品定义能建立起客户需求与产品性能指标之间的对应关系，确保客户需求得到实现。

在完整的产品定义的基础上进行有效的产品概念测试，通过概念测试了解拟开发的产品的市场接受程度，发现产品定义中存在的问题，尽早完善产品定义。

2．产品定义是项目立项分析的前提

只有在明确的产品定义的基础上，才能进行有效的技术可行性分析。通过技术可行性分析，在正式的产品设计和开发之前识别关键的技术问题，降低技术风险，提高新产品开发的成功率。

只有在明确的产品定义的基础上，才能进行有效的制造可行性分析和服务可行性分析。通过这两方面的分析，尽早考虑产品的制造和服务可行性，避免出现开发出来的产品无法生产，生产出来的产品无法维护的情形。

只有在明确的产品定义的基础上，才能进行有效的市场分析，才能比较准确地预测市场规模、预算人力资源和资金投入，比较准确地分析投资回报。

3．产品定义是产品设计和开发的基础

产品设计和开发是基于产品要实现的性能指标的。只有明确性能指标及各性能指标要实现的参数值，才有可能设计出满足客户需求的新产品。有效的产品定义能够指导产品的功能设计，明确产品设计的重点，大幅减少产品设计中的冗余功能，提高产品的可靠性，降低产品的成本。通过设计控制产品成本是最有效和潜力最大的产品成本控制方法，因为产品的成本结构在设计时就已经确定了。产品成本是设计出来的。

二、产品定义的常见问题

在咨询实践中，我们发现大多数公司的产品定义工作都是非常薄弱的。很多新产品开发项目的失败主要是产品定义不明确、不完整、不正确造成的。具体而言，产品定义中的常见问题有如下方面。

1．市场部门与技术部门难以进行有效沟通

很多企业在产品创新管理中采用的还是传统的职能式管理方法，即认为分工越细，效率越高。市场部负责了解客户需求，技术部负责实现客户需求。市场部了解客户需求后通过电子邮件发送给技术部，技术部依据市场部提供的信息进行产品设计和开发。如果开发出的新产品不好卖，或者新产品开发失败，两个部门都有充足的理由证明不是自己的错！市场部责怪技术部只知道“闭门造车”，没有真正理解客户的需求；技术部则反过来责怪市场部提供的客户需求信息不清晰、不完整、不正确。基于这样的信息开发出的新产品不好卖很正常，这是一种典型的“扔过墙头（Throw over the Wall）”式的新产品开发管理模式。市场人员和技术人员很难形成一个目标一致的团队，共同了解客户需求，明确客户需求和进行产品定义。很多企业缺乏一种有效的机制和方法让市场人员与技术人员坐到一起，共同负责新产品开发的成败。

2．客户的很多重要需求没有体现在产品定义中

由于技术人员很少参加市场研究工作，对客户的需求理解不够深入和全面。有些客户看重的需求，技术人员可能不以为然；有些客户不怎么看重的需求，技术人员认为很有必要做好。有些技术人员以技术实现有难度为由，“过滤”或者“忘记”了很多客户需求。当市场人员对技术人员确定的产品定义提出疑问时，技术人员以市场人员不懂技术为由，拒绝考虑市场人员的意见。这样，很多客户看重的需求要素没有体现在产品定义中，当然也就更不会体现在产品的设计和开发中。这样开发出的新产品往往由于不能满足客户的真正需求而以失败告终。

3．产品定义了很多客户不需要的冗余功能

同样，由于对客户需求的理解不深入、不全面，技术人员为产品增加了很多自认为非常重要的功能，并希望以这些功能为卖点吸引客户。这是典型的技术驱动型（Technology-Driven）产品开发模式。这样开发出来的产品往往具有很多客户一次也不会使用的功能，甚至有很多客户根本不知道的功能。这样的产品患上了功能疲劳综合征。冗余功能不但增加了产品设计和开发的难度和时间周期，提高了产品的成本，还往往会严重影响产品的可靠性。

4．定义的产品缺乏竞争特色和竞争优势

一些公司开发出的产品质量比较稳定，也能基本上满足客户的需求，

卖得却不好。其主要原因就是这些产品太平庸，与主要竞争对手相比没有什么特色。有些功能企业自认为是卖点，但是客户并不买账；有些功能确实有些与众不同，但是不够突出。缺乏特色的产品往往没有定价权，很容易陷入价格战中，难以实现预期的投资回报。

以上产品定义问题反复出现的根本原因主要有两方面：一是未能采取跨职能团队组织模式进行客户需求研究和产品定义；二是未能掌握有效的产品定义方法。

三、产品定义的有效方法——质量功能展开

质量功能展开（Quality Function Deployment, QFD）是在整个新产品开发流程中用于搜集和展开客户需求的一种方法。质量功能展开工作由跨职能团队实施，将按优先顺序排列的客户需求信息转化为新产品或新服务的详细的设计规格排序。虽然对该方法的褒贬不一，但是该方法是迄今为止可以采用的最正式的产品定义方法，可以用来对新产品设计规格进行深入分析、排序和决策。

对于开发周期长、投入大、设计复杂的产品，大多数公司都要求产品开发团队提交书面的产品定义文件。QFD 方法的目标就是帮助产品开发团队明确新产品的关键性能指标及其指标值。这要求产品开发团队首先识别关键的客户需求，然后将关键的客户需求转化为产品设计的性能指标，排列性能指标的重要度顺序，最后设定各个性能指标的指标值。

一个人也可以应用 QFD 方法，但是其效果必定大打折扣。QFD 方法最好由跨职能团队一起应用。QFD 方法最大的价值就在于通过不同职能部门代表的集思广益，对产品定义达成一致。跨职能团队最好由 8 ～ 10 个人组成，并有客户参加。

QFD 方法的核心是质量屋（House of Quality），质量屋由六个部分组成，由于外形像一个屋子而得名，如图 3-9 所示。

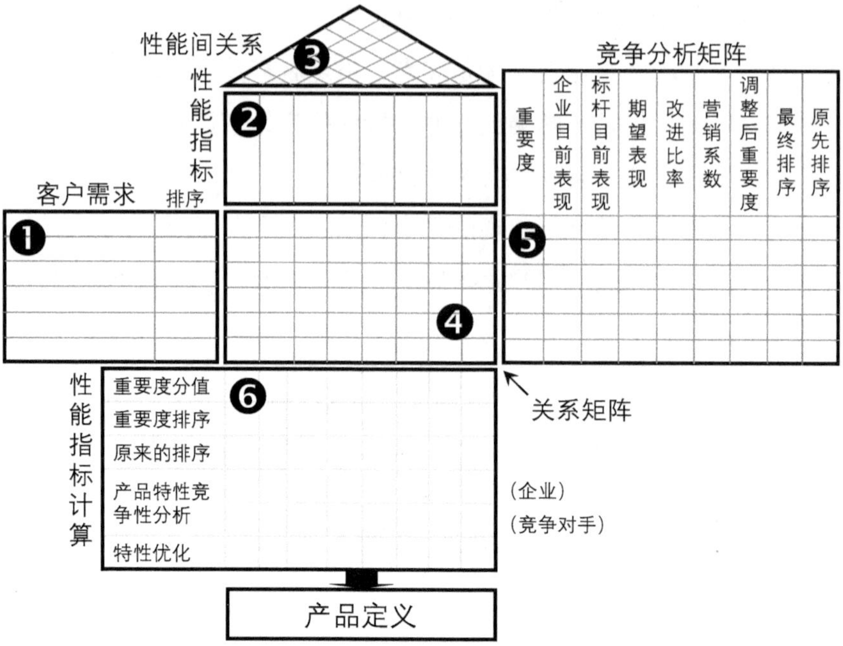

图 3-9 质量屋框架

以下我们将简要介绍质量屋的各个部分。

1．客户需求

质量屋的左墙是客户需求（Customer Needs），是质量屋的输入，也就是“做什么（What）”。客户需求一般列 15 ～ 25 条，并按重要性排序。由上节分析可知，客户需求研究一般可以得到 100 条左右的客户需求。我们需要将这些需求进行分类及分层，在保证质量的前提下降低 QFD 方法的复杂性。

2．性能指标

质量屋的上部是性能指标（Performance Measures），也就是“如何（How）”，即企业通过哪些性能指标的设计来实现客户需求。性能指标的选择是一个反复的过程，是为了满足左墙的客户需求。

产品性能指标的选择是产品定义方法实践过程中最具创新性的一个环节！QFD 团队通过集思广益、充分讨论，可以激发出突破性的创意，做出更具有创新性的设计决策。

3．性能间关系

性能间关系（Interactions）是质量屋的屋顶部分，用以检查各性能指标之间的相互关系。两个性能指标之间可能相互强化，也有可能一个性能指标强化时，另一个性能指标会下降。如果两个性能指标之间相互强化，我们可以“+”表示；如果两个性能指标一个强化时会引起另一个下降，我们可以“–”表示。

例如，在汽车设计中，汽车重量增加时，加速性能会下降，但安全性能会提升。如何在这些相互矛盾的性能指标之间进行权衡，如何解决重要的设计冲突，非常考验开发团队的创造性。我们将在创新技术管理相关章节中介绍一种解决技术矛盾的有效方法——TRIZ 方法。

4．关系矩阵

质量屋的中心是关系矩阵（Correlations），用于明确客户需求与性能指标之间的对应关系。这是 QFD 方法中最为复杂和令人头疼的环节，QFD 团队需要反复检查和讨论每项客户需求与每项性能指标之间的相关关系。这些相关关系共分为三类，如表 3-13 所示。

表 3-13　客户需求与性能指标之间的相关关系

相关关系	分数	表示符号
强相关	9	●
中等相关	3	○
弱相关	1	△

5．竞争分析矩阵

质量屋的右侧是竞争分析矩阵（the Planning Matrix），也称为规划矩阵。竞争分析矩阵的目的是通过与主要竞争对手进行比较，得出企业在各项客户需求方面要做到的程度，以实现产品的差异化。

6．性能指标计算

最后，质量屋的底部是性能指标计算（Calculating the Matrix），计算公式如下：

$$性能指标重要度=\sum（相关关系值\times调整后重要度值）$$

每个性能指标的重要度值等于其与各项客户需求的相关关系值乘以该项客户需求调整后的重要度值的总和。然后，根据各个性能指标重要度得分，按照分数高低对各个性能指标进行重要度排序。

由以上分析可知，在以下两种情况下，某个性能指标的得分会更高。

（1）一个性能指标与多项客户需求强相关或中等程度相关。

（2）一个性能指标强相关或中等相关的客户需求的重要度值很高。

这给我们的启示是：得分越高的性能指标，要么与多项客户需求相关，要么实现的是非常重要的客户需求。对这些性能指标我们在产品设计时要给予更多重视。

根据性能指标重要度的排序，结合主要竞争对手产品的当前性能表现，QFD团队可以定义各个性能指标的设计值。

咨询实例

某办公座椅产品定义示例

参考表3-14所示的办公座椅产品定义简化示例，QFD团队可以结合对以下问题的思考，检查产品性能指标设计的合理性。

（1）从横向看，有一个或多个性能指标与每项客户需求强相关吗？如果没有一个性能指标与某项客户需求强相关，则说明该项客户需求未能得到很好满足，团队需要重新思考性能指标设计的合理性。

（2）从纵向看，有一项或多项客户需求与每个性能指标强相关吗？如果没有一项客户需求与某个性能指标强相关，则要考虑这个性能指标存在的必要性。这是不是一个冗余的性能指标呢？多项客户需求与某个性能指标强相关，则说明该性能指标对满足客户需求非常重要，一定要做好。或者，如果有一个性能指标与四项以上的客户需求强相关，说明该性能指标可以再进行分拆，分别由多个性能指标满足客户的不同需求。

（3）从整体看，是否有60%～75%的方格为空白？方格为空白表示这些客户需求与相应的性能指标之间是不相关的。如果空白太少，表明每项需求与多个性能指标之间都有相关关系，这说明性能指标划分不够细，产品定义过于笼统。

QFD方法的运用需要企业投入大量的人力资源，并不是所有的项目都适合运用QFD方法。只有重大的、复杂的新产品开发或平台开发项目才有必要采取QFD方法进行产品定义。这些项目往往客户需求项很多，产品结构复杂，客户需求与产品功能之间的关系不容易看清楚。

表 3-14 办公座椅产品定义（示例）

	产品特性	座位面积	可承受 175 磅压力的坐垫	可承受 175 磅压力的轮脚	坐垫的材料	对坐垫最大倾斜承受的压力	椅背最大倾斜需承受的压力	椅背最大倾斜度	扶手的标准宽度	扶手在坐垫以上部分的标准高度	扶手宽度的可调整范围	调整后重要度
		1	**2**	**3**	**4**	**5**	**6**	**7**	**8**	**9**	**10**	**7**
顾客需求												
感觉舒适	1								○			101
容易转动	2											
外观漂亮，与办公格调相符	3											
结实、耐用的坐垫（布、皮革等）	4											
有足够的活动空间	5								○			99
倚靠感觉舒适且脚部有处可放	6											
扶手的高度和宽度合适	7								●			105
不易粘尘（耐脏）	8											
让人感觉到在组织内的重要性	9											
底座结实，可承受重压	10											
适用于高矮胖瘦的各类人群	11								○			107
修理简单	12											
重要度分值									1864			

QFD 方法也同样适用于服务类项目，如电信企业的服务流程重组、银行的网上服务系统开发等。

企业可以根据新产品项目的复杂程度，对 QFD 方法进行适当简化，如主要考虑客户需求、性能指标和两者之间的相关关系。

四、质量功能展开方法的价值

QFD 方法刚开始用起来确实有些复杂，但是对于投入巨大的新产品开发项目而言，学习和掌握 QFD 方法的难度和投入都要远小于新产品开发本身。况且，应用 QFD 方法定义的新产品，设计和开发的复杂度会大大降低，开发过程中的返工会大大减少，开发的成功率会大大提高。

通过跨职能团队方式运用 QFD 方法进行产品定义，主要有如下好处。

1．QFD 方法使跨职能团队直接基于客户需求进行设计决策

新产品设计决策不再基于“谁的声音大就听谁的”，而是直接将客户需求作为输入，基于客户需求进行设计决策。这样做出的设计决策能更好地满足客户需求，也能减少职能部门之间不必要的冲突。

2．QFD 方法能有效促进各职能部门之间的沟通与合作

QFD 方法成为市场和技术部门之间的一座桥梁，让这些不同部门之间的人坐在一起讨论产品定义问题。这样，技术人员加深了对非常定性的客户需求的理解；市场和销售人员加深了对非常定量的性能指标的理解。

3．QFD 方法为扫除跨职能沟通障碍建立了一种共同语言

有时，在一个公司，对同一个词，不同职能部门的人有不同的理解。例如，提到“客户”一词，大多数销售人员的反应是购买我们产品的人，而技术人员的反应是使用我们产品的人。QFD 方法明确了相关词汇的概念，使跨职能团队成员能够使用共同的语言去思考和分析问题，减少了很多没有价值的争论和误解。

4．QFD 方法提供了一种可追溯的决策流程

对于一个长达 2 ~ 3 年的开发项目，在开发周期内，项目团队成员可能

会变化，这样新加入项目团队的成员可以通过查看“质量屋”了解项目团队为何做出了这样的设计决策，以保持项目的连续性。

5．QFD 方法能减少开发过程中的变更从而确保新产品的上市时机

由于进行了深入的客户需求研究，产品定义又是基于客户需求信息进行的，因而产品定义的质量非常高。这样大大减少了开发过程中由于需求变更导致的返工，开发速度大大加快，新产品的上市时机也就更有保障。

6．QFD 方法有助于创造性思考

传统的产品定义方法往往从竞争产品出发去定义产品的性能和特征，结果开发出的产品大多是没有什么新意的同质化的产品。QFD 方法迫使产品开发团队从客户需求出发去思考满足客户需求的新性能、新特征和新的解决方案，这种集思广益的方法往往能设计出具有突破性的新产品。

7．QFD 方法帮助产品开发团队打破常规，带来意外的惊喜

通过 QFD 方法的分析，产品开发团队经常会发现原先大家普遍认为很重要的性能指标，现在看起来没那么重要了；而原先认为不那么重要的性能指标变得非常重要了。这种基于客户需求的产品定义方法，经常颠覆人们习以为常的看法。这正是通过 QFD 方法的辛勤付出带来的重要收获。基于这种全新的产品定义方法设计和开发出来的新产品是非常与众不同的，新产品成功率也得到大大提升。

CPO 行动

我们的产品定义工作的有效性如何？采用 QFD 方法对一个产品进行完整的产品定义。结合企业产品实际适当优化或简化 QFD 方法。

本节小结

（1）QFD 方法是有效的产品定义方法，能够有效地将客户需求转化为产品定义，既避免重要的客户需求得不到实现，也避免产品出现不必要的冗余功能。

（2）产品经理与系统工程师最好一起洞察客户需求，一起采取 QFD 方法进行产品定义，减少或避免关键需求信息在部门之间传递而失真。

（3）QFD 方法运用过程也是一个集思广益的过程，对突破性新产品的设计与开发非常有价值。

第六节 概念测试

通过将“拟开发”的产品可视化地呈现给客户，验证与完善对客户需求的洞察。

CPO 思考

(1) 我们的新产品需要在开发前进行概念测试吗？为什么？

(2) 我们应该采取什么方式进行概念测试？

(3) 我们如何保证概念测试工作的有效性？

是否采用 QFD 方法定义好的产品就可以直接进入设计和开发阶段呢？还不行！在正式进入设计和开发阶段前，产品开发团队还需要将准备开发的产品概念征求客户的意见，看看这是不是客户真正想要的产品。这是产品概念测试需要进行的工作。

概念测试（Concept Testing）是在开发具体的产品前，先用产品的初步定义方案（包括对产品主要卖点、功能、结构特征等的描述）征求客户的意见，向客户验证产品定义的可接受程度，并根据客户的意见修改产品定义。

概念测试在新产品创意产生阶段和新产品概念开发阶段都可以进行。在新产品立项阶段的概念测试尤为重要，因为此时新产品概念最为完整，进行概念测试能得到更多的客户反馈信息。此外，立项分析阶段是在重大投入之前的最后一个分析阶段，产品定义的正确性对新产品的成败起着非常重要的作用。因此，产品在进入正式的开发阶段之前的概念测试工作是必不可少的。即使在产品进入开发阶段之后，企业还有必要随着设计和开发工作的深入，多次采用概念测试的方法征求客户对产品的意见，及时将客户的反馈意见体现到设计和开发的产品中。

概念设计其实也是采用设计思维（Design Thinking）方法，通过设计产品概念、征求客户意见后改进产品概念的多次迭代，逐步完善产品概念，以期开发出满足客户需求，甚至超出客户期望的创新产品。

一、概念测试的必要性

概念测试是在进入开发阶段前对客户需求的最后一次确认。进行概念测试的必要性主要有如下方面。

1. 我们不能保证在进行客户需求研究时正确地理解了客户的全部需求

在进行客户需求研究时，我们可能访谈的客户数量不够多，访谈的样本不够有代表性，访谈的方法不一定能熟练掌握，访谈的记录可能会有遗漏。这些都会影响我们对客户需求了解的全面性和正确性。

2. 我们不能保证我们正确地理解了全部已获知的客户需求

在客户需求整理过程中，我们可能遗漏了一些重要的信息。在客户需求分类和合并过程中，我们可能会出现错误。在对客户需求要素的重要性排序过程中，我们排列的优先顺序与客户实际看重的优先顺序可能会有差别。

3. 我们不能保证我们正确地将客户需求"翻译"成了产品设计规格

我们可能采用"扔过墙头"的方式，市场部将整理好的客户需求信息交给技术部转换成产品设计特性，这中间会存在大量的信息遗漏或误解。或者我们采取了 QFD 方法来"翻译"客户需求，虽然"翻译"的质量会有比较大的提高，但我们不能保证完全理解了客户的需求，并且完全将客户需求转化成产品设计特性。

4. 我们不能保证客户自己完全阐明了自己的需求

客户对自己需要什么，有时候自己也不太清楚。即使客户清楚地知道自己需要什么，有时候也不能完整、清晰、正确地表达出来。很多时候，"直到看到这个产品时，客户才知道自己在寻找什么。"有时候，客户会说，"给我看看你的产品，我将告诉你对错。"

5. 我们需要判断该产品是否真正值得进入开发阶段

即使我们完整、正确地理解了客户需求，并且正确地将客户需求转换成产品定义，我们也不能确定是否要开发该产品。我们还需要了解客户是否真正对我们拟开发的这款产品感兴趣，有多少客户真正感兴趣，他们能为该产品付多少钱购买。也就是说，我们还要从企业的角度考虑该产品上市后，我们能否收回投资，我们能获得多大回报。只有判断能够获得预期的投资回报后，我们才有可能让该产品进入开发阶段。以上这些信息，都需要通过调查客户来获取。

二、概念测试与客户需求研究的差异

概念测试是为拟开发的产品去征求客户的意见，而客户需求研究是了解客户需要什么样的产品，两者的研究目的不同。客户需求研究时是“空杯”心态，不知道客户想要什么样的产品。概念测试时是“有杯”状态，做一个“杯子”原型征求客户意见，看看这是否是客户真正想要的“杯子”。两种研究方法对比如表 3-15 所示。

表 3-15　概念测试与客户需求研究方法的对比

	概念测试	客户需求研究
研究目的	了解客户对拟开发的新产品的看法，论证该项目值不值得开发	洞察客户的真实需求，为可能要开发的新产品提供输入信息
研究方法	现场访谈、焦点小组、问卷调查等，定性研究与定量研究方法相结合	深度访谈、现场观察、焦点小组等，以定性研究为主
适用阶段	新产品创意产生、概念开发及立项分析等创新前端管理阶段，设计开发阶段样机测试之前	贯穿产品创新流程的各个阶段，重点集中在立项分析阶段和设计开发阶段
研究交付件	● 客户对产品概念的看法 ● 客户的购买意愿 ● 客户的价格敏感性	按重要度排列优先顺序的完整的客户需求列表

三、概念测试步骤

概念测试设计与客户需求研究设计类似，主要包括以下步骤。

1．准备要用于测试的概念产品

概念测试是在产品还没有开发出来，还没有样机的情况下对产品进行测试。这就要求产品开发团队尽可能形象化地呈现出未来产品的样子，以便客户对该产品发表看法。根据产品的不同特点，产品开发团队可以使用以下一种或多种方式向客户呈现产品。

（1）对于实物产品，企业可以画出产品的立体图，甚至做出一个工作模型或速制原型呈现给客户。例如，医疗器械产品如果能够制作一个塑胶模型给医生或护士看，他们往往能够对该产品提出更多针对性的意见。豪华汽车制造商宝马公司非常重视产品概念测试工作，要求所有新车必须制作 1 ∶ 1 的模型用于原型测试，以保证测试结果的真实性与可信性。

（2）对于软件产品，企业可以做出一个用户界面的效果图（Demo）呈现给客户。

（3）对于服务产品，企业可以采取图文并茂的方式将包含服务流程的概念产品呈现给客户。例如，某银行想推出一款新的理财产品，可以设计一个小册子对该产品进行介绍。

（4）对于消费品，企业可以向客户展示产品的包装图片，利用带有声音解说的幻灯片描绘产品。

（5）对于建筑产品，企业可以做出建筑模型进行展示，还可以利用电脑软件制作三维的虚拟现实效果，让客户有身临其境的感受。

2．明确概念测试的主要内容，设计概念测试问卷

在考虑如何向客户呈现概念产品的同时，要考虑需要从客户那里获取哪些信息。概念测试需要评估客户对产品的接受度，判断预期的销售收入。一般来说，概念测试需要获取的信息主要包括以下方面。

（1）判断客户对该产品感兴趣的程度，并且了解客户为什么对该产品这么感兴趣或这么不感兴趣。

（2）判断客户对该产品的喜爱程度，了解客户最喜欢该产品的哪些方面，最不喜欢该产品的哪些方面。

（3）通过与主要竞争者的产品或客户正在使用的产品进行对比，判断客户对该产品的相对偏好程度，以及存在这些偏好的原因。

（4）判断客户愿意支付多少钱购买该产品。

（5）判断客户在某一价位对该产品的购买意愿。

（6）搜集对产品定位有价值的信息。

产品开发团队可以参照以上要了解的重点信息，设计概念测试问卷。

咨询实例

某陶瓷产品的概念测试

在深圳某高档陶瓷制造企业，我们采用 CID 等方法帮助企业激发了很多突破性的新产品创意，并采用 SWIFT 等方法对新产品概念进行了筛选和完善。为了进一步了解对一些突破性新产品创意的偏好程度，我们帮助该公司对重要的潜在客户进行产品概念测试。产品概念是以样品的方式呈现给潜在客户的。表 3-16 是我们帮助该企业设计的某款高档工夫茶具概念测试问卷。

表 3-16 概念测试调查问卷（示例）

“雅”茶具概念调查问卷

（1）您对这套茶具感兴趣吗？
A. 一点儿都不感兴趣　　B. 不是很感兴趣　　C. 有点儿兴趣
D. 比较感兴趣　　E. 非常感兴趣
您为什么这么感兴趣（不感兴趣）？
____

（2）您有多喜欢这套茶具？
A. 一点儿都不喜欢　　B. 不是很喜欢　　C. 有点儿喜欢
D. 比较喜欢　　E. 非常喜欢
您最喜欢该套茶具的哪些方面？
____
您最不喜欢该套茶具的哪些方面？
____

（3）您已经购买了（比较熟悉）X 品牌的茶具。您如何比较该套茶具和 X 品牌的茶具？
A. 更喜欢该套茶具　　B. 两款差不多　　C. 更喜欢 X 品牌茶具
您为什么更喜欢（不喜欢）该套茶具？
____

（4）您愿意花多少钱购买该套茶具？
____

（5）如果该套茶具定价为 3980 元，您有多大可能性购买该套茶具？
A. 肯定不会买　　B. 有可能会买　　C. 肯定会买
您为什么肯定会买（不会买）该套茶具？
____

（6）您认为这套茶具有什么需要改善的地方？为什么这些地方需要改善？
____

（7）您对该套茶具还有哪些意见或建议？
____

受访人信息（以下信息仅作为我们统计调研结果的参考，不做其他用途。我们承诺对您的信息保密。）
您 的 姓 名：__________　　您的联系电话：________________
您的电子邮箱：__________

调研人员签名：__________　　调研日期：__________

3．选择概念测试方法

进行概念测试的最好的方法是现场访谈，即到客户现场将产品概念呈现给客户看，并对照调查问卷逐一征求客户对每个问题的看法。除了要了解他们的看法之外，更重要的是要问“为什么”。要问他们为什么对某概念不感兴趣，为什么喜欢某产品，为什么只愿意接受某价位等。

为降低成本，提高概念测试的效率，也可以采用焦点小组方法进行概念测试。即邀请部分客户参加会议，呈现和讲解概念产品后同样问调查问卷上的内容。要注意让各位客户独立发表自己的看法，不要让个别客户主导了整个会议，这样很可能会影响其他客户的观点。

当然还可以采取邮寄调查问卷或街头拦访的方式进行问卷调查，但是要注意样本的选择及调查的可信度。

4．进行概念测试

概念测试实施的质量将直接影响概念测试的质量。在进行概念测试时，调查人员需要注意以下几点。

（1）要选择正确的测试对象。样本的选择应该足够，并且要具有代表性。例如，工业产品不能只调查客户企业中负责采购的人员，而要调查产品的使用者、产品购买的决策者。这样才能比较全面地了解各类客户对产品概念的看法。

（2）不要推销产品。一定要注意，现在是测试客户是否会买我们的产品，目的是希望设计出客户真正会买的产品，而不是去现场推销我们的产品。现在还没到推销我们产品的时候！当你带有明显的推销意味进行调查时，客户很可能会拒绝接受调查，即使接受调查也很可能会应付了事，不会认真地回答问卷中的问题。

（3）要观察客户是否在迎合调查者。当客户在接受概念测试时，一般会倾向于做比较积极的反馈。反正现在不需要掏钱，你问他是否喜欢该产品，他可能会说很喜欢；你问他这个价格能否接受，他会说没问题，不贵！这样的调查结果，很可能会高估概念产品的市场接受度。

5．整理概念测试信息

调查人员应该在每次调查结束后24小时之内将调查结果整理好交给概念测试负责人。概念测试负责人在整个调查结束后，将所有有效的调查问卷进行统计汇总，形成完整的调查报告。关于产品改进方面的内容，用于完善产品定义；关于购买意图、购买价格等方面的信息，用于项目立项分析。要慎重使用调查结果，不要将购买意图数据直接当作潜在的市场份额。

6．完善产品定义

根据概念测试调查结果，修正客户需求列表，完善产品定义。

CPO行动

我们的产品应该如何进行概念测试？请组织团队建立或完善产品概念测试流程。

本节小结

（1）在产品正式开发前进行概念测试，可以快速、低成本地征求客户对拟开发产品的反馈意见或建议，减少开发过程中的返工，提升新产品上市的成功率。

（2）概念测试不但可以验证目标客户对产品的认可度，还可以测试目标客户对产品价格的敏感性，为产品成本设计提供输入。

（3）不同类型的产品可以制作不同类型的产品“原型”用于概念测试，“可视化”的呈现有利于客户更好地提出自己的需求。

第七节　项目立项分析

项目立项分析工作的质量直接决定了项目决策评审的质量。企业管理者“拍脑袋”决策的主要原因是企业管理者缺乏系统、完整、可信的决策信息。

CPO 思考

(1) 我们的新产品项目立项分析工作是由跨职能团队进行的吗？

(2) 我们的新产品项目做了哪些方面的立项分析工作？有效性如何？

(3) 立项分析不严谨是否导致开发过程的大量返工，或者项目中途夭折？

通过概念评审决策的新产品创意将进入立项分析阶段。在立项分析阶段，我们需要对新产品概念进行深入的市场、技术和财务等可行性分析，把好新产品项目进入设计开发阶段前的最后一道关。新产品项目一旦进入设计开发阶段，就意味着要开始投入大量的资金和人员。

产品立项分析阶段要开展深入的客户需求研究、竞争分析和市场分析工作，要进行严谨的产品定义和概念测试，要进行系统、完整、深入的项目可行性分析，要为项目立项评审提供高质量的决策信息。项目一旦通过立项评审，进入设计开发阶段，就意味着要投入大量的资金、人员和时间（见图 3-10）。

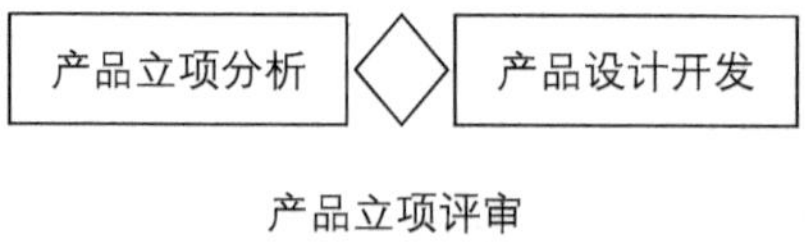

图 3-10　产品立项分析框架流程

对产品经理而言，产品立项分析阶段是最重要的一个阶段，是产品经理投入时间和精力最多的一个阶段，也是最考验产品经理能力和水平的一个阶段。

一、项目立项分析要回答的三个核心问题

1．我们拟开发的产品会有人要吗

这是一个市场视角的问题。这个问题的回答基于对客户需求的洞察，基于对竞争对手的分析，基于对整个市场情况的了解。客户需求研究主要回答"会不会有人要我们的产品"；竞争对手分析主要回答"客户为什么会买我们的产品而不买竞争对手的产品"；而市场分析主要回答"会有多少人买我们的产品"。

2．我们能开发出该产品吗

这是一个技术视角的问题。有客户需求，但是我们如果没有能力开发和交付客户想要的新产品，那么前面的市场分析也就没有什么意义。与技术相关的分析主要包括开发的技术可行性分析、可制造性分析、可测试性分析、可销售性分析、可用性分析和可服务性分析等方面。

3．该产品我们能赚钱吗

这是一个财务视角的问题。如果某个新产品有客户要，我们也能开发和生产出来，但是公司不能赚钱，那么公司也不会对这样的项目进行投资。财务可行性分析主要包括前期投入分析、投资回收期分析、投资回报率分析等方面的分析。

二、项目立项分析的常见错误观点

对很多企业而言，一件事情没有做或没有做好，往往不是由于缺乏做好这件事的方法，而是对待做这件事的态度或观念出了问题。不知道做事的方法可以通过多种途径学习，但是认为不必要做或不知道要做，那么掌握了再多的方法也没有意义。在新产品项目可行性分析方面，正是一些错误观念导致该项工作没有做好或基本上没有怎么做。

典型的错误观点如下所述。

(1) 开发任务太紧，员工没有时间做这些烦琐的工作。

（2）公司没有专门的人负责了解市场需求，立项分析工作无从做起。

（3）上什么项目是董事长的事，员工只管干活。

（4）分析了也没什么用，到时候还是会有很多变化。

（5）公司边开发边分析，这样可以节省时间。

（6）产品经理写个报告交给董事长就行了，用不着这么多人劳神费力。

（7）我们是小公司，做的是小项目，用不着这么复杂的分析方法。

（8）以前的项目没有怎么分析不也做出来了吗？我们还按以前的方法做就行了。

以上这些观点是不是在你的公司的管理团队及产品开发团队中或多或少存在？是不是正是这些观点影响了公司项目可行性分析工作的质量？我们不想花费过多笔墨对以上观点一条一条地进行反驳。请大家对照以前做过的项目及现在正在做的项目继续往下阅读，看看以下内容是否确实是产品立项分析所必需的，看看是否正是这其中的一个或多个方面没有分析清楚而导致了新产品项目的失败。

花钱买的教训往往比说教起到的作用要深刻得多！

三、项目立项分析的重要性

很多企业的项目可行性分析工作做得非常简单，甚至有些企业没有明确的项目立项分析阶段。最佳实践研究表明，坚实的项目可行性分析工作是项目取得成功的关键。

项目可行性分析工作的重要性主要体现在以下三个方面。

1．为项目立项决策评审提供依据

公司的决策评审团队对一个新产品项目进行评审必须有依据，不然就成了“拍脑袋”决策了。项目立项分析信息是项目决策评审的输入，决策评审信息的质量直接决定了决策的质量。如果决策信息是不完整的、不正确的，那么决策的正确性也非常值得怀疑。一些企业领导由于不能获得完整、正确的决策信息，而只能根据自己的经验进行“拍脑袋”决策。如果决策团队对自己的决策不自信，在投入创新资源时也就会畏首畏尾，影响项目的进度和质量。决策错误带来的损失主要有三个方面。

(1) 直接的资金投入损失。这些失败的项目损失的资金都要靠成功的项目弥补。因此，投入越大、风险越高的项目，越应该进行谨慎决策。而谨慎决策的前提是进行充分的项目可行性分析。

(2) 机会成本损失。企业可能花了一年的时间开发一款新产品，但这款新产品由于决策错误而失败了。如果这一年的时间用于别的决策正确的项目或许就成功了。此外，如果再重新开发一款同类新产品，可能已经错过了最好的上市时机而不能取得预期的业绩了。

(3) 对开发团队的信心的打击。公司可能投入几十个跨职能团队成员辛辛苦苦干了一年，结果项目失败了，而且项目失败的原因是由于错误的决策导致的。可以想象，开发团队成员是什么心情！有些企业由于“拍脑袋”决策的项目太多，导致很多技术人员不愿意参与这些明显没有“钱景”的项目的开发。

2．为后续行动做好准备

“谋定而后动！”没有任何一个复杂的大项目是依靠运气和直觉取得成功的。很多企业的新产品开发是“骑驴看唱本——走着瞧”。一些企业采用的是“三边开发模式”——边调研，边开发，边上市，并美其名曰“并行工程”或“敏捷开发”。实际上，这种准备不充分的开发，花费的时间要远远高于预期，产品开发的质量也根本没法保证。开发前的准备工作不充分很容易导致以下问题的出现。

(1) 开发过程中需求变更频繁。客户需求研究不充分，产品定义不明确，导致开发过程频繁变更需求。而需求的频繁变更导致开发过程一再返工，开发周期远远超出预期。最后开发出来的产品成了一个“四不像”，与当初的预期相去甚远。当然，这样的产品是没有多少人愿意买的。

(2) 设计的产品开发不出来。由于技术可行性分析不深入，也没有在产品开发前对一些风险很大、不确定性很高的关键技术进行预研，导致产品开发过程中项目团队大量的时间和精力投入到技术问题的解决之中，产品开发变成了技术开发。由于技术的不确定性，解决技术问题的时间往往远远超出预期，原先预计一年上市的新产品，结果两年才上市。而当这款新产品上市时，竞争对手的同类产品已经将市场占领得差不多了，企业错失了新产品上市最好的机会窗。这类企业的领导者经常感叹，“我们的新产品开发经常是起了个大早，赶了个晚集！”还有一些情况是，项目的技术问题远比预期的要复杂，企业没有能力在 2 ～ 3 年内解决这些关键的技术问题，只好偃旗息鼓，放弃该项目的开发。

（3）开发出的样机无法实现量产。一些企业千辛万苦总算把样机开发出来了，但发现该样机的一些关键技术指标没有合适的设备进行测试。如果这些指标不能进行有效测试，将严重影响产品的整体性能。有的项目样机开发出来之后，发现模具开不出来，或者缺乏合适的制造设备和具有相应技能的生产人员。还有的产品关键原材料或关键元器件买不到，或者价格远远超出预期，企业根本无利可图。

（4）产品上市后不能实现预期的投资回报。一些公司的新产品在投入了高昂的前期开发成本和产品上市成本之后，产品上市后的销售量远远低于预期，或者销售价格低于成本。这样，企业的前期投入都打了水漂，项目以失败而告终。摩托罗拉公司的铱星项目上市后不到一年就宣告破产，其主要原因就是没有进行有效的市场预测和财务分析。

3．为后续分析提供框架

项目可行性分析不是产品开发前要做的一次性工作，而是贯穿整个新产品开发过程的工作。在开发前进行完整的项目立项分析工作，可以为企业在产品开发过程中的深入分析提供指导框架。随着开发过程中了解信息的深入和完善，项目团队需要对可行性分析报告进行及时的更新和调整。在走向测试和走向上市的评审点，决策评审团队都要将更新后的项目可行性分析报告作为决策依据（见图 3-11）。

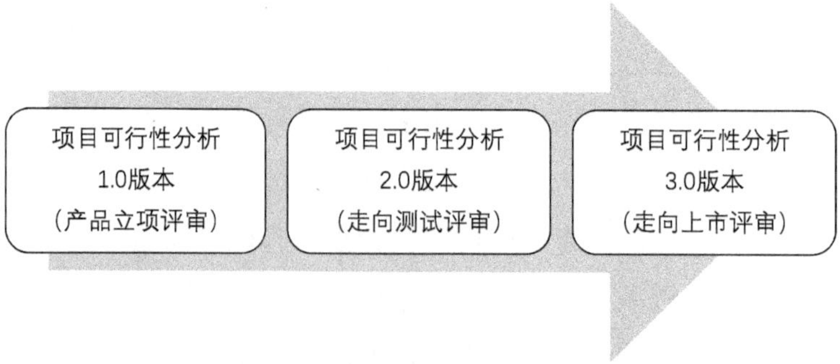

图 3-11　项目可行性分析的三个版本

由以上分析可以看出，项目可行性分析工作不是可有可无的。项目可行性分析工作的质量很大程度上决定了项目的成败！如果你想降低项目风险，就必须做可行性分析工作；如果你想加快项目进度，就必须做可行性分析工作；如果你想提高新产品开发的成功率，就必须做可行性分析工作。在产品创新流程中，项目可行性分析工作的重要性怎么强调也不过分！

如果你不差钱，故意想尝尝项目失败的滋味，那么放弃项目可行性分析工作一定可以帮助你梦想成真！

四、项目立项分析的质量要求

企业的决策评审团队可以依据以下三个方面评价项目可行性分析报告的质量，项目团队也可以依据以下三个方面来要求自己，向决策评审团队提交高质量的可行性分析报告。

1．内容完整

无论项目大小，以上提到的项目可行性分析的主要内容都应该涵盖，不遗漏。企业很多时候犯下难以改正的错误，不是由于不能做好，而是根本没有想到需要做某些事情。管理方法的价值就在于其是最佳实践的总结，涵盖了多家企业成功的做法。按照有效的方法去思考和行动，企业就能少走弯路，少犯错误，特别是少犯很多不必要的低级错误。

2．数据可信

可行性分析报告中的每个数据都应该有明确的来源，而不是某个人杜撰的。有些数据可能是基于一些假设条件推算出来的，不一定准确。但是如果说清楚了数据的来源，当这些假设条件变化时，可以重新调整数据。例如，销售量的预测是按照潜在客户数量的一定比例计算出来的，当客户总的数量或企业占的市场份额变化时，销售量也会相应变化。不能因为预测不准确就不做预测，更不能因为条件会变化就拒绝测算一些数据。很多数据的预测应该是一个范围的预测，而不是一个准确的数值的预测。这些预测应该是符合逻辑的，应该是有明确的假设条件的。没有假设条件的"拍脑袋"得出的数据比没有数据更糟糕。

3．详略得当

任何人都不可能预知未来的一切，项目可行性分析追求的是适度的可预见性。对于有经验的方面，可以多做一些工作；对于不确定性很高的方面，可以随着项目的进展不断补充和完善。越近期的内容，应该看得越清楚；远期的内容，可以适当简化。例如，开发的技术可行性分析，在开发前应该能够识别绝大部分的关键技术问题并寻求解决方案。而对上市分析，在立项分析阶段只需根据以往类似项目的经验进行简单分析即可。在开发阶段，随着具体产品的明晰，可以进一步完善上市分析。在测试和矫正阶段，则要制订可行的上市计划，为新产品上市做好准备。

五、项目立项分析的团队组成

项目可行性分析工作不是产品经理的事，更不是一两个人写个报告交给公司领导就可以了。项目可行性分析工作需要全公司相关职能部门人员的参与，需要一个跨职能团队来完成。这个团队是未来产品开发团队的雏形。参加项目立项分析的各职能部门代表，原则上要成为该产品开发团队的核心成员。

立项分析团队的任务是对通过概念评审的项目进行深入的调查和分析，论证该项目是否可以进入开发阶段，交付件是完整的立项分析报告。根据项目大小和复杂程度，立项分析工作持续的时间可能需要 1 ～ 3 个月，参加的人员需要 6 ～ 10 人。各职能代表首先要对相应职能内容的分析结果负责，同时作为团队成员也要对立项分析报告的整体质量负责。要注意这是一个团队，不是只做好自己分内的事情就足够了。例如，作为一个技术代表，首先要对项目的技术可行性分析结果负责，同时如果发现项目在可制造性方面有问题，也要及时提出来，并与其他团队成员一起集思广益，提出相关制造问题的解决方案。

项目立项分析团队的成员组成及主要职责如表 3-17 所示。

表 3-17　项目立项分析团队成员及主要职责

团队成员	主要职责
产品经理	组织跨职能团队调查和分析立项报告的各项内容，向决策评审团队提供完整的立项分析报告

续表

团队成员	主要职责
项目经理	组织项目计划制订，组织资源预算分析，组织项目风险分析
市场代表	组织进行客户需求研究、竞争分析和市场分析，参与产品定义，组织进行概念测试，组织上市分析工作
销售代表	为市场研究工作提供客户资源，预测市场规模与市场份额，参与上市分析工作
技术代表	参与客户需求研究工作，参与产品定义，组织进行技术可行性分析，组织技术预研工作
制造 / 运营代表	参与产品定义，组织可制造性分析，组织测算单位产品成本
测试代表	组织可测试性分析，参与技术可行性分析
服务代表	组织可服务性分析，参与可制造性分析
财务代表	组织财务分析
法规代表	组织法律、法规分析
质量代表	组织制订质量控制方法

六、项目立项分析的主要内容

立项分析是项目团队对项目的市场分析、技术分析和财务分析的总结，也是对项目创新前端管理阶段所做的工作的总结。通过项目立项分析，决策团队必须清楚了解为什么应该将公司稀缺的创新资源投到该项目上。

项目可行性分析是一个有一定先后顺序的流程，总体包括 15 项内容，具体内容如图 3-12 所示。

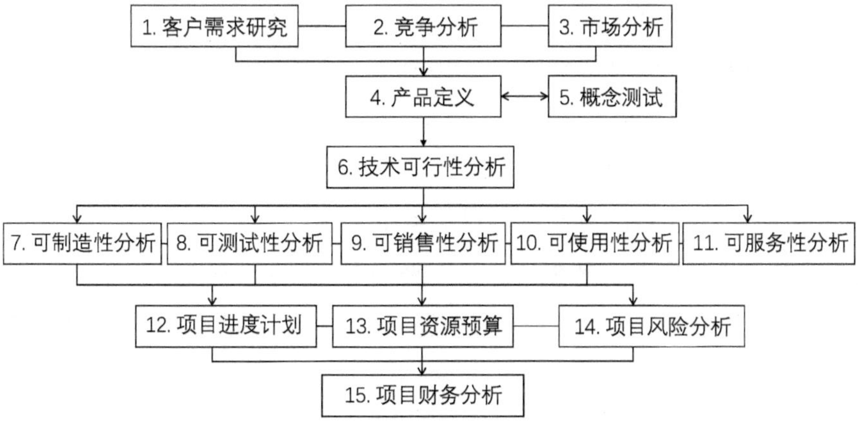

图 3-12　项目可行性分析框架

咨询实例

在一个项目立项分析与决策评审的研讨课程上，当我们的咨询顾问介绍到该框架时，一位做水电气自动抄表系统的高科技企业的董事长站起来问：“老师，你说这15项都一定要分析吗？”咨询顾问反问这位老总：“您认为哪一项是可以不要的呢？”该董事长再次认真地审视了一下这个框架，摇了摇头，叹了口气说：“老师，我知道我们的新产品开发为什么成功率那么低了。因为这15项分析中我们只做了一项分析——技术可行性分析。当我们的销售部门提出一个新产品项目时，技术部门说这个项目技术实现上应该没有大的问题，于是该项目就进入了开发流程！”

对照这位老总的感叹，请各位企业的创新领导者认真审视一下以上框架，并回答以下问题。

（1）该框架中的哪些内容是必须做的？有没有可以不做的内容？为什么？

（2）我们实际的项目中做了哪些方面的分析？

（3）我们所做的这些分析的质量如何？

（4）我们真的是在严谨的项目立项分析的基础上做出的项目决策吗？

（5）我们的新产品开发失败是否与未进行严谨的项目立项分析密切相关？主要是哪些方面没做好导致我们的新产品项目失败？

项目立项分析内容大致可以分为三部分（见图3-12）。

（1）第1～5项主要与市场研究相关。企业在客户需求研究、竞争分析和市场分析的基础上得出客户需求列表，然后采用QFD等方法将客户需求转化为产品定义。在此基础上，对定义的产品进行概念测试，以修正和完善产品概念，并且了解产品的市场接受度和价格敏感性等。

（2）第6～11项主要与技术分析相关。首先要对定义的产品进行技术可行性分析，看产品是否能开发出来。接下来要进行可制造性分析和可测试性分析，要保证开发出的样机能够批量制造出来，批量制造出来的产品的功能和性能要能有效测试。接下来要进行可销售性分析、可使用性分析和可服务性分析。可销售性分析也是一种软技术，即要分析生产出来的产品如何才能卖得好。可使用性分析主要是指产品的运输、交付、安装、调试和使用的便利性。可服务性分析则要分析如何做好产品的保修、维修等服务工作，提高客户的满意度，以争取重复购买客户和引荐客户。

(3) 第 12 ～ 15 项主要与商务及财务分析有关。项目进度计划与项目资源预算主要是定义项目本身的内容。项目风险分析是对整个项目各个方面的可能风险进行分析，并提出规避或应对方案。财务分析主要是对项目的投资回报进行分析，分析该项目是否值得投资。

以上就是一个完整的项目立项分析框架。不论是实物产品项目还是服务产品项目，不论是消费品项目还是工业品项目，也不论是高科技项目还是低科技项目，该分析框架都是适用的。当然，部分分析项的名称或具体内容可能有所不同，分析的详略程度有所不同。例如，服务产品的可制造性分析可以改为运营分析。对于管理方法而言，“运用之妙，存乎一心”。

项目可行性分析 15 项内容的详细介绍请参见作者《产品经理实务》一书，本书限于篇幅，不做展开介绍。

七、项目立项分析报告的更新

项目立项分析工作不是一次性工作，不是立项评审通过了项目立项分析报告就可以束之高阁了！项目立项分析报告主要不是写给决策评审团队看的，而是产品开发团队需要定期评估和更新的。原因如下所述。

(1) 在立项分析阶段，项目立项分析报告是基于不完整、不准确的信息撰写的。这些信息需要在产品开发过程中进一步核实和补充完善。

(2) 在开发阶段，客户需求、竞争对手、市场环境及技术等因素都会发生变化。这些因素的变化势必影响得出立项分析数据的假设条件。假设条件变化了，预测数据必然相应进行调整。

(3) 随着产品开发向前推进，产品的功能和特征等越来越明晰。产品开发团队能够对市场需求等信息进行更为准确的分析和判断，相应的，原先预测的数据也需要调整。

正如一位古希腊哲学家所说：“人不能两次踏进同一条河流。”由于影响产品成败的因素在不断变化，作为保障产品成功的项目可行性分析报告也应该根据环境的变化而及时调整和更新。

在开发和测试阶段需要重点调整和更新的项目可行性分析报告内容如下。

1．产品设计开发阶段项目可行性分析更新内容

对于一个创新性比较强的新产品而言，在立项分析阶段客户需求的确定性只有 50%，其余 50% 需要在开发和测试阶段补充和完善。在开发阶段，随着样机开发的完成，需要对可测试性、可制造性、上市分析及可服务性分析等进行修改和完善。如果开发的周期需要持续 6 ～ 18 个月，则在样机评审前，应该有几个里程碑的小评审点。如果在开发期间竞争对手推出了比我们的产品更好的新产品，产品开发团队需要重新评估销售量预测、价格预测等市场数据。如果出现破坏性打击，可能要及时中止新产品的开发。

2．产品测试矫正阶段项目可行性分析更新内容

产品测试阶段除了进行技术测试之外，还要进行现场测试、客户测试和市场测试。在此阶段要重点更新可制造性分析、上市分析、财务分析等数据。

在每个决策评审点，产品开发团队都要将更新后的项目可行性分析报告作为主要交付件提交给决策评审团队，作为项目决策的重要依据。在产品上市后的评审点，产品开发团队还要将立项分析时承诺的产品开发绩效指标与实际实现的绩效指标进行对比，分析差距和原因，总结经验和教训。

CPO 行动

我们的项目立项分析需要分析以上 15 个方面吗？我们的项目立项分析哪些方面需要重点改善？请参照以上内容进行项目立项分析。

本节小结

（1）项目立项分析不严谨是新产品开发失败的关键原因。系统、完整、可信的项目立项性分析能大幅提升新产品开发的成功率。

（2）项目立项分析不是研发部门的工作，创新型企业需组建跨职能团队对新产品项目进行系统、全面、专业的分析。

（3）项目立项分析的 15 项要素适应于不同类型的新产品项目，具体应用时在风险可控的前提下对各项要素分析的详略可适当增减。

第八节 项目决策评审

严谨分析，严肃决策。

CPO 思考

（1）我们有规范的新产品项目决策评审流程吗？有效性如何？

（2）我们有事先定义的、科学的项目决策评审准则吗？

（3）我们的项目决策评审是集体决策，还是一个人说了算？

项目立项决策评审是决定企业新产品开发是否需要“花大钱”的开始，一旦决策要做某项目，项目就很可能成为“覆水难收”。“严谨分析、严肃决策”是创新型企业提升新产品开发投资回报率的要诀！

本节重点介绍创新型企业如何组建项目决策评审团队，如何制订项目决策评审准则，如何有效召开决策评审会议。

一、项目决策评审的常见问题

很多企业在项目决策评审方面，要么重视不够，要么方法不当，导致项目决策评审失效。以下咨询实例中描述的情景，是否在我们的企业也存在？

咨询实例

在我们的咨询实践中，企业的项目经理及产品开发团队成员在谈到项目决策评审时，有很多话要说：

（1）“我们公司上什么项目都是董事长说了算。他让我们干什么，我们就干什么，反正是他投的钱。”

（2）“我们公司的项目只在立项的时候评审一次，以后就一直干到上市。

很多项目只有上市了之后才发现不行。”

（3）“很多项目其实公司管理团队也拿不准到底要不要做。公司采取的策略就是多做几个，期望总有一两个会成功。”

（4）“我们的决策评审没有什么明确的准则，公司几个领导在评审会议上经常争论不休，有时甚至影响大家之间的感情。”

（5）“我们的决策评审会议没有什么明确的流程，经常是领导有空的时候就开。开会的时间很长，有时候好多事情放在一起讨论，开着开着就跑题了。”

（6）“决策评审会议经常议而不决，领导总是说还要再讨论讨论，项目团队成员能做的就是等待。”

（7）“很多时候项目决定要做，但是资源不到位，项目经理要频繁地与多个职能部门协调资源。”

（8）“我们同时上马的项目很多，而且这些项目没有明确的优先顺序。但是我们的人手严重不足，几乎每个项目都严重延期。公司领导希望通过项目团队多加班来保证多个项目的进度，但是这样做出来的项目质量很难保证。”

1. 项目投入与项目不确定性之间的关系

随着新产品开发由立项分析走向开发、测试和上市，累计投入呈几何级数上升，在确定后续投入是否值得投之前，需要对项目进行严谨的可行性分析和严肃的决策评审。图 3-13 描述了项目投入与项目不确定性之间的关系。

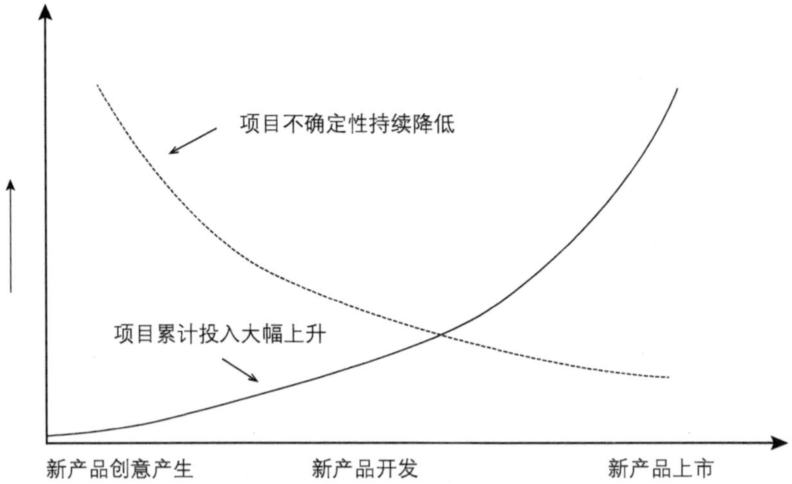

图 3-13　新产品项目投入与不确定性之间的关系

对于创新性较强的新产品开发项目，在创意到立项的创新前端阶段可能的投入是50万元，在开发、测试阶段的投入可能是500万元，而在批量生产和规模上市阶段的投入可能是5000万元。有效的做法应该是在每个阶段都要进行严谨的可行性分析，都要进行严肃的决策评审，确定项目是否可以进入下一阶段。通过多次分析和多次评审，降低项目的不确定性（风险），提高项目的成功率，提高公司整体的创新投资回报率。5550万元不是一次性投入的，至少是分三次逐步加大投入的。

2．新产品开发的“赌博”原则

新产品开发其实就是一场高风险的“赌博”！提高“赌博”赢率的基本原则如下所述。

（1）不将所有“赌注”一次下完。

（2）如果不确定性（风险）很高，下“小注”。

（3）如果不确定（风险）很低，下“大注”。

遵循以上“赌博”原则的企业，新产品开发的投资回报率一定会大幅上升。很多新产品开发投资回报率低的企业的实际做法往往与以上“赌博”原则相违背。

（1）做新产品是“一锤子买卖”，在创意阶段拍脑袋决策后将所有资金全部投入，直到产品上市失败或者“财尽人散”才罢休。某位企业家的人生“滑铁卢”：原计划投入8000万元开发手机，结果耗时3年，手机没开发出来，公司关闭，人员遣散，遣散费花费2000万元，总计损失2亿元。

（2）由于前期投入少，很多企业的高层管理者不关注项目。等到产品做出来，要批量生产和规模上市了，需要“花大钱”了，高层管理者才开始关注项目。这个时候“船已经开到了河中间”，陷入“进退两难”的境地：进，还需要花更多的钱，回报不确定；退，已经花了不少钱，不甘心。很多企业的做法是硬着头皮往前走，在花了不少钱之后，项目还是失败了。其结果是，企业不但损失了金钱，提高了机会成本，还大大挫伤了团队士气。

3．在新产品开发决策中，高层管理者越早参与越主动

在新产品开发决策中，高层管理者参与越晚越被动，如图3-14所示。

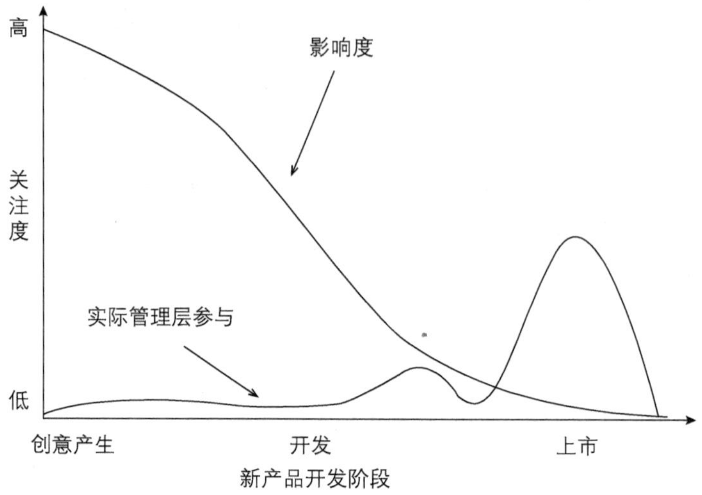

图 3-14　高层管理者参与决策时机与对项目的影响度

由图 3-14 可见，高层管理者在创意产生、立项分析和开发阶段参与项目决策评审，对项目的影响度越高，但实际上很多企业的高层管理者在这些阶段的参与度很低。在上市阶段，高层管理者的参与度很高，但是对项目绩效的影响度已经很低了，此时“木已成舟”，往往“无力回天”了。

二、组建跨职能的项目决策评审团队

决策评审团队又称为入口把关者（Gatekeeper），即对每个决策评审点进行把关的人。决策评审团队也称为产品审批委员会（Product Approval Committee，PAC）或组合管理团队（Portfolio Management Team，PMT）。你的公司也可以给决策评审团队取一个名字。我们在本文中用 PAC 作为产品评审团队的简称。决策评审团队成员的组成对决策评审的质量非常关键。

进行项目决策评审的前提是选择合适的评审团队成员。以下是 PAC 团队成员选择的一些基本准则。

（1）任何入口的把关者必须有权批准下一阶段所需的资源。也就是说，PAC 成员必须是资源拥有者。

（2）一般来说，产品开发团队所需资源来自不同的职能部门。PAC 必须能代表不同的职能部门：研发、营销、工程、运营，也可能包括销售、采购和质量保证等。

(3) 不同入口的 PAC 成员通常会有所变化。在创意筛选和概念筛选评审点，如果对资金和资源的承诺很少，PAC 成员主要是由市场和技术职能代表 2 ～ 3 人组成，一般不需要公司的最高层参加。在立项、样机和上市评审点，如果对资金和资源的承诺是巨大的，PAC 成员必须由各职能部门负责人及公司领导团队成员担任。

(4) 在不同的入口应保持 PAC 成员的连续性。应有人从头到尾留在决策评审团队之中。例如，市场或研发负责人可能在概念评审时加入，所有的领导团队将在立项评审时加入。

产品审批委员会（PAC）的主要职责如下所述。

(1) 在各个决策评审点对新产品项目进行生 / 杀决策。

(2) 在各个决策评审点对多个新产品项目进行进入下一阶段的优先顺序排列。

(3) 审批新产品项目的下一阶段行动计划。

(4) 承诺并按时、按质、按量提供新产品项目下一阶段所需资源。

三、制订项目决策评审准则

基于事先定义的决策评审准则，PAC 团队成员对产品创新项目进行一致的、快速而又有效的决策评审。

从进入开发阶段起，企业将在新产品项目上投入巨大的资源。为了有效降低项目风险，提高公司的投资回报率，企业必须采用科学的决策评审准则在每个入口对项目进行严格的生 / 杀决策。关键入口的决策质量直接影响了公司的创新绩效。对新产品项目进行正确的决策评审是创新领导者最重要、最具价值的工作！

新产品开发阶段的决策评审包括立项评审、样机评审和上市评审三个决策评审点。在这三个决策评审点都应该采用一致的、严格的决策评审准则对新产品项目进行严格的生 / 杀决策。这三个决策评审点的决策评审准则包括两部分。

(1) 必须满足的决策评审准则：只要有一项不通过，则“枪毙”该项目。

（2）应该满足的决策评审准则。合计得分低于某个分值（比如60分）的项目将被“枪毙”。

采用以上两步决策法对新产品项目进行严格的生/杀决策。如果一个新产品项目通过了所有的“必须满足的决策评审准则”项，则进入评分阶段，通过“应该满足的决策评审准则”对该项目进行打分。只有得分高于某个设定的最低分值的项目才能进入下一阶段。通过“必须满足的决策评审准则”，PAC团队能快速地对新产品项目进行初步筛选，剔除明显没有价值的项目。通过“应该满足的决策评审准则”，PAC团队能够定量地评估各个获得初步筛选通过的项目的相对吸引力，选择最有价值的项目组合。

1．制订必须满足的决策评审准则

创新型企业可以从以下六个方面制订“必须满足的决策评审准则”，对新产品开发项目进行“生/杀决策”。

（1）战略一致性。该产品与公司的创新战略一致吗？

（2）市场吸引力。该产品上市后具有很大的市场空间吗？

（3）技术可行性。我们能否开发出该新产品？

（4）产品的优势。该产品具有独特的竞争优势吗？

（5）利用公司的核心能力的程度。该产品能很好地利用公司的核心竞争力吗？

（6）财务可行性。我们能获得理想的投资回报吗？

以上六个方面，如果有任何一个方面明显低于公司设定的底线，则“枪毙”该项目。通过必须满足的决策评审准则，公司的PAC能快速地剔除那些明显没有前景的项目。

2．制订应该满足的决策评审准则

通过了“必须满足的决策评审准则”筛选的项目也不一定能够进入下一阶段，我们还需要通过评分的方式定量地确定这些项目的相对吸引力。“应该满足的决策评审准则”就是一种评分依据。我们通过细化“必须满足的决策评审准则”的六个方面来对项目进行吸引力评分，如表3-18所示。

表 3-18 “应该满足的决策评审准则”评分模板

应该满足的决策评审准则	评分指标	评分分数
战略一致性	• 与公司战略的匹配程度 • 该项目对公司战略的重要性	
市场吸引力	• 市场规模 • 市场成长性 • 竞争激烈程度	
技术可行性	• 技术差距的大小 • 技术的复杂度 • 技术的不确定性	
产品优势	• 带给客户独特的利益和价值 • 比竞争对手更好的性价比	
核心能力的利用	• 技术能力 • 生产 / 运营能力 • 营销 / 渠道 / 销售能力	
财务可行性	• 期望的利润（度量：净现值多少） • 回报率（内部收益率或投资回报率的百分比） • 回报 / 利润 / 销售额预测的可信程度 • 项目成本及上市速度	

对以上每个方面的评分指标进行 0 ～ 10 分打分，得出每个方面的平均分，最后合计算出该项目的得分。每位 PAC 成员打分的平均值就是该项目的吸引力分数。企业可以根据需要对以上六个方面分别设定不同的权重。如果没有设定权重，表示六个方面的权重相同。

PAC 可以根据各个项目的吸引力分数对项目进行决策，低于某个分值（比如 60 分）的项目将被淘汰。而高于该分值的项目将进入下一个阶段。当然，批准进入下一阶段的项目何时能够启动，还取决于项目的优先级及资源的可获得性。

四、召开项目决策评审会议

有效的会议源于有效的组织。项目决策评审流程如图 3-15 所示。

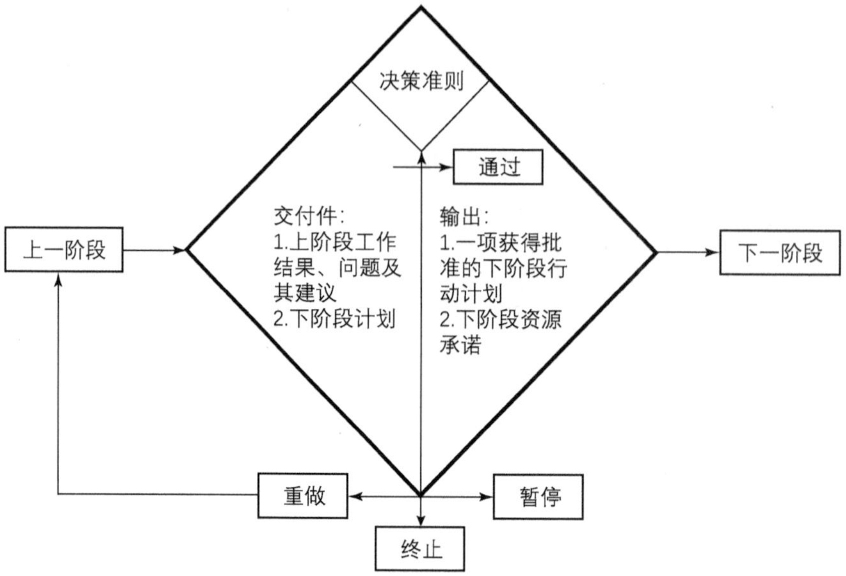

图 3-15 项目决策评审流程

具体的项目决策评审会议流程简介如下。

1．提前预告决策评审会议时间

一般在上一次决策评审会议上确定下一次评审时间。最好有全年的决策评审会议排期。决策评审会议最好与公司的高层管理会议安排在同一时间段，以方便公司领导安排工作时间。

2．提前一周提交电子版的交付件给 PAC 成员审阅

项目团队必须提前一周将电子版的交付件提交给 PAC 成员审阅，否则该项目不能参加该次评审。应该采用标准的模板提交交付件。一些企业在会议开始后才提交评审文件给 PAC 成员，PAC 成员没有足够的时间仔细审阅项目可行性分析报告，也就难以做出正确的项目决策。

3．PAC 成员在决策评审会议前对交付件提出疑问

如果 PAC 成员在审阅交付件时发现了重大问题，或者认为该项目可能被“枪毙”，应该在决策评审会议前与该项目的产品经理（项目经理）进行沟通。不要在决策评审会议上“扔炸弹”。

4．举行决策评审会议

举行决策评审会议有如下要点。

（1）除非交付件没有准备好，否则不能延期举行或取消决策评审会议。

（2）即使预期一个项目要被“枪毙”，也应该举行决策评审会议，其目的如下所述：

• 正式关闭项目。

• 总结教训。

• 庆贺“正确地枪毙了一个项目”。

（3）PAC 成员可以采用视频或电话会议方式参加决策评审会议。

（4）整个项目团队出席决策评审会议。

（5）任命项目跟踪人。

任命一位 PAC 成员负责项目的跟踪（也可以常设一位跟踪人）。在决策评审会议之后负责与项目团队保持联系，跟踪落实决策评审会议上的决策内容。

5．遵循决策评审会议流程进行项目评审

（1）项目团队进行 15 分钟的项目陈述。注意，不要打断项目团队的陈述。

（2）PAC 成员提问，项目团队应答。

（3）PAC 成员根据决策评审准则对项目进行评审。

• 评估交付件的完整性和可信度。如果交付件不完整或不可信，要求重做或“枪毙”该项目。

• 采用“必须满足的决策评审准则”对项目进行评审。只要 PAC 成员一致认为有一项不通过，则“枪毙”该项目。

• 采用“应该满足的决策评审准则”对项目进行吸引力评分。

（4）搜集计分分数并现场统计和公布结果。

（5）PAC 成员对项目得分进行讨论。

（6）对项目的评分结果取得一致意见。

6．做出评审决策

（1）对项目给出决策评审结论：通过、枪毙、搁置、重做。

（2）对项目进行优先顺序排列：

• 该项目与正在开发中的项目及处于搁置状态的项目进行比较。

• 确定项目进入下一阶段的优先顺序。

（3）审批下一阶段的行动计划，明确下一入口的交付件清单。

（4）承诺项目所需资源（人、人的时间及人天和资金）。

（5）确定项目下次决策评审的日期。

7．知会决策结果

面对面地，立即将决策评审结果告知所有项目团队成员。

如果项目通过评审进入设计开发阶段，PAC要任命正式的产品开发团队，要与产品开发团队签署书面的产品开发任务书，要承诺产品设计开发阶段所需的资金及人员。

CPO行动

我们的项目决策评审是否有规范的流程？是否有事先明确定义的决策评审准则？我们应该如何提高项目决策评审质量？

本节小结

（1）“严谨分析、严肃决策”是创新型企业提升产品创新投资回报率的关键举措。项目可行性分析不严谨，项目决策评审不严肃的企业无疑是失去理性的“赌徒”，必将“十赌九输”。

（2）项目决策评审团队要由“能够承诺项目资源”的跨职能的公司中高层管理者组成。同意“通过”某个项目，意味着决策评审团队需要承诺后一阶段该项目所需的创新资源。不承诺资源的决策是无意义的决策，与决定买哪只股票但是没有投钱买入一样，最终收益与你无关。

（3）企业高层管理者在立项评审时就要参与项目决策，等到产品上市时才参与决策可能已经“来不及了”。越早参与决策越主动，越晚参与决策越被动。

（4）要制订严格的“必须满足”的决策准则，对新产品开发项目进行严肃的“生/杀决策”。通过生/杀决策的项目要进行吸引力打分评价，评分越高的项目越应优先进入下一阶段流程。

（5）项目团队要提前准备和提交决策评审文件，决策评审团队要提前仔细审阅项目可行性分析报告，有重大问题要提前与项目团队沟通，不要在项目评审会议上“暴雷”。

知行信研发与产品创新管理体系（RDIM®）框架

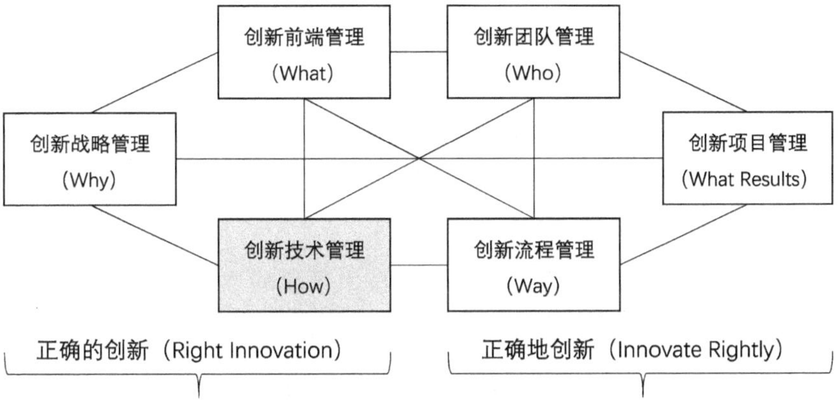

在知行信 RDIM® 体系中，创新技术管理是第三个子系统，回答“如何做（How）”的问题。创新战略管理确定了业务领域，创新前端管理确定了要做什么样的产品，创新技术管理则要回答如何做出满足客户需求的新产品。创新技术管理既包括新技术开发，也包括通常被很多创新型企业忽略的现有技术的重用（Reuse）。

创新技术不但要“开发”，更要“有效管理”。创新技术管理包括技术预研管理、技术重用管理、原材料 / 零部件归一化管理、模块化设计和平台化开发等内容。

创新技术管理准则：提高重用，提升效益！

第四章
创新技术管理

创新技术需要开发，更需要有效“重用（Reuse）”。

创新技术管理是公司研发负责人（分管研发的副总、研发总监、研发部经理）需要主责的内容，公司CPO要对企业研发负责人及研发团队在创新技术管理方面提出明确的、具体的目标和要求。本章的标题是“创新技术管理”而不是“技术创新管理”，强调的是为产品创新开发和管理相应的技术，而不是技术开发本身。

第一节，技术预研管理。本节强调技术预研的重要性，强调要将技术预研与新产品开发流程分开，要在解决主要技术问题的前提下才进行新产品开发。本节还介绍了解决技术矛盾的有效方法——TRIZ。

第二节，技术重用管理。本节强调技术重用的价值，重点介绍如何进行技术要素梳理、定义、呈现和重用。

第三节，原材料/零部件归一管理。本节介绍了原材料/零部件不受控带来的坏处及不受控的原因，重点介绍如何梳理、建立和管理原材料/零部件优选库。

第四节，模块化设计。本节介绍了什么样的产品适合进行模块化设计以及模块化设计的好处，重点介绍如何进行模块划分、定义、设计、入库、调用和模块化运营。

第五节，平台化开发。本节介绍了产品平台化开发的逻辑、产品平台化开发的好处以及产品平台建设与管理。

请CPO组织企业高层管理团队对照下表，评估企业在创新技术管理方面是否存在以下常见问题（见表4-1），并从本章后续章节的介绍中寻求相关问题的解决方法。

表 4-1 创新技术管理常见问题描述

创新技术管理常见问题描述	公司现状描述
(1) 缺乏规范的技术开发流程，没有将技术开发和新产品开发分离，在新产品开发过程中解决关键技术问题，导致新产品开发项目大幅延期，或者中途夭折	
(2) 公司已经掌握的技术缺乏标准化、显性化和有效重用；重复开发同类技术；技术骨干离职，相关技术在公司也不再存在了	
(3) 产品原材料 / 零部件不受控，品类太多，难于管理，采购价格高，维护成本高，产品稳定性、可靠性差	
(4) 产品部件或功能未能进行有效模块化，每次开发同类产品或交付类似项目都当作全新产品开发，重复开发量大，交付周期长，重复犯同样的低级错误，产品成本高，利润率低	
(5) 没有基于平台进行系列化产品开发，产品平台能力不强，导致产品缺乏核心竞争力，易于模仿，产品更新换代速度慢	

第一节　技术预研管理

是否具有核心技术，核心技术能否持续保持领先，很大程度上决定了创新型企业产品的领先性和企业的战略安全性。

CPO 思考

（1）我们有专门的团队从事技术预研工作吗？

（2）我们有专门的技术预研流程吗？有效性如何？

（3）我们能保证技术预研项目所需资源吗？

顾名思义，技术预研是指技术的预先研发。技术预研是相对于新产品开发而言的，也就是说，要在新产品开发前解决开发该产品所需的关键技术问题。

很多创新型企业由于技术预研做得不好导致新产品开发失败，导致很多研发投入打了水漂。

本节分析技术预研的重要性、技术预研做得不好的主要原因，重点讨论技术预研的有效管理方法。

一、技术预研的重要性

在我们的咨询实践中发现，很多企业只是口头上重视技术预研，实际上很少进行有效的技术预研工作。技术预研做得不好，对创新型企业主要有如下三个方面的不利影响。

1．影响新产品开发项目的成败

技术预研做得不好的直接后果就是导致新产品开发失败。很多企业是“边了解客户需求、边开发技术、边开发产品”的“三边开发模式”，美其名曰“敏捷开发”或“并行工程”。没有在新产品开发前解决关键技术问题带来的可能后果如下所述。

（1）由于关键技术问题解决不了，导致新产品的核心功能或关键性能指标实现不了，新产品项目中途夭折，项目前期投入成了“沉没成本”。

（2）由于关键技术问题解决的时间周期大大超出预期，导致新产品上市一再延期，错过了新产品上市的最佳“机会窗”，主流市场的主流客户已经被主要友商占领，企业新产品的投资回报远低于预期，甚至出现亏损。

（3）为了赶新产品上市进度，部分关键技术问题没能有效解决，导致产品上市后功能表现不稳定，或者性能参数不达标，产品维修、服务成本高，客户满意度低，难以实现预期销量，难以实现预期投资回报，并严重影响公司声誉。

2．影响产品平台构建

在第二章产品线战略规划的相关章节中，我们强调了产品平台的重要性。产品平台很大程度上决定了企业系列产品的差异化和市场竞争力，因为产品平台主要由产品线系列产品共用的核心技术、关键技术构成。如果构成产品平台的这些核心技术、关键技术没能提前预研，或者技术不过关，就会导致产品平台不稳定，进而导致产品线的系列产品的稳定性、可靠性不好。例如，作为汽车核心平台技术的发动机技术如果不过关，那么基于该平台开发的所有汽车均难保证质量，均难取得好的投资回报。

因此，构成系列产品平台的核心技术、关键技术必须首先识别出来，列入产品线技术路线图规划，进行提前预研。平台技术是所有技术预研项目中优先级最高的。但是，实际上很多企业由于日常开发工作“太忙”，平台技术开发优先级总是“最低”的。

3．影响企业的可持续发展

作为一家科技创新型企业，如果缺乏核心技术，或者核心技术不能保持领先，那么该公司不可能成为市场领导者，很可能很快走向衰落或死亡。企业技术领先有两方面的含义：一是在原先的技术路线上保持领先；二是在新的技术路线上保持领先。例如，在燃油车时代，领先的汽车企业必须在燃油发动机技术方面保持领先。而在新能源汽车时代，原先在燃油车市场保持领先的汽车企业如果不能在电池技术方面保持领先，则很可能被时代抛弃。“破坏性技术”的出现，可能会让原先的领先者落伍，也会给新参与者带来领先的机会。例如，特斯拉的快速崛起就源于其在新能源汽车电池续航里程、自动驾驶等多项核心技术、关键技术的领先。

创新案例

大疆无人机的核心技术研发与产品创新

到2018年年底，大疆占据了全球民用小型无人机约七成的市场份额，主要市场集中在欧美国家。过去两年，大疆员工人数由300人猛增至3500人，其中研发人员达1000人。

大疆公司创始人汪滔毕业于香港科技大学，学生时代就开始研究直升机技术。2005年，汪滔将直升机自主悬停技术作为自己的本科毕业设计课题。2006年，汪滔继续在香港科技大学攻读研究生，于2006年年底与两位一起做本科毕业课题的同学在深圳创立大疆公司，研发生产直升机飞行控制系统。经过近六年的持续技术与产品研发，2012年，大疆推出到手即飞的世界首款航拍一体机“大疆精灵Phantom 1”，将之前局限于航模爱好者的专业市场推广至大众消费市场，将单纯的飞行体验拓展至航拍体验后，大获成功。到2012年晚些时候，大疆已经拥有一款完整无人机所需要的一切元素：软件、螺旋桨、支架、平衡环以及遥控器。

大疆并未就此止步，在接下来的几年里，他们始终以用户的体验反馈为依据，不断实现产品的升级换代：2012年的第一代“大疆精灵”，支持悬挂微型相机，达到航拍功用，失控情况下可实现自主返航；2013年的第二代“大疆精灵”则配备了高性能相机，除可拍摄高清照片外，还能实现录影，并实时回传，内嵌的GPS自动导航系统，可以准确锁定高度和位置，稳定悬停；到2015年，第三代“大疆精灵”推出时，其高清数字图像传输系统可实现2千米内的图像传输，内置的视觉和超声波传感器可让飞行器在无GPS环境中实现精确定位悬停和平稳飞行……

核心技术攻克和产品持续创新带来的是营业收入的持续、快速增长，利润率也非常可观。2013～2017年，大疆的年营业收入增长了20余倍，由2013年的8亿元猛增到2017年的175亿元。大疆2017年的净利润达到43亿元，利润率为25%。大疆董事会预计，2022年大疆年营业收入可达1700亿元。

（本案例根据网络相关资料整理）

二、企业技术预研做得不好的主要原因

企业预研做得不好，有企业实际发展阶段的问题，也有观念和方法问题。以下总结了企业技术预研做得不好的主要原因，供相关企业对照参考。

1．企业还处于生存阶段，无暇考虑技术预研问题

一些成立时间不长或者经营业绩不太好的企业，还处于创业阶段或者生存阶段，没有足够的资金和合适的人力资源投入技术预研工作，或者技术预研的方向和重点也不清晰。处于生存阶段的企业确实要首先考虑如何"活下去"，难以做比较长远的规划和投入。但是，在论证新产品项目时，这些企业如果能够注重进行技术可行性分析，在新产品开发前对尚未掌握的核心技术、关键技术进行先行论证和研究，也能大大提高新产品开发成功率，降低不必要的失败风险，取得更好的创新效益。

2．企业高层管理者没有认识到技术预研工作的重要性

观念影响决策，决策决定行动，行动决定结果。一些科技企业的高层管理者没有认识到技术预研工作的重要性，没有将技术预研作为新产品开发的前置条件。即使由于技术预研做得不好导致新产品开发失败，也将主要原因归结为"运气不好"，而不是从管理上去"复盘"，避免重复犯同样的错误。企业高层管理者认识不到技术预研工作重要性的典型症状就是前面提到的"三边开发模式"：边了解客户需求、边解决技术问题、边开发新产品，期望在新产品开发过程中"顺便"解决关键技术问题。

3．企业缺乏有效的技术预研管理方法

一些科技创新型企业已经过了生存期，高层管理者也知道技术预研工作的重要性，但是未掌握有效的技术预研管理方法，导致技术预研工作做得不好。企业缺乏有效的技术预研管理方法的典型症状如下所述。

（1）未将技术开发和新产品开发分开，没有建立专门的技术开发流程，技术开发"隐含"在新产品开发过程中。

（2）企业缺乏有效的产品线战略规划，没有明确的产品平台规划和技术路线图规划，技术预研工作缺乏有效指引，技术预研的方向和重点不清晰。

（3）企业缺乏有效的创新项目组合管理，技术预研、平台开发等“重要而不紧急”的项目的优先级总是低于现有产品改进、客户定制开发等“重要而又紧急”的项目。这样做的结果是，技术预研、平台开发项目总是无限期延期，企业很可能“赢得了今天而输掉了明天和后天”。

三、如何做好技术预研管理

以上分析了技术预研工作的重要性以及企业技术预研做得不好的主要原因，现在我们探讨如何才能做好技术预研管理工作。我们总结了做好技术预研管理的四个要点，供创新型企业参考。

1．建立规范、有效的技术开发流程

技术预研项目不同于新产品开发项目，需要建立专门的技术开发流程来有效管理技术开发项目。表 4-2 比较了技术开发项目与新产品开发项目的差异。

表 4-2 技术开发与新产品开发的比较

	技术开发	新产品开发
项目目标	掌握技术知识	实现投资回报目标
项目管理	以团队自我管理为主；成就感、荣誉驱动	采用严格的项目管理方法管理；业绩驱动为主
项目团队	公司研发中心的专业技术人员主导，个别市场人员参与	市场、技术、制造等多职能部门代表组成跨职能产品开发团队
项目计划	可控性不高；容易变化	高度可控；变化较少
项目任务	不明确、不具体	明确、具体
项目周期	几个月到几年不等，周期较长	6 ～ 18 个月，周期较短
项目投入	通常投入很大，回报难以预期	投入可控，投资回报可预见性较高
过程监控	大致的里程碑节点检查和评审	严格的里程碑检查和生 / 杀决策
项目评审	定性为主，很少财务指标	定性与定量结合，财务指标必不可少
项目交付	交付件难以定义，实际结果可能与定义要求偏差很大	明确定义交付件，严格依据交付件对项目进行检查和评审
绩效评价	定性为主，精神激励为主	定量为主，物质激励为主

从以上比较可以看出，技术开发与新产品开发有很大的不同，创新型企业不能采取管理新产品开发的方法去管理技术开发。

总体而言，研发是将钱变成知识，创新是将知识变成钱！技术研发（预研）的成果是技术知识，而产品开发（创新）的成果是实现盈利。技术开发往往是探索性的，具有很大的不确定性，失败的风险很高；而产品开发通常是结构化的，目标性很强，失败率越低越好。

图 4-1 描述了技术开发流程与新产品开发流程的关系。新产品开发过程中的各个阶段都有可能“触发”技术开发流程，技术开发的成果最终应用于新产品开发项目。

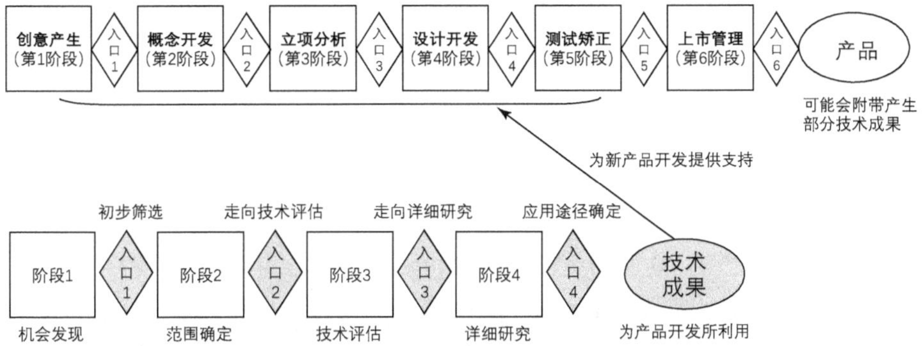

图 4-1　技术开发流程与新产品开发流程的关系

一般意义上的技术开发流程包括四个阶段和四个评审点。以下简要介绍技术开发流程的各个阶段和各个评审点。

（1）阶段 1：机会发现。机会发现阶段的任务是寻找值得开发的技术项目创意。技术项目创意通常是由技术人员提出的，但是也可以有其他来源，如产品线战略规划和外部专家建议等。

（2）评审点 1：初步筛选。对第 1 阶段提出的技术开发项目创意进行初步的筛选和决策，以确定是否有必要给该创意提供一些时间和资金进行进一步的分析。在这个入口需要提出的问题是：这个技术项目创意值得投入吗？

（3）阶段 2：范围确定。范围确定阶段的目的是为研究项目奠定基础，定义项目范围，制订往前推进的计划。第二阶段主要做的是二手研究，时间周期一般不超过两个星期。

（4）评审点 2：走向技术评估。第二次筛选决策的目的是评估技术项目是否应该进行有限的实验或技术性工作。在这个入口需要提出的问题是：该技术项目创意值得进行有限的实验工作吗？

（5）阶段 3：技术评估。第三阶段的目的是在理想的条件下，验证创意的技术或实验可行性。此阶段进行初步的实验工作，但是不应该花费超出 1 ～ 2 个月的时间，总体持续周期时间一般不会超出 3 ～ 4 个月。

（6）评审点 3：走向详细研究。入口 3 是技术开发流程中最严格的一个决策评审点，因为项目一旦通过该入口，就需要投入大量的资金和人力资源进行技术开发工作。

（7）阶段 4：详细研究。第四阶段的主要任务是执行整个实验计划，以证明技术的可行性，并定义技术的范围，确定技术对公司的价值。该阶段投入很大，通常需要多个人年的工作。第四阶段通常会持续半年到一两年。在这个很长的阶段内，应该应用有效的项目管理方法进行管理，包括阶段性的里程碑检查与项目评审。如果技术开发项目有重大的偏离，或者遇到重大障碍，项目需要返回入口 3 进行再一次的生 / 杀决策。

（8）评审点 4：应用途径确定。这是技术开发流程的最后一个入口，打开通向一个或多个新产品开发项目的大门。在此，评估技术工作的结果以确定其应用性，技术对公司的应用范围和价值。入口 4 通常与新产品开发流程的早期阶段结合在一起（如入口 1、2 和 3）。

如果技术开发项目相对比较简单，可以适当对技术开发流程进行简化，以提高技术开发项目运作效率。例如，第 1、2 阶段可以合并，第 1、2、3 阶段也可以合并，但是各阶段的活动内容均应该高质量地完成。

2．通过有效的产品线战略规划指导技术预研工作

在第二章产品线战略规划一节中，我们提到产品线战略规划的核心目的是提前“预研”产品平台和核心技术，确保各代产品在合适的“机会窗”上市。产品线战略规划应该成为技术预研项目的主要来源。图 4-2 描述了基于产品平台的系列产品开发。

由图 4-2 可见，各项平台技术是各类细分市场系列产品开发的基础，如果这些平台技术没有提前预研，基于平台的系列产品是不可能开发出来的。由此可见平台技术预研对于创新型企业的重要性。

3．通过严谨的项目技术可行性分析识别需要预研的技术

平台技术是系列产品开发的前提。对每款产品而言，也有需要提前预研的关键技术。这些关键技术直接决定了产品的主要功能和性能指标的实

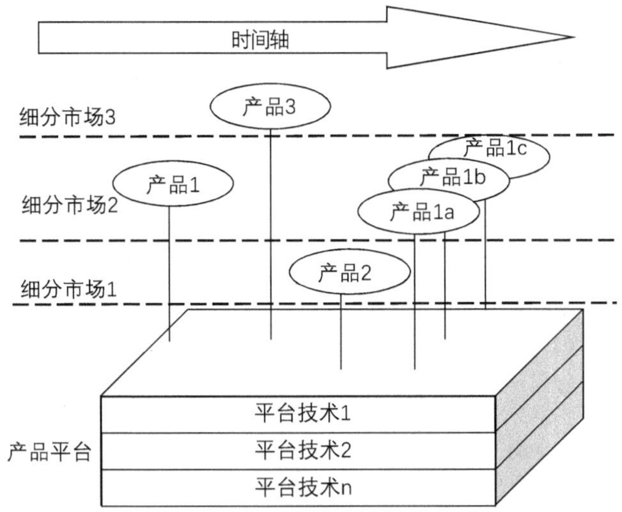

图 4-2　基于产品平台的系列产品开发

现。图 4-3 的项目可行性分析框架中，技术可行性分析的核心目的就是识别需要预研的关键技术。

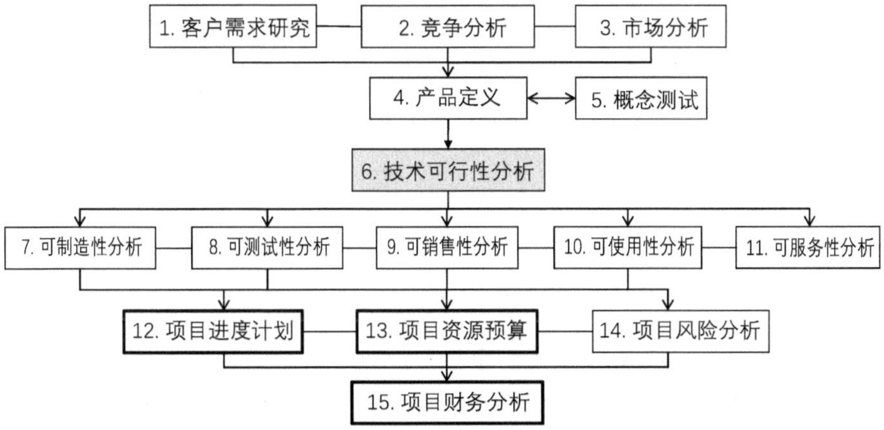

图 4-3　通过项目技术可行性分析识别产品预研技术

由图 4-3 可见，通过产品定义，可以明确需要开发的产品的主要功能和性能指标，在产品定义的基础上需要分析如何通过技术实现这些主要功能和性能。如果实现产品关键功能和性能的技术问题没有解决，就必须进行“技术预研”，在解决这些关键技术问题的前提下才进入新产品开发流程。进行技术可行性分析是新产品开发项目可行性分析的关键内容。

4．提升技术预研工作在创新项目组合管理中的优先级

很多企业不是没有识别出要预研哪些核心技术、关键技术，而是技术

预研项目在各类项目中的优先级不够，通常是优先级“最低的”。在企业的创新项目组合中，优先级最高的往往是订单交付项目中的“定制开发项目”，我们通常称为“救火项目”。一家做机床控制设备企业的董事长说，“我们喊软件平台化、模块化至少喊了 10 年了，但一直没有足够的人员和精力投入，大家都忙于订单交付项目的‘救火’，越‘救火’越忙，越忙就越没有时间考虑技术预研工作了。”这可能也是很多在技术预研与定制研发之间难以平衡的企业的现状。

图 4-4 描述了一个各类项目创新资源分配的组合示例。

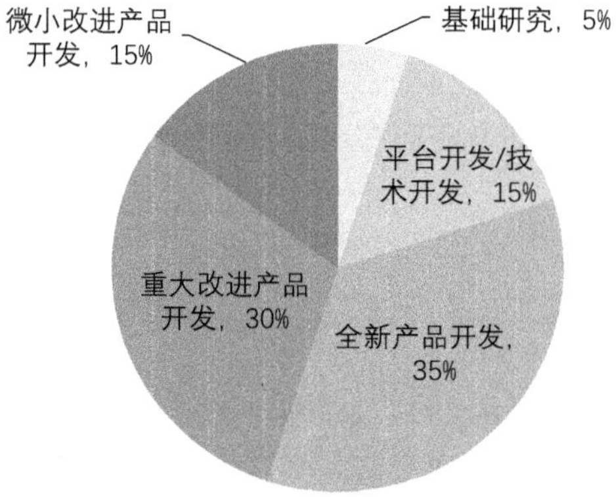

图 4-4　各类项目创新资源分配组合示例

不同战略意图、处于不同发展阶段的企业的各类项目创新资源分配组合不同。我们要强调的是，不管创新资源在平台开发和技术预研方面分配的比例多少，一旦做了决策就要坚定执行，否则企业难以实现未来 3 ～ 5 年的战略目标。追求成为市场领导者的企业的基础研究、平台开发以及技术预研类项目的创新资源投入占比可能超过 50%。追求成为快速跟随者的企业可能不会在基础研究方面进行多少投入，但是在平台开发和技术预研方面的创新资源投入一般不会少于创新资源的 30%，否则很难成为“快速”跟随者。一些只考虑今年“活下去”的企业，在定制开发、微小改进开发方面投入的创新资源可能超过 80%，长此以往，这样的企业很难有长远的未来。因为，不投资未来，就不会有未来！越投资未来，就越有未来！

咨询实例

某电力电子企业的创新资源分配

某电力电子企业，公司研发人员超过500人，但是80%以上的研发人员的精力都投入订单项目的定制开发中去了。研发总监每天要接到很多个不同区域业务负责人的电话，都是催问自己订单项目的开发进度怎么样了，甚至威胁研发部门如果订单不能按期交付，回不来款要问责研发部门。研发部门绝大部分研发人员整日忙于“救火”，而且是技术水平越高的研发人员“救火”越多，因为只有技术高超的技术人员才能快速“灭火”！公司规划的硬件平台、软件平台开发一直未能有效投入，处于搁置状况。由于未能在平台开发上有效投入预研资源，公司产品的复用性很低，同类产品重复开发量超过40%，甚至不同业务单元出现重复开发技术、重复开发产品的状况。公司产品的共用性不高，订单交付周期长、质量问题多，客户满意度下降，企业在同行中总是屈居“老三”的定位，市场竞争力日渐下降。

顾问团队建议公司必须在短期订单交付与企业中长期发展之间取得平衡，必须在各类创新项目中进行“强制性的”创新资源分配。基于顾问团队的建议，考虑到公司中长期可持续发展和市场竞争力的提升，公司高层管理团队认为硬件平台、软件平台开发工作刻不容缓。公司成立专门的平台开发部门，从研发团队中首批抽调40名资深技术人员专职负责平台开发工作，与新产品开发、定制开发项目建立“防火墙”，平台开发工程师不准参与“救火”。对于定制开发项目，也专门成立定制开发项目响应团队，专责“救火”，让更多的骨干研发人员将主要精力投入技术预研、新产品开发和重大改进产品开发之中。

四、采用TRIZ方法解决技术矛盾

技术预研的过程其实就是解决技术矛盾的过程。很多企业由于技术矛盾无法解决而导致新产品开发失败。TRIZ方法就是系统化地解决各种技术矛盾的有效方法。如果创新型企业的研发团队能够有效掌握TRIZ方法，就能解决研发与创新工作中的绝大部分技术问题。TRIZ方法也可以用于创新前端进行突破性新产品创意激发，通过创新的解决方案解决现有产品问题。

TRIZ的含义是发明问题解决理论，英文表示为Theory of Inventive

Problem Solving。TRIZ 是一种解决问题和创造多种可选的正确的解决方案的一种系统方法。TRIZ 通过让个人进行超出自己经验的思考来提升创造性，使用从科学的其他领域的解决方案来解决问题。TRIZ 是苏联发明家阿奇舒勒在研究了 250 万项发明专利后总结出来的。TRIZ 方法归纳出 39 种技术矛盾，总结出 40 种解决技术矛盾的方法。

> 2003 年，韩国三星电子在 67 个研究开发项目中使用了 TRIZ 方法，为三星电子节约了 1.5 亿美元，并产生了 52 项专利技术。2005 年，三星电子的美国发明专利授权数量在全球排名第 5，领先索尼、日立等公司。

当我们想要改善技术系统中某一特性、某一变量时，会引起系统中另一特性或变量的恶化，此时矛盾产生。例如，在手机设计中，如果要扩大显示屏的面积，往往会增加手机的重量。这时，手机大小和重量之间就构成了一对需要解决的技术矛盾。

TRIZ 方法解决技术矛盾的步骤如下所述。

1．分析技术系统

第一步分为三个阶段。

（1）确定系统中各单独成分。

（2）找出最原始的问题。

（3）明确需要改善的那一部分的特性。

图 4-5 描述了应用 TRIZ 方法解决技术问题的流程。

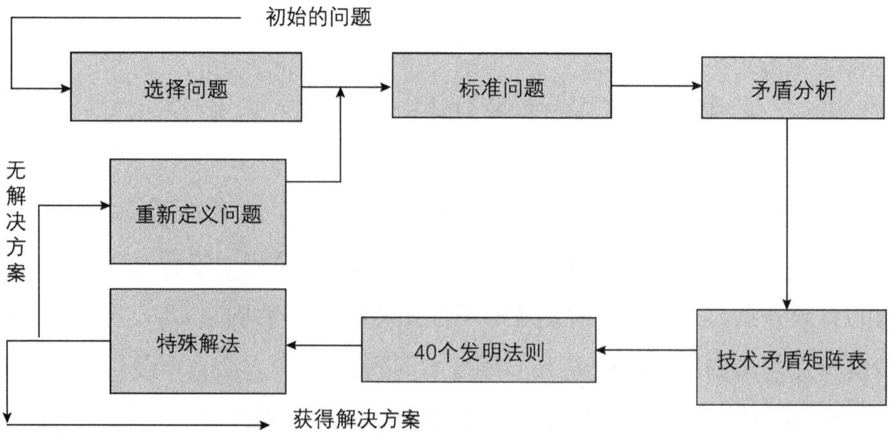

图 4-5　应用 TRIZ 方法解决技术矛盾的流程

2．找出技术矛盾

如果技术系统中有一部分得到改善，指出哪个相应部分会因之恶化，从而明确技术矛盾。在手机开发的例子中，手机的面积变大，重量会增加。从表 4-3 中的 39 个 TRIZ 工程参数中找出两个变量，对应你的技术矛盾，通过 TRIZ 方法将你的技术矛盾转化为标准矛盾。

表 4-3　TRIZ 的 39 个工程参数

1	动物重量	11	张力或压力	21	功率	31	内部有害因素
2	静物重量	12	形状	22	能量损耗	32	制造力
3	动物长度	13	组合物的稳定	23	物质损耗	33	易用性
4	静物长度	14	强度	24	信息损耗	34	可修复性
5	动物面积	15	动物作用时间	25	时间损耗	35	适应性
6	静物面积	16	静物作用时间	26	物质的量	36	装置复杂性
7	动物体积	17	温度	27	可靠性	37	监控复杂性
8	静物体积	18	亮度	28	测量精度	38	自动化水平
9	速度	19	动物耗能	29	制造精度	39	生产量 / 生产率
10	力	20	静物耗能	30	外来有害因素		

3．解决技术矛盾

从 TRIZ 的 40 个发明原则（见表 4-4）中，找出解决技术矛盾的多种方法，尝试将每种方法运用于技术系统。

表 4-4　TRIZ 的 40 个发明原则

1	分离法	11	预置防范法	21	快速法	31	孔化法
2	提取法	12	等势法	22	变害为利法	32	色彩法
3	局部质量改善法	13	逆向运作法	23	反馈法	33	同化法
4	非对称法	14	曲线、曲面化法	24	中介法	34	自生自弃法
5	组合法	15	动态法	25	自服务法	35	性能转换法
6	一物多用法	16	部分超越法	26	复制法	36	相变法
7	套叠法	17	多维法	27	替代法	37	热膨胀法
8	巧提重物法	18	机械振动法	28	系统替代法	38	逐级氧化法
9	预先反作用法	19	离散法	29	压力法	39	惰性环境法
10	预先作用法	20	有效运作持续法	30	柔化法	40	复合材料法

不要反对某种方法，不管看起来多么滑稽可笑，努力利用它。如果所有给出的方法都完全不能应用，则需重新确定技术矛盾，再做一遍，直到找出可操作的解决方案为止。

TRIZ 方法的价值在于归纳出了常见的技术矛盾，并且找出了这些常见技术矛盾的多种有效的解决方法，使得研发人员解决技术矛盾就像做算术题一样简单。华为、中兴等领先的科技企业都将 TRIZ 方法作为工程师解决技术问题的基础方法。阿奇舒勒说，“你可以等待 100 年获得顿悟，也可以利用 TRIZ 方法用 15 分钟解决问题”。

建议：可以通过参加科技部创新方法研究会等机构组织的 TRIZ 方法培训课程学习 TRIZ。不要迷信 TRIZ 软件，利用简单的 TRIZ 表格就能解决绝大多数技术矛盾。也没有太大必要参加“认证式”的培训，通过接受简单的培训甚至自学都能掌握 TRIZ 方法。关于 TRIZ 方法的更多介绍，可以浏览网站：www.triz.org。

CPO 行动

我们是否应该建立专门的技术预研流程？我们应该如何有效保证技术预研项目所需创新资源？TRIZ 方法对于我们解决技术矛盾有帮助吗？

本节小结

（1）技术是产品差异化和竞争优势的根本来源。未掌握核心技术的产品是没有“灵魂”的产品，是不可能有持久竞争优势的。

（2）技术开发一般投入大、开发周期长、风险高，与新产品开发相比具有更高的不确定性，应该采用与新产品开发不同的流程进行管理。

（3）在新产品开发前，关键的技术问题一定要已经解决。不能边开发新产品，边解决重大技术问题。这样新产品开发的进度必然大受影响，新产品开发的成功率也很难有保证。

（4）TRIZ 方法是解决技术矛盾的有效方法，科技企业的工程师都应该熟练掌握和有效应用。

第二节　技术重用管理

如果一个技术只能应用一次，要慎重评估开发的必要性、经济性。如果一个技术能够多次应用，应该将该技术进行“封装”，便于其他同事、其他项目重复应用，避免重复开发。

CPO 思考

（1）我们有技术重用管理流程和制度吗？

（2）我们有技术要素库吗？

（3）我们的技术要素能够“安全地分享”吗？

上节我们讨论了技术预研的重要性以及有效进行技术预研管理的方法。我们开发一项技术的投入往往很大，假设开发一项技术的投入是 10 万元。如果开发一项技术只使用一次，那投资回报率就太低了，该技术的成本就是 10 万元。相反，如果该技术可以重用一万次，那么该技术的单次使用成本就变成了 10 元！由此可见，我们需要对已经掌握的技术进行有效的“重用”管理，提升每项技术的投资回报，进而提升公司整体的创新投资回报率。

技术重用（Technology Reuse）是指将已经掌握的技术标准化、显性化，将该技术在全公司范围内尽可能多次重复应用，以降低单项技术的开发成本，提升公司的创新投资回报率。

实际上，很多科技企业根本没有技术重用的概念，公司的研发人员只喜欢“开发新技术”，不喜欢“炒现饭”——对自己已经掌握的技术进行标准化并分享。这样做，对公司而言是巨大的浪费，对个人而言也影响自身成长。

本节我们将重点讨论企业技术重用难的原因、技术重用的价值以及有效进行技术重用的方法。

一、企业技术重用难的原因分析

企业技术重用难，主要是观念和方法问题，以下列出导致企业技术重用难的主要原因，供相关企业对照分析。

1．企业研发领导缺乏技术重用意识

很多企业的研发负责人整日忙于新技术、新产品开发，无暇考虑技术重用问题，对技术重用工作对公司的价值缺乏深刻认识。创新型企业应该新技术开发与现有技术重用“并重”，不能偏颇，如图4-6所示。

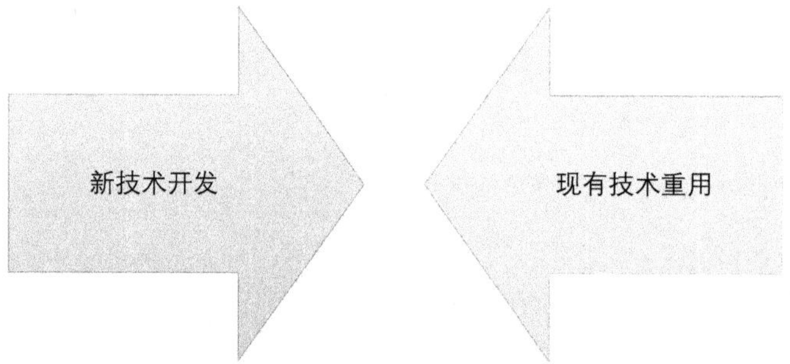

图4-6 新技术开发与现有技术重用并重

现有技术重用做得好其实可以促进新技术开发工作。现有技术重用做好了，研发人员就不需要在已经掌握的技术方面花费更多精力，可以将精力转移到新技术开发方面。

创新案例

华为公司“将鲜花插在牛粪上”

华为公司创始人任正非强调，企业新产品开发“要将鲜花插在牛粪上”。“鲜花”是指要开发的新产品，“牛粪”则是指企业已经掌握的技术。华为强调，一个新产品的开发最好有70%的技术已经掌握，是可以重用的，而不是所有技术均需要重新开发。基于现有技术的重用，新产品开发速度更快、成本更低、质量更稳定，市场竞争力更强。

2．研发工程师不愿意分享自己掌握的技术

在技术分享方面，研发工程师普遍具有“教会徒弟，饿死师傅”的心理顾虑。研发工程师担心自己掌握的技术分享给大家后，公司就不需要自己了。其实，这种顾虑完全应该打消。研发工程师分享了已经掌握的技术，自己可以不必再重复做已经掌握的事情，可以迎接新的挑战，学习和掌握更多的新的技术知识。

3．企业缺乏技术重用管理的有效方法

很多企业的研发管理者缺乏技术“管理”意识，不认为技术本身也需要有效管理。从管理视角看，企业未能做好技术重用工作的主要原因如下所述。

（1）企业缺乏有效的技术开发流程，或者在技术开发流程中没有明确输出的技术成果必须“标准化”，必须“显性化”，必须进行分享。

（2）对于输出的技术成果没有采用有效的IT工具进行有效管理和分享。输出的技术成果只是一堆备查的技术文档，没有成为可以重用、可以增值的“知识资产”。长此以往，技术人员就没有了进行技术分享的积极性。

（3）没有对技术分享者给予适当的奖励，技术人员缺乏技术分享的积极性、主动性和责任感。一个技术重用次数越多，表明该技术对公司价值越大。公司应该制订技术重用奖励办法，对于技术价值大、重用次数多的技术分享者适时给予适度的物质奖励和精神奖励。

二、技术重用的价值

技术重用对于企业和研发工程师均有好处。有效的技术重用对于企业和研发工程师而言是“双赢”的。不同于实物资产或金钱，知识资产“越分享越多”。研发工程师将知识资产分享给了公司以及其他同事，自己的知识并不会减少。相反，整理知识的过程还能加深自己对知识的理解和认识。

1．技术重用对于公司的价值

（1）提高创新投资回报率。

（2）缩短新产品开发和上市周期。

（3）降低新产品成本。

（4）减少新产品质量缺陷。

（5）降低新产品风险，提高新产品开发成功率。

2．技术重用对于研发工程师的价值

（1）提升对现有技术的系统理解和认识。

（2）能相互学习，共同提高。

（3）减少不增值的重复劳动。

（4）有精力学习和掌握新的技术。

（5）有机会迎接新的挑战。

（6）为公司做出更大的贡献，为个人带来更大的回报。

三、技术要素梳理

技术要素是具有某种特定价值的公司技术体系或产品系统的构成因素，如设计规范、技术知识点、标准、方法、指引、工具、流程、经验等。技术要素之间相对独立。这种特定的价值可能是指：有利于提高产品开发（或技术研发）的效率、质量，或有利于提高产品市场竞争力，或有利于指导新人培养。技术要素与模块应进行适当区分。模块是直接面向产品的组成部分，技术要素是模块的组成部分。与模块相比，技术要素的“颗粒度”更细。

总体而言，凡是在新产品开发过程中能够多次使用的知识或者经验都可以定义为技术要素。

技术要素梳理的目的是列出需要进行重用的技术要素，并考虑技术要素重用的优先级。技术要素梳理的步骤如下所述。

1．根据企业实际情况对技术要素进行分类

不同类型的科技企业的技术要素分类有所不同，一家软硬件结合的科技企业的技术要素可能会有以下类别。

（1）技术原理。

（2）技术标准。

（3）设计规范。

（4）工作指引。

(5) 生产工艺。

(6) 开发工具。

……

2．基于产品线对共用的技术要素进行梳理

以产品线为单位，结合产品线战略规划梳理技术要素。以下类型的技术要素需要优先梳理、优先开发、优先重用。

(1) 共用技术要素：构成产品平台的技术要素，多个系列产品都需要使用，如某软件平台的共用组件技术。

(2) 核心技术要素：实现产品线系列产品关键功能或性能指标的技术要素，如新能源汽车的电池、电机和电控技术。

(3) 关键技术要素：影响产品稳定性、可靠性的技术要素，如新能源汽车电池在低温状态的续航里程技术。

3．分三级梳理公司共用技术

技术重用度越高，越要优先梳理。因此构成公司各级产品平台的技术要素应该优先梳理和实现重用。图 4-7 描述了公司技术要素的分级梳理。

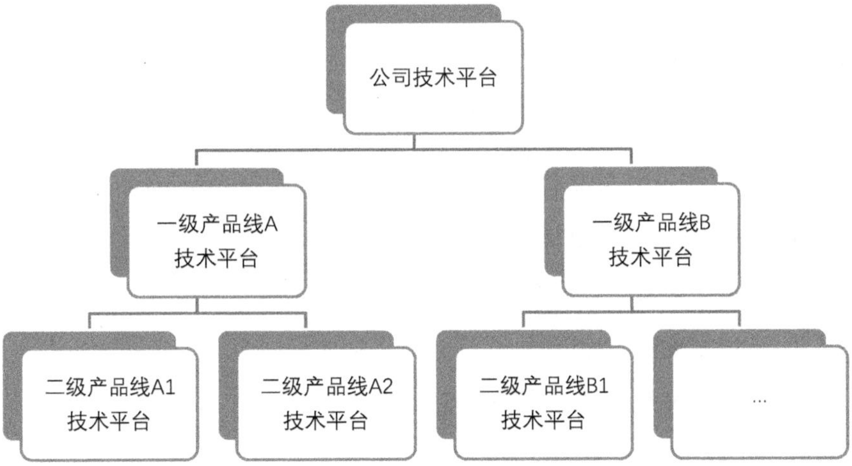

图 4-7 分三级技术平台梳理共用技术要素

由图 4-7 可见，构成公司技术平台的技术要素梳理和重用的优先级最高，因为这些技术可以用于公司所有同类产品线，如上述的新能源汽车企业的电池、电机和电控等“三电”技术。构成一级产品线和二级产品线的技术平台的技术要素的梳理和重用的优先级次之。

咨询实例

某电子企业的技术要素梳理

北京某电子科技企业，研发人员近500人，其中软件开发人员超过300人。公司研发人员分散在五个事业部，但五个事业部开发的产品技术类似，对研发人员的要求也类似。公司的主要产品和订单交付均有定制内容，公司的研发骨干忙于紧急的定制研发“救火”，没有时间和精力进行技术重用、产品平台化开发等“重要而又不紧急”的工作。各事业部研发人员之间缺乏有效沟通，重复开发技术甚至重复开发产品的现象经常发生。

顾问团队建议该公司基于平台化开发和技术重用响应订单项目，改变“疲于奔命”“无法自拔”的局面。该公司组织技术骨干对各类技术要素进行了系统梳理，一共梳理出了500多项可以重用的技术要素。其中智能组建类60项，过程控制类200项，电力电子类100项。该公司创始人是位中国工程院院士，看了技术要素梳理结果后非常感慨地说：我们公司近20年发展积累了这么多“宝贝”，不系统梳理我们自己都不知道我们公司已经掌握了这么多技术！我们一定要做好这些技术的标准化工作，一定要尽可能多地重用这些技术。

四、技术要素定义

技术要素定义是描述出技术要素的概况，为技术要素呈现提供“输入”。技术要素描述的主要内容如下所述。

（1）本技术要素的交付物。

（2）本技术要素方案。

（3）本技术要素能够达到的性能指标。

（4）本技术要素的特点。

（5）本技术要素的使用范围及限制条件。

（6）本技术要素的典型应用举例。

（7）本技术要素使用注意事项。

（8）本技术要素待完善之处。

（9）其他说明。

五、技术要素呈现

技术要素呈现是要实现技术要素的归一化、显性化、成果化和重用化。企业要建立技术要素库，将评审通过的技术要素入库，提供重用。图4-8描述了技术要素库IT系统的拓扑图。

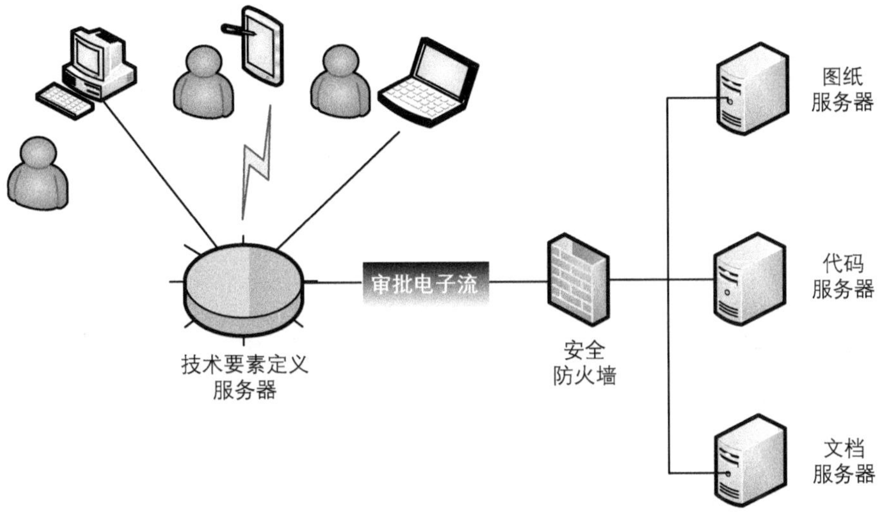

图 4-8　技术要素库 IT 系统拓扑图（示意）

对于研发人员数量多、研发人员办公分散、技术要素类型多、技术要素数量多的科技创新型企业而言，没有合适的IT工具是无法进行有效的技术要素管理和分享的。企业可根据实际需要购买成熟的PDM系统进行技术要素管理。

技术要素管理的核心原则是：在安全的基础上高效分享。如果不安全，还不如不呈现和分享。如果只考虑安全性，而缺乏分享的有效性和高效性，那这样的“安全”也是毫无意义的。这里指的安全既包括对企业外的安全，即技术要素不能泄露到公司之外；也包括企业内的安全，即要将正确的技术要素分享给正确的人。

六、技术要素重用

呈现是手段，重用是目的！技术研发工程师在有新技术开发需求时，应先查询技术要素库，看是否有已经标准化了的技术要素可以重用或参考。技术要素重用流程如图 4-9 所示。

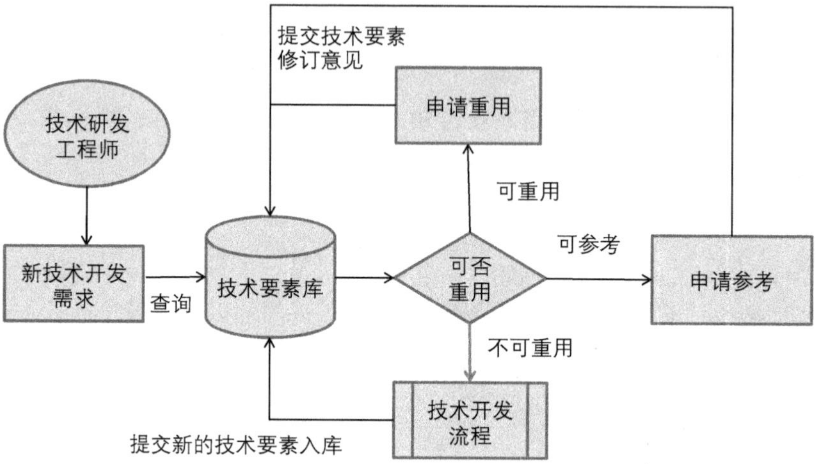

图 4-9 技术要素重用流程

由图 4-9 可知，在研发工程师有新技术开发需求时，通过查询技术要素库，可能面临三种结果。

（1）有可以直接重用的技术，则申请重用。在该技术要素重用的过程中，发现该技术要素需要完善之处，将修订意见提交给系统，相应技术要素负责人参考修订意见修订该技术要素，形成持续使用、持续改善的良性循环。

（2）不能直接重用，但是有参考价值，申请参考。同样，发现该技术要素有需要完善之处，向系统提交修订意见。

（3）系统没有可以重用或参考的同类技术要素，走技术开发流程，申请开发该技术。该技术开发完成后，提交新的标准化的技术要素入库。这样，就能从源头上保证所有技术要素都能标准化，都能及时入库并得到重用。这样，公司的“技术资产”就能源源不断地增长。

有效的技术重用管理能够做到：客户更满意、公司更赚钱、员工更幸福。图 4-10 总结了技术重用给客户、公司及员工带来的好处。

CPO 行动

我们是否应该建立技术重用管理流程和制度？我们应该如何建设技术要素库？我们如何保证技术要素“安全地重用”？

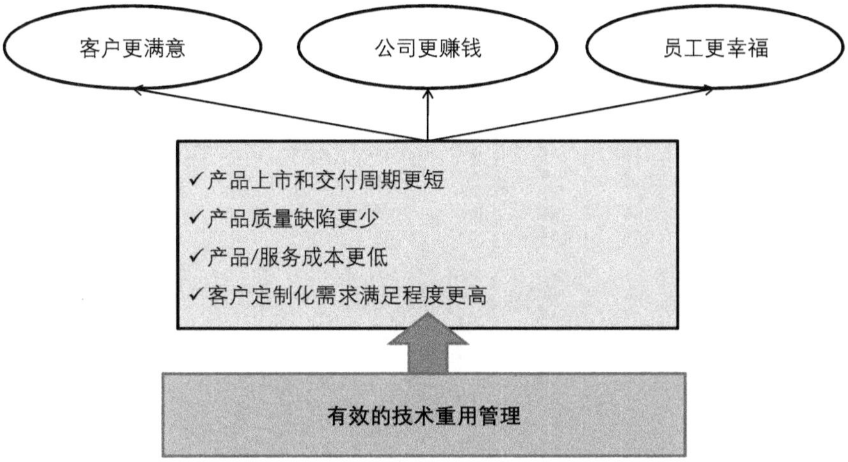

图 4-10　有效的技术重用给多方带来的好处

本节小结

（1）技术要素重用管理是企业“将能力建设在组织上”的重要举措。

（2）技术要素库是公司“铁打的营盘”的重要组成部分，能尽可能减少人员流动带给公司的被动局面和损失。

（3）在新产品开发或新技术开发流程中要规范技术要素提取流程，从源头上确保尽可能多的技术要素能够得到尽早重用。

（4）企业要制订技术要素提交和重用激励制度，形成长效机制。

第三节　原材料 / 零部件归一管理

通过建立原材料 / 零部件归一管理流程，从研发源头上遏制研发物料的无序蔓延。

CPO 思考

（1）公司规格类似的原材料 / 零部件种类是否很多？有必要这么多吗？

（2）原材料 / 零部件种类太多会给公司带来哪些不利影响？

（3）公司为什么会有这么多种原材料 / 零部件？

技术预研以及技术重用是产品创新的基础，本节我们讨论的原材料 / 零部件归一管理对于产品创新也非常重要。原材料 / 零部件归一是指企业尽可能减少原材料 / 零部件的品类，以提升单位原材料 / 零部件的规模经济性，降低产品成本，提升产品稳定性和可靠性。

在我们的咨询实践中，我们发现很多企业的原材料 / 零部件归一管理工作做得不好，还有很大的改善空间。例如，有的电子企业的螺丝有 300 多种规格。有的装备制造企业的钢板有 30 多种规格，一年卖钢材“废料”都可以卖 500 多万元，浪费非常严重。

一、原材料 / 零部件不受控带来的坏处

原材料 / 零部件品类太多，主要带来两个方面的坏处：一是影响产品质量与成本；二是增大企业管理难度与成本。

1．原材料 / 零部件品类太多对产品质量与成本的影响

（1）产品稳定性、可靠性下降。

（2）产品成本上升。

（3）产品维修、服务难度增大。

2．原材料 / 零部件品类太多对管理难度与成本的影响

（1）采购难度增大，采购周期延长，采购成本上升。

（2）原材料 / 零部件检测、验证周期延长、难度加大。

（3）库存管理难度增大。

一些企业原材料 / 零部件品类太多的典型症状是“慢流物资”多，即流动速度很慢的原材料 / 零部件很多。“慢流”即是损失，流动速度越慢，损失越大。

咨询实例

深圳某电视机制造企业原材料 / 零部件失控症状

深圳某电视机制造企业，利润率一直处于5%以下。企业有些管理者说，我们虽然利润率不高，但是还是有利润的。咨询顾问认为，该公司作为一家高新技术企业，有必要将利润率提升到10%以上。这样才有可能持续投入研发，保证企业的可持续发展。

咨询顾问详细询问了该公司原材料 / 零部件库存情况和电视机成品库存情况，发现该公司这两方面的“呆滞”库存都非常高。该企业财务核算时都是按“原值计价”。咨询顾问说，如果将这些呆滞原材料 / 零部件以及“呆滞”成品按现值计算，估计公司就很难有盈利了。例如，三年前5美元采购的一个芯片，现在用不上了，那还值多少钱？三年前定价5000元的电视机，现在还没卖出去，那还值多少钱？这些三年以上的呆滞原材料 / 零部件以及成品库存，现值可能不是0，而且有可能是负值！因为这些物料要有仓储成本和库管成本，即使不要钱要人搬走还要支付运输费用和处理费用！

咨询顾问建议该企业通过产品创新提升产品定价权，通过有效管理降低经营成本。通过“两手抓”提升企业的利润率。

二、原材料 / 零部件不受控的主要原因

（1）企业未建立有效的原材料 / 零部件优选库，工程师设计产品缺乏参考依据，只能“自选研发物料”。

（2）工程师缺乏有效的产品设计指导原则，设计随意性大。

（3）缺乏有效的产品设计评审，评审团队把关不严。

企业可对照自己公司，看看原材料/零部件品类失控的根本原因是不是以上三个方面。由此可以看出，企业原材料/零部件品类失控的根本原因是管理失控。

三、设定原材料/零部件归一原则

要有效管理企业原材料/零部件品类，首先要设定原材料/零部件归一原则。原材料/零部件归一原则如下所述。

（1）同类原材料/零部件规格尽可能少。

（2）规格相差不大的原材料/零部件尽可能归一。

（3）每类原材料/零部件供应商不少于两家，不多于三家。

（4）每类原材料/零部件尽可能实现规模采购，降低原材料/零部件成本。

每种原材料/零部件的供应商不应少于两家，也不应多于三家。少于两家表示该原材料/零部件只有唯一供应商，企业面临巨大的“断供”风险。多于三家供应商，管理成本会增大，单位采购批量会减少，采购成本会上升。企业某些原材料/零部件只有唯一供应商，可能有两种情况。

（1）一是市场上只有唯一供应商，没有更多选择，如某些芯片、手机操作系统。如果一家企业的关键原材料/零部件受制于某个唯一供应商，则该公司的可持续发展将面临巨大风险，随时有可能“休克”。企业要想办法打破这种被动的唯一供应商的局面。例如，华为公司自己研发手机芯片和手机操作系统。

（2）另外一种情况是市场上有多家供应商，但企业只选择了一家。这是一种不正常的现象，容易滋生采购腐败。有家装备制造企业规定，任何唯一供应商原材料/零部件，必须书面说明原因，并呈报公司总经理审批。

四、梳理现有原材料 / 零部件

一些企业的原材料 / 零部件品类多到“ERP 中的编码已经不够用了”。一些企业的原材料 / 零部件品类有上万种，但是常用的不到 1000 种，三年以上没有用过的超过 5000 种。

存在以下情形的企业应该马上启动原材料 / 零部件梳理工作。

（1）原材料 / 零部件管理较为混乱，存在较多的一物多码、一码多物、呆滞物料多等现象。

（2）新型原材料 / 零部件申请采购随意性高，缺乏有效管控，同类可替代原材料 / 零部件较多。

（3）原材料 / 零部件采购规模性、便捷性较低，加工、装配、服务一致性、便捷性偏低，存在较高的隐性成本及浪费。

现有原材料 / 零部件的梳理需要采用“完全穷尽、相互独立”的方法，将所有原材料 / 零部件清单全部列出来，并列出所有原材料 / 零部件的使用情况与库存清单。公司可以成立由采购部门牵头，研发、工艺、生产等部门参与的原材料 / 零部件归一项目组，总体负责归一梳理工作。归一项目组基于事先设定的归一原则，对原材料 / 零部件库进行初步梳理，提出归一方案，提交归一清单给专家小组、公司领导评审，评审通过后执行归一方案，将归一后的原材料 / 零部件入选优选库。原材料 / 零部件归一梳理流程如图 4-11 所示。

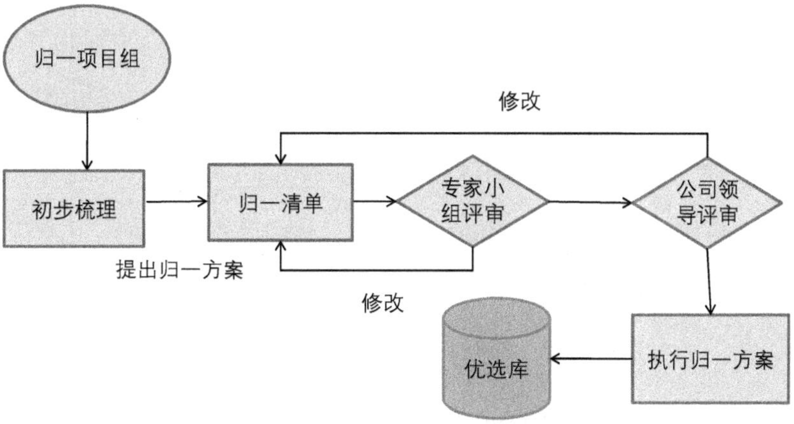

图 4-11 原材料 / 零部件归一梳理流程

五、建立原材料/零部件优选库

原材料/零部件归一管理要点如下所述。

（1）建立原材料/零部件优先库，尽可能减少原材料/零部件品类。

（2）将优先库中的原材料/零部件的供应商限制在2～3家。

将通过归一评审的原材料/零部件信息导入优选库，新产品开发物料选型基于优选库展开。

对优选库中原材料/零部件的供应商进行梳理与优化，每个物料优选2～3家供应商，分为首选供应商和备选供应商。

原材料/零部件库要由专人负责管理，及时更新，保证每个原材料/零部件型号的唯一性和相对最优性。

六、管理原材料/零部件优先库

产品开发工程师研发物料选择原则：现有物料优先，外购通用物料次之，实有必要时才进行新部品开发。原材料/零部件归一管理流程如图4-12所示。

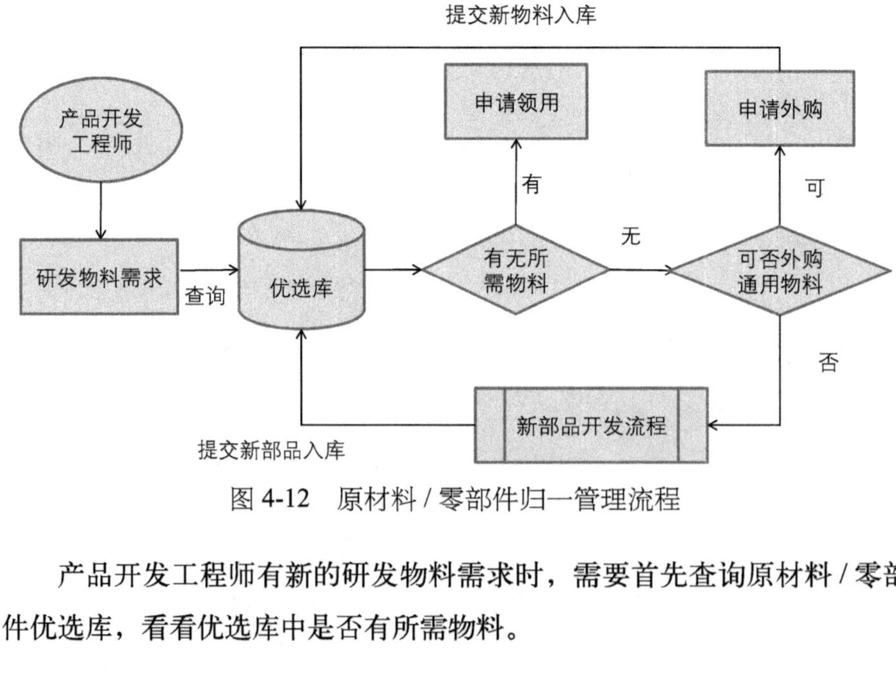

图4-12　原材料/零部件归一管理流程

产品开发工程师有新的研发物料需求时，需要首先查询原材料/零部件优选库，看看优选库中是否有所需物料。

（1）如果优选库中有所需物料，直接申请领用。

（2）如果优选库中没有所需物料，看看是否可以外购通用物料。如果可以，申请外购，该物料纳入优选库。

（3）如果优选库中没有所需物料，又无法外购通用物料，则启动新部品开发流程。开发验证的新部品纳入优选库。

通过以上流程，可以从新产品研发的源头上遏制原材料/零部件品类的无序蔓延。通过有效的原材料/零部件归一管理，可以大幅提升标准件和通用件的比例，大幅降低专用件的比例，从而大幅降低产品成本，提升公司利润率。

CPO行动

我们是否需要进行原材料/零部件归一管理？我们应该如何建立原材料/零部件优选库？我们应该如何从源头上遏制原材料/零部件品类的无序蔓延？

本节小结

（1）对现有原材料/零部件进行全面梳理和归一，尽可能减少品类和规格。

（2）建立原材料/零部件优选库，将评审后的原材料/零部件导入优选库，梳理和优化供应商。

（3）建立研发物料选用、采购、开发管理流程，尽可能优先选择优选库物料，从源头上杜绝研发物料泛滥的局面。

（4）有效管理和持续优化优选库，确保原材料/零部件成本优势，确保安全库存和准时交货。

第四节　模块化设计

模块化设计与运营，是当今“大规模定制（Mass Customization）”时代创新型企业的制胜之道。

CPO 思考

（1）我们公司的产品适合模块化设计吗？为什么？

（2）我们公司的产品是在模块化的基础上进行定制的吗？

（3）我们公司能有效进行模块化运营，“过上模块化生活”吗？

模块化设计是指产品由多个能够实现一项或者多项功能的模块组成，相关模块之间通过标准接口联系，一个模块的更换、变化或损坏不会影响其他模块的功能实现。例如，鼠标就是电脑的一个“模块”，鼠标与电脑之间通过标准的 USB 接口联系。鼠标损坏不会影响电脑其他功能的实现，电脑鼠标损坏可以更换其他同样带有 USB 标准接口的鼠标，实现“即插即用”。

乐高玩具就是很好的模块化设计的范例。各种形状（功能）的积木通过积木之间的标准接口进行组合，变成多种“产品”（如汽车、飞机、房子等）。

一、什么产品适合模块化设计

模块化设计是相对于“一体化设计”而言的。一体化设计是指产品由一个整体或者由几个大的部件组成，产品某部分损坏通常会影响产品的整体功能实现。例如，吃西餐的刀叉、炒菜用的铁锅以及一些简易的塑料座椅等都是一体化设计的。适合模块化设计的产品主要有如下特征。

（1）产品功能多、结构复杂、零部件多，出现问题时难以准确定位问题，如工程机械、数控机床等。

（2）不同的客户对同一产品有差异化的功能、性能、外观需求，订单批量不大，交付周期严苛，价格竞争激烈，如手机、电脑、行业应用软件、办公桌椅等。

（3）产品单值高，使用寿命长，使用周期中有零部件需要更换，如飞机、汽车等。

绝大多数生产复杂科技产品的企业都应该采用模块化设计方法，只是有很多企业没有认识到模块化设计的必要性和重要性，或者没有有效掌握模块化设计的方法。

硬件产品需要模块化设计，软件产品也需要模块化设计，服务产品也可以进行模块化设计，由硬件、软件和服务组成的解决方案产品更需要模块化设计！一些企业只注重硬件的模块化设计，不注重软件和服务的模块化设计，甚至不认为软件和服务是“产品”。这种看法是导致这些企业软件和服务个性化定制太多、“很难赚钱”的根本原因。

不适合模块化设计的产品主要是一些零部件数量非常少，不适合维修的产品，如铁锅；或者产品单值低、结构简单的产品，如塑料座椅。

二、模块化设计的好处

对于绝大部分科技创新型企业而言，模块化设计应该是必须采用的最基本、最重要的产品设计方法。即使有些企业的产品比较简单，采用模块化设计方法也能大大提高企业的产品设计和生产制造“柔性”。

1．模块化设计的好处

（1）便于快速响应客户个性化定制需求。

（2）大幅缩短新产品开发和上市周期。

（3）大幅缩短有个性化需求的客户订单交期。

（4）大幅减少产品质量缺陷。

（5）大幅降低产品成本。

（6）便于装配、维护和服务。

2．一体化设计的弊端

相反，本该采用模块化设计的产品，如果采用一体化设计，可能出现以下问题。

（1）产品开发和上市周期长。

（2）难以响应客户定制化需求。

（3）产品难以维护，出现问题难以判断。

（4）难以保护客户投资（产品坏了难于维修，只能丢弃）。

咨询实例

大众汽车的模块化设计

汽车产业是最早采用模块化设计方法的行业之一。图 4-13 中，高尔夫、宝罗、甲壳虫、斯柯达和奥迪 A3 是五款不同品牌、不同外形的汽车。

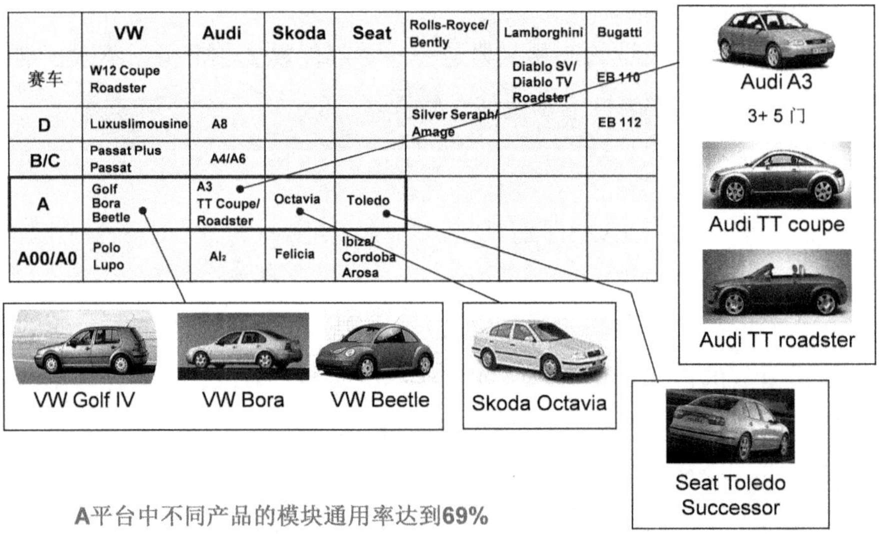

图 4-13　大众 A 级车的模块化设计

除了知道这些汽车品牌都是大众汽车集团的之外，普通消费者一般不会想到这些汽车之间有什么共用的部分。其实，这些汽车都属于大众汽车集团的 A 型车，是基于同一平台开发的，这些汽车之间的模块通用率达到了 69%。也就是说，这些不同品牌、不同形状、不同价格的汽车，其实有 69% 都是“相同的”。这也正是模块化设计的精髓：“看不见的都是相同的，看得见的都是不同的”。看不见的部分相同带来了“规模经济性”，看得见的地方不同带来了

“个性化”。这样，汽车企业通过基于共用平台的模块化设计实现了“大规模定制”。

由于这些汽车之间有69%的模块共用率，这些汽车也可以实现“共线生产”，即在一条生产线上可以同时生产几款不同的汽车，实现了“柔性”制造，提高了产品制造的规模经济性。

三、模块划分

模块化设计从模块划分开始。首先，我们要理解模块的概念，模块是用于组合成系统（或子系统）的、具有一项或多项特定功能、具有稳定结构与接口的可重用单元。模块的主要特征如下所述。

（1）独立性：是具有特定功能的独立单元。

（2）可重用：具有通用性，可重复多次使用。

（3）有接口：有标准的接口，方便与其他模块进行连接。

（4）可组合：可根据客户需求组合成不同的产品。

基于模块定义和模块的主要特征，我们可以进行模块划分。模块划分基于以下准则进行。

（1）可重用。

（2）实现一项或多项功能。

（3）有标准接口。

（4）可制造性。

（5）可装配性。

（6）可测试性。

（7）现场安装方便。

（8）便于维护和更换。

（9）回收和环保。

（10）总成本降低。

（11）符合法规。

（12）可扩展。

（13）可升级。

以上13项模块划分准则中，1～3项是模块划分最基本的准则，

4 ～ 13 项是在模块设计中应该重点考虑的要素。我们也可以将各个模块看成大小不一的“产品”，企业对外销售的产品其实是由大小不一、功能各异的多个“模块产品”有机组成的。这正如前面介绍的乐高积木玩具案例。

模块划分其实是一个产品“重新设计”的创造性的过程。通过模块划分和模块化设计，改善原先产品设计不合理的方面、解决原先产品设计中存在的问题与缺陷。模块划分和模块化设计应该也是由“跨职能团队”进行的。研发部门可以牵头，营销、采购、生产、服务和财务等部门也应该有相应代表参加。

模块划分是一个“总—分—总”的解构和组合过程，如图 4-14 所示。

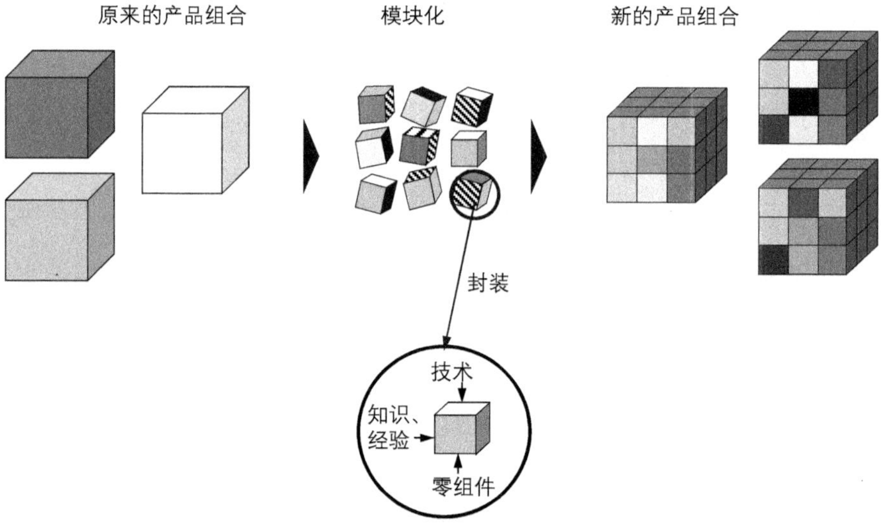

图 4-14　模块划分框架思路

如图 4-14 所示，原先的产品是一体化设计的，各个功能之间彼此影响，“纠缠不清”。通过模块划分，将一体化的产品划分为多个功能模块，每个模块通过标准化设计进行“封装”，再由这些“封装”后的模块组合成模块化的产品。

四、模块定义

在模块划分的基础上，定义各个模块。模块定义是指明确模块的功能、参数、构成、输出物以及接口等，为模块设计提供输入。模块定义的主要内容如下所述。

（1）模块参数：描述模块规格 / 特性参数，为模块设计提供输入。

（2）模块构成：模块是由哪些子模块组成的。

（3）模块输出物：模块化设计需要形成哪些交付成果。

（4）模块接口：该模块与其他相关模块的接口形式、接口标准。

（5）应用范围：本模块主要用于哪些产品。

（6）注意事项：应用此模块时要注意哪些方面。

在模块定义过程中，模块化小组要借机进一步推进原材料、零部件和工艺等的归一工作，如图 4-15 所示。

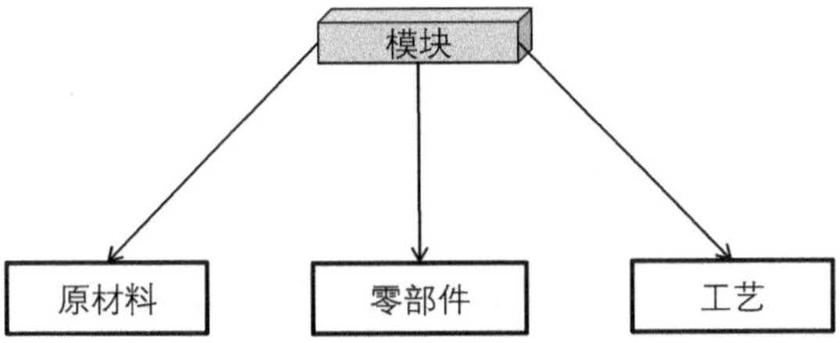

图 4-15　通过模块化推进归一工作

前文提到，模块化的过程是一个优化产品设计的工作。有效的模块化设计能够进一步推进原材料、零部件和制造工艺的归一，进一步简化产品，降低产品成本，提升产品质量。

五、模块设计

在模块定义的基础上，模块化小组组织进行模块设计工作。模块设计有可能是对现有模块优化完善，也可能是重新设计新的模块。模块设计工作需要智慧、需要细心、需要耐心，需要各个模块的设计人员投入足够的时间和精力，以实现“一次做对”，确保“一劳长逸”。

模块设计要点如下所述。

（1）有利于设计输出、有利于内部管理是衡量模块设计优劣的重要标准。

（2）模块设计过程始终以客户为中心、以客户需求为导向，知道客户关注什么、不关注什么。客户关注的功能 / 性能可以形成多种模块“变型”，提供多种选择；客户不关注的功能 / 性能尽量合并归一，避免做无用功。

（3）理解客户需求后，需要系统考虑模块设计，形成一个有较强兼容能力的主体结构，并确定模块接口，这样有助于减少后期返工。

（4）模块主体结构应该具有适当的兼容和扩展能力，以便适应不同的模块及模块的变化。

（5）在模块设计过程中对模块接口进行定义，并整理成模块接口管控表。

（6）模块设计完成后要整理出模块定义、模块设计文件清单、模块管理包，以利于模块应用、维护与更新。

六、模块入库

模块设计完成后，经过评审和试用后入库。

1．模块评审

分级进行模块评审，评审通过后的模块进行试用，试用修订后的模块导入模块库。

模块评审分为四级。

（1）自检：模块设计人员自我检查模块是否有问题。

（2）小组评审：模块设计小组集思广益评审。

（3）跨部门评审：研发、市场、采购、生产、运维及财务等部门参与评审。

（4）专家评审：组织相关技术专家对模块进行评审。

模块评审主要评审以下内容。

（1）模块文件是否完整？

（2）模块定义表的要素是否完整？

（3）模块定义表的要素是否准确？

（4）模块设计图纸是否准确、规范？

（5）模块及其变形是否能够满足客户需求及其趋势？

（6）模块（功能）是否具备差异化的竞争优势？

（7）模块是否易于生产、装配和运输？

（8）模块质量及可靠性是否可单独检测或验证？

（9）模块的零部件是否易于采购、加工，且不会增加成本？

（10）模块应用后是否易于使用、维护、维修、升级、更换和回收？

2．模块试用

经在实际订单交付项目中试用后修订的模块才能导入模块库。通过模块试用发现问题，完善模块。只有经过试用并验证后的准确的模块才能入库。图 4-16 描述了模块的版本管理。

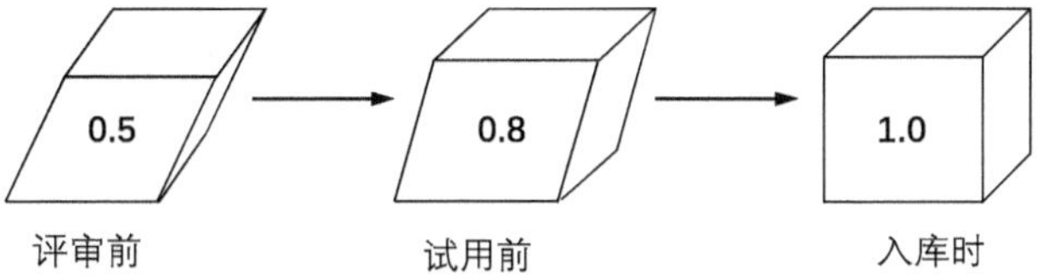

图 4-16　模块入库前的版本管理

模块评审前是 0.5 版本，评审后修订进入试用前是 0.8 版本，试用后修订导入模块库前需达到 1.0 版本。

3．模块入库

经试用后修订达到 1.0 版本的模块可导入模块库，供相关订单项目调用。入库后的模块要保证模块版本的唯一性和最新性。每个模块只有唯一的一个最新的版本保留在模块库中，避免多个模块版本共存导致调用错误。图 4-17 描述了模块库的结构。

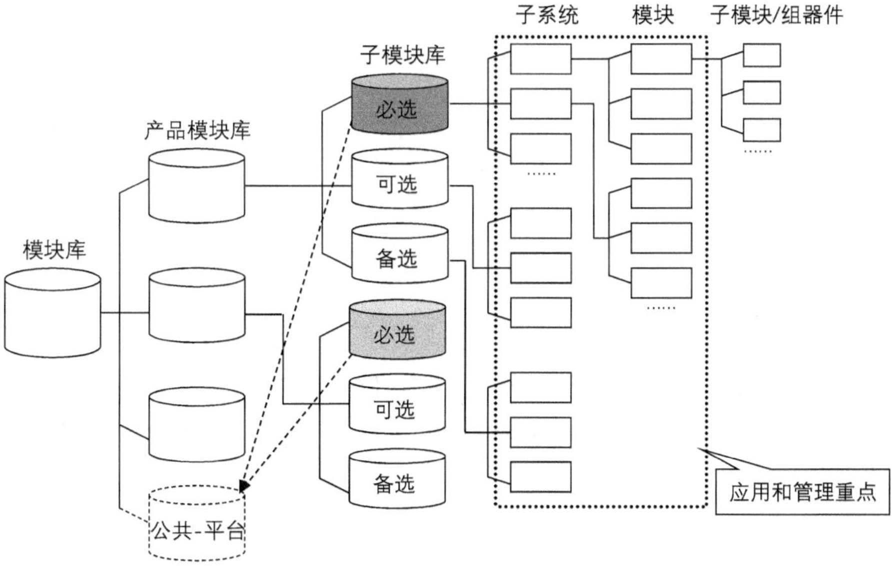

图 4-17　模块库结构（示例）

基于模块属性和客户需求，模块可以分为必选、可选和备选三类。表4-5介绍了三类模块。

表 4-5 模块类型介绍

模块类型	模块属性	调用特征
必选	影响产品的基本功能实现	必须调用
可选	不影响产品的基本功能实现，但可以丰富其功能及性能	结合客户需求调用
备选	新开发或新生成的模块变形，成熟度需验证	充分评估后调用

七、模块调用

企业应建立模块调用与管理制度，并通过相应IT工具固化。入库模块编码应遵循唯一性、易识别和可扩展的原则。企业应设定不同角色的模块调用与管理权限。企业要基于客户需求和公司管理需要持续优化相关模块。模块优化方式包括五类。

（1）模块维护。

（2）模块更改。

（3）新模块开发。

（4）模块迁移。

（5）模块禁用。

八、模块化运营

在模块化设计的基础上，各相关职能部门均应参与模块的应用，整个公司要逐步“过上模块化生活”。模块化运营包括模块化营销、模块化采购、模块化制造和模块化运维等。图4-18描述了模块化运营管理框架。

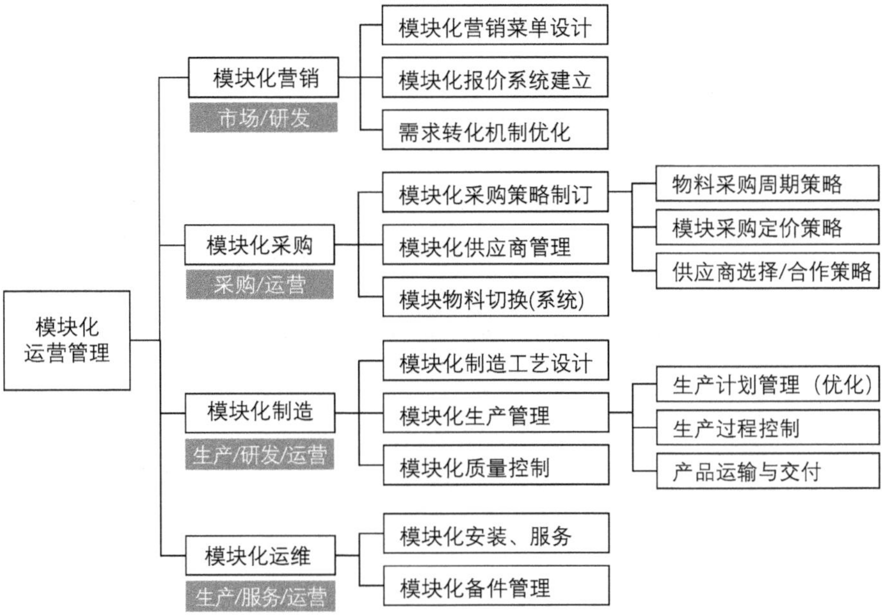

图 4-18　模块化运营管理框架

如图 4-18 所示，模块化设计带来的模块化运营主要体现在以下方面。

（1）模块化营销：产品能够按照模块定价，销售人员能够快速、准确地进行产品报价。有效的模块化运营能够实现“菜单式下单，勾选式设计”。

（2）模块化采购：更高的模块化设计能够牵引供应商从零部件供应商向模块供应商转变。

（3）模块化制造：更多的通用模块能够让不同的产品生产建立“混流生产线”，提高制造柔性。

（4）模块化运维：模块化设计能够变以前的“维修”模式为“更换”模式，某个模块坏了，远程寄送，客户自己更换即可，无须维修人员现场维修产品。这样的运维模式能够大大降低企业运维成本，大大提升客户的满意度。

模块化运营能够让企业实现“大规模定制”，在满足客户个性需求的同时，提升企业的规模经济性，如图 4-19 所示。

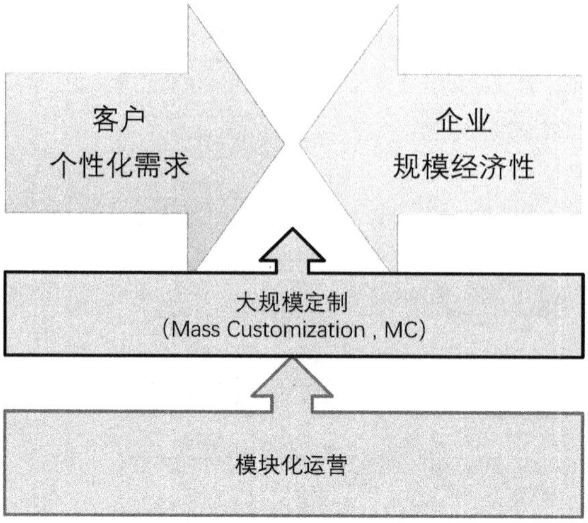

图 4-19 通过模块化设计与运营实现“大规模定制”

模块化设计与运营是大规模定制时代创新型企业的制胜之道！对创新型企业而言，模块化设计不是“技术性”的工作，而是“战略性”的工作；模块化设计与运营不是“研发部”的工作，而是“全公司”的工作！

咨询实例

深圳中集空港登机桥产品的模块化设计与运营

中集集团是全球最大的集装箱制造企业，中集空港是中集集团旗下主营机场设备制造的业务板块。2010 年，中集空港登机桥产品年销售收入 3 亿元，做成了中国市场第一，并开始进入国际市场。随着公司业务范围的扩大，订单的增多，公司登机桥订单交付延期越来越普遍，小的质量问题不断，公司利润率急速下滑。面对这种情况，公司总经理痛心疾首地说，“我们经过近 20 年的努力，好不容易在全球登机桥市场站稳了脚跟，有了一定的市场地位，但是这种订单交付周期和交付质量的状况不从根本上改变，公司的发展会遭遇灾难性的后果！”

顾问团队经过深入调研后发现，该公司登机桥订单交付延期的根本问题不是订单管理效率问题，而是该公司一直在“做项目”，而不是“做产品”。该公司每接一个登机桥订单，都需要重新设计，订单交付周期客户要求 6 个月，设计反复交流就需要 3 ~ 4 个月，结果订单交付往往需要 9 个月。设计一个新的订单产品，不是在标准化的模块基础上重用，而是“借用”以前做过的类似订单的图纸。以前错的地方继续出错，以前没错的地方可能“抄错”了，导致公司重复犯很多“低级错误”。

顾问团队建议公司组织技术骨干开展产品模块化设计工作，由多个共用模块组成共用平台，在共用平台的基础上设计和交付各个个性化的订单项目，以大幅缩短订单交付周期，大幅提升产品稳定性和可靠性，大幅提升订单项目的利润率。公司总经理认可顾问团队的调研结论与建议方案，要求公司研发负责人亲自担任公司模块化推进工作小组组长，要求即使少做几个订单项目也一定要先将产品模块化做好！

在顾问团队系统化的模块化设计与运营方法论指导下，公司抽调最有经验、水平最高的技术骨干组成模块化推进工作小组，选择最有代表性的登机桥产品进行模块化设计。同步推进模块化设计的子系统主要包括：结构、机械、液压、控制和软件等。经过近一年的艰苦努力，公司建立起了标准化的模块库，主要登机桥产品的模块化率达到了 80%。也就是说，公司承接一个新的登机桥订单，80% 的内容不需要重新设计和画图，企业只要响应每个订单 20% 左右的个性化需求就可以了。到 2012 年年底，模块化设计和运营的效益就体现出来了：图纸量由两米高下降到不到一尺厚，订单交付周期由平均 9 个月缩短为平均 5 个月，质量问题减少了 80%，登机桥产品的税后利润由 8% 上升到 15%。

到 2018 年，中集空港登机桥年订单规模达到 20 亿元，占中国市场份额的 90%，占全球市场份额的 45%（不包括美国市场），成为登机桥产品的全球标准制定者，成为真正意义上的“世界冠军”！2018 年，该公司登机桥产品的模块化率达到了 95%，即全球任何一个国家、任何一个机场（环境温度从零下 70 摄氏度到零上 70 摄氏度）的登机桥订单，该公司 95% 已经标准化，已经模块化，已经准备好，企业只需要集中精力响应 5% 左右的客户个性化需要就可以。2010 年，该公司登机桥业务是 50 个研发人员，响应 3 亿元的订单“疲于奔命”；2018 年，该公司登机桥业务还是 50 个研发人员，响应 20 亿元的订单“很轻松”，研发骨干有足够的时间和精力研发“下一代登机桥”，持续保持企业在该领域的全球领先优势。

现在，模块化设计已经在中集全集团各个业务板块全面推广，中集空港板块并购的行李运送系统、机场摆渡车、消防车等业务也全面推行模块化设计，取得了很好的经济效益。现在，模块化设计和运营已经成为中集集团提升经营效益，打造更多“世界冠军”产品的战略举措。

CPO 行动

我们公司的产品是否应该进行模块化设计？我们如何有效做好模块化设计工作？我们如何有效进行模块化运营工作？

本节小结

（1）对科技创新型企业而言，模块化设计是战略性工作，而不是技术性工作！

（2）模块化设计与运营是“大规模定制”时代的制胜之道。

（3）模块化设计是对现有一体化设计的颠覆，企业领导层要坚定信心，面对挑战，攻坚克难。

（4）模块化设计与运营是全公司的事，需要各职能部门充分沟通，有效协作。

（5）模块化设计工作内容复杂、周期较长、牵涉面广，需要严谨、细致和耐心。

第五节 平台化开发

产品平台很大程度上决定了基于该平台开发的系列产品的差异化与市场竞争力。产品平台开发能力是创新型企业的“核心能力”。

CPO 思考

（1）我们公司的产品是基于平台进行开发的吗？

（2）我们的产品平台能够有效地支持系列产品的开发和定制项目的交付吗？

（3）我们的产品平台能成为系列产品差异化和竞争力的基础吗？

本章前面各节介绍的内容为企业产品平台构建和应用奠定基础。创新型企业通过技术预研解决用于产品平台的关键技术问题，通过技术要素重用、原材料 / 零部件归一为产品模块化设计奠定基础。模块化设计又为产品平台化开发奠定基础。产品平台的竞争力集中体现了一家科技创新型企业的战略规划能力与技术管理水平。

我们在第二章第二节“产品线战略规划”中详细讨论了产品平台规划的内容。平台化开发是指基于“共用平台（Common Platform）”开发系列产品，以大幅缩短各款产品的开发和上市周期，大幅降低各款产品的开发成本，提升公司系列产品的市场竞争力，提升公司各产品线的投资回报率。

本节在第二章产品平台规划的基础上，进一步介绍产品平台定义、开发与维护，帮助创新型企业将产品平台变成企业“核心能力”。

一、产品平台开发逻辑

如果将一条产品线比喻成一棵树，那产品平台就相当于埋藏于泥土之下的根系，系列产品相当于多个树枝。根系越发达，树木才会越“枝繁叶茂”。因此，企业产品平台的建设能力和维护能力是企业的“核心能力”。

企业产品的差异化与竞争力主要来自产品平台的差异化与竞争力。底层的、平台的差异化才是难以模仿的，表层的所谓差异化是很难保护的，是很容易模仿的。

图 4-20 描述了产品平台开发的逻辑。

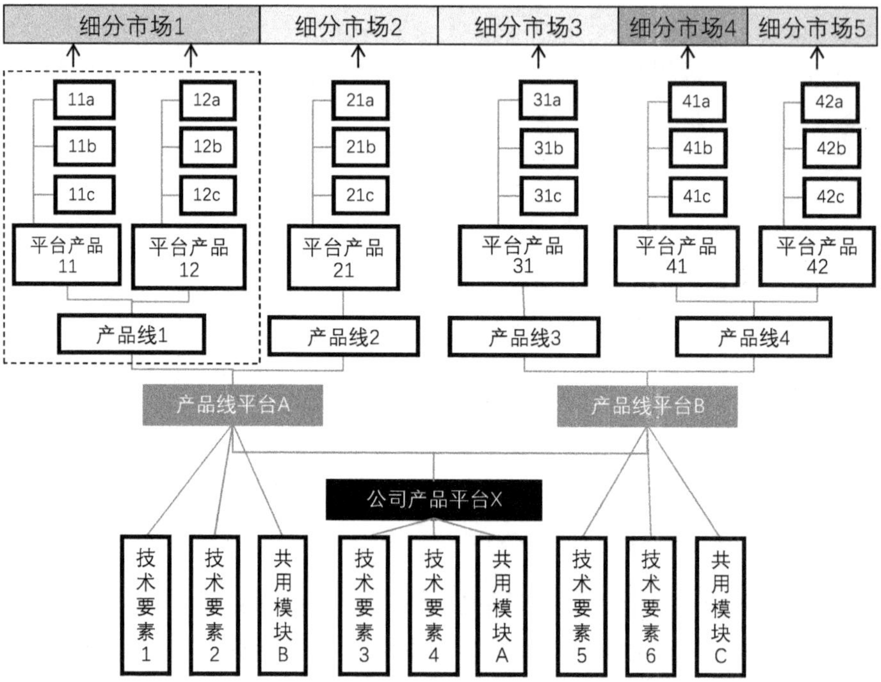

图 4-20　产品平台开发逻辑

由图 4-20 可见，产品平台开发逻辑如下所述。

（1）公司级产品平台：由多个技术要素和多个共用模块组成公司产品平台 X，支撑产品线平台 A 和产品线平台 B。

（2）产品线级产品平台：基于公司产品平台 X，加上更多的共用技术要素和共用模块分别组成产品线平台 A 和产品线平台 B。产品线平台 A 支撑产品线 1 和产品线 2 的系列产品开发，产品线平台 B 支撑产品线 3 和产品线 4 的系列产品开发。

（3）平台产品：平台产品又称为“基型产品（Basic Products）”，是系列产品共用的产品基础形态。产品线平台 A 支撑产品线 1 开发平台产品 11 和平台产品 12，平台产品 11 和平台产品 12 是在共用平台产品线平台 A 的基础上再加上该产品线系列产品共用模块组成的。

（4）交付产品：在平台产品 11 的基础上基于客户的个性化选择或定

制，企业交付给客户的最终产品有11a、11b和11c。

从公司级产品平台，到产品线级产品平台，再到平台产品，共用程度不断提升，如图4-21所示。

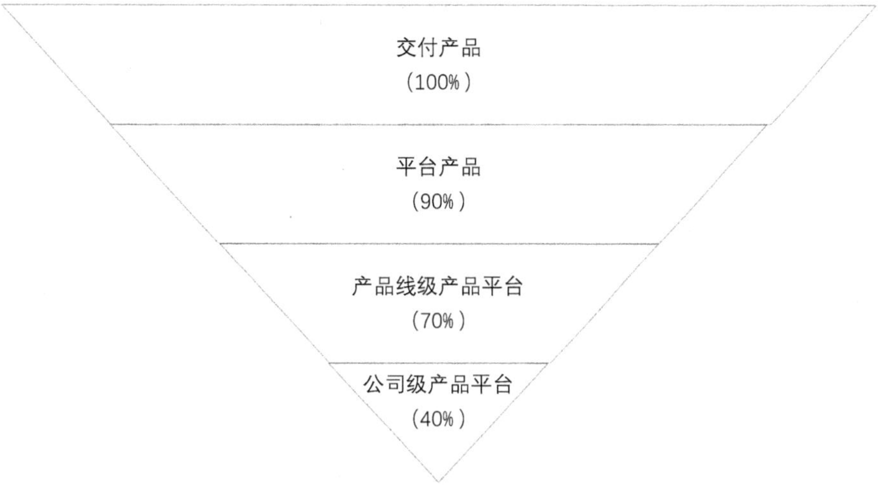

图4-21　产品平台共用比例（示意图）

图4-21中各级平台的共用比例是个示意值，不同公司的产品平台化水平不同、产品类型不同，各级平台的共用值会有所不同。

上节提到的登机桥案例，平台产品的共用度已经达到了95%，即该公司交付全球不同国家、不同国别标准的同类登机桥订单，有95%的内容已经标准化、模块化，只需要“勾选”即可。企业只需要响应各个订单5%左右的个性化需求。这样，企业响应客户个性化需求的速度很快，订单交付周期很短，客户满意度很高，企业的盈利能力也很强。事实上，如果平台产品的共用度能够达到85%以上，说明该公司已经成为该类产品的“标准制订者”，客户已经提不出太多的“个性化需求”。

相反，某行业应用软件企业的平台化率只有30%，意味着每个类似订单有70%的功能需要定制开发，公司大部分软件开发人员都在客户现场写代码、搞实施。公司董事长开玩笑说，我们已经不是一个软件公司，我们已经成为一个“劳务派遣公司”，为各个客户项目招募和派遣各类软件人员。可以想见，这样交付的项目客户满意度是很低的，这样的企业也是很难赚钱的。

二、基于平台开发产品的好处

从上述产品平台开发逻辑的探讨可见，基于平台开发的最大好处就是可以提升企业的“规模经济性”，摊薄每款定制化产品（或每个类似订单项目）的成本，从而提升企业研发效率，提升企业创新投资回报率。基于平台开发产品的具体好处罗列如下所述。

（1）便于快速进行系列化产品开发。

（2）便于快速响应客户的个性化需求。

（3）缩短系列新产品开发和上市周期。

（4）降低系列新产品的成本。

（5）提高系列新产品的稳定性和可靠性。

（6）提升公司研发效率，提升公司创新投资回报率。

（7）便于持续积累和强化公司的核心技术，形成公司难以模仿的核心竞争力。

三、产品平台建设与管理

在产品平台规划的基础上，需要进行产品平台定义、建设和管理。

1．产品平台定义

在产品平台规划的基础上，明确定义每个产品平台。产品平台定义的主要内容如下所述。

（1）产品平台层级。

（2）产品平台包含的子系统。

（3）产品平台包含的核心技术要素。

（4）产品平台的支撑范围。

（5）每个子系统的详细描述，包括硬件基础、外部接口、核心器件和基本指标等。

2．产品平台建设

在产品平台定义的基础上进行产品平台开发。产品平台开发需要制订严密的工作计划，确保产品平台开发所需资源，有序推进产品平台建设工作。

3．产品平台维护

随着客户需求、市场竞争以及技术进步等的变化，企业应及时对产品平台进行完善、优化、升级，或者开发新一代平台取代现有平台。图 4-22 描述了产品平台的扩展。

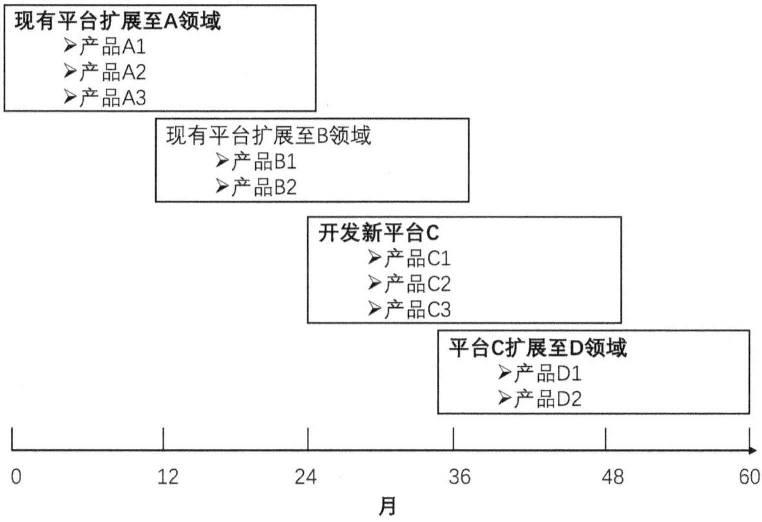

图 4-22　产品平台的扩展（示意图）

例如，奥迪汽车可能会为奥迪 A6 系列轿车开发一个共用产品平台，该平台可能适当升级扩展成为 A8 豪华轿车平台，也可能适当简化扩展成为 A4 轿车平台。

创新型企业应当将产品平台当成一个“内部产品”进行管理，最终销售给客户的系列终端产品是基于该“内部产品”进行开发的。产品平台开发和维护团队也可以通过将产品平台“销售”给各新产品开发团队获得“经济效益”。因此，创新型企业应该明确产品平台管理职责，建立产品平台管理流程，对产品平台进行有效管理。表 4-6 列出了某公司产品平台管理的角色与职责。

表 4-6 产品平台管理角色与职责（示例）

角色	职责
平台负责人	组织准备平台发布资料
平台硬件研发人员	硬件电路设计，硬件图纸归档，装置和板卡维护
平台机械结构研发人员	机械结构设计，结构图纸归档，结构件维护
驱动软件研发人员	驱动程序设计、归档、维护
平台系统程序开发人员	内部规约开发和维护 系统程序设计、归档、维护
产品研发人员	平台产品使用者，包括业务部门硬件研发人员和应用软件研发人员
（总工办）资料管理员	资料完整性检查
发布人员	组织平台发布评审 平台发布
评审委员	评审待发布资料的正确性、可执行性

CPO 行动

我们公司的产品是否应该进行平台化开发？我们应该如何提高产品的平台化率？我们应该如何对产品平台进行有效维护和管理？

本节小结

（1）平台化开发是创新型企业“大规模定制”时代的必然选择。企业的核心技术和核心模块主要体现在产品平台上。产品平台规划、开发和管理能力是创新型企业的“核心能力”。

（2）企业不应该以满足“客户个性化需求”为荣，应该持续归纳客户“共性需求”，持续提升产品的平台化率和标准化率，成为行业的“标准制订者”。

（3）企业应当将产品平台当成“内部产品”进行有效管理，企业可以根据产品平台的重用率核算各个产品平台的“经济效益”。

知行信研发与产品创新管理体系（RDIM®）框架

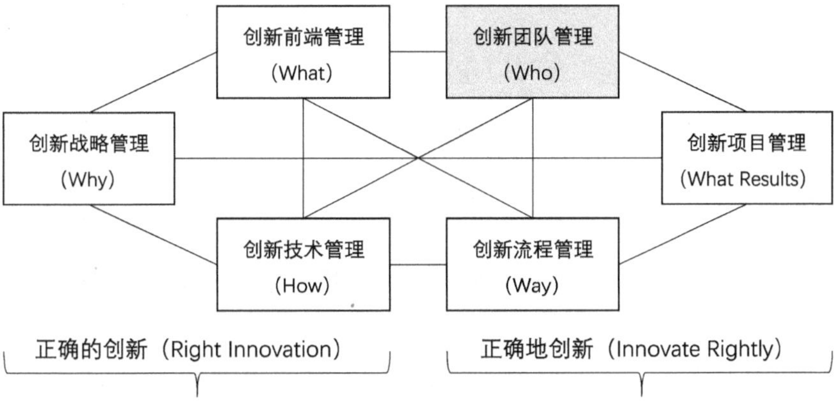

在知行信 RDIM® 体系中，创新团队管理是第四个子系统，回答“谁来做（Who）”的问题。战略决定组织结构，创新驱动发展型企业需要采取面向企业“持续成功创新”的组织模式，需要“炸掉金字塔”“打破部门墙”，建立跨职能团队进行高效创新。在高效的组织模式的基础上，才有可能建立公司级的高效的端到端的创新流程体系，才有可能进行高效的创新项目管理，实现企业创新战略目标。

创新团队管理包括创新型企业组织模式设计、创新人才培养和创新团队考核与激励等内容。

创新团队管理准则：提升人均利润，提升人均薪酬！

第五章
创新团队管理

人才不是企业最宝贵的财富。对人才的有效管理才是企业最宝贵的财富。

我们从企业的“企”字可以看出，“企业止于人”。 任何工作都是由人完成的，任何结果最终都是由人取得的。没有人就没有企业，没有优秀的人才就不可能有优秀的企业。如何对人才进行有效的组织、管理和领导始终是企业领导者最重要的职责。而对于创新型企业而言，如何对知识工作者（Knowledge Worker）进行有效的组织、管理和领导则是 21 世纪创新型企业领导者面临的最大挑战！

人力资源管理一般包括“引、聘、用、育、留”等环节，涵盖人员吸引与招聘、组织模式设计与岗位设置、薪酬与福利、职业生涯规划、绩效管理与激励机制设计等内容。创新型企业人力资源管理的重点对象在“知识工作者”，特别是产品创新团队。创新型企业人力资源管理的难点在于产品创新团队的组织模式、人才培养、绩效考核与激励机制等方面。

第一节，如何提升企业创新绩效。创新型企业需要从组织模式及岗位设置的合理性，创新人才的专业性及数量，以及创新团队绩效管理与激励制度设计等方面系统提示企业创新绩效。

第二节，创新型企业组织模式设计。建立跨职能的产品开发团队是创新型企业组织模式设计的重点和实施的难点。

第三节，创新人才培养。创新型企业应该系统培养领导类、管理类和技术类创新人才。首席产品官和产品经理是创新型企业最重要的创新人才类型。

第四节，创新团队考核与激励。本节重点讨论如何制订有效的创新团队绩效管理与激励制度。

请 CPO 组织企业高层管理团队对照表 5-1，评估企业在创新团队管理方面是否存在以下常见问题，并从本章后续章节的介绍中寻求相关问题的解决方法。

表 5-1　创新团队管理常见问题描述

创新团队管理常见问题描述	公司现状描述
(1) 新产品开发只是研发部的事，各部门只是有空时“帮帮忙”，“部门墙”很厚，涉及部门之间的工作沟通协调困难，项目推进效率低。公司会议很多，会议效率低，执行效果差	
(2) 没有设立产品管理部门，没有专职的产品经理，或者有产品经理但专业性不够，对客户需求洞察不系统、不深入、不完整、不正确，无人对产品线和产品全生命周期进行有效管理	
(3) 没有部门或者人员对公司所有创新项目进行统筹管理，项目资源冲突严重，延期项目占比大，创新资源利用率不高	
(4) 没有专人负责公司创新流程建设和管理，流程本身有效性不高，或者流程执行不严肃，流程流于形式，项目运行效率低，项目质量差，成本高	
(5) 项目绩效难以考核，创新团队对激励制度不满意，研发人员经常“郁闷和不爽”，骨干研发人员流失率高	

第一节　如何提升企业创新绩效

“企业止于人！”如何有效地组织、管理和领导知识工作者是21世纪创新型企业领导者面临的重大挑战。

CPO思考

(1) 我们企业的组织模式满足创新驱动发展的需要吗?

(2) 在新产品开发项目中，我们各个职能部门能够高效配合吗?

(3) 我们公司的人均产值、人均利润高吗？人均薪酬高吗?

一、创新型企业运转低效的常见症状

中国的大多数科技创新型企业是由“代理”或者“代工”型企业“转型升级”而来的，这些企业的身上打下了深深的“制造”型企业的组织与管理烙印！在由“制造”走向“创造”的过程中，创新型企业在创新团队组织管理方面的常见误区如下所述。

1．新产品开发是研发部的事，其他部门有空时就“帮帮忙”

很多企业一提到新产品开发，马上就想到研发部，认为研发部是新产品开发的责任部门，研发总监就是“产品总监”。新产品开发好不好，全看研发部努力程度如何。一些公司领导也将公司的创新绩效指标下发给研发部，要求研发部对公司的创新绩效负责。一些公司的董事长经常抱怨，研发部怎么搞的，今年也没看见拿出几款像样的新产品来。市场、销售、采购、生产等职能部门在“有空”的时候帮一下忙，没空的时候就顾不上新产品开发工作。很多公司的财务部门基本上“不参与”新产品开发工作。

最佳实践观点：新产品开发是全公司的事情，不只是研发部的事情。研发部是新产品的技术实现部门，单靠研发部是不可能开发出好的新产品来的。如果一个创新型企业发现哪个部门与新产品开发基本上没有关系，那要考虑这个部门是否有存在的价值。

2．新产品开发任务在各个职能部门之间传递，新产品开发工作主要在各个职能部门“内部”完成

很多企业的新产品开发“流程”是这样的：市场部了解需求后交给研发部，研发部开发出样机后交给生产部，生产部生产出产品后交给销售部去卖，销售部卖出后的产品交给服务部去提供售后服务。各个职能部门只管“做好自己的事”，犹如铁路警察各管一段，新产品是否成功没人关心，因为这不是一个部门能负得起责任的事。

最佳实践观点：应该成立跨职能部门的新产品开发团队，“并行”地而不是“串行”地开展各项新产品开发工作。新产品开发任务不是在各个职能部门内完成，而是在新产品开发团队内完成。新产品开发没有属于哪个部门的“阶段”，只有属于产品开发团队的“阶段”。新产品开发团队对新产品开发项目的最终绩效结果负责。

3．市场部与研发部“握手”很难

市场部与研发部是一对“天敌”，一些企业的这两个部门之间的关系甚至到了“水火不容”或者“井水不犯河水”的地步。提供客户需求是市场部的事，按照市场部提供的需求将产品开发出来是研发部的事。如果新产品开发失败了，两个部门都有充分的理由“证明”不是自己的责任。研发部会说是市场部提供的需求不全面、不准确才导致了客户不购买我们的产品。而市场部会反驳说，“我们提供的客户需求足够全面和准确了，是研发部错误地理解了客户需求才导致了新产品不好卖。”当市场部人员要求研发人员一起去拜访客户时，研发人员往往会说，“我忙着呢，哪有工夫陪你出去闲逛！”

最佳实践观点：市场部和研发部之间不应该说“你”“我”，而应该说“我们”。市场人员和研发人员只有一起拜访客户，一起了解客户需求，一起定义产品，才有可能开发出符合客户需求的新产品。客户需求洞察和产品定义是新产品开发的源头工作，源头的输入错了，后面再怎么努力也是白费力气。

4．销售部就是“市场部”

很多企业将销售部与市场部混同一个职能部门，销售部是卖产品的，

市场部也是卖产品的，只是名字叫市场部，感觉“进攻性”没有那么强罢了。绝大部分企业没有真正意义上的“市场部”或“产品部”——其核心职责是了解客户需求，而不是销售产品。很多企业的市场需求输入实际上主要来自董事长或者几个主要的管理人员。一些规模比较大的企业有真正意义上的市场部，但是市场部往往规模偏小，专业的市场研究人员很少。例如，某知名彩电厂商，有10000名销售人员，有5000名研发人员，但只有不到20名专职的市场研究人员。这样的人员配置比例，又怎么能期望开发出创新性的彩电产品呢？

最佳实践观点：创新型企业一定要有真正意义上的“市场部”，不要让市场部成为销售部的附属机构，不要让销售总监领导市场部经理！市场研究人员应该只负责了解市场信息，洞察客户需求，而不应该直接承担销售指标。销售人员和促销人员反馈的客户需求信息可以参考，但绝不能让销售人员代替市场研究人员的工作。销售人员反馈的往往是“销售的声音”，而不是“客户的声音”。销售人员越多的公司，一般是产品做得不好的公司。产品做得不好的根本原因是对客户真正的需求洞察不够。产品做得好的企业往往是销售人员很少的企业，甚至是没有销售部的企业，如苹果公司、耐克公司。销售导向是不可能成就伟大的企业的！

5．无真正意义上的“产品经理”

一些企业也建立了“产品规划部”或者“产品管理部”，并任命了一些产品经理。但是这些产品经理往往缺乏产品经理应该具备的素质和能力，无法真正承担一个产品经理应该承担的职责。这些所谓的产品经理可能只是“市场专员”，或者是“项目经理”，甚至只是“技术高人”，根本无法真正对新产品开发的绩效目标负责。一些企业的管理者梦寐以求的事情就是从别的企业“挖”几个产品经理，但是一方面“挖角”的机会很少，另一方面即使好不容易挖到了一个人也很容易出现“水土不服”的症状，难以在公司发挥作用。

最佳实践观点：创新型企业最稀缺的人才就是产品经理。一个企业称职的产品经理的数量很大程度上决定了企业的创新绩效。很多企业发展的瓶颈就在于公司始终只有一个产品经理——“董事长”。久而久之，“董事长”自己就成了公司发展的“瓶颈”。董事长没有好的新产品创意，整个公司的创新工作就停滞不前。千军易得，一将难求。产品经理很难靠“挖角”获得，最好的方式就是自己培养产品经理。新任命的产品经理，虽然在做第一个项目时可能会表现不佳，但是做第二个、第三个项目时会有很大的改进。有远见的企业应该前瞻性地培养产品经理，在产品经理的培养方面要舍得投入，要给有创业精神和创新能力的员工担任产品经理的机会。

6．无人对创新流程的有效性负责

一些企业设计了新产品开发流程，但是在新产品开发过程中没有人负责流程的维护和完善。新产品开发项目走不走流程，流程执行的质量怎么样，没有专人负责管理。最后，流程的执行流于形式，很多不合时宜的流程环节仍在“执行”。

最佳实践观点：应该有专人（流程经理）对流程的有效性负责。流程经理应该对流程的绩效负责。采用委员会或者流程管理小组等方式进行流程管理，效果会大打折扣。缺乏有效的流程，或者有流程但没有高质量地执行，都是导致新产品开发失败的重要原因。

7．项目经理只是“协调人”

一些企业成立了项目管理部，或者项目管理办公室（PMO），统筹负责新产品开发项目管理。基本上每个重要的新产品开发项目都任命了项目经理。但是项目经理的职责不明确，项目团队的成员也不明确。各职能部门经理在项目中仍然起着主导作用，项目经理往往沦为有名无实的项目“进度记录者”、部门间关系的“协调人”，或者只是一个项目“秘书”。

最佳实践观点：项目经理应该拥有与其责任对等的权力。这些权力应该从职能经理处“让渡”出来。项目经理应该拥有对项目团队成员工作任务、工作时间的安排权，应该拥有对项目团队成员绩效的考核权。这样，项目经理才有可能真正成为对项目最终绩效结果负责的人。

8．项目决策个人说了算

很多企业没有正式任命的项目决策评审团队，项目决策要么是公司董事长个人“拍脑袋”，要么就是几个高管商量商量就定了。做什么项目，为什么要做这个项目，这些都是公司领导说了算，项目团队只要执行就行了。

最佳实践观点：应该正式任命项目决策评审团队，采用事先确定的决策评审准则，按照规范的决策评审流程对新产品开发项目进行决策。新产品开发团队不但要知道做什么项目，而且要知道该项目为什么值得做。最好新产品项目是由项目团队经过分析后提出的，而不是公司领导强加的。

请创新型企业CPO对照以上“症状”，有则改之，无则加勉。对问题突出的方面，通过本章介绍的内容寻求解决方法。

咨询实例

某智能手机企业的创新团队管理

某智能手机制造商研发团队已达近千人的规模，但是其新产品开发还是采用职能式的组织模式。经过十多年的发展，该公司的产品线已由一条扩展到多条，市场竞争越来越激烈，新产品上市速度要求越来越快，公司的各级管理人员已经感觉到这种组织模式越来越不适应公司发展的需要了。

以下是该公司在新产品开发过程中由于采用职能式开发模式出现的典型问题。

如果一个项目已经进入开发阶段，产品部想要修改需求非常困难。因为研发部的主要考核指标是开发速度和开发质量，如果频繁修改需求必定影响研发部的“关键绩效指标”的实现。因此，研发部经常态度非常坚决地“拒绝”产品部提出的需求更改要求。

在新项目立项时，一般要求销售部提供销售预测数据。但是由于销售部的人员没有参与项目的市场研究工作，往往无法提出符合逻辑的销售预测数据。这时，产品部往往“强迫”销售部接受某个预测数据。当该新产品上市后销售数量未达到预期时，销售部往往要承担预测不准的责任。

虽然公司有上千位研发人员，但是产品部人员不到20人，其中专职的市场研究人员不超过5人。由于市场研究人员有限，市场需求信息的收集主要依靠销售人员和促销人员。但是销售人员和促销人员的主要职责是“销售”和“推广”现有产品，而不是了解客户需要什么样的新产品。这些人提供的市场需求信息虽然很多，但是可信度不高，产品部经常陷入缺乏新颖的新产品创意来源的困境。

产品部名义上是对新产品最终绩效负责的部门，但是很难协调各个部门的工作。例如，要修改产品的宣传资料，必须产品总监亲自出面与市场部的负责人沟通才能解决问题，下面的人很难推动即使是很小的跨部门任务的落实。

产品总监自称自己一天80%的时间都用在协调与各个部门之间的关系方面了，很少有时间和精力静下心来思考产品规划问题。

公司也有项目管理部，每个重要的新产品开发项目都有项目工程师负责跟进。但是，项目工程师基本上是充当一个进度“记录者”的角色，真正出现重大的项目进度偏差时也无能为力。他们没有“权力”要求项目团队成员做什么，他们更很少有机会与各个职能部门的负责人进行面对面的沟通。

研发部与生产部之间的矛盾与冲突也频频发生。由于在开发的过程中生产部没有参与，当研发部开发出的样机交给生产部进行量产时，生产部发现很多零部件无法按期交付，或者新产品的模具很难开出来。新产品开发中花费在研发部与生产部之间反复的时间总是很多。

也许有人会问，既然采用职能式组织模式进行新产品开发存在这么多的问题，为什么不采用更有效的开发模式呢？这个问题与老鼠开会时讨论是不是应该把猫杀死的问题一样。所有老鼠都强烈同意要将猫杀死，这样老鼠们就可以自由自在地生活了。但是，一只小老鼠提出了一个“小”问题：“我们应该派谁去杀死这只可恶的猫呢？”老鼠们面面相觑，个个都默不作声。该公司的产品总监本来是最有激情和动力充当这只“杀死猫的老鼠”的。但是经过了几次尝试之后，该产品总监感觉各职能部门的习惯势力太强大了，表示跨职能团队组织模式在该公司的实施前景非常悲观。

二、创新型企业的主要特点

创新型组织是相对于传统制造型组织而言的。创新型企业的业务特点不同，需要采用的管理方法也不相同。采用制造型企业的管理方式管理创新型企业是很多创新型企业创新绩效不好的重要原因。

表5-2从五个方面对比了制造型企业与创新型企业。

表5-2　制造型企业与创新型企业的比较

	制造型企业	创新型企业
产品特点	接受订单委托，生产产品	做什么产品需要企业自己确定
核心关注点	按时、按质、按量、低成本地交付订单	开发出“好卖”的产品
企业运作特点	重复工作多，不确定性工作少	不确定性工作多，创造性工作多

续表

	制造型企业	创新型企业
组织模式设计原则	分工越细，效率越高	快速响应客户需求，各部门高效协同配合
组织模式特点	职能式组织模式为主，弱矩阵项目组织模式为辅	在职能式组织模式基础上组建有效的跨职能团队，以团队方式完成创新型项目

总体而言，制造型企业主要帮助别的企业生产产品，主要是“执行”，不确定性的事情少，适合采用职能式组织模式，富士康是制造型企业的典型代表。创新型企业需要自己通过市场研究决定做什么产品，主要是“创造”，不确定的事情多，需要采用跨职能团队组织模式，华为公司是创新型企业的典型代表。

很多从“制造”走向“创造”的企业存在“路径依赖”，习惯性地采用制造型企业的组织管理模式管理创新型项目。这是转型期企业的巨大挑战，这些企业的高层管理者必须完成“观念”和“方法”转变！

当然，当前很多企业是“创造”与“制造”并存，这本身没有问题，我们需要强调的是运营型的项目与创新型的项目应该分别采用不同的组织模式和管理模式。世异时移，变化宜矣！因时而化，顺应时势是可持续发展企业的典型基因。

三、知识工作者的主要特点

管理学大师德鲁克曾说，在20世纪，“管理”最重大、独特的贡献，就是将制造业里的劳动生产率提高了50倍之多。在21世纪，“管理”需要提供的最重要的贡献，就是提高知识工作和知识工作者的生产率。在21世纪，企业最宝贵的资产（不论营利或非营利组织），会是他们的知识工作和知识工作者的生产率。

不同类型的人应该采取不同的管理方式进行管理，才能实现预期的管理绩效。产品创新团队成员都是“知识工作者”，在为知识工作者设计组织模式之前，先要了解知识工作者不同于体力劳动者的特点。采用管理体力劳动者的方式管理知识工作者，其效果必将大打折扣，甚至根本不可能取得成果。与体力劳动者相比，知识工作者主要有以下特点。

1．知识工作者的工作成果难以用计时和计件的方式衡量

采用“工业工程”方法可以对体力劳动者的工作进行分析，然后通过计时和计件的方式考核体力劳动者的工作绩效，并据此给体力劳动者发放工资和奖金。但是，对知识工作者而言，天天加班不一定有绩效，从来不加班也不一定绩效不好。

一个研发人员对着天花板发呆两个小时，你不能说他没有在工作。此外，你不能根据一个软件工程师一天写了多少行代码来计算他的绩效。可见，通过核算个人的工作时间或者工作量来衡量一个知识工作者的绩效是很难的，甚至是非常危险的。如果你考核研发人员的工作时间，他可以经常加班但就是出不来东西；如果你考核软件工程师每天写的代码量，他可以写很多垃圾代码来充数。

2．一个知识工作者很难独自交付有价值的结果

很多体力劳动者基本上可以独自完成自己的工作。但是一个知识工作者，很难独自交付有价值的结果。例如，一个硬件工程师，如果没有市场研究人员、软件工程师、结构工程师、生产工程师等的协同配合，是很难开发出一款受市场欢迎的智能手机来的。越是复杂的任务，越是需要多个专业的知识工作者协同配合，才有可能高效和高质量地取得成果。

3．知识工作者的工作结果只有能被别人利用才有价值

如果知识工作者拥有很多知识，但是他的知识不能被该组织中的其他人所利用，那他对该组织而言就是毫无价值的。例如，一个软件工程师掌握了一种独特的数据库开发软件，但是他所在的公司根本不需要数据库开发技术，那么他掌握的知识对于该公司而言就毫无价值，他也就没有继续在该公司待下去的理由。如果一个市场专员掌握了系统的市场研究方法，他所做的客户需求研究工作能够为新产品开发项目提供完整、正确的输入信息，那么这位市场专员对于该公司而言就是很有价值的。

所以，判断知识工作者对公司是否有价值，不能光看他掌握了多少知识，更要看他掌握的知识能否被公司中的其他人所利用，能否为其他人的工作做出贡献。在“创新技术管理”一章中我们提到了技术重用管理，如果一个研发工程师将自己掌握的技术分享出来，能够为很多其他工程师、

很多新产品开发项目所用，则该研发工程师对该企业就是很有价值的。

4．金钱不是激励知识工作者努力工作的唯一因素，甚至不是主要因素

对知识工作者而言，金钱的激励效果是有限的。调查发现，大部分知识工作者从一个公司辞职，主要原因往往不是待遇问题，而是“郁闷”和“不爽”。金钱对知识工作者而言主要是保健因素。真正激励知识工作者的因素是激励“志愿者”的因素。他们需要有挑战的工作；他们需要认同企业的使命和价值观；他们需要更多的培训；他们需要看到发展前景；他们需要“成就感”。

5．知识工作者的知识很难显性化和固化

虽然很多企业试图将知识工作者拥有的知识进行“固化”，但是效果往往不佳。因为很多解决问题的方法和思路是很难用语言和文字描述出来的，很多隐性的知识是存在知识工作者的头脑中而无法固化的。此外，知识工作者拥有的知识不会因为显性化和固化而减少，这些知识存在他们的头脑中，谁也拿不走。所以，知识工作者可以随时带走自己的“知识资产”，美国硅谷的 IT 工程师“换公司就像换办公桌一样方便”。

从以上分析可以看出，知识工作者对工作的看法、工作的方式等与体力劳动者有着显著的不同。但是，大多数企业对知识工作者的管理方式还是沿用对体力劳动者的管理方式——职能式管理。甚至有的企业将管理工人的方式直接用在管理研发人员身上，导致很多研发人员感觉很“不爽”，企业研发人员的离职率一直居高不下。

四、提升创新型企业组织绩效的三大“关键抓手”

组织是由很多人组成的，组织存在的目的是通过有效的分工和协作完成单个人完成不了的任务，实现单个人实现不了目标。但是，实际上很多组织人越多，运转效率越低，人均产值和人均利润越低。由很多人组成的企业的寿命往往远低于单个人的寿命，甚至低于一些动物的寿命。表 5-3 对比了企业寿命与动植物及人的寿命。

表 5-3　企业与动植物及人的寿命比较

企业寿命	动植物及人的寿命
美国大约 62%的企业寿命不超过 5 年	青蛙（5 岁）、家鼠（3 岁）
中小企业平均寿命不到 7 年	兔子（8 岁）、天竺鼠（6 ~ 8 岁）
一般的跨国公司平均寿命为 10 ~ 12 年	家猫（10 ~ 15 岁）、狗（9 ~ 11 岁）
世界 1000 强企业平均寿命为 30 年	家马（30 岁）、家鸽（30 岁）、牛（20 ~ 30 岁）、家鸡（20 岁）、乌鸦（20 岁）
世界 500 强企业平均寿命为 40 ~ 42 年	鹅（40 ~ 50 岁）、猪（30 ~ 40 岁）
全球只有 2%的企业存活达到 50 年	白鹦鹉（69 岁）、鲤鱼（50 岁）
GE、IBM、杜邦……	人（70 ~ 120 岁）
？？？	古树（几百年～几千年）

由表 5-3 可见，绝大部分企业的寿命低于 10 年，世界上只有 2% 的企业能存活 50 年以上。也可以说，由很多人组成的组织对环境变化的适应性远低于个人对环境的适应性。企业等组织环境适应性差的直接原因是企业内耗远大于企业合力！造成企业内耗远大于合力的主要原因如下所述。

（1）组织模式设计低效。组织模式设计如果与企业的主要目标或任务不匹配，组织模式就会成为制造大量企业内耗的“元凶”。例如，新产品开发项目需要跨职能团队成员及时无缝配合，但企业组织模式是职能式的，团队成员需要“跨部门”沟通和协调，这就人为地降低了沟通效率，人为地制造了很多“摩擦”。

（2）各岗位人员不专业。专业的人才能做成专业的事。例如，产品经理根本没有掌握客户需求研究的方法，该产品经理是不可能真正有效洞察客户需求的。又如项目经理没有掌握项目计划的方法，该项目经理是不可能真正有效管理好项目的。

（3）绩效考核与激励机制不匹配。企业组织模式设计合理、各岗位的人员也很专业，但是绩效考核与激励制度不科学，缺乏“激励性”，组织绩效也会大受影响。例如，一些企业研发团队缺乏项目奖等激励制度，“干多干少一个样”，一年下来收入相差不了几万块钱。这样，能力强的人缺乏好好干的动力，甚至可能“干得多错得多”，能力弱的人也能混得下去，整个团队缺乏工作积极性、主动性、责任感和团队精神。

基于以上分析，我们提出提升组织绩效的三大“关键抓手”：组织模式设计、人员专业性、绩效考核与激励制度，分别对应“能做”“会做”“想做”，如图 5-1 所示。

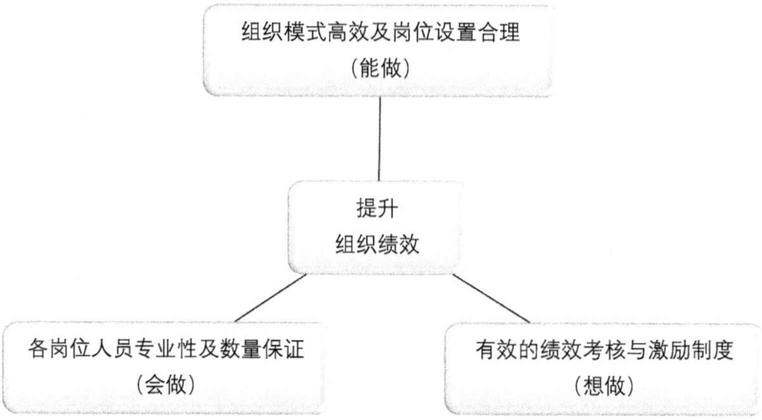

图 5-1　提升创新型企业组织绩效的三大“关键抓手”

1．组织模式高效及岗位设置合理

组织模式的高效性及各部门岗位设置的合理性，是员工“能做”事的平台和基础。“能做”的含义是员工具备将事情做好的条件。同样 30 名研发人员，组织模式不同，创造的绩效可能会有几何级数的差异。以下三种组织模式，大家看看哪种组织模式的创新绩效可能最好？

（1）30 个人全是技术人员，没有项目经理和产品经理。

（2）30 个人中有 3 名项目经理，27 名技术人员，没有产品经理。

（3）30 个人中有 1 名产品经理，3 名项目经理，26 名研发人员。

产品经理能够指引产品开发的方向，项目经理能够保证项目的进度与质量，技术人员能够保证产品功能和性能的实现，这是不同专业人士的专业性的体现。

第（1）种情形，这 30 名技术人员虽然技术很专业，但很可能“六神无主”，不知道什么时候能够做出一个什么样的产品，能够取得什么样的收益更是未知数。

第（2）种情形，技术专业性没问题，项目管理的有效性也没问题，但是开发的产品能否有市场需求，能否盈利大家都没把握。

第（3）种情形，产品经理把握住了客户需求和项目的投资回报，项目经理能保证产品按期、低成本地上市，技术人员能够保证产品功能、性能的实现，能够保证产品质量的稳定性和可靠性。这样的新产品开发项目，成功的概率非常高，人均产值和人均利润也会非常高。

通过以上分析，我们能够非常直观地看到同样数量的人员，不同的分工及不同的组织方式，产生的绩效差异非常大。由此可见，设计高效的组织模式、设置合理的人员岗位对于创新型企业而言是非常重要的。

2．各岗位人员专业性及数量保证

组织模式的高效性以及岗位设置的合理性使员工“能做”事，各岗位人员的专业性及数量保证则使员工“会做”事。创新型企业应该选聘具有“快速学习能力”的各岗位员工，并且基于各专业岗位的胜任素质要求给员工“赋能（Enable)”。

例如，上面提到的产品经理岗位，需要具备产品规划能力、市场研究能力、项目可行性分析能力等专业能力。只有具备这些专业能力，产品经理才能将事情做好，才能创造价值。当然，如果企业有五条产品线，具备这些专业能力的产品经理就至少需要五位，否则有些产品线就可能由于缺乏专业的产品经理负责而不能实现预期绩效目标。

“选择合适的人上车”，在“车上”持续提升员工的专业性，并且确保各岗位专业人员的数量能够匹配企业发展的需要，是各个职能部门一把手的首要职责。

3．有效的绩效考核与激励制度

“能做”是前提，“会做”是基础，“想做”是动力！环境“能做”事，员工“会做”事，但是员工如果没有做事的动力机制，也很难取得好的绩效。因此，有效的绩效考核与激励制度就是保证员工“愿做”事。

创新型企业的考核应该结果导向，而不是过程导向；应该团队导向，而不是个人导向。创新型企业的激励应该物质与精神并重，应该体现“多劳多得”。

本章后续内容就从组织模式、人才培养以及考核与激励等三个方面展开讨论。

CPO 行动

我们的企业是否是创新型企业？是否应该采取创新型企业的管理模式进行管理？我们应该从哪些方面着手提升组织绩效？

本节小结

（1）采取制造型企业的管理模式管理创新型企业，是很多创新型企业创新绩效不好的主要原因。

（2）“知识工作者”是创新型企业的主要管理对象，“知识工作者”的管理方法与体力劳动者的管理方法有本质的不同。

（3）创新型企业应该从组织模式优化、创新人才培养和绩效考核与激励机制设计等三大方面提升组织绩效。

第二节　创新型企业组织模式设计

同样数量的员工，组织模式不同，创造的绩效可能是几何级数的差异。

CPO 思考

（1）我们的企业组织结构中有产品管理部门吗？

（2）我们的新产品开发是研发部负责，还是全公司参与？

（3）我们能建立起真正有效、高效的跨职能产品开发团队吗？

上节提到，同样的人员，不同的组织和分工，绩效差异是几何级数的。战略决定组织结构，公司要做的事情由“制造”变为了“创造”，公司的组织模式也相应要进行重大改变。科学的组织模式是创新型企业流程规范和项目管理的前提。不改变组织模式的流程规范和项目管理肯定是事倍功半的，甚至是劳而无功的。

面向创新驱动的组织模式设计对于很多制造型企业而言，是非常具有挑战的变革。创新型企业的领导者必须勇敢面对、坚定不移、稳妥推进！

创新型企业组织模式优化应该由 CPO 主责，征得董事会成员同意，与高层管理者达成共识。公司人力资源部门应该成为 CPO 在组织模式变革方面的得力助手，应该成为宣传者、推动者、执行者。

一、创新型企业组织模式设计原则

在进行组织模式优化前，企业 CPO 必须就组织模式优化的基本原则，与企业高层管理者、中层管理者以及骨干员工达成充分共识。创新型企业组织模式设计的三大原则如下所述。

1．战略导向原则

创新组织模式应能保证公司未来战略目标的实现，应能保证公司持续、健康、快速成长。

2．市场导向原则

创新组织模式设计应以市场需求为导向，以有效服务客户、提升公司市场竞争力为出发点。

3．有效平衡原则

创新组织模式设计既要打破职能部门墙，提升创新项目开发效率和质量，又要注意保持公司组织结构的稳定性，通过职能部门培养专业人才，促进专业知识积累。

如果以上任何一条原则不能达成一致，组织模式很难有效设计，或者设计好了组织模式很难有效推行。

二、创新型企业整体组织模式优化

首先，企业的整体组织模式设计要能面向创新驱动发展。如果企业的整体组织模式没有改变，只是在局部进行一些修修补补，是不可能真正取得大的改善效果的。

1．传统制造型企业普遍缺失“产品管理部门”

企业整体组织模式优化的核心是要在公司增设产品管理部门，并且要强化产品管理部门是公司的“战略执行部门”的地位，产品管理部门甚至可以比其他职能部门“高半级”！

制造型企业普遍具有除“产品管理部门”之外的其他部门，如图 5-2 所示。

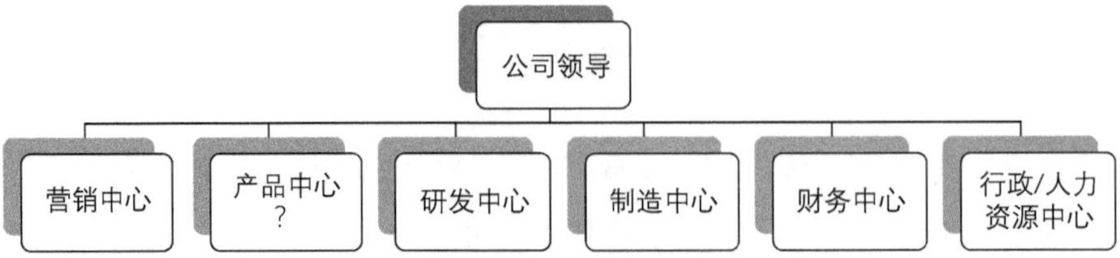

图 5-2　制造型企业普遍缺少“产品管理部门”

企业有人负责产品销售，有人负责产品技术开发，有人负责产品生产制造，这些部门都是围绕“产品”在工作，但是没有一个部门真正对产品的经营绩效负责！一个新产品上市失败了，各个职能部门都有责任，但是又都没有责任，因为任何一个职能部门都无法真正对产品的绩效结果负责。这就是很多制造型企业产品管理的现状！

企业缺乏产品管理部门，或者产品管理部门运作有效性不高的主要原因如下所述。

（1）很多传统制造型企业主要是给别的企业代工，“产品”是别的企业设计和开发的，别的企业在充当“产品经理”的角色。因此，企业没有设立产品管理部门的必要性。到企业走向自主开发时，企业还是“忘记”了设立产品管理部门，只是由研发部门负责产品开发。

（2）一些非代工的自主开发企业，也没有设立产品管理部门，也是研发部门负责产品开发。主要原因是这些企业开发的主要是“模仿产品”，主要是在其他领先型企业的创新产品基础上做“逆向工程”，“用不着”设立产品管理部门。某家装备制造企业的董事长对研发人员说，“公司把别人的产品买回来给你们抄，你们都抄不会，还谈什么自主创新？”

（3）一些必须面向市场自主开发创新产品的企业，也认识到了产品经理的重要性，开始设立产品管理部门，任命产品经理。但是，这些公司的产品管理部门有的挂在销售部门下面，有的挂在研发部门下面，成为销售或研发部门的“下属部门”。这些企业的产品经理更像市场调研专员、产品开发项目经理，或者产品开发项目经理的“秘书”。这些企业由于对产品经理的角色与职责认识不到位，产品管理部门没有发挥出应有的作用，产品经理本身也很“郁闷”。但是，这些企业已经具有了产品经理意识，具有比较好的设立真正意义上的产品管理部门的基础。

2．面向创新驱动发展，优化企业整体组织模式

从运营驱动走向创新驱动的企业，需要设计“三强化一优化”的企业整体组织模式，即强化产品管理、项目管理和流程管理，优化研发中心内部管理，如图5-3所示。

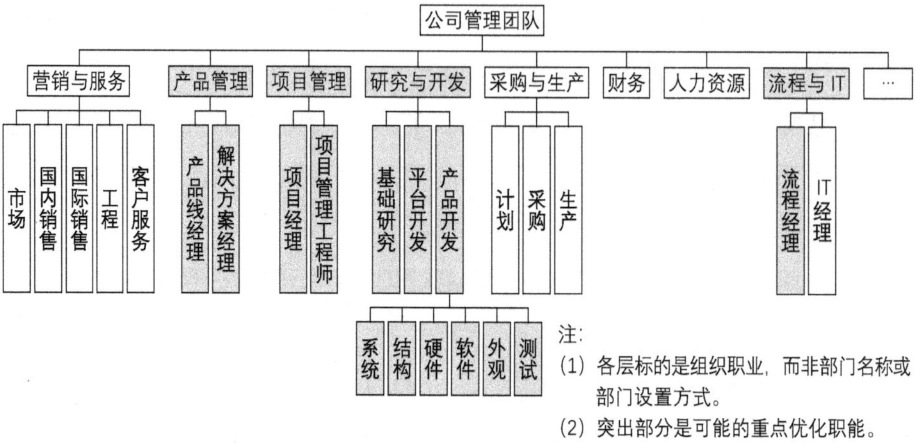

图 5-3　面向创新驱动的企业整体组织模式优化（示例）

图 5-3 中，非突出部分是现有职能部门，突出部分是新设或者需要优化的职能部门。这是一家研发人数在 500 人以上的科技企业的整体组织模式优化示例。

企业规模不同、发展阶段不同、管理素养不同、所在行业不同，企业整体组织模式优化可能会有所不同。以下企业整体组织模式优化要点，供创新型企业高层管理者参考。

（1）公司董事长 / 总经理、分管研发和创新的副总经理、人力资源负责人、研发中心负责人是思考和决策公司整体组织结构优化的关键人员。

（2）大部分企业需要增设产品管理、项目管理和流程管理职能。

（3）研发中心是资源池，应按项目类型及专业组织研发人员，持续提升研发人员的专业性。

（4）暂时没有合适的人员也应该增设产品管理、项目管理和流程管理职能，只有设立了相应职能才有可能培养出相应的专业人员。

（5）对于研发团队规模相对较小的企业（如研发人数少于 50 人），可以将项目管理和流程管理合并在一个部门进行管理，人员也可以兼职。

（6）要任命有潜力的人员担任相关职能负责人。

下面对需要设立或优化的职能进行比较深入的介绍。关于各类创新人才的培养将在下节详细介绍。

3．设立产品管理部门，实现创新驱动发展

典型的创新驱动发展的企业在组织模式设计上的体现就是设立产品管

理部门，并且强化产品管理部门的“战略执行部门”地位。公司的收入和利润等战略目标的实现是通过各条产品线的收入和利润来实现的，各条产品线的收入与利润目标实现了，公司的收入和利润目标也就实现了。因此，产品管理部门应该成为公司的“战略执行部门”。

产品管理部门可以设立产品总监、产品线经理和产品经理等职位，不同职位管理的产品范围不同，承诺的绩效目标也不同。产品管理部门产品总监一职也可以由公司CPO直接兼任。一些科技企业的创始人或董事长直接兼任产品总监。例如，谷歌公司的两位创始人一位担任产品总裁（CPO），一位担任技术总裁（CTO）。由此可见，谷歌公司对产品管理非常重视，也可以理解谷歌公司的持续成功创新能力为何非常强。

4．设立项目管理部门，对所有创新项目进行排序与管理

项目管理部门也称为项目管理办公室（PMO），负责公司所有创新项目的管理，代表公司管理通过决策评审需要实施开发的创新项目。一些公司的项目管理职能“淹没”在公司研发部门内部，因此只能协调研发部门内部的技术人员，而无法协调和管理公司级的跨职能团队。

项目管理部可设项目管理总监、项目经理和项目管理工程师等职位。项目经理可以专职，也可以兼职。规模较大、项目较多的创新型企业，应该有一批专职的项目经理。规模较小、项目较少的创新型企业，项目经理以兼职为主。专兼职项目经理都应该通过公司的“认证”，具备相应的项目管理经验与能力，“持证上岗”。

创新型企业应该将创新项目与运营项目（订单交付项目）分开管理，分别设立不同的项目管理部门，任命不同的项目经理。因为这两类项目的性质不同，走的流程不同，分开管理更高效。某科技企业将两类项目放在一个部门管理，结果公司的创新资源主要偏向“重要而又紧急”的带有“救火”性质的订单交付项目，“重要而又不紧急”的战略性的创新项目一再延期，甚至搁置。

关于项目管理部门的职责与运转，我们将在第七章中深入介绍。

5．设立流程管理部门，建立公司级的端到端的创新流程体系

很多制造型企业一提到流程马上反应出的就是ISO 9000，认为公司流程“很完善”，因为每年都顺利通过了内审外审。对于制造型企业而言，

ISO 9000是必要的，有助于规范公司的运营管理。但是，仅有ISO 9000流程，并不能有效指导公司的新产品开发。

新产品开发项目应该建立公司级的、端到端的、高效的流程体系，“将能力建立在组织上”，实现持续成功创新“可复制”。产品创新管理流程体系与订单交付管理流程体系是公司的两大流程体系，规模较大的企业均应该分别设立专职的流程经理团队，负责流程体系建设、执行与持续优化，对流程的有效性负责。华为公司总部流程管理部门就有超过300人的流程经理团队。

流程管理部可设立流程总监、流程经理和流程管理工程师等职位。各职能部门均应设置专职或兼职的流程管理工程师职位，负责与本部门相关的流程的建设、执行与持续优化工作。

关于流程体系建设与管理，我们将在第六章深入介绍。

6．优化研发中心内部管理，强化专业技术人员培养

对于创新型企业而言，研发中心是一个职能部门，是研发人员的“资源池”，没有对新产品开发绩效负责的“能力”。研发部门的核心职责是为创新项目培养和输送技术人才，确保技术人才的专业性与数量能够满足公司各类创新项目的需要。一些企业将对新产品开发绩效负责的职责强加给研发部门，事实一再证明这样做的成效是很差的。

研发部门要为不同类型的创新项目“战略性”地培养和分配技术人才。领先型的企业可以将技术人才分为基础研究、平台开发和新产品开发等三类，根据公司的战略意图分配这三类人才的比例，实行“战略性的创新项目组合管理”。关于组合管理内容请参见第二章第一节“有效分配创新资源”部分。

在新产品开发项目中，要注重培养系统、结构、硬件、软件、外观、测试等各类技术人才，持续给各类技术人才“赋能”，提升各类技术人才的专业性。要特别注重“一专多能”的系统工程师这一角色的培养。

7．明确各职能部门在创新工作中的角色与职责

一些职能部门领导认为采用跨职能团队组织模式时“自己的员工”主要听项目经理指挥，而不听自己的指挥，感觉非常“失落”。自己辛辛苦苦培养的人才给“别人”使用，自己为别人“做了嫁衣”。这些看法在由

“制造型”组织模式向“创新型”组织模式转变的企业比较普遍，这些看法也是职能部门不支持创新项目的主要原因。

其实，企业应该给各个职能部门定义两个方面的工作职责：创新与运营。实质上，大多数制造型企业只给各个职能部门定义了“运营”职责，而没有定义“创新”职责，因此各个职能部门参与创新工作就是“帮忙”，而不是本职工作所在。同时，要强调，对于各个职能部门而言，创新职责与运营职责同等重要，甚至创新职责比运营职责更为重要，创新工作的优先级应该高于运营工作。例如，对于采购部门而言，订单交付采购工作很重要，研发物料选型与采购工作也同样重要。运营工作是为了今天能活下去，而创新工作则是保证企业能够活到明天和后天。

在创新工作中，各职能部门的主要职责如下。

（1）职能部门负责人参加创新项目评审，为评审通过的创新项目承诺相应创新资源。

（2）为各个创新项目选聘、培养和输送足够专业、足够数量的专业人才。

（3）为各个创新项目中的职能代表提供专业支持，帮助职能代表解决相应专业难题。

军种主建，战区主战！如果拿创新型企业与军队进行比较的话，创新型企业的各个职能部门就是各军兵种，如海军、陆军、空军、火箭军等；创新型企业的各条产品线就是各个战区，对赢得各场战斗（各个新产品开发项目）负责。各个职能部门的使命与责任就是为各个战区及时输送足够专业和足够数量的专业人才，确保各场战斗“打赢”。职能部门输送的人才打的胜仗越多，说明职能部门负责人平时“练兵”练得越好。

咨询实例

某电子科技企业的整体组织模式优化

北京某软硬件结合的电子科技企业，有500人以上的研发人员，其中各类软件工程师超过300人。该公司是典型的“制造型”企业组织模式，研发部负责新产品开发，各职能部门只是“帮忙”，主要“症状”如下。

（1）公司没有产品部门，销售部门“告诉”研发部开发什么新产品，研发部主要是“被动响应”销售部门提出的“需求”。

（2）项目管理“淹没”在研发部内部，只能在研发内部协调，跨部门协调非常困难。研发部A类项目100多个，B类项目300多个，C类项目数不过来。研发总监经常被各位销售“老大”催问：我那个项目进展怎么样了？

（3）公司流程制度很多，ISO 9000文件很“完善”，每年都顺利通过内审外审。但是缺乏公司级的、端到端的新产品开发流程，只有研发部内部的产品开发流程，公司质量部门无法对新产品开发项目质量进行监控。

（4）相关职能部门对这种开发模式也很不满意。采购部门的领导说，长周期物料的采购和验证周期至少需要45天，但是研发部门要求30天内完成采购。生产部门的领导说，明天要组织批量生产，他通常前一天才“知道”公司又开发出了一款新产品，整个生产体系非常被动。

（5）公司领导对研发现状也很不满意：研发部总是很忙，总是不停地招人，但是几年过去了，也没见开发出一个有市场竞争力的创新产品，老是在忙于“救火”“火越救越多”。

顾问团队基于对该公司创新现状的深入了解，结合公司管理层希望建立产品创新管理“长效机制”的诉求，首先在组织模式上进行了以“三强化一优化”为核心的变革。

（1）强化产品管理：设立产品管理部，由公司总裁亲自兼任产品管理部总监，选拔和任命30名产品线经理，每位产品线经理每年对1～3亿元销售收入负责。任命10名解决方案经理，负责不同行业解决方案产品的开发和管理。

（2）强化项目管理：成立公司项目管理办公室（PMO），将原先研发部内部的项目管理职能提升到公司层面，任命20名专职项目经理，30名兼职项目经理，负责公司级跨职能产品开发团队的管理。

（3）强化流程管理：在质量管理部门设置专职的产品创新管理流程经理，专职负责公司级的产品创新管理流程的建设、监控、度量与持续优化。

（4）优化研发中心内部管理：将研发人员分为三类，即基础研究、平台开发和新产品开发，具有战略重要性的基础研究、平台开发工作抽调专职的高级技术人员负责，这些人员禁止参与“救火项目”。将部分直接面向客户的简单的配置类的技术工作直接划归销售部门负责，划拨部分技术人员专责“救火”，缓解研发部门频繁响应定制需求的压力。

在公司整体组织模式优化的基础上，建立公司级的端到端的新产品开发流程体系，组建跨职能的产品开发团队，由专业的项目经理领导新产品开发项目。通过组织模式变革和公司级的产品创新流程体系建设，公司新产品开发工作由研发部“部门职责”转变成了“公司行为”。新产品开发的效率和质量大幅改善，新产品开发成功率大幅提升。产品创新管理体系的建设为公司由行业前三名走向行业领导者奠定了坚实的基础。

三、创新型企业创新团队组织模式设计

创新团队与运营团队对应。创新团队是指与新产品开发相关的团队，运营团队是指与订单交付管理相关的团队。两个团队项目性质不同，采用的组织模式也不同。

在企业整体组织模式优化的基础上，我们可以进一步设计企业创新团队组织模式，如图 5-4 所示。

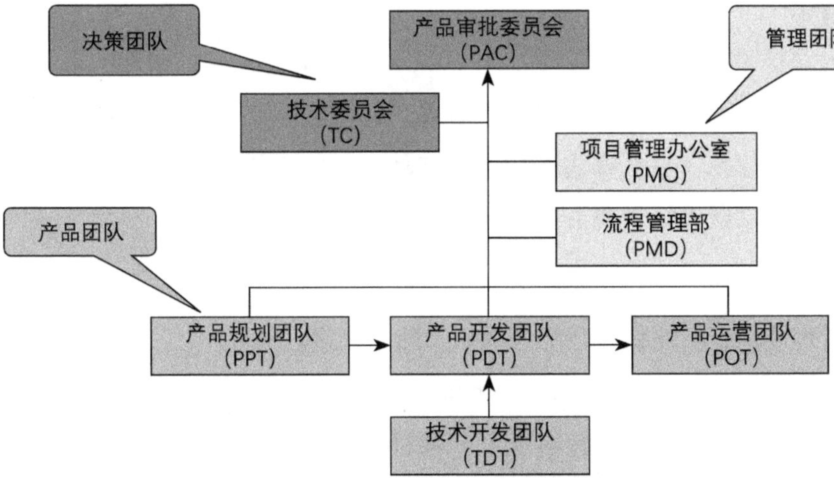

图 5-4　创新型企业创新团队组织模式

由图 5-4 可见，企业产品团队分为三类，分别是决策团队、管理团队和产品团队。决策团队包括产品审批委员会和技术委员会，管理团队包括项目管理办公室和流程管理部，产品团队包括产品规划团队、产品开发团队、产品运营团队和技术开发团队。

创新项目由产品团队负责规划、开发和运营，决策团队负责商业决策和技术决策，管理团队负责支持和监控。简要地说，对于一个创新项目，决策团队是决策者，产品团队是实施者，管理团队是监控者。三种角色的

核心目标是一致的，都是有效管控项目风险，提升项目成功率，实现公司预期的创新投资回报。

以下分别简要介绍各个团队。

1．决策团队

决策团队包括产品审批委员会和技术委员会。

产品审批委员会（Product Approval Committee，PAC）是“投资者”，负责业务决策，即决定某项目做还是不做。

技术委员会（Technology Committee，TC）协助产品审批委员会负责技术评审工作，没有业务决策权限，主要职责包括产品平台规划、技术路线图的评审以及与技术成果相关的评审等。

产品审批委员会由公司董事长（首席产品官）、高层管理者以及各相关职能部门负责人组成。关于产品审批委员会的详细介绍请见第三章项目决策评审一节。

公司技术委员会的总负责人应为公司技术负责人（首席技术官）。技术委员会由公司各方面的技术专家组成。公司可分专业认定技术专家，并建立技术专家库。在需要进行技术评审时，可从技术专家库中抽调相关专业的技术专家组成技术委员会，对相关创新项目进行评审。

2．管理团队

管理团队包括流程管理部和项目管理办公室。

流程管理部（Process Management Department，PMD）负责为各类创新项目建立流程规范，确保各类创新项目又好又快地开展。流程管理部的深入介绍请参见第六章。

项目管理办公室（Project Management Office，PMO）基于各类创新流程对各类创新项目进行有效管理。项目管理办公室的深入介绍请参见第七章。

对于创新团队而言，流程管理部和项目管理办公室既是服务部门，也是监控部门。作为服务部门，通过规范的流程和有效的项目管理确保各类创新项目有序开展。作为监控部门，当创新项目偏离流程或有失控风险时，这两个部门有权力代表公司干预项目，确保项目朝成功的方向迈进。

3．产品团队

产品团队包括产品规划团队、产品开发团队、产品运营团队和技术开发团队。

产品规划团队（Product Planning Team，PPT）负责进行产品线战略规划，新产品项目市场研究和项目可行性分析，负责产品线的全生命周期管理，对产品线的投资回报负责。产品线规划团队是常设的产品线管理团队，产品线规划团队负责人为产品线经理，产品线规划团队成员包括营销代表、技术代表和财务代表等。关于产品线规划团队的详细介绍可参见第二章第二节。

产品开发团队（Product Development Team，PDT）是跨职能的新产品开发团队，对新产品成功上市负责。

产品运营团队（Product Operation Team，POT）负责产品成功上市后的产品生命周期管理，包括产品的改进、升级和系列化等。产品运营团队的核心职责是实现产品生命周期的投资回报最大化。产品运营团队的管理者还是产品线经理，产品的日常订单交付由订单交付项目团队负责。关于订单交付项目团队的深入介绍请参见第六章第三节。

技术开发团队（Technology Development Team，TDT）是负责平台开发、技术预研等工作的团队。技术开发服务于产品开发，技术预研是产品开发的前提。技术开发团队主要由技术人员组成，技术开发团队的项目经理一般由技术人员兼任。关于技术预研管理请参见第四章第一节。

四、产品开发团队组织模式设计

在各类创新团队管理中，挑战最大的是产品开发团队管理。原因如下。

（1）企业通过新产品开发和上市实现投资回报，因此新产品开发管理最为重要。

（2）新产品开发普遍周期长、投入大、风险高、管理难。

（3）新产品开发必须采用跨职能团队组织模式，团队成员来自不同部门、不同专业，难以有效沟通和协同。

（4）新产品开发项目复杂程度不同，团队的组织模式也会有些差异，对流程也需要进行适度裁剪，对项目经理的管理水平挑战很大。

（5）在新产品开发过程中，客户需求会变、竞争对手可能会推出新品、可能会出现“破坏性技术”，政策法规也可能会发生变化，新产品开发项目团队需要适时、有效地应对各种变化。

基于以上原因分析，接下来我们重点探讨如何有效、高效地进行产品开发团队组织和管理。

（一）产品开发项目的特点

产品开发项目开发周期长、投入大、风险高、牵涉的部门多、沟通频繁，具有与其他日常工作任务非常不同的沟通特点。

1．产品开发项目需要多个职能部门参与，而不只是研发部的事情

很多企业一提到新产品开发，马上就想到这是研发部的事情。很多人认为研发部是负责新产品开发的，其他部门只是在需要的时候“帮帮忙”。但实际上，研发部虽然承担新产品开发的职责，但是往往不具备成功地开发新产品的能力。研发部作为技术部门，一般具有实现客户需求的能力。如何了解客户需求、如何预测市场规模、如何生产产品、如何计算投资回报等工作显然都不是研发部所擅长的。但是，这些工作都是成功地开发一个新产品不可或缺的。因此，我们必须强调：新产品开发是全公司的工作，不是研发部的职责；没有相关职能部门的参与，研发部是不可能开发出成功的新产品的！很多创新绩效不好的公司，很可能违背了这一条最基本的原则，将新产品开发的重任全部“托付”给研发部门。既然产品开发是全公司的事，那么在开展产品开发项目时各职能部门之间进行频繁的沟通和交流就是非常自然的事情了。

2．产品开发项目需要频繁、反复的沟通

由于产品开发项目周期长，不确定性高，牵涉的专业多，因此需要项目团队成员之间持续地、反复地、频繁地沟通和交流。创新性越高的项目，反复越多，沟通的频率也就越高。一些企业希望一次性将客户需求搞清楚，在开发的过程中不再变更需求，这只是一厢情愿的事情。产品开发的过程本来就是一个对未知事物的探索过程，存在很多反复甚至错误是很正常的。所以，在项目进展过程中，需要具有不同背景、不同技能的专业人员经常性地聚在一起进行创造性思考，讨论遇到的问题、寻求可能的解决方案。产品中很多简单的错误或缺陷的出现，主要原因是不同职能人员之间沟通不畅造成的。

3．项目团队成员之间的沟通效率和质量直接影响产品开发项目的进度和质量

沟通效率低，必将影响项目的进度；而沟通质量差，也必将影响项目的质量。很多时间就是在部门之间的信息传递、等待反馈过程中白白浪费了。部门之间沟通不畅，信息不对称，缺乏相互验证，导致沟通质量差，最终严重影响项目质量。产品开发项目中大部分“不该犯的、常识性的小错误”主要是由于沟通不畅造成的。

（二）传统职能式组织模式的局限

现代企业组织模式设计主要是基于“分工越细、效率越高”的“泰勒式科学管理”逻辑，这在现代制造业中体现得尤为明显。在生产现场，每个工位的职责和工作任务均有明确的划分，每个工人的工作设计得尽可能简单、尽可能可重复。这样，工人对自己所做的事情就会越来越熟悉，工作效率就会越来越高，单位时间的产出就会越来越高。基于这种逻辑，在其他非制造部门，也采用这种垂直分工的组织模式，如图 5-5 所示。

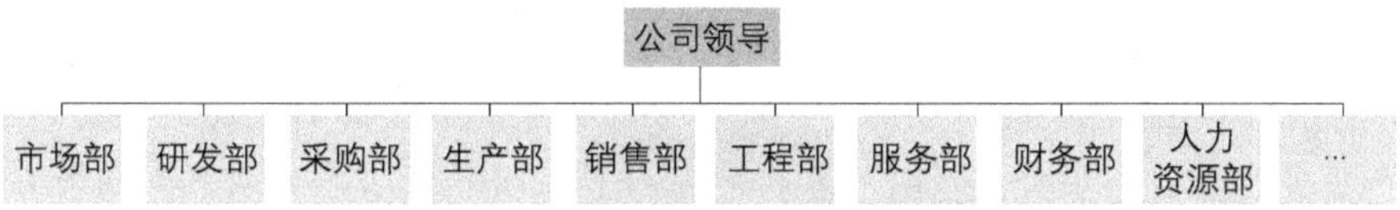

图 5-5　传统职能式组织模式

在这种职能式的组织模式中，各个职能部门的主要任务就是做好自己“专业领域”的事情。部门之间的沟通和协调主要通过会议及任务协调单等方式进行。各个职能部门有自己独立的绩效考核指标。各个职能部门都向公司领导汇报工作。

规模比较大的有多项业务的公司一般采取事业部制的组织模式。事业部除了财务和人事不独立外，其他职能都在事业部内部运行。但是事业部内部仍然采用的是职能式运作模式。

在采用职能式组织模式的企业，研发、采购、生产、销售和服务等以职能部门运作为主的任务事项完成得比较不错，但是新产品开发项目运作问题通常很多。在采用职能式组织模式的企业，新产品开发运作模式如图 5-6 所示。

图 5-6　传统新产品开发的串行组织模式

在这种典型的职能式串行开发模式中，一般是市场部（或者产品部，有些企业是销售部）提出新产品需求，研发部负责产品开发，采购部负责物料采购，生产部负责产品制造，销售部负责产品销售，工程部负责产品安装调试，服务部负责产品的售后服务。这种开发模式的好处是“职责清晰”，每个部门该做什么很明确，每个部门都有自己明确的绩效考核指标。这种开发模式的不足是部门之间沟通困难，没有任何一个部门对新产品开发的最终结果负责，或者说没有任何一个部门能够真正对新产品开发的最终结果负责。这是一种“铁路警察，各管一段”的新产品开发组织模式。

职能式“串行开发”组织模式带来很多沟通问题。

1．沟通效率低

不同部门之间的两个人之间的沟通必须通过各自的上级才能进行，本来半小时就可以直接交流清楚的事情，可能要花 2 ～ 3 天才能完成。如果部门之间的沟通非常频繁，那沟通效率就更低了。图 5-7 描述了职能式组织模式跨部门的低效沟通方式。

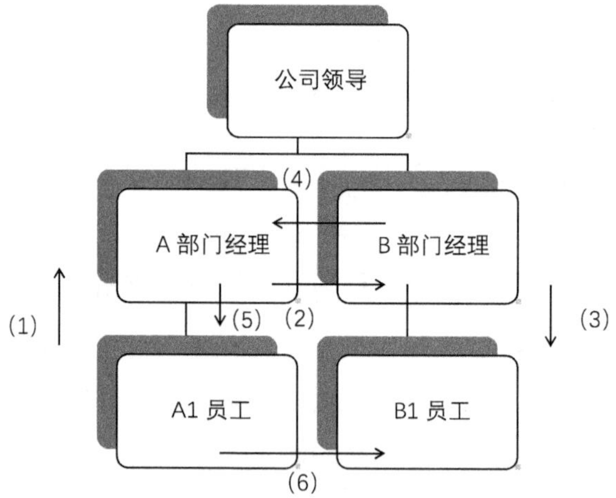

图 5-7　职能式组织模式的跨部门沟通方式

在图 5-7 中，如果 A 部门的 A1 员工要与 B 部门的 B1 员工沟通（沟通情境可以假设是研发部的一个研发工程师需要与采购部的一个采购工程师沟通一个研发物料的寻源问题），当 A1 员工直接找 B1 员工沟通时，B1 员工会说，你先找我的经理。当A1员工找到B经理时，B经理会说，让你的经理找我。这样，需要经过六个步骤A1员工才能与B1员工直接沟通。

（1）A1员工先跟A经理沟通。

（2）A经理与B经理沟通。

（3）B经理与B1员工沟通。

（4）B经理与A经理沟通。

（5）A经理与A1员工沟通。

（6）A1员工与B1员工沟通。

这还只是两个部门之间的一次沟通！如果需要五个以上的部门相互沟通，如果沟通次数有100次以上，可以想见沟通的效率会有多低了。这样低效的沟通就是巨大的内耗，就是巨大的浪费！

传统串行组织模式带来的情形就是“三多”：会议多、邮件多、微信群多。很多科技企业的部门经理一周五天上班，有四天半在开会。一家军工企业的生产部长对作者说，我现在最大的困扰就是会议多，平均一天有八个会，每个会都很重要，每个会都需要我参加，我一天最多只能参加五个会。由于一些会议不能参加，经常得罪人。“开会就是工作，工作就是开会”是很多串行组织模式企业的“常态”。

2．沟通质量差

信息理论告诉我们，“每一次接收与发送，噪音增加一倍，信息减少一半”。由于部门之间的沟通需要通过很多中间渠道进行，信息在转移的过程中很容易“失真”。很多公司的不同部门不在一个地点办公，很多沟通都是通过电子邮件完成的。这导致很多当面沟通五分钟就可以解决的问题，往往要往来十几封邮件才能说清楚。很多时候，本来应该要跨部门沟通的事情，想到跨部门沟通这么困难，很多人就放弃沟通，按照自己的想法继续工作。

3．无人对结果负责

跨部门沟通的事情一般很难找到责任人。例如，如果由于客户需求不够清晰导致新产品开发失败，你很难说是市场部的责任还是研发部的责任。市场部会说，我们对客户需求还是了解得很清楚的，是研发部理解得不够透彻。而研发部则说，市场部提出的需求我们全部实现了，肯定是市场部还有一些客户需求了解得不够完整。很多公司会议很多的一个原因，就是不管什么事情，都把相关的部门人员拉在一起开发，以便追究责任时“大家都有份，谁都跑不掉”。

（三）跨职能团队是产品开发团队的有效组织模式

跨职能团队（Cross-functional Team）是指由多个职能部门的代表组成一个团队，团队成员共同对项目的最终绩效结果负责。图 5-8 是一个跨职能产品开发团队组织模式的示例。

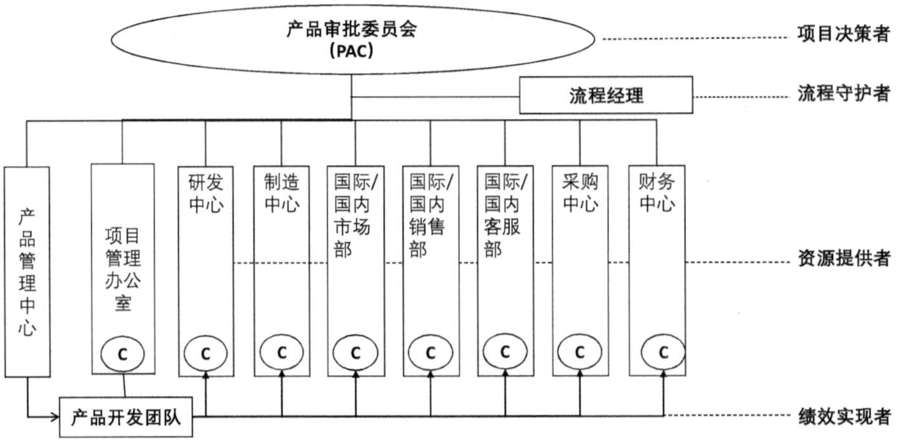

图 5-8 跨职能产品开发团队组织模式（示例）

图 5-8 是一家具有国际、国内业务的医疗器械企业的跨职能产品开发团队组织模式示例。

1．跨职能产品开发团队组织模式的主要特点

与职能式产品开发组织模式比较，跨职能产品开发团队组织模式具有以下主要特点。

（1）项目团队成员来自各个职能部门，影响新产品开发成败的职能部门都应该派“职能代表”参与新产品开发项目。例如，新产品开发涉及很多国际、国内专利问题，那么公司的法务部门应该派“法务代表”参与新产品开发项目。

（2）每个职能部门派出的“职能代表”要能够“完全代表”本职能部门，对本职能部门在新产品开发项目中需要完成的任务“负全责”。例如，采购代表必须对所有研发物料的寻源、认证和及时供应负全责。

（3）项目经理对来自不同部门的“职能代表”具有管理权限，各“职能代表”既要向职能部门负责人汇报工作，也要向项目经理汇报工作。

（4）项目经理只负责管理各个“职能代表”，各个职能部门内部的沟通协调工作由“职能代表”负责。例如，采购代表要协调采购部内部不同的采购员，为新产品项目按时、按质、按量地提供各种研发物料。项目经理不应深入到采购部门内部去协调各个采购员。

（5）项目团队的各个“职能代表”之间可以适时进行“无缝”沟通，不必请示各自职能部门经理。职能代表之间沟通有问题时，项目经理出面协调解决。

（6）对于各个“职能代表”而言，新产品开发项目的工作任务要优先于部门内部的日常工作任务。当出现资源冲突时，职能部门经理要出面协调，优先确保项目所需资源。

2．跨职能产品开发团队组织模式

跨职能产品开发团队是一个三层结构，如图 5-9 所示。

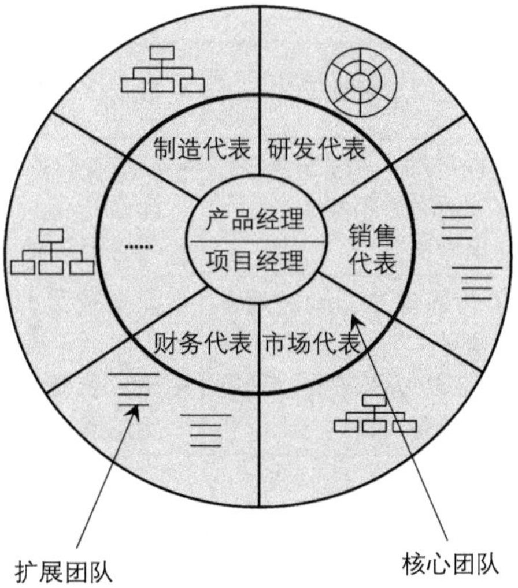

图 5-9 跨职能产品开发团队的三层结构

在图 5-9 中，跨职能产品开发团队分为项目经理、核心团队和扩展团队等由内而外的三个层次。

（1）项目经理（Project Leader）：负责整个项目团队的管理，直接管理核心团队，对新产品成功上市负责。新产品成功上市的标志是实现盈亏平衡。

（2）核心团队（Core Team）：由各职能代表组成，由项目经理领导，对本职能部门在新产品开发项目中需要完成的任务"负全责"。

（3）扩展团队（Extended Team）：由各职能代表根据项目需要确定，由本职能的相关人员组成。扩展团队接受相应职能的职能代表领导。

上述三层管理架构中，各职能部门内部人员由相应职能核心团队成员管理，项目经理无须协调各职能部门内部人员，有助于项目经理专注于项目里程碑计划的推进，有助于项目经理抓住项目的"主要矛盾和矛盾的主要方面"，有助于提高项目管理的有效性和效率。

3．职能团队与跨职能团队的比较

职能团队与跨职能团队的差异比较如表 5-4 所示。

表 5-4　职能团队与跨职能团队的比较

	职能团队	跨职能团队
主要特点	• 任务团队成员由同一职能部门内部的人员组成 • 任务是岗位职责规定好的，是显而易见的	• 任务团队成员由多个职能部门的代表组成 • 任务是探索性的，很多任务要在做的过程中明确
适应范围	• 主要涉及某个专业的重复性工作	• 涉及多个职能部门的创造性项目
主要优点	• 同一职能部门内部的人员彼此熟悉，能够快速、有效地沟通和配合 • 有助于专业知识的积累	• 能够在跨职能团队内部进行有效的沟通 • 项目团队对项目的最终结果负责
主要不足	• 跨部门的任务沟通困难，沟通效率和沟通质量不佳 • 跨部门的合作难以分清职责，没有人对任务的最终结果负责	• 需要较强的领导力和项目管理能力 • 团队成员受两个上级管理，容易产生焦虑

由以上对比可以看出，对于日常的事务性工作任务，适合以职能式组织模式运作。而对于跨部门的需要密切沟通的创新性项目，适合以跨职能模式运作。产品创新项目涉及多个职能部门，需要多个专业的人员密切配合，适合采用跨职能团队组织模式。

4．职能部门在跨职能团队中的角色

职能部门（Functional Department，FD）包括与新产品开发相关的各个职能部门。如果在一个创新型企业，某个职能部门与新产品开发毫无关系，人力资源部门可能要审视该职能部门存在的意义和价值了。除以上职能部门外，有的企业还有法规和专利部门、IT 部门等需要参与产品开发项目。职能部门负责人（Functional Manager，FM）在产品创新管理中的主要职责包括：

（1）作为“决策评审者”，参与项目的生 / 杀决策及项目的开发优先顺序排列决策。

（2）作为“资源提供者”，为新产品开发项目团队提供专职或兼职的职能代表。

（3）作为“问题解决者”，指导和支持职能代表在开发项目中的工作，调动职能资源帮助职能代表解决开发项目中遇到的专业问题。

军队组织模式改革要点：军种主建，战区主战。对于创新型企业而言，军种就是各个职能部门，主责“练兵”，为“战区”输送各类专业人才；战区就是各个创新项目团队，主责“打胜仗”，实现预期的项目绩效目标。

（四）跨职能产品开发团队的多种组织形式

跨职能团队组织模式也称为矩阵式组织模式。矩阵式组织模式的目的是在保证跨职能团队组织模式的有效沟通的前提下，充分利用公司稀缺的创新资源。也就是说，创新型企业要在跨职能团队组织模式的沟通便利性与创新资源的充分应用之间取得平衡。根据职能代表参与产品开发项目的程度，以及职能经理对职能代表影响力的大小，可以将矩阵式组织分为弱矩阵、平衡矩阵和强矩阵等三种组织模式，分别适用于不同类型的产品开发项目。

创新型企业项目管理办公室（PMO）要根据项目特点，为不同产品开发项目选择不同“强度”的跨职能组织模式，在确保项目有效完成的前提下，尽可能提升公司整体创新资源的“复用性”。

1．弱矩阵跨职能团队组织模式

弱矩阵跨职能团队组织模式是一种团队资源由职能经理控制的组织模式，如图 5-10 所示。

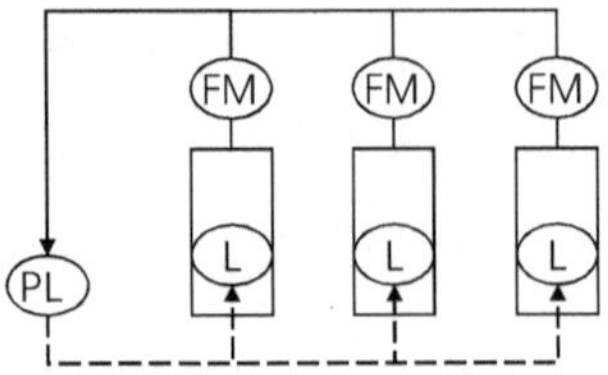

图 5-10　弱矩阵跨职能团队组织模式

由图 5-10 可见，各职能联络人（Liaison，图中用 L 表示）在各职能部门内部，归职能经理（Functional Manager，图中用 FM 表示）负责管理。项目经理（Project Leader，图中用 PL 表示）与各职能联络人之间是“虚线”联系，表示项目经理对各职能联络人没有“正式的”管理职权，只有协调职权。各职能部门派出的只是“联络人”或者“接口人”，而不是正式的“职能代表”。在这类项目管理中，项目经理更像一个项目“协调人”，或者是项目“牵头人”，而不是有着正式权力的“经理”。

弱矩阵跨职能团队组织模式适合开发周期短、参与人员少、复杂程度低、风险低、投入少的“微小改进型”产品开发项目。

需要强调的是，即使是弱矩阵跨职能团队组织模式的项目实施效果也要远远好于职能式组织模式！毕竟，这些团队成员是经过公司正式任命的，是肩负有正式“责任”的，项目经理协同沟通的难度要远远低于职能式组织模式。

很多例行的订单交付项目、现场工程实施项目等也可以采取弱矩阵项目组织模式。

2．平衡矩阵跨职能团队组织模式

平衡矩阵是一种项目核心团队成员由职能经理与项目经理“双头管理”的跨职能团队组织模式，如图 5-11 所示。

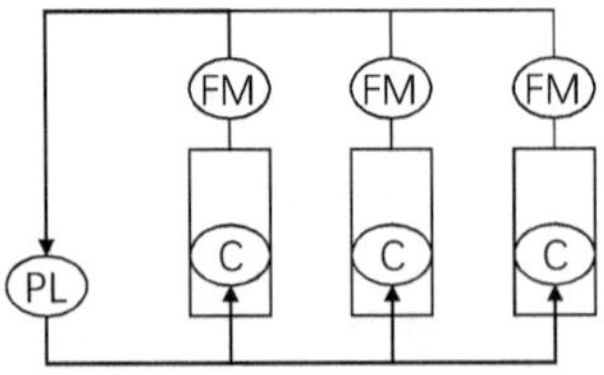

图 5-11　平衡矩阵跨职能团队组织模式

由图 5-11 可见，项目核心团队（Core Team，图中用 C 表示）成员还是部署在职能部门内部，职能经理对核心团队成员有管理权。项目经理与核心团队成员之间是“实线”联系，表明项目经理对核心团队成员拥有“正式的”管理权限。

在平衡矩阵跨职能团队组织模式中，职能经理和项目经理对核心团队成员“共同拥有”管理权限。核心团队成员既要完成职能经理交代的部门工作任务，也要完成项目经理交代的项目任务。核心团队成员需要在这两类任务之间取得“平衡”。例如，一个新产品开发项目的研发代表既要组织研发团队完成该新产品开发项目的研发任务，也可能还要参与另外一个新产品开发项目的研发工作，或者要完成研发职能经理交代的模块化设计工作任务。

平衡矩阵组织模式的好处是一个职能代表可以兼顾多个项目，尽可能实现创新资源的“复用”。平衡矩阵组织模式的主要挑战是职能代表同时参与多个项目，需要在多个项目之间进行时间、精力的平衡。一般而言，一个职能代表同时参与的项目两个比较好，同时参与三个以上项目很容易产生“焦虑”。

平衡矩阵组织模式适合开发周期较长、投入较大、风险较高、任务较复杂的“重大改进型”产品开发项目。

创新型企业大多数创新项目适合采用平衡矩阵组织模式。因此，创新型企业的各个职能经理、项目经理、职能代表以及项目团队成员要视“平衡矩阵”组织模式为常态，要具备在多个项目中动态“平衡”资源投入的能力。

3．强矩阵跨职能团队组织模式

强矩阵组织模式是一种项目经理对核心团队成员具有完全管理权限的组织模式，如图 5-12 所示。

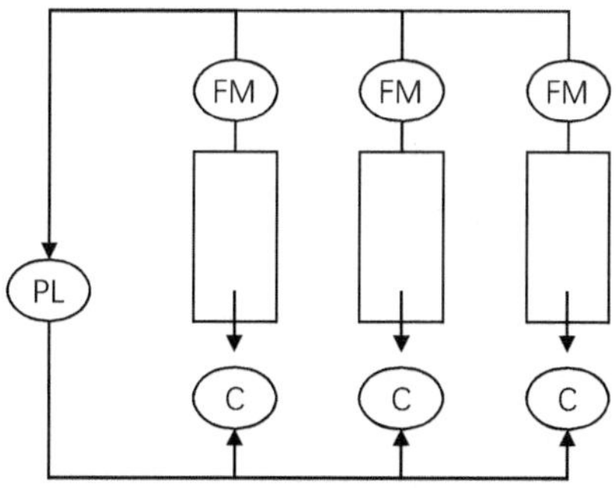

图 5-12　强矩阵跨职能团队组织模式

在图 5-12 中，各职能核心团队成员已经从职能部门“脱离”开了，不再接受职能经理的管理，只接受项目经理的管理。

强矩阵组织模式又称为“自治团队”或者“攻关团队”组织模式。采取这种组织模式的产品开发项目，核心团队成员从其他项目以及职能部门任务中“脱身”出来，在整个项目周期内只专注完成该项目的任务。项目经理对核心团队成员具有完全的管理权限。

强矩阵组织模式的好处是所有核心团队专注于一个项目，能够确保该项目高效推进。强矩阵组织模式的不足是“资源需求巨大”，资源不能“复用”，也可能造成资源浪费。

强矩阵组织模式适合周期紧、任务重的战略性项目，比如需要六个月后上市的全新产品开发项目。创新型企业通过采取强矩阵组织模式，对一些重点项目进行“封闭攻关”，以抢占上市先机，确保新产品在“机会窗”内推向市场。华为公司有时会将一些“攻关团队”在豪华酒店中封闭 3 ～ 6 个月，进行项目“突击”。

强矩阵组织模式不适合创新型企业“普遍采用”。一般的企业没有足够的资源和财力支持“攻关团队”常态化运转。企业需要在产品线规划和管理上下功夫，尽可能多做“重要而又不紧急”的项目，而不是老是做“重要而又紧急”的项目。

4．三种矩阵组织模式的比较

我们总结了三种矩阵组织模式，如表 5-5。

表 5-5　三种矩阵组织模式总结

组织模式	主要特点	适用项目
弱矩阵	(1) 各职能部门项目联络人归职能经理管理 (2) 项目经理只是项目“协调人”，对各职能部门联络人没有管理权力	规模较小、不太重要、能快速完成的项目
平衡矩阵	(1) 各职能代表接受职能经理和项目经理的共同管理 (2) 项目经理对职能代表有正式的管理权力	规模适中、比较重要但不太复杂的项目
强矩阵	(1) 各职能代表从职能部门脱离出来，职能经理没有管理权力 (2) 项目经理全权负责各职能代表的管理	周期长、重要而又复杂的项目

创新型企业可以根据项目类型，灵活选择不同的项目组织模式。总体原则是既要保证创新项目按期推进，又要尽可能提高创新资源的复用率。

（五）如何建立高效的跨职能产品开发团队

对创新型企业而言，跨职能团队项目组织模式是必然选择，再差的跨职能项目组织模式也比职能式项目组织模式效果要好！但是，真正实施跨职能项目组织模式对于绝大部分企业而言意味着重大的挑战，意味着艰难的组织变革！

1．跨职能组织模式难以推行的原因分析

很多公司知道跨职能团队组织模式比职能式组织模式更适合新产品开发，但是不敢采用，或者在尝试了一段时间之后又回到职能式组织模式了。究其原因，主要有以下几个方面。

（1）公司主要领导对跨职能组织模式的意义与价值认识不够，跨职能组织模式推行时遇到困难和阻力容易退缩。

（2）未建立公司级的、端到端的、有效的创新流程支持跨职能团队推进创新项目。缺乏组织流程支持，光靠项目经理个人能力，光靠项目团队成员的“自觉性”，是不可能持续、有效地实现跨职能团队组织模式的。

（3）未采取以项目结果和团队为导向的绩效考核与激励模式。项目团队考核和激励如果不是结果导向和团队导向，那么跨职能团队很容易流于形式，最终不了了之。

（4）职能部门的“习惯势力”过于强大。一些职能部门将完成部门任务作为优先事项，对项目职能代表及项目扩展团队支持不够。一些职能经理感觉“自己的权力被削弱”，有意无意地抵制跨职能团队组织模式。

（5）项目经理能力不够。一些项目经理缺乏管理跨职能团队的有效方法、经验和技能，遇到困难和挫折后容易放弃，不能坚持原则，不能积极主动想办法解决问题、推进项目。

各企业可以对照以上各条，看看是哪些原因影响了公司跨职能团队组织模式的有效推行？并思考如何有效解决以上问题。

2．高效的跨职能团队建设方法

对创新型企业而言，采用跨职能团队组织模式进行新产品开发已经不是有没有必要的问题，而是如何做好的问题。如果由于用筷子很难学，我们就放弃使用筷子而改用手抓，那么我们每次吃饭的时候都会非常痛苦。同样，因为跨职能团队组织模式难于管理就放弃采用，在做每个新产品项目时都会遇到很多麻烦。

以下是建立高效的跨职能团队的一些原则。

（1）对于每个重大的新产品开发项目都应有一支明确任命的跨职能团队。没有清晰定义的团队，就不可能有清晰的职责、角色和责任。在项目团队中，清楚区分谁是核心团队成员，谁是扩展团队成员。核心团队成员是真正的团队成员，与项目经理一起对项目的最终绩效结果负责。扩展团队成员只是偶尔参与项目，只做一些事情或只参加团队会议。决策评审团队在每个入口都应该书面签署团队任命书。要强调团队的跨职能，项目团队成员由来自市场、研发、生产、销售和财务等部门的职能代表组成。

（2）项目团队尽可能小而专注。核心团队人数一般不超过 8 人，理想的人数是 5 ～ 7 人。可能的话，核心团队成员应将其时间 100%地投入项目。对于一个重要的新产品项目而言，宁愿要 2 ～ 3 个全职员工而不愿要 10 个半职员工。为什么？因为我们从来得不到这些半职员工 50%的时间。此外，他们对项目缺乏归属感，他们有很多其他重要事情要做。同时，与这么多人进行沟通也很成问题。

（3）核心团队成员自始至终留在项目内，不只是在项目中待一小段时间或只待一个阶段。项目从一个小组转手给另一个小组经常会丧失动力。如果在项目最后阶段需要新的人手，那么增加商业化人员（如增加一些生产和销售人员到项目团队）而不要更换整个项目团队和项目领导者。有效的项目管理原则：让项目团队成员的关键知识拥有者一直坚持到项目结束。

（4）任命明确的项目经理，其作为项目领导者负责推动项目前进。项目经理自始至终对整个项目负责：其负责走完整个流程，而不只负责一个或几个阶段。这样，责任是递增的，关键知识不会流失，团队动力得以保持。

（5）认真选择组织结构。对于每个重要的新产品项目，我们要根据项目的周期、复杂程度等从上述三种跨职能团队组织模式中选择最合适的一种。

（6）保证项目团队资源。很多企业在处理紧急或重要事项方面，紧急的“救火”事项（如客户问题或生产问题等）往往优先处理，而重要的新产品开发项目可能被搁置甚至被遗忘。最佳实践的做法是让新产品开发团队全职专注于新产品开发，而不是在很多任务中分散他们的精力。

(7) 使从创意到上市的流程更具跨职能团队特征。使流程的每一步或每个阶段都是跨职能的，例如，如果没有市场和生产的人员参与，项目就不能进入开发阶段。在每个入口，决策评审团队也是由跨职能管理人员组成，这样所有的职能部门都会支持此项目。

3．“理想的”跨职能团队的特征

建立“理想的”跨职能团队是各个创新型企业的追求。企业CPO可以参照以下“理想的”跨职能团队的特征提升跨职能团队绩效。

(1) 有明确任命的对项目结果负责的项目经理和项目团队成员。

(2) 项目团队成员具有项目所需要的互补技能。

(3) 项目团队成员协同合作，共同对项目结果负责。

(4) 如果项目团队成员的技能不能满足项目需要，项目团队成员可以从相应职能部门获得支持。

(5) 项目团队成员能够无障碍地即时互动沟通。

(6) 项目团队成员能即时共享相关项目信息。

(7) 项目经理及项目团队成员熟练掌握简洁、有效的项目管理方法。

(8) 基于规范、跨职能的创新流程进行有效的项目管理。

(9) 所有团队成员均“忘记”跨职能。

咨询实例

某仪器制造企业的整体组织模式优化

某仪器制造企业有近300名研发人员，经过近20年发展，年营业规模做到10亿元。公司原先业务比较单一，产品方向主要是公司董事长亲自把握。董事长亲力亲为，虽然很累，但企业基本上是有序发展的。公司上市后，业务范围快速扩展，新产品开发和上市总是偏离预期，公司董事长感到越来越力不从心。部门多了、人也多了，但是部门之间的配合越来越低效了，很多重要新产品开发项目必须董事长亲自介入，推进的速度才会比较快。公司董事长意识到再靠以前的组织模式，公司很难实现持续、快速增长，公司发展很难符合股东和投资人的期望。

顾问团队经过深入诊断后发现，公司规模虽然在持续扩张，但组织模式一直沿用以前的职能式组织模式，新产品开发主要是由研发部负责。公司没有产品管理部门，没有产品经理职位。新产品开发项目的项目经理主要由研发部的研发工程师兼任，只能在研发内部协调技术人员，出了研发部就“不灵”。公司的新产品开发流程是沿用 ISO 9000 流程，由研发部起草并负责实施，实际上是研发部内部流程，牵涉跨部门的工作只能通过部门之间开会协调，或者请上级领导出面协调解决。

顾问团队给该公司实施了“三强化一优化”的企业整体组织模式变革。

（1）设立公司级的产品管理部，由董事长亲自兼任产品总监，从研发、客服和销售等职能部门选拔产品线经理，负责各条产品线的规划和管理。

（2）设立公司级的项目管理部，负责公司所有创新项目的统筹管理，由研发部的项目变为“公司的项目”。从研发等部门选拔 8 名专职的项目经理，负责领导跨职能的新产品开发团队。公司还认证了 10 名兼职的项目经理。

（3）设立流程管理部，选拔对公司新产品开发过程非常熟悉的一个研发经理担任流程经理，负责公司级的、端到端的、规范的产品创新流程建设和管理。

（4）优化研发部内部管理。研发部的职能由新产品开发的主责部门变成一个资源部门，研发部不再直接负责新产品开发项目，而是为公司新产品开发项目培养和输送专业技术人员。

在公司整体组织模式优化的基础上，公司开展端到端的新产品开发流程规范，通过试点项目验证新产品开发流程的有效性，基于新产品开发流程进行有效的项目管理。

经过一年左右的体系建设和一年左右的体系推行，公司新产品开发周期缩短了、成本降低了，客户满意度提高了，新产品开发成功率大幅提升。公司董事长在与顾问团队交流时深有感触地说，“本次咨询项目我最大的感受就是两个字‘分工’。通过组织模式优化实现了有效的分工，同样 300 名研发人员的研发效率、投入回报有了很大的提升。我自己也从日常研发细节管理中解脱出来了，能够有更多精力思考公司的发展战略，寻找新的战略机会点了。”

CPO 行动

我们公司的新产品开发项目是否应该采取跨职能团队组织模式？有效性如何？如何进一步提升跨职能项目团队组织模式的有效性？

本节小结

（1）企业组织模式优化应该遵循三大基本原则：战略导向原则、市场导向原则、有效平衡原则。

（2）制造型企业向创新型企业转型升级的有效做法是在公司设立产品管理部门，统筹产品规划和管理工作，通过创新驱动实现高质量发展。

（3）企业整体组织模式设计强调“三强化一优化”：强化产品管理、强化项目管理、强化流程管理，优化研发中心内部管理。

（4）企业创新团队包括三种类型：决策团队、管理团队和产品团队。其中决策团队包括产品审批委员会和技术委员会，管理团队包括流程管理部和项目管理办公室，产品团队包括产品规划团队、产品开发团队、产品运营团队以及技术开发团队。

（5）跨职能团队是创新项目必要的组织模式。再差的跨职能团队也比职能式团队要好。

（6）创新型企业根据项目类型的不同，可以分别选择三种不同的跨职能项目团队组织模式：弱矩阵、平衡矩阵和强矩阵。

第三节 创新人才培养

选聘创新人才，为创新人才“赋能”是企业各级管理者的核心职责。

CPO 思考

(1) 我们公司有基于战略规划的创新人才规划吗？

(2) 我们公司的创新人才包括哪些类型？

(3) 我们公司创新人才的专业性、数量能够匹配公司创新项目的需要吗？

上节我们探讨了创新型企业应该设立什么样的组织结构。组织结构中各个岗位必须有足够数量、足够专业的创新人才支撑，组织结构才能有效运转起来，创新项目才能有效推进，企业创新目标才有可能达成。因此，对于创新绩效提升而言，组织结构设计是前提，创新人才培养是关键。本节我们重点讨论创新人才的类型以及各类创新人才如何有效培养。

创新人才培养需要CPO统筹领导，人力资源部门组织跟进，各职能部门主责。选聘和培养足够专业、足够数量的各类专业人才是各职能部门负责人的核心职责。各职能部门不能将选聘和培养专业人才的责任推给人力资源部门。在专业人才选聘和培养方面，人力资源部门主要是提供支持与服务。

一、创新人才类型

一提到创新人才，很多企业的“自然”反应就是研发人才、技术人才。因为这些企业都是研发部在“搞创新”，好像创新跟其他部门没有关系。这种看法是片面的，甚至是错误的。我们认为创新人才可以分为三类：领导类、管理类和技术类，如图5-13所示。

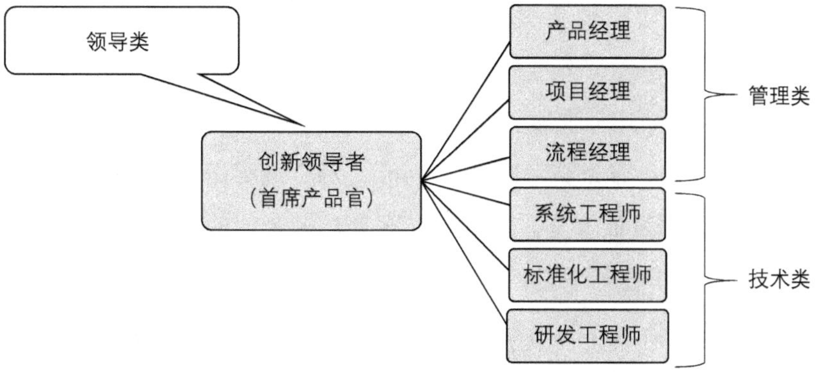

图 5-13 知行信“1+6”创新人才培养框架

领导类创新人才主要是指企业部门经理以上的中高层管理人员，核心是首席产品官；管理类创新人才主要包括产品经理、项目经理和流程经理等三类人才；技术类创新人才主要包括系统工程师、标准化工程师和研发工程师等三类人才。

当然，从广义的角度讲，一个企业的所有人员都可以称为创新人才，因为所有岗位的所有员工都要有创新思维，都要掌握做好岗位工作所需的创新方法。本书定义的创新人才主要是指与技术开发和产品开发密切相关的人才，不包括运营类的创新人才。

创新人才培养源于创新人才规划。一些科技创新型企业要启动创新项目时才去市场上招聘人才。招聘人才需要周期，培养人才也需要周期，创新人才不可能“招之即来，来之能用”。很多企业是“人到用时方恨少”。

关于创新人才规划与培养，我们有以下建议供创新领导者参考。

（1）创新人才的培养要与公司的创新战略相匹配。在制订公司创新战略规划时，要同步制订公司的创新人才规划。创新战略需要五年规划，创新人才也需要五年规划，甚至十年规划。十年树木，百年树人！培养人才的周期比种植树木的周期要长！

（2）要在制订公司创新战略规划的同时，展开制订各产品线战略规划，根据各产品线的人才需求，汇总公司的创新人才需求。例如，各产品线三年后需要 30 个项目经理，那么现在就要有步骤地开始培养多名专业的项目经理。

（3）创新人才的选拔和培养工作要“前置”，要有提前量。例如，今年开始培养的一位产品经理，可能要三年后才能堪当大任。

(4) 创新人才培养要循序渐进，要有“梯队”安排，不可能一蹴而就。例如，项目经理培养要经历实习项目经理、项目经理、高级项目经理和资深项目经理等几个阶段。

(5) 创新人才培养要考虑“A/B角”，每个重要岗位都应该有“替补队员”，以确保公司发展安全。例如，某医疗器械企业的产品算法等核心技术掌握在一个资深工程师手里，该工程师离职直接导致一条产品线瘫痪。

(6) 各类创新人才的培养均有“应知应会”。“应知”是指该岗位需要系统了解的知识，不要求深度；“应会”是指该岗位必须掌握的内容，否则不可能胜任该岗位的专业要求。“应知”代表广度，“应会”代表深度。“应知”是创新人才应该了解的内容；“应会”是创新人才必须掌握的内容。“应知应会”是各类创新人才履行职责，做出贡献的前提和基础。

咨询实例

某安防企业的创新人才规划与培养

深圳一家做可视对讲系统的安防企业董事长认识到了产品经理的重要性，希望作者帮他到其他企业挖几个产品经理，分别负责不同的产品线，减轻自己的创新压力。

作者对该董事长说，产品经理是各个企业都非常稀缺的人才，很难轻易挖到。即使挖来了，由于行业不同、企业文化不同、管理水平不同，挖来的产品经理也很难“存活”，或者很难有效发挥作用。此外，咨询顾问是不可能帮助一个客户去挖另外一个客户企业的专业人才的，这有违职业道德，并且被挖人的企业的老总很可能会和咨询顾问“拼命”。

作者建议该公司自主培养产品经理。可以通过外部招聘和内部选拔相结合的方式，选拔5～8名产品经理候选人进行培养。培养的方式应该“知行合一”，既要学习系统的产品创新管理方法，也要投身新产品开发项目实践，“在战争中学习战争”“在游泳中学会游泳”。通过坚持不懈的培养，三年左右的时间可能会培养出2～3名专业的产品经理，五年左右的时间会有5～8名专业的产品经理可以上岗。如果现在不采取选拔和培养行动，三五年之后公司还是会感叹没有合适的产品经理人选！

二、领导类创新人才的培养

顾名思义，创新领导者（Innovation Leader）是领导公司持续成功创新的人才团队。创新领导者包括公司副总以上的高层管理者和各职能部门负责人在内的中层管理者。创新领导者的灵魂人物是对企业“持续成功创新”负责的企业首席产品官。

（一）首席产品官的培养

首席产品官在中国还是一个“新鲜”的职位，在国际上也是最近五年左右开始“流行”。美国硅谷等领先的科技创新型企业都开始设立首席产品官职位。例如，谷歌公司的两位创始人就分别担任首席产品官（产品总裁）和首席技术官（技术总裁）职位，董事长、CEO等企业“最高职位”反而是聘请外部职业经理担任的。

首席产品官职位的出现，反映了创新型企业对“产品”及“产品创新”的战略重要性的认识。很多科技型企业的尴尬情况是：CEO不管产品，CTO管不了产品（只管技术）。作为企业获取回报的手段的“产品”，反而在公司高层没有人真正负责。

关于首席产品官的选拔与培养，请参见第一章第四节。

（二）高层管理者的培养

高层管理者是指公司副总以上的管理者，包括公司董事长、CEO、总裁、营销副总、研发副总、运营副总、财务副总、人力资源副总等各种CXO。高层管理者一般分管一个或者多个职能部门。例如，营销副总可能分管市场、国内销售、国际销售、售后服务等职能部门。

高层管理者的创新观念、创新领导力对于企业持续成功创新非常关键。如果企业高层管理者理念不一致、行动不一致、相互之间的配合“貌合神离”，企业的创新活动开展将会非常艰难。

企业高层管理者在创新管理方面的“应知应会”总结如表5-6所示。

表 5-6　企业高层管理者在创新管理方面的“应知应会”

应知	应会
（1）创新的正确观念 （2）创新的关键成功要素 （3）产品创新管理流程体系	（1）创新战略分析与决策 （2）项目组合管理决策 （3）项目决策评审流程与方法

在企业高层管理者“应知”部分，“创新的正确观念”请参见第八章，“创新的关键成功要素”请参见第一章第三节，“产品创新管理流程体系”请参见第六章第二节。

在企业高层管理者“应会”部分，“创新战略分析与决策”请参见第二章，“项目组合管理决策”请参见第七章第三节，“项目决策评审流程与方法”请参见第三章第八节。

管理学大师德鲁克对“管理”有以下三个基本假设。

（1）管理不是“管理”人。

（2）管理是“领导”人。

（3）管理的目标是充分发挥和利用每个人的优势和知识。

同样，作为创新型企业的高层管理者，其主要职责也不是“管理”人，而是对知识工作者进行有效的“领导”。通过有效的领导充分发挥和利用每名知识工作者的优势和知识。那么，创新型企业的高层管理者如何有效地领导创新呢？

1．明确创新在公司中的角色与地位

公司高层管理者应该明确地告知全体员工和合作伙伴，创新是公司成长和发展的引擎。公司高层管理者将创新视为最重要的工作职责。公司通过创新实现持续的有机增长。

2．营造积极的创新氛围

公司高层管理者以实际行动鼓励和支持创新。建立新产品创意提交系统、指定专人负责新产品创意收集和管理，对员工提交的创意给予快速反馈并对提交创意的员工表示感谢。对好的创意予以表扬和奖励。给研发人员适度的弹性时间用于做自己感兴趣的研究工作。高层管理者定期拜访客户，参加市场调查工作。高层管理者经常出席各种激发新产品创意的头脑风暴会议。

3．制订公司的创新目标与创新战略

根据公司的发展目标与战略，制订公司的创新目标与创新战略，将创新目标作为公司高层管理者年度绩效目标的重要部分。

4．建立并遵循世界级的创新流程

高层管理者组织建立基于最佳实践的从创意到上市的端到端的新产品开发管理流程，设定流程绩效目标，任命流程经理对流程的有效性负责。公司高层管理者准时出席决策评审会议，并遵照决策评审准则对新产品项目进行决策评审。高层管理者成为践行流程、维护流程的榜样。

5．对创新项目进行严格的生 / 杀决策和组合管理

遵循事先设定的决策评审准则，在每个业务评审点对新产品项目进行严格的生 / 杀决策。对通过决策评审的项目排定开发的优先顺序，确保将公司宝贵的创新资源用于正确的新产品项目组合。不要尝试用公司有限的资源去做太多的项目。

6．给项目团队提供强有力的支持和授权

高层管理者按时、按质、按量地兑现项目资源，保证新产品项目的顺利开展。高层管理者不要过多介入新产品项目的日常运作，将日常工作和日常决策交给项目团队。

（三）中层管理者的培养

中层管理者是指各职能部门的正副职。中层管理者“承上启下”，是企业创新管理的中坚力量。中层管理者既要有领导力，又要有管理力；既要“抬头看路”，也要“低头拉车”；既要有全局视野，也要能抓关键细节。

企业中层管理者在创新管理方面的“应知应会”总结如表 5-7 所示。

表 5-7 企业中层管理者在创新管理方面的“应知应会”

应知	应会
（1）创新的正确观念 （2）创新的关键成功要素 （3）本职能部门在创新中的角色与职责	（1）产品创新管理流程体系 （2）跨职能团队组织管理 （3）项目决策评审流程与方法 （4）创新人才培养方法

在企业中层管理者“应知”部分，“创新的正确观念”请参见第八章，

“创新的关键成功要素”请参见第一章第三节，“本职能部门在创新中的角色与职责”请参见第五章第二节。

在企业中层管理者“应会”部分，“产品创新管理流程体系”请参见第六章，“跨职能团队组织管理”请参见本章第二节，“项目决策评审流程与方法”请参见第三章第八节，“创新人才培养方法”请参见本节。

三、管理类创新人才的培养

管理类创新人才是传统企业“转型升级”“创新驱动发展”“高质量发展”的核心力量，是创新型企业最容易忽视，也最需要着力培养的创新人才！一个科技企业有再多的“技术牛人”，有再多的专业的中高层职业经理，如果缺乏足够数量的、足够专业的创新管理类人才，也是不可能取得卓越的创新绩效的。

产品经理、项目经理和流程经理一定是创新型企业需要持续花大力气培养的关键创新人才。如果用开车打个比方，产品经理好比“看路人”，项目经理好比“开车人”，而流程经理则是“修路人”。“路”修得不好（创新流程不规范、有效性差），车（创新项目）是不可能开好的。路修得很好、司机车也开得很好，但是“看路人”看错了方向（定义了没有市场“钱景”的新产品开发项目），那么只会浪费公司宝贵的创新资源，只有投入没有回报。

由此可见，产品经理、项目经理和流程经理三者的专业性以及相互协同配合对于实现预期的创新投资回报目标是非常关键的。在这三个角色中，“看路人”产品经理又是最为关键的。

（一）培养产品经理

在客户基本需求已经满足、全球化市场竞争日益加剧、低端产能严重过剩、低价战略不再有效的今天，产品经理这一角色对于企业的前途和命运的关键作用日益显现。对创新型企业而言，提出“得产品经理者得天下”亦不为过。对企业而言，本文“天下”这个词的主要含义包括：生存空间、盈利水平、市场份额、行业地位等。产品经理是企业“夺取天下”“稳固天下”的关键角色。从某种意义上讲，一个企业能做多强、能做多大、能活多久，很大程度上取决于企业有多少名卓越的产品经理。

下面从产品经理的角色与职责、胜任素质与能力要求、选拔与培养等方面比较系统地介绍产品经理这一职位，帮助企业有效地选拔和培养足够数量的、专业的产品经理，持续开发出成功的创新产品，实现企业持续、健康、快速成长。希望系统、完整、深入学习产品经理知识体系的朋友可以重点阅读作者《产品经理实务》一书。

1．产品经理角色认知

从本质上看，产品经理主要有三大核心角色，如图 5-14 所示。

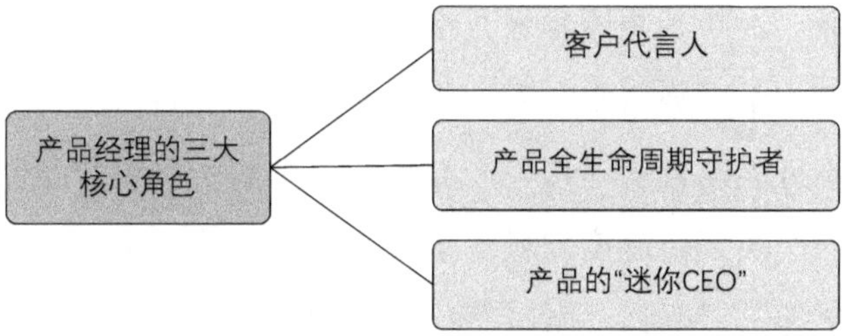

图 5-14　产品经理的三大核心角色

（1）客户代言人：在企业内部，产品经理代表客户的需求与利益，企业以客户为中心也就是要以产品经理为中心开展工作。产品经理必须“比客户自己还了解他的需求”。也就是说，客户说出来了的需求产品经理必须知道，客户没有说出来的、没有想到的、没有预期的需求产品经理也必须“洞察（Insight）”。洞察客户需求是产品经理最基本，也是最核心的职责。苹果公司创始人乔布斯就是一位卓越的客户“隐性需求”洞察者。

（2）产品全生命周期守护者：产品经理负责产品的端到端管理（见图 5-15），产品经理要做的工作是“100–X”。也就是说，产品成功需要做好的工作是 100，团队其他成员做了 X，剩下的工作必须由产品经理做好。创新型企业必须确保在任何时间、任何地点，都有人随时对产品的成功负责。这个人就是产品经理。

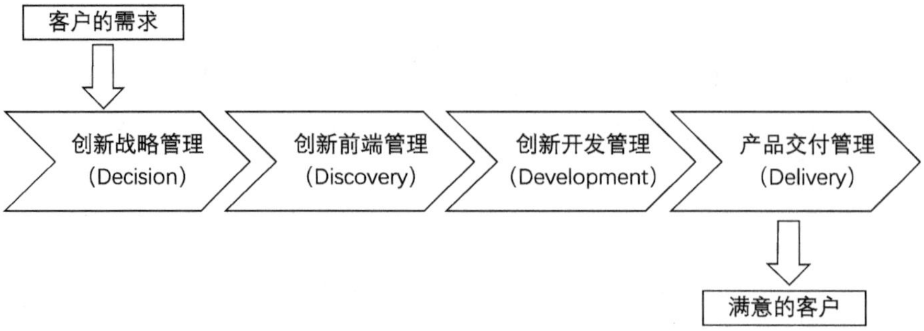

图 5-15 知行信 4D 创新流程

(3) 产品的"迷你 CEO"：产品经理是产品的"总经理"，对产品的上市成功负责，对产品的投资回报负责。创新型企业设立产品经理制度，选拔和培养多名产品经理的主要目的就是要培养多名小"总经理"，将有一个"孙悟空"（董事长）的企业变为拥有多个大大小小的"孙悟空"（产品经理）的企业。有些企业成长到几个亿之后很难再上台阶的一个主要原因就是企业只有一个"孙悟空"——董事长。由于时间、精力和学识等的限制，董事长不可能亲自管理多条产品线，不可能所有新产品创意都来自董事长！企业的产品创新过度依赖董事长的结果就是董事长成了企业持续快速发展的"瓶颈"。如何一个公司有 10 名产品经理，每名产品经理每年都能为企业创造 3 个亿的营业收入，那企业年收入不就到了 30 亿元吗？

2．产品经理的主要职责。

基于以上产品经理的角色定位，产品经理的主要职责如下。

(1) 组织产品线规划，负责产品线管理，对产品线经营绩效负责。

(2) 负责新产品创意激发、收集、管理和评审。

(3) 负责新产品概念开发、测试、完善和评审。

(4) 组织市场研究工作。

(5) 洞察客户需求。

(6) 组织产品定义工作。

(7) 组织项目可行性分析工作，提交立项分析报告。

(8) 在新产品开发过程中验证客户需求，管理需求变更。

(9) 组织新产品上市管理工作。

(10) 负责产品生命周期管理工作，组织产品退市管理工作。

3．产品经理的胜任素质与能力要求

大家明白了创新型企业为什么需要设立产品经理职位，也明白了产品经理的角色定位与主要职责，下一个问题就是要选择把什么样的人培养成产品经理。从知行信十余年的创新咨询实践看，产品经理培养是一项“低成功率”的工作。因此，选拔合适的人进行培养就显得尤为重要。当然，多选择一些人进行培养也能增加产品经理培养的成功概率。

从胜任素质的角度看，产品经理最核心的胜任素质是具有企业家精神，也就是具有从0到1的精神。产品经理实际上是企业的“内部创业者”，其工作要么是在现有产品的基础上，对现有产品进行改进和完善，或者开发出新的系列产品；要么就是负责一条全新的产品线，组织开发和上市对于企业而言甚至对于整个世界而言是全新的产品。因此，产品经理要乐于面对不确定性，要敢于冒险，要善于创新。产品经理一定要有对做成一件别人没做过（突破型创新）或者别人没做好（重大改进型创新）的事情的持续激情与耐心!

在具有强烈的企业家精神的基础上，具有以下能力能够更好地帮助产品经理走向成功。

（1）快速学习能力。

（2）想象力与创造力。

（3）领导能力。

（4）有效沟通能力。

（5）愈挫愈奋能力。

4．产品经理选拔

产品经理最好的获取途径是选拔内部员工进行培养。从外部招聘或者从同行“挖人”的做法效果不会太好。一是当前市场上优秀的产品经理本来就奇缺，很难找到；另外即使好不容易挖到了一个，也可能由于文化、制度等原因而水土不服，中途夭折。有些企业董事长说产品经理培养时间太长，培养来不及了。这其实是一个人才规划问题。如果你五年前就开始培养产品经理，那么现在应该有人可用了。同样，如果从现在开始培养产品经理，那么三五年之后可能会培养出几名优秀的产品经理。最好是不要过了三五年之后还是抱怨企业没有合格的产品经理。

一些企业选拔毕业不久的大学生当产品经理，这是将产品经理职位

“庸俗化”的表现。大学毕业生既无技术经验，也无市场经验，更无企业经营管理心得，对企业产品了解也不多，是无法担当大任的!

我们列出以下产品经理选拔标准，供创新型企业选拔产品经理培养对象时参考。

（1）本科以上学历（条件优秀者可适当放宽），具备五年以上相关行业工作经验，三年以上本公司研发、销售、市场等领域工作经验。

（2）上进心强，喜欢面对不确定性，企业家精神强。

（3）创新能力强，有开创精神。

（4）同理心强，善于与客户沟通。

（5）领导力强，能够协同公司内外相关人员有效开展工作。

（6）学习能力强，能够快速学习和掌握新的知识和方法。

（7）诚实坚韧，对结果负责。

建议企业选择五名以上产品经理候选人进行培养，确保企业未来3～5年有三名以上合格的甚至是优秀的产品经理能担当大任。知行信2012年帮助北京某高科技企业从500名研发人员中选拔出了30多名产品线经理，每条产品线经理对1～3个亿的年营业收入负责。现在，已经有十多名产品线经理能够有效负责相应产品线的规划和管理，能够根据规划有节奏地持续推陈出新。

5．产品经理的培养

产品经理的培养应该采取“创新行动学习法（IAL™）”，在“干中学”。以下列出产品经理培养路线图，供创新型企业培养产品经理时参考。

（1）选拔培养具有企业家精神，符合公司核心价值观，未来5～10年能为公司做出巨大贡献的优秀员工为产品经理。

（2）系统学习基于最佳实践的创新方法（建议产品经理重点学习作者专门针对科技创新型企业产品经理写作的《产品经理实务》一书）。

（3）在创新项目实践中应用所学创新方法（干中学）。

（4）适时总结、优化、系统化创新方法，提高创新方法适应性。

（5）鼓励创新，宽容失败。

（6）坚持!

国内某全球领先的安防产品企业产品经理的培养路线：大学毕业后先做三年技术，然后做三年市场（销售），再开始产品经理的历练。

6．产品经理的“应知应会”

对产品经理而言，“应知”的内容是产品创新管理体系框架及其主要内容，“应会”的内容在产品创新流程的不同阶段有所不同。

产品经理“应知”的内容包括研发与产品创新管理体系（RDIM®）的六大子系统：创新战略管理、创新前端管理、创新技术管理、创新团队管理、创新流程管理以及创新项目管理（见图 5-16）。

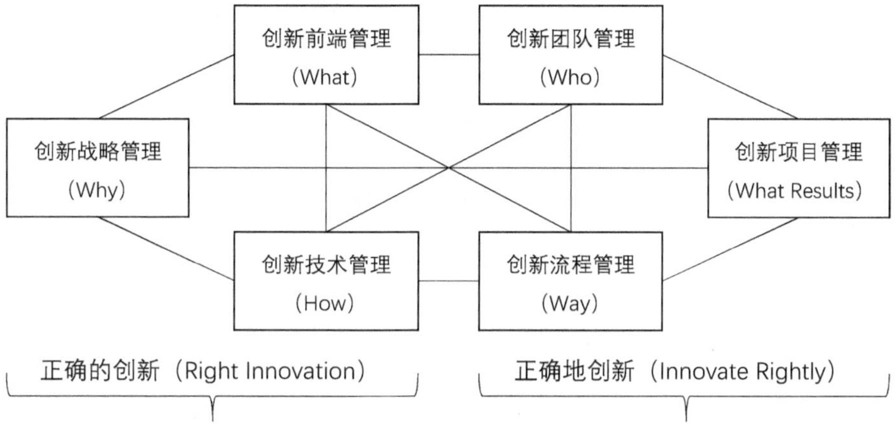

图 5-16　知行信研发与产品创新管理（RDIM®）知识体系框架

产品经理“应会”的内容应该通过“干中学”掌握，先逐一系统学习各种创新方法，然后在创新项目实践中反复应用、总结和优化。产品经理“应会”的创新方法可以通过阅读作者《产品经理实务》一书自学，也可以参加专业的产品经理核心技能培训课程学习，最好的方法是通过引进专业的创新咨询机构“手把手”地教授。

在图 5-17 中，我们列出了产品经理在创新流程各阶段必须掌握的 15 个主要创新方法。

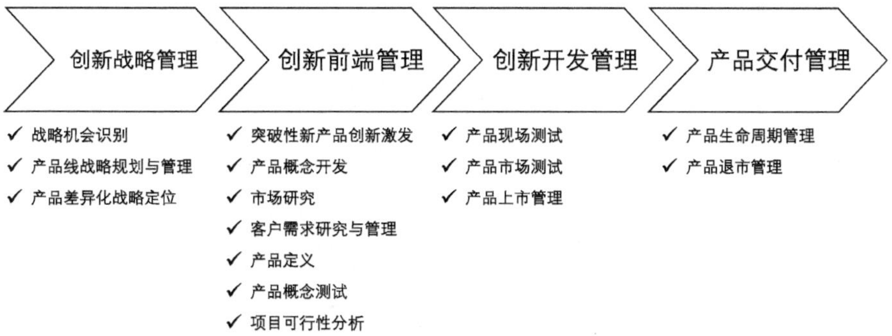

图 5-17　产品经理在创新流程各阶段必须掌握的主要创新方法

7．产品经理的职业生涯规划

产品经理是从事产品规划和管理工作的人员的统称，基于管理幅度的不同，产品经理可以有不同的名称（见表 5-8）

表 5-8　产品经理头衔与管理幅度

产品经理头衔	管理幅度
产品经理	管理一款产品或者一条产品线
产品线经理	管理一条或者多条相似产品线
产品总监	管理多个产品品类，或者管理一个事业部的所有产品
首席产品官（CPO）	管理一家企业多个事业部的所有产品组合

随着产品经理能力的增强，管理产品的幅度不断增大，职位也不断提升，这其实也正是产品经理的“职业生涯规划”。有些企业可能会有解决方案经理这样的角色，负责整合公司的多条产品线形成一个“产品包”，为某类行业客户提供整体解决方案。其实，解决方案也是产品，解决方案经理也是产品经理的一种。

在图 5-18 中，我们描述了产品经理职业生涯规划示意图，供各位有志于从事产品管理工作的朋友参考。

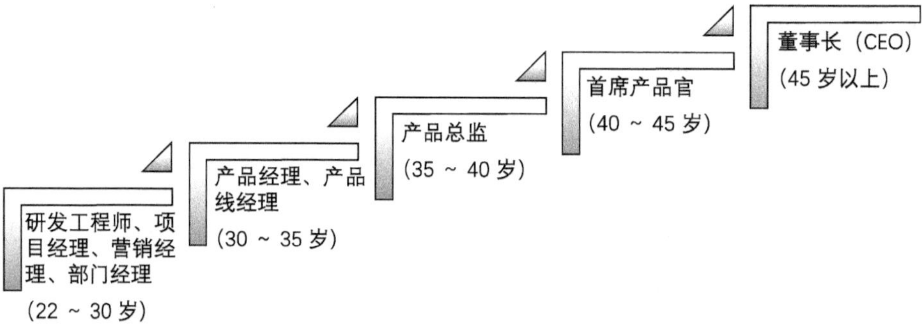

图 5-18　产品经理职业生涯规划（示意）

行业不同、个人悟性不同、个人勤奋程度不同、职业平台和机遇不同，产品经理的“进步速度”可能也会有所不同。进步比较慢的产品经理要从企业家精神、创新能力、创新方法掌握程度以及勤奋程度等方面进行反思。进步比较快的产品经理也无须“沾沾自喜”，要反思基础是否牢固，未来后劲是否很足，是否能够“从优秀走向卓越”。

从以上介绍中，大家应该对产品经理角色的作用及其重要性有了较为深入的了解，同时对产品经理的选拔和培养的挑战性也有了较为深入的认识。在“创新驱动发展”的“新常态”下，立志成为市场领导者的创新型企业的领导者，需要尽快做出“艰难的决策”：是自己培养专业的产品经理开发创新产品，还是止步于做一个没有长远未来的“跟随者”！

产品经理的培养是投资未来！越投资未来，越有未来；越不投资未来，越没有未来！早投资，早受益！

创新的时代呼唤产品经理，全球化剧烈竞争的时代呼唤卓越的产品经理！

得产品经理者得天下！

咨询实例

某软件企业的产品经理选拔与培养

深圳某行业软件开发企业，缺乏产品思维和产品线思维，一直在不停地“做项目”。企业300名软件工程师，有250人以上常年在客户现场“写代码”“做实施”。公司项目总是“缺人”，不停地招聘新人，有些软件工程师第一天入职，第二天就被派往了项目现场，入职培训都“来不及了”。这样做的结果是项目总是延期，客户满意度不高，项目回款不及时，公司现金流非常紧张。由于各个类似项目重复劳动多，人员浪费严重，公司人均产值不高、人均利润不高，人均薪酬也缺乏竞争力，软件人员对待遇普遍不满意。客户满意度不高、回款期长、现金流紧张、利润率低，公司董事长对现状也非常不满意。

顾问团队通过现场调研发现，该公司是典型的“项目型公司”，而不是“产品型公司”。公司没有产品管理部门，没有产品经理，只有销售部门负责拉单子，研发部门负责“做单子”。研发部门实际上主要是项目实施部门，没人做平台开发和“基型产品”开发工作，同类项目模块层面的重用率不超过30%，主要是一些软件组件层面的重用。

顾问团队帮助该公司组建产品管理部门，从研发部门选拔技术全面、项目经验丰富、进取心强的研发骨干担任产品经理。每条产品线任命产品线经理和系统工程师，两者紧密配合，通过已经做过的同类项目归纳共性需求，定义产品平台和基型产品。组织研发工程师进行模块开发和“封装”，基于功能模块组成产品平台，基于产品平台开发基型产品，基于基型产品响应客户项目的个性化需求。

通过一年多的艰苦努力，公司各条产品线均建立起了明确的、有效的产品线管理团队，定制项目开发都是在基型产品的基础上进行的。产品的标准化率达到了80%以上，也就是说，响应同类定制项目的需求，有80%的内容已经准备好了，定制开发团队响应个性化需求的比例只占20%左右。通过采用基于产品平台和基型产品的定制项目交付，定制项目周期普遍缩短50%以上，项目差错率减少80%以上，及时回款率提升到80%以上，客户满意度也大幅提升。项目效益提升了，项目团队的人均产值、人均利润也同步提升了，项目团队的人均薪酬也大幅改善了，公司的利润率也大幅提升了。由项目型公司走向产品型公司，实现了客户、员工和公司的三赢！

（二）培养项目经理

产品经理、系统工程师、项目经理组成创新型企业"金三角"团队组合，如图5-19所示。这三个角色对于企业持续成功创新是最为关键的，也是企业最需要着力培养的三类创新人才。

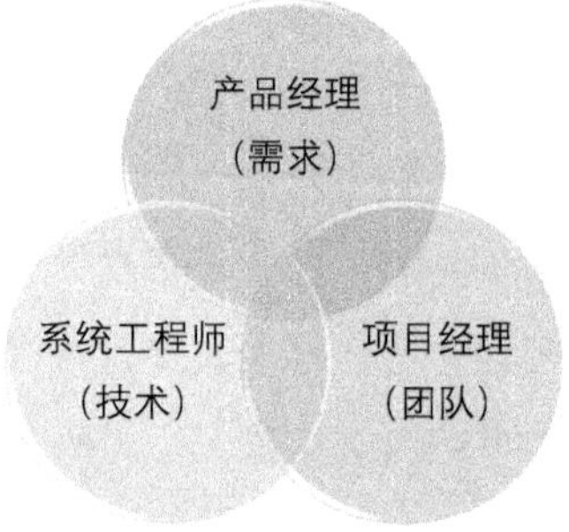

图5-19　创新型企业"金三角"团队组合

产品经理将"需求"搞清楚，系统工程师将"技术"搞清楚，项目经理将"团队"搞清楚。很多公司是在需求不清楚、技术不清楚、团队资源也不清楚的情况下启动新产品开发项目的，这样的新产品开发项目经理将非常"郁闷"，甚至感觉"生不如死"。"边了解需求、边开发技术、边开发产品"的"三边"开发模式，往往导致项目中途夭折，或者新产品上市大幅延期，项目投资回报不理想。

做过优秀的系统工程师或者项目经理的创新人才更有可能成长为卓越的产品经理。卓越的项目经理不一定能成长为卓越的产品经理，但卓越的产品经理一定首先是卓越的项目经理！项目都做不好的人是不可能成为称职的产品经理的！

本书指的项目经理是“跨职能新产品开发团队”的项目负责人(Project Leader)，是公司级的项目经理，而不是研发部内部负责技术开发的研发小组组长。

下面简要介绍项目经理的“应知应会”、项目经理的培养以及项目经理的职业生涯规划。详细的项目管理介绍内容请见第七章。

1．项目经理的选拔

以下是项目经理选拔的主要标准，供创新型企业参考。

（1）喜欢跟人打交道，而不是喜欢跟技术打交道。

（2）喜欢迎接新的挑战。

（3）喜欢解决复杂问题。

（4）视不确定性为常态，不讨厌不确定性。

（5）既有全局观，又能抓细节。

（6）享受项目成功的喜悦。

（7）对人生成就有较高期许。

项目经理的核心工作是协同项目团队，推进项目，实现项目目标。因此，项目经理的核心能力是人际沟通能力。一些企业由于担心研发人员“不服”技术水平不高的项目经理，选拔不擅长与人交往的“技术牛人”当项目经理。其结果往往是这些“技术牛人”项目管理没做好，技术工作也耽误了，这些“技术牛人”往往会非常失落、郁闷和不爽，甚至会选择离职。

其实，项目经理也是一个非常专业的职位，项目经理应该凭借自己专业的项目管理水平服众，而不是靠技术水平服众。当然，做过研发，有较好的技术背景再当项目经理是比较好的。

2．项目经理的“应知应会”

项目经理要协同来自不同职能和专业的跨职能团队成员有效开展工作，项目经理对公司的组织模式及端到端的创新流程应该非常熟悉。本质上讲，项目经理应该是基于流程进行项目管理，而不只是基于个人魅力和经验进行项目管理。

我们总结了项目经理的“应知应会”，见表 5-9。

表 5-9 项目经理的“应知应会”

应知	应会
（1）产品创新管理体系及各子系统的主要内容 （2）客户及客户的客户的需求 （3）公司产品开发所需主要技术及其发展趋势 （4）公司主要供应商、合作伙伴及竞争对手 （5）公司行业、市场环境	（1）跨职能团队组织模式及其特点（如何管人） （2）端到端的新产品开发管理流程（如何做事） （3）项目管理方法（如何取得结果）

相对于研发人员而言，项目经理更要“懂管理”，由技术人员转型当项目经理要“由技术走向管理”。项目经理要“让人做事并取得结果”。卓越的项目经理要“让正确的人心情愉快地、高效地做正确的事，并取得超出期望的结果”。

项目经理应该掌握的“跨职能团队组织模式”参见本章第二节，“新产品开发管理流程”参见第六章第二节，“项目管理方法”参见第七章。

一些企业的项目经理没听说过 PMP（国际项目经理认证），一些企业的项目经理 WBS（工作分解结构）都不知道。试想一下，这些缺乏基础最佳实践方法指导的项目经理，怎么可能交付超出期望的项目成果？

3．项目经理的培养

项目经理的培养也要践行“行动学习法”，也要“干中学”，在“边学边干，边干边学”中做到知行合一，“螺旋式上升”。

以下是项目经理的核心能力要求。

（1）有商业头脑。

（2）能与客户及利益相关者进行有效的沟通。

（3）熟练掌握项目管理方法。

（4）会使用项目管理工具。

（5）具有领导力。

基于项目经理的核心能力要求，作者提出卓越项目经理的成长要点。

（1）心怀理想。

（2）精通项目管理“应知应会”。

（3）由易到难的项目管理实践。

（4）持续反思与改进。

（5）坚持！

科技创新型企业要留意从研发人员中选拔“情商”较高的项目经理苗子，可以先做技术开发小组组长，然后做跨职能产品开发团队中的研发代表，再做相对比较简单的新产品开发项目的项目经理，最后成长为复杂产品开发项目团队的项目经理。

4．项目经理的职业生涯规划

项目经理也是一个专业性很强的职业，也有相应的职业生涯规划，如图 5-20 所示。

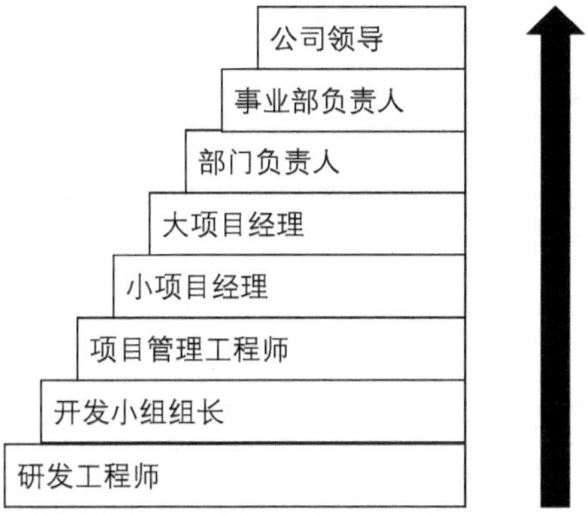

图 5-20　项目经理的职业生涯规划

原理上说，部门经理及以上职位的管理者，应该都有项目经理的经历，而且应该是卓越的项目经理才有可能提拔为公司中高层管理者。试想一下，如果一个企业的中高层管理者项目经理都没有当过，或者当过项目经理但是不称职，其有可能做好更为复杂的部门或公司管理工作吗？深圳某知名通信企业明确规定，没有考过 PMP 证书的员工不能当项目经理，没有当过合格的项目经理的员工不能提拔为主管以上公司管理者。

5．项目经理领导力自检

熟练掌握和运用项目管理的方法和工具是项目经理的基本功，但是要领导一个复杂的跨职能产品开发团队，项目经理还需要提升领导力——依靠自己的人格魅力和影响力而不是组织赋予的“正式权力”领导项目团队成员。项目经理可以通过表 5-10 对个人项目领导力进行评价，明确改进重点和改进措施，持续修炼自我，提升自我。

表 5-10 项目经理领导力自检表

序号	项目经理领导力自检方面	优秀	良好	一般	较差
1	我非常渴望通过领导项目成功获得成就感				
2	我喜欢与人打交道，能够协同不同专业、不同级别的人实现项目目标				
3	我能以身作则地做好各项工作，获得同事的尊重与认可				
4	我熟练掌握项目管理方法，能高效、高质量地做好各项项目工作				
5	我主要靠自身的威信而不是公司授予的权力来领导和管理项目团队				
6	我能和不同性格的团队成员保持友好的个人关系				
7	我喜欢不断迎接新的挑战，而不喜欢墨守成规				
8	我喜欢解决复杂问题，而不是天天做重复的工作				
9	我视不确定性为常态，我有信心管理变化				
10	我既有全局观，又能抓细节				

通过以上 10 个方面的自检，我最需要改善或提升的是哪些方面？我计划如何行动？

自检人：

（三）培养流程经理

“流程经理（Process Manager）”一词，对很多公司而言非常陌生。甚至有些公司的中高层管理者第一次听到流程经理一词时会问：流程还需要“经理”吗？我们的回答是肯定的，流程需要“经理”，而且非常需要强有力的、能够对流程绩效负责的“经理”。

普遍意义上来说，“管理就是流程（Management Is Process）”！凡是重复进行的、重要的、容易犯错的事情都应该通过流程进行规范。而进行流程规划、建设和管理就需要流程经理这一角色。

根据管理幅度的不同，企业流程经理可以分为公司级流程经理和部门级流程经理。公司级流程经理负责跨部门的公司级流程建设与管理，如产品创新管理流程和订单交付管理流程。部门级流程经理负责与部门相关的公司级流程及部门内部流程体系的建设与管理。根据企业规模及工作任务饱和度不同，各级流程经理可能是专职的，也可能是兼职的。华为公司总部流程管理部的流程经理人数超过 300 人。

1．流程经理的主要职责

流程经理负责流程的规划、建设与度量，主要职责如下所述。

（1）流程规划：制订未来需要建设或优化的流程计划。

（2）流程建设：组织团队建设新流程或优化现有流程，并将流程通过 IT 工具落地。

（3）流程度量：适时检查流程的有效性、高效性，适时优化流程。

流程经理要对流程的有效性负责。流程经理不但要主责“修路”，还要经常性地检查“车在路上跑得怎么样”，通过检查车辆的通行情况，及时维修或者优化“道路”。因此，企业流程建设不是一次性工作，而是长期性的、常态化工作，需要有常态化的“流程经理”进行有效管理。

2．流程经理的选拔

流程经理是公司重要的管理岗位，流程经理的专业性很大程度上决定了流程建设与执行的质量，而流程建设与执行的质量很大程度上决定了项目的质量。企业应选拔管理素养高、责任心强的、实际工作经验丰富的管理者担任流程经理。

创新型企业专兼职流程经理选拔可以从以下方面考虑。

（1）熟悉相应职能工作，是相应职能工作的内部“最佳实践拥有者”。

（2）能承诺时间用于流程建设与优化工作。

（3）逻辑思维能力强，学习能力强。

（4）工作认真细致，对结果负责。

（5）能与相关职能员工密切配合工作，团队精神强。

（6）能认识到流程建设与优化工作对公司的价值，有“志愿者”意识。

（7）有推动流程执行的意愿和能力，在同事中威信较高。

（8）是公司拟培养的潜在管理者。

3．流程经理的“应知应会”

流程经理必须熟悉公司业务，熟悉公司组织模式，才能有效建设和管理流程。创新型企业产品创新管理体系流程经理的“应知应会”总结如表 5-11 所示。

表 5-11 流程经理的“应知应会”

应知	应会
（1）产品创新管理体系及各子系统的主要内容 （2）客户及客户的客户的需求 （3）公司主要供应商、合作伙伴 （4）公司行业、市场环境	（1）公司组织模式及各职能分工 （2）流程建设与管理方法 （3）组织变革推动方法

4．流程经理的培养

流程经理的培养也应该践行“干中学”，循序渐进地培养各级流程经理。流程经理的培养步骤如下所述。

（1）选拔管理素养好、责任心强，是部门某方面“最佳实践拥有者”，负责相应流程的撰写或优化，培养其具有写好一个流程的能力。例如，研发部可以选拔合适的结构工程师负责公司结构开发流程的撰写。

（2）在能写好一个流程的基础上，让其负责整个部门流程的撰写与管理，成为部门级流程经理。

（3）在担当部门级流程经理合格的基础上，通过推荐成为公司级流程经理。

四、技术类创新人才的培养

技术类创新人才主要包括系统工程师、标准化工程师和研发工程师。一些创新型企业只注重各类研发工程师的培养，忽视了系统工程师和标准化工程师的培养。其实，系统工程师和标准化工程师的培养比研发工程师的培养更重要，对公司创新发展更具战略意义。

各类专业技术人才的专业“赋能”主要靠创新型企业自身，本书主要从“管理”视角讨论如何有效、高效地培养各类专业技术人才。

（一）培养系统工程师

系统工程师（System Engineer）是指对整条产品线的技术担负整体责任的技术人员。在软件行业，系统工程师也被称为架构师（Architect）。一些软硬件结合产品开发的企业系统工程师也被称为技术总工、技术负责人等。

在图 5-19 中，我们提到产品经理、系统工程师和项目经理组成产品创新的“金三角”。在产品全生命周期中，产品经理和系统工程师需要紧密配合，产品经理回答“做什么（What）”，系统工程师回答“怎么做（How）”。

一些系统工程师缺失或者系统工程师不专业的企业，产品经理与技术体系协调沟通非常困难。产品经理要与不同专业的技术人员进行沟通，不同技术专业之间经常出现矛盾或冲突。

1．系统工程师的主要职责

系统工程师是“一专多能”的技术人才，要求在某个技术领域专精的基础上，对产品线涉及的各类专业技术均有系统的了解。例如，一家装备制造企业的系统工程师，需要熟悉的技术专业可能包括：结构、机械、液压、电气、软件和外观设计等。

系统工程师的主要职责如下所述。

（1）与产品经理一起洞察客户需求，一起进行产品定义。

（2）与产品线经理一起进行产品线规划和管理。

（3）负责产品平台规划、开发和维护。

（4）负责项目技术可行性分析，识别项目核心技术和关键技术。

（5）负责组织技术预研。

（6）负责组织产品开发过程中的技术评审。

2．系统工程师的“应知应会”

由系统工程师的主要职责，可以明确系统工程师的“应知应会”（见表 5-12）。

表 5-12　系统工程师的“应知应会”

应知	应会
（1）产品创新管理体系及各子系统的主要内容 （2）客户及客户的客户的需求 （3）公司主要供应商、合作伙伴 （4）公司行业、市场环境	（1）客户需求研究方法 （2）产品定义方法 （3）技术可行性分析方法 （4）技术预研方法 （5）技术评审方法 （6）产品平台开发与管理方法 （7）产品线规划与管理方法

由以上系统工程师的“应知应会”可以看出，系统工程师既要懂技术，也要懂管理，要具备很好的团队精神和领导力，能够与产品经理、项目经理及项目团队成员高效协同工作。

3．系统工程师的培养

系统工程师的培养也是一个“干中学”的过程，也需要循序渐进。需要注意的是，创新型企业应该有规划地培养系统工程师，应该将技术水平高、学习能力强、管理素养好的技术人员纳入系统工程师培养库，有意识地对其历练和培养。

一般而言，系统工程师可以参照以下路径进行培养。

（1）先做三年以上的专业技术，成为某一技术领域的专家。

（2）出任相对比较简单的新产品开发项目的研发代表，初步了解公司产品涉及的各个技术专业。

（3）出任相对比较复杂的新产品开发项目的研发代表，深入了解公司产品涉及的各个技术专业。

（4）出任一条产品线的系统工程师，与产品经理、项目经理及项目团队成员紧密配合，逐步掌握系统工程师的“应知应会”。

（5）出任一个产品系列或者一个事业部的技术负责人，负责管理和指导多条产品线的系统工程师有效、高效开展工作。

（二）培养标准化工程师

标准化工程师对于很多创新型企业而言是一个新的职位。标准化工程师可能是专职的，也可能是兼职的。标准化工程师是指公司内部从事技术标准化、技术重用工作的技术人才。标准化工程师参与或主责的工作主要包括：技术要素标准化与重用，模块化设计与应用，产品平台规划、开发、应用与维护等。

1．标准化工程师的主要职责

（1）技术要素标准化、重用与维护。

（2）模块化设计、应用与维护。

（3）产品平台开发、应用与维护。

以上三项职责中，标准化工程师基于能力、水平以及公司的需要，可能参与其中一项或多项工作。

标准化工程师的核心职责是将可以“重用（Reuse）”的技术知识进行标准化“封装”，通过 PDM 或 PLM 等 IT 工具进行“安全地分享”，避免重复开发同类技术、模块或平台。

创新型企业既要开发新技术，又要“重用”已有技术。很多企业重视新技术开发，但是忽视已有技术重用，造成大量创新资源浪费，削弱了公司的技术竞争力，损害了公司的创新投资回报。

2．标准化工程师的“应知应会”（见表 5-13）

表 5-13　标准化工程师的“应知应会”

应知	应会
（1）技术开发与重用流程 （2）模块化设计与应用流程 （3）产品平台规划、开发与管理流程	（1）技术要素重用方法 （2）模块化设计方法 （3）产品平台开发方法

标准化工程师的核心能力是对相关专业技术的深刻理解，归纳提炼能力和文字表达能力也很重要。

3．标准化工程师的培养

标准化工程师的培养也要践行“干中学”，循序渐进地提升标准化工程师的专业水平。企业内部专业技术水平高的专业技术人才才有可能成长为标准化工程师。有些工程师解决实际技术问题的能力很强，但是不善于归纳总结和书面呈现，这样的人才也很难成为标准化工程师。标准化工程师要求“会做（专业技术能力强）”又“会说（归纳总结和书面呈现能力强）”！

标准化工程师可以参照以下路径进行培养。

（1）历练专业技术，成为某方面的技术专家。

（2）将技术开发成果进行标准化，经评审后提交公司技术要素库进行重用，成长为技术重用标准化工程师。

（3）将技术、零部件、生产工艺等“封装”为功能模块，经评审后提交公司模块库进行重用，成长为模块化工程师。

（4）将技术、功能模块等组合成产品平台，基于产品平台进行系列产品开发或定制项目交付，成长为产品平台开发工程师。

（5）优秀的产品平台开发工程师可以选拔、培养成产品线系统工程师。

（三）培养研发工程师

研发工程师是具体负责解决各类技术问题的专业技术人员，如结构工程师、硬件工程师、软件工程师和UI（User Interface，用户界面）工程师等。

创新型企业要在培养各类专业研发工程师的基础上，根据公司发展需要，在各类研发工程师中选拔和培养足够数量的、足够专业的标准化工程师和系统工程师。

1．研发工程师的主要职责

研发工程师的核心职责是解决各类专业技术问题，具体而言，研发工程师的主要职责包括以下方面。

（1）及时、准确地分析和解决专业技术问题。

（2）及时、完整、准确地撰写和提交技术文档。

（3）做好相关技术的标准化和重用工作。

（4）培养、指导新的技术人员。

研发工程师可能参与技术预研项目，也可能参与新产品开发项目，还有可能参与订单交付项目的定制研发工作。创新型企业要根据各个研发工程师的专业水平、个人意愿以及公司需要，合理安排和分配研发工程师的工作任务。需要注意的是，资深的高级技术人员，最好不要频繁参与订单交付项目的定制研发工作。对公司来说，这样的安排投入回报不划算。另外，这样做也很容易导致这些高级技术人员“郁闷和不爽”，甚至会另谋高就。

2．研发工程师的“应知应会”（见表5-14）

表5-14　研发工程师的“应知应会”

应知	应会
（1）技术开发与重用流程 （2）新产品开发管理流程 （3）项目管理方法	（1）相应专业技术水平 （2）技术矛盾解决方法（TRIZ） （3）创造性思维方法 （4）技术文档撰写方法 （5）技术标准化方法

研发工程师应当掌握的主要是相关专业技术，如果能够有较强的项目管理能力，有利于项目团队的合作，有利于更加有效和高效地做好各类创新项目。

关于研发工程师要掌握的主要技术管理方法，请重点参阅第四章。

3．研发工程师的培养

研发工程师的培养也应该“赋能”与实践相结合。给研发工程师“赋能”的主要方式如下所述。

（1）参加公司内外的专业技术培训。

（2）公司技术重用库的知识分享。

（3）导师制，“师傅带徒弟”。

（4）公司内外的技术交流、分享会议。

创新型企业一定要非常重视各类专业技术人才的培养，这是企业解决技术问题、开发和上市成功的创新产品的前提与基础。对于一家科技创新型企业而言，如果不能掌握核心技术，不能保持核心技术领先，那这家公司是不可能成为市场领导者的。例如，作为一家新能源汽车企业，如果不能在三电技术（电池、电机、电控）方面保持领先，那这家公司很难开发出有市场竞争力的创新产品，很难成为市场领导者。面向未来的创新型企业需“客户需求洞察”与“核心技术领先”的“双轮驱动”!

4．研发工程师的职业生涯规划

创新型企业要从优秀的研发工程师中选拔和培养各类创新人才，研发工程师是各类创新人才成长的“摇篮”。研发工程师的职业生涯路径可能有如下多种。

（1）始终朝技术方向发展：工程师—高级工程师—资深工程师—技术专家—首席科学家。技术人员不一定“技而优则仕”，不一定要朝管理和经营方向发展。美国硅谷非常崇尚“工程师文化”，在硅谷的很多科技企业，很多软件从业人员为60岁还是“软件工程师”感到自豪!

（2）朝技术管理方向发展：工程师—标准化工程师—系统工程师。

（3）朝项目管理方向发展：工程师—研发代表—项目经理—高级项目经理—资深项目经理。

（4）朝经营方向发展：工程师—研发代表—项目经理—产品经理—高级产品经理—资深产品经理。

CPO 行动

我们公司应该有哪些类型的创新人才？哪些类型的创新人才需要重点选拔和培养？我们应该如何选拔和培养各类重点创新人才？

本节小结

（1）创新人才包括领导类、管理类和技术类三类，领导类、管理类创新人才规划和培养比技术类创新人才规划和培养更重要，更具战略意义。

（2）领导类创新人才包括企业首席产品官（CPO）、高层管理者和中层管理者。首席产品官是企业持续成功创新的灵魂人物，是企业的创新领导者。

（3）管理类创新人才包括产品经理、项目经理和流程经理。产品经理的专业性和数量，很大程度上决定了企业创新的持续性与成功率。

（4）技术类创新人才包括系统工程师、标准化工程师和研发工程师。系统工程师与产品经理密切配合，共同对产品线投资回报负责。

第四节　创新团队考核与激励

有效的绩效考核与激励是保证创新团队常态化地高效运转的必要举措。

CPO 思考

(1) 我们能公平考核创新团队吗?

(2) 我们能有效激励创新团队吗?

(3) 我们的创新团队能够常态化地保持高效运转吗?

创新团队是指参与公司技术开发、产品开发和产品管理的团队，包括产品规划团队、产品开发团队、产品运营团队以及技术开发团队等。从原则上说，所有参与创新工作的人员均应该进行有效考核和激励。

一、创新团队考核与激励的常见误区

在企业管理中，绩效管理是最困难、最具挑战性的管理内容之一。很多企业一直在寻求有效的绩效管理方法。但是，我们在咨询实践中，发现很多企业的绩效管理思路是错误的，绩效管理方法方面也存在很多误区。一些企业的领导者经常感叹：绩效管理不搞不行，但是搞了之后效果往往更糟。根据我们的观察，创新型企业在绩效管理方面主要存在以下误区。

1．绩效管理就是打分

很多企业一提绩效管理，管理者和员工的第一反应就是“打分”。搞绩效管理就是为了打分，就是要看看哪些员工做得好，哪些员工做得不好。

最佳实践观点：打分只是手段，目的是发现绩效差距，找出原因，制订对策，实施改进，最后提升绩效。

2．绩效管理就是为了给员工发奖金

很多企业的管理者认为绩效管理就是通过给员工打分，将员工分出三六九等，然后计发月度奖金。甚至有些员工认为，公司搞绩效考核目的就是要给我们降工资，因为月度绩效奖金本来是我们应该得的。

最佳实践观点：给员工计发绩效奖金只是绩效管理的目的之一，更重要的目的是提升员工的能力，改善绩效。克扣员工绩效奖金更不是任何健康的企业进行绩效管理的动机。

3．由部门领导负责给每个员工打分

我们已经看到多家高新技术企业的研发部门是这样给员工进行绩效考核的：员工自己填报自己的当月绩效，然后交给公司的研发总监，由研发总监给每位员工的月度绩效进行评分。而这些企业的研发人员都是 50 人以上。

最佳实践观点：应该由最了解员工实际工作状况的直接上司或者相互配合的同事给员工进行绩效考核。任何一个研发总监都无法了解每个员工的真实工作状况，这样的绩效考核只会流于形式。

4．绩效管理就是“你好，我好，大家都好”

很多企业研发部门月度绩效考核的结果，每个员工都是 90 多分。如果分数低了，谁都不高兴，而且分数的高低直接影响月度绩效奖金的发放金额。如果公司要求搞“强制分布”，那么大家就“老末”轮流做，即大家轮流充当绩效不好的“后进分子”。

最佳实践观点：这样的绩效管理不做可能更好。这样的绩效考核完全是流于形式，这是典型的“上有政策，下有对策”式的管理方式。这种做法助长了公司的歪风邪气，助长了员工对工作应付了事的作风，会严重挫伤优秀员工的工作积极性。

5．期望有完全定量的绩效评价方法

有家做军工电子的高科技企业的研发人员有近 100 人，该公司的研发总监一直在寻求一种“自动化”的绩效考核模式。该研发总监希望每天每个员工将自己的工作结果输入电脑，到月底就能自动统计出每个员工的工作绩效。

最佳实践观点：这是一种典型的将知识工作者当成体力劳动者的绩效

评价方法。计时、计件的绩效评价方法可能能够统计出知识工作者的“工作量”，但是无法衡量工作的“质”。而对于知识工作者而言，没有“质”的“量”是毫无意义的。

从以上种种绩效管理的误区可以看出，很多企业将绩效管理简单地看成是绩效考核，只注重对员工的工作结果进行考核，忽视了对员工取得这样的工作结果的原因的分析。员工每月只是知道了工作结果的分数，而不知道如何有效地改进工作，提升绩效。更为重要的是，对于新产品开发项目，大多数企业还是采用职能式组织模式进行管理，各个职能部门分别负责完成与本部门相关的新产品开发工作，各个职能部门分别对自己部门员工的绩效进行评价。

如果不采用有效的跨职能团队组织模式进行新产品开发管理，对新产品开发的绩效进行评价和管理基本上是缘木求鱼，不太可能取得好的效果！

各个创新型的 CPO 可以对照以上描述的绩效考核与激励误区，结合下文寻求进行有效的创新团队绩效考核与激励管理的方法。

二、创新团队绩效管理与激励制度设计原则

创新型企业需要在绩效考核与激励制度设计原则达成共识的基础上进行绩效考核和激励制度的设计。如果在原则方面达不成共识，公司设计的绩效考核和激励制度最终就不能得到员工的认可，制度的执行就会流于形式。可能的结果就是公司花费了高昂的考核成本和激励投入，效果却差强人意。

我们列举五条创新团队绩效考核与激励制度设计原则，供企业参考。

1. 结果导向原则

智力工作者工作的过程很难评价，只有结果才能真正评价。员工的工资与各项奖金最终来源于产品的市场表现，来源于公司从产品和服务中获取的利润。

2．团队导向原则

公司不鼓励个人英雄主义，鼓励团队通过互补的技能共同实现项目目标。个人的工作成果只有被别人“利用”才能真正创造价值。

3．贡献导向原则

评估团队成员绩效主要看其对项目的贡献，而不只是看投入的时间和精力的多少。

4．相对公平原则

没有绝对公平的评价，只有动态的相对公平，公司不应为了追求绝对公平而大幅增加管理成本。公司不能为了发500块钱奖金而花费5000元的考核成本。

5．动态优化原则

没有完美的绩效考核与激励制度，任何制度都需要根据环境和条件的变化持续完善与改进。

建议：创新型企业在制订绩效考核与激励制度前，先就以上原则与骨干员工进行沟通。在沟通达成共识的基础上，根据以上原则设计企业创新团队绩效考核与激励制度。

三、创新团队绩效管理制度设计

在绩效管理方面，有两个基本观点是非常重要的。一是“不能衡量的东西就无法管理”，二是“你衡量什么人们就会做什么”。绩效管理制度如果设计不合理，其结果往往是“劳民伤财”“怨声载道”。在科技创新型企业，销售人员主要是按销售业绩提成，生产人员主要通过计时、计件核发奖金。与销售、生产类岗位相比，创新团队绩效考核更为复杂、更难有适合各家公司的统一的最佳实践做法。

各家企业要在绩效管理基本原则和方法的指导下，结合企业的规模、发展阶段、业务形态、管理素养等设计适合企业的绩效管理制度，并随着公司的发展持续优化，确保公司绩效管理制度能够始终有效服务于公司战略目标的实现。

（一）创新绩效管理流程

创新已经成为企业可持续发展的最主要的途径，创新绩效已经成为公司绩效的主要部分。真正重视创新的企业，一定会为创新设定合适的绩效指标，并对创新绩效进行有效管理。公司创新绩效管理步骤如下所述。

1．指定公司创新绩效管理责任人

谁应该对公司的创新绩效负责？是公司董事长、总经理？是分管研发的副总经理？还是研发总监？不同的公司会有不同的答案。遗憾的是很多公司根本没有明确的创新绩效管理责任人！

创新是21世纪企业领导者的首要任务，创新型企业应该正式任命首席产品官，对企业创新投资回报负责，对企业持续成功创新负责！

很多企业没有明确任命首席产品官，董事长也不清楚自己是首席产品官，或者不清楚首席产品官的责任。有些企业任命了首席产品官，但是首席产品官的能力不匹配，责权也不匹配，首席产品官职位还是流于形式。

如果是企业董事长亲自负责企业创新工作，企业董事长就应该是企业的首席产品官。如果企业董事长不亲自负责企业创新工作，企业就应该明确任命一位高层管理者为首席产品官，对企业创新绩效负责。

2．设定公司创新绩效指标

不同的创新战略会有不同的创新绩效指标。对于创新型企业而言，真正有意义的创新战略包括两种，即“领先战略”和“快速跟随战略”。既不能领先，又不能做到快速跟随领先者的企业是防御型的企业或者是被动响应型的企业，这样的企业是不可能具有长期竞争力的，是不可能长期存活的。

领先型企业与快速跟随型企业的主要创新绩效指标如表5-15所示。

表 5-15　创新型企业的创新绩效指标

创新战略类型	领先型企业	快速跟随型企业
主要创新绩效指标	（1）新一代产品首先上市比例 （2）主流客户市场份额占比 （3）同类产品年营业收入占比 （4）同类产品年利润占比 （5）领先的核心技术占比 （6）基础研究投入金额占比	（1）在机会窗周期内上市新产品占比 （2）主流客户市场份额占比 （3）同类产品年营业收入占比 （4）同类产品年利润占比

以上“占比”的统计基数是市场上同类产品本公司比例。市场统计以国内市场为基数，更应以全球市场为基数。很多企业在国内做到了第一，但是与全球标杆企业相比，年营业收入不到全球领先企业的 1/10。站在全球视角看企业，与全球标杆企业比较创新绩效，企业才有可能保持国内领先，甚至成为全球标杆。

苹果智能手机是全球领先者，年营业收入占全球份额约 20%，但是年利润占了全球约 90%。可见苹果公司产品的创新性与高附加值。国内一些低端智能手机厂商号称出货量进入了全球前三，但是基本不盈利，这样的企业很难长期发展的。华为公司作为智能手机市场的快速跟随者，其愿景目标是“超越苹果和三星”，成为全球领先的消费电子厂商。华为公司创始人任正非明确要求消费者事业部负责人不能简单比拼出货量，要实现“有利润的增长”。

3．制订公司创新绩效目标

指标是“要做什么”，目标是“要做多少”。基于公司的战略目标，CPO 要为选定的创新绩效指标设定明确的目标。目标应该有 3 ～ 5 年的规划，可以每年滚动修订，而不是每年制订一次年度目标。以年度为单位制订经营目标，容易短视，导致企业只关注年度运营绩效，忽视中长期投资。

2019 年，华为喊出了“3 年 1000，5 年 1500”的口号，即消费者事业部要在 3 年内实现 1000 亿美元的年收入，5 年内要实现 1500 亿美元的年收入。如果这样的战略目标能够实现，则消费者业务有望大幅缩小与苹果公司的差距，成为全球前三的“实力玩家”。

4．制订并执行公司创新战略

目标管理是最有效、最高效的管理方式。创新型企业要制订并执行公司创新战略，以实现公司创新绩效目标。

创新型企业要明确进入的业务领域、不进入的业务领域，要在不同的业务领域、不同的项目类型有效分配创新资源，以实现公司整体创新投资回报的最大化。

关于创新战略决策、创新资源分配请参见第二章。

5．评价公司创新绩效

绩效管理的目的不是评价绩效本身，而是对照绩效目标发现差距，寻找改进办法。公司应该定期（每半年或每年）比较公司实际创新绩效与创新目标，发现差距，找出原因，提出对策，制订改进计划。

创新型企业可以从以下方面寻找影响企业创新绩效的根本原因（Root Cause），并寻求改善对策。

（1）公司发展战略方向是否正确？公司对外部环境的变化是否足够敏感？

（2）公司创新资源投入是否足够？创新资源的分配是否科学？

（3）产品创新管理体系是否有效？是否高效？

（4）各类创新人才的数量是否足够？各类创新人才的专业性是否足够？

（5）各类创新人才的考核与激励制度是否有效？

（6）公司中高层管理者是否能够以身作则、率先垂范？是否能够鼓励创新、支持创新、带头创新？

6．执行绩效差距改进计划

除非采取改进行动，否则绩效差距不会自动弥补。创新型企业应该通过执行绩效差距改进计划来弥补差距，实现预期的创新绩效目标。

由以上公司创新绩效管理步骤可以看出，公司创新绩效管理必须是“一把手”工程。只有公司的CPO才有权力组织公司管理团队设定创新目标、制订创新战略、分配创新资源、采取创新行动，并最终实现创新绩效。进行有效的创新绩效管理是企业CPO的核心职责。

（二）不同创新团队的主要绩效考核指标

不同创新团队组成成员不同、遵循的流程不同、交付的成果不同，绩效考核指标也应该不同。需要进行有效考核的创新团队主要有三类。

（1）产品规划团队：负责产品线规划、项目论证、产品全生命周期管理，是一个常设的团队，主要成员包括产品线经理、营销代表、技术代表和财务代表。产品线经理通常是专职的，其他团队成员主要是兼职的。产品规划团队也是产品上市后的产品运营团队。

（2）产品开发团队：是指负责产品开发过程管理的跨职能团队，负责产品开发、测试和上市等三个阶段，对产品成功上市负责，对产品实现盈亏平衡负责。产品开发团队主要包括项目经理、各职能代表以及各职能扩展团队成员。

（3）技术开发团队：包括技术预研、产品平台开发、模块开发、技术标准化重用等团队，主要由技术人员组成。

绩效指标可以分为过程绩效指标和结果绩效指标两类。这三种团队的主要绩效考核指标如表 5-16 所示。

表 5-16　不同创新团队主要绩效考核指标

创新团队类型	过程绩效指标	结果绩效指标
产品规划团队	（1）产品线规划准确性 （2）新产品项目论证正确性 （3）新产品上市时间符合度 （4）新产品上市成功率	（1）产品线年度收入 （2）产品线年度利润 （3）产品线投资回报率 （4）产品线市场份额
产品开发团队	（1）新产品上市时间符合度 （2）新产品客户需求满足度 （3）新产品成本符合度	（1）产品上市阶段收入 （2）产品上市 2 年（3 年）内收入
技术开发团队	（1）技术开发质量符合度 （2）技术开发周期符合度 （3）技术开发成本符合度	（1）2 ～ 3 年内技术重用次数 （2）技术重用带来的成本节省金额

过程指标主要是指“项目层面”的成果，结果指标主要是指“经营层面”的成果。创新型企业既要重视过程指标，更要关注结果指标。过程很大程度上决定了结果，结果才能最终证明过程做得好不好。

（三）创新团队绩效考核制度设计要点

一家企业跨职能团队组织得很好，端到端的产品创新管理流程体系很规范，项目经理也很专业，但是绩效考核与激励制度设计不科学、不合理，最终创新绩效也会大打折扣。

有以下创新团队绩效管理制度设计要点供创新型企业 CPO 参考。

（1）CPO 应该对公司创新绩效负责，应该有效设定各类创新团队的绩效考核指标，有效制订各类创新团队的绩效目标，导向公司整体创新绩效目标的实现。

（2）公司制订的创新团队绩效管理制度必须不折不扣地执行，制订的制度如果不执行还不如没制度。如果绩效管理制度的执行流于形式，那么创新流程的执行也会流于形式，公司的创新绩效目标就很难实现。

（3）不同创新战略的创新型企业应该设定侧重点不同的创新绩效指标。领先型企业需要思考的是如何保持领先，应该重点考核新一代产品首先上市比例、领先的核心技术占比以及基础研究投入金额占比等。快速跟随型企业应该重点考虑如何及时跟上领先者，如何赶超领先者。快速跟随型企业应该重点考核在机会窗周期内上市新产品占比以及主流客户市场份额占比等。

（4）不同的创新团队绩效考核方法、绩效考核重点不同。

四、创新团队激励制度设计

绩效评价的结果是进行激励的基础。通过有效的激励，能够激发创新团队的潜能，实现更好的创新绩效。只进行绩效评价，缺乏及时、有效的激励，绩效管理的实效会大打折扣。

（一）创新团队的主要激励方式

激励机制从性质上分，可分为正向激励和负向激励。正向激励是指对创新团队及个人给予肯定、认可和赞赏；负向激励是指对创新团队及团队成员施以批评、责难和惩罚。一些企业的管理者对知识工作者倾向于采用

"胡萝卜加大棒"式的管理，出台了很多惩罚性的制度和文件。有家高科技企业的研发人员说，"我们公司的奖惩条例一共有 70 条，其中有 55 条是惩罚。"

激励机制从内容上分，可分为物质激励和精神激励。物质激励主要包括薪酬、福利、奖金等；精神激励主要包括表扬、晋升等。很多企业的领导者只注重物质激励，认为只要给员工足够的待遇和报酬他们就会好好工作。其实，物质激励是一种保健激励因素，其边际效应是递减的，但是精神激励的作用是无穷的。有些企业的领导者说，我们给这些工程师的待遇比同行都要高，但是这些工程师的离职率还是比较高，真不知道这些人是怎么想的。其实，大多数知识工作者离开一个工作环境的主要原因不是待遇，而是这个公司的工作环境和氛围。

我们将企业可能用到的各种激励方式列表，如表 5-17 所示，供大家参考。

表 5-17 创新型企业的主要激励方式

	正向激励	负向激励
物质激励	• 加薪 • 提高福利待遇 • 发放加班费 • 发放奖金 • 奖励股票期权 • 奖励股票	• 降薪 • 罚款 • 扣发奖金
精神激励	• 表扬 • 认可 • 职位晋升 • 安排更有挑战性的工作 • 培训 • 弹性工作制	• 批评 • 责骂 • 处罚

（二）创新团队薪酬结构设计

员工薪酬总体上分为固定薪酬和绩效薪酬两部分。固定薪酬是必须发放的部分，员工干多干少、干好干坏，薪酬都需要按时、足额发放。固定薪酬一般与岗位职级、职位等关联。绩效薪酬是或有部分，与季度、年度绩效考核结果挂钩。一般来说，绩效越好的员工，绩效薪酬越高。

不同的企业、不同的岗位，员工固定薪酬与绩效薪酬的比例会有很大不同。表 5-18 呈现了员工固定薪酬与绩效薪酬的可能比例。

表 5-18 员工固定薪酬与绩效薪酬比例

	固定薪酬比例	绩效薪酬比例
高绩效薪酬比例	1/3	2/3
中等绩效薪酬比例	1/2	1/2
低绩效薪酬比例	2/3	1/3

创新团队薪酬结构设计需要考虑以下多个方面。

1．企业发展阶段

处于创业阶段的企业，难以为创新人才支付很高的固定薪酬，倾向于采用高绩效薪酬比例的薪酬结构。发展前景好、业务稳定、盈利能力强的企业，倾向于采用高固定薪酬比例的薪酬结构，以吸引优秀人才加盟。

2．创新项目性质

从事技术开发与从事新产品开发的创新人才的薪酬结构也会有较大差异。从事基础研究、平台开发、模块开发以及技术预研等工作的技术人员，项目绩效难以与直接的投资回报挂钩，应该采用高固定薪酬比例的薪酬结构。从事新产品开发、订单项目定制研发的技术人员，项目绩效与经济效益高度直接关联，应该有较大比例的薪酬来自绩效薪酬。

3．创新项目周期

如果新产品项目开发和上市周期在 1 年左右，项目团队绩效薪酬应该与新产品上市后的市场表现挂钩。医药、医疗器械等开发和上市周期普遍在 3 年以上，甚至是 5 ～ 8 年，这些长开发周期项目的创新团队绩效应该主要与里程碑节点的交付成果挂钩，很难与产品上市后的市场表现挂钩。

（三）创新团队项目奖金分配

很多创新型企业在项目奖金分配方面陷入两难境地：没有项目奖金，项目团队成员缺乏积极主动工作的动力；有了项目奖金，由于分配不公，也非常影响创新人才的士气。

一般来说，创新团队绩效薪酬应该与创新项目绩效强关联。不能由于项目奖金难以核算和分配就不考虑项目奖金，不能因噎废食。

关于创新项目奖金分配，有如下建议供创新型企业参考。

（1）应该制订明确的创新项目绩效管理与激励制度，并向创新团队公开，与创新团队达成共识。

（2）应该在创新项目任务书中明确项目团队成员，明确项目奖金额度与考核办法，对项目奖金进行“预分配”。项目奖金最终分配金额可以不透明，但是分配方式必须透明！

（3）基于事先定义的项目绩效考核办法，对创新项目进行绩效考核，明确项目奖金包额度。

（4）基于项目团队成员在项目中的表现，对项目团队成员进行项目绩效考核。项目团队成员实际计发奖金额与“预分配”奖金额有较大出入的，需要说明原因，达成共识。有效的绩效考核与激励制度就是公司算出来的奖金额与员工自己算出来的奖金额高度一致，而不是大相径庭。

（四）创新团队激励制度设计要点

创新型企业的激励机制设计，基本原则应该是正向激励与负向激励相结合，物质激励与精神激励相结合。具体来说，有以下激励原则供创新领导者参考。

1．物质激励应该适度，应该体现多劳多得原则

工资和福利等固定薪酬以在同行之中有竞争力为度，过高或过低都起不到有效激励的作用。奖金应该与项目绩效直接挂钩。根据团队成员参与的项目的本身绩效以及团队成员在项目中的贡献大小确定奖金发放比例。“普惠式”的奖励可能还不如没有奖励。

2．不要吝啬你的精神激励

“求求你，表扬我”是很多员工的心声。创新领导者要随时准备对员工取得的进展和成绩表示真诚的肯定和认可，鼓励员工从事更有挑战性的工作，鼓励员工为公司做出更大的贡献。精神激励的方式很多，不同的员工有非常不同的精神激励诉求。在洞察员工“需求”的基础上，给予“投其所好”的精神激励是最好的。在某高新技术企业的创新领导力提升研讨会上，员工们提出来最渴望的精神激励如下：

（1）上司的一个拥抱！

（2）与董事长共进午餐！

（3）为家人购买度假机票！

（4）举行狂欢晚会！

3．慎用负向激励

适当的负向激励是必要的，但激励原则应该是“大声表扬，小声批评！”员工工作质量不好应该提出批评；员工工作态度不好，应该提出警告。批评最好是小范围地或者一对一地进行，要顾及员工的自尊和感受。大范围地、公开地、频繁地批评和责难，很容易导致企业里弥漫着消极、低沉、不自信的情绪。很多员工正是由于受不了公司的文化和氛围才离职的。个别企业在公司食堂门口设立“荣誉墙”和“耻辱墙”，导致很多员工产生“就餐恐惧症”。

4．激励要及时

无论正向激励还是负向激励，都应该及时“兑现”。激励的时间效应是递减的。你为了员工一个月前的一次良好表现而表扬员工，员工可能会感到莫名其妙，因为他可能已经忘了你表扬的是什么事情了。承诺员工的项目奖金也应该及时兑现。只有领导兑现公司的承诺，员工才会兑现自己的承诺！

5．最好是激励整个团队

如果一个新产品开发项目取得了良好的业绩，要奖励产品经理，同时也要奖励整个项目团队。对团队的奖励，是对团队精神的认可，能够激励员工更好地发挥团队精神，取得更好的创新绩效。

咨询实例

某通信设备企业创新团队绩效管理与激励制度设计

深圳某通信设备企业，研发人员近100人，市场部负责客户需求了解与产品销售，研发部负责产品开发，是典型的职能型产品开发组织模式。

市场部去客户那了解需求，客户认为市场部的人员不专业，产品需求细节谈不下去，要求研发人员去现场。研发人员说，我们的开发任务很紧张，没时间出差，市场部把需求搞清楚，我们一定能将产品做出来。

市场部、研发部分别归两个副总管理，两个副总均是公司股东。公司总经理是职业经理，没有公司股份，公司总经理很难协调两个副总之间的关系。由于市场部和研发部之间相互“不买账”，产品在需求调研与方案设计过程中花费了大量时间，多个重大新产品开发项目大幅延期，开发出的产品性能指标也很难符合客户要求，公司总经理为此非常苦恼。

公司总经理希望创新顾问帮助企业建立起市场部和研发部的“握手机制”，让两个部门好好配合，共同按时、按质、按量地开发和交付客户满意的新产品。

顾问团队帮助客户建立起以项目经理为核心的跨职能产品开发团队组织模式，重大新产品开发项目均组建包括市场、研发以及采购、生产、质量、服务和财务等职能代表的跨职能团队，由跨职能团队对项目绩效结果负责。新产品上市后，提取首批订单收入的一个百分比作为项目团队项目奖金。在整个产品生命周期中，持续提取销售收入的一个百分比作为项目团队的项目奖金，驱动项目团队关注产品的长期成功。项目团队成员根据岗位重要性以及项目投入时间核算项目奖金分配比例。只要参与了项目，只要对项目有贡献的人员均参加项目奖金分配，如公司项目资料员也能参与项目奖金分配。

基于项目团队绩效结果建立起的考核和激励制度，将市场部、研发部等各个职能部门的手常态化地紧紧握在了一起。市场部和研发部不再老是说“你”“我”，而是经常性地说“我们”，真正做到了“力出一孔，利出一孔”。

CPO 行动

我们应该制订什么样的绩效管理与激励制度设计原则？我们应该如何优化创新团队的绩效管理？我们应该如何优化创新团队的激励制度？

本节小结

（1）结果导向、团队导向是创新型企业设计绩效管理与激励制度的基本原则。

（2）有效的绩效管理既要能够对团队和员工的绩效进行公平的评价，又要能够导向企业持续改进，通过制度和流程的持续优化避免企业“重复犯同样的错误”，真正做到“吃一堑，长一智”。

（3）创新型企业应该物质激励与精神激励并重，应该以正向激励为主。创新团队的绩效薪酬应该与项目绩效强关联，应该体现“多劳多得”。

知行信研发与产品创新管理体系（RDIM®）框架

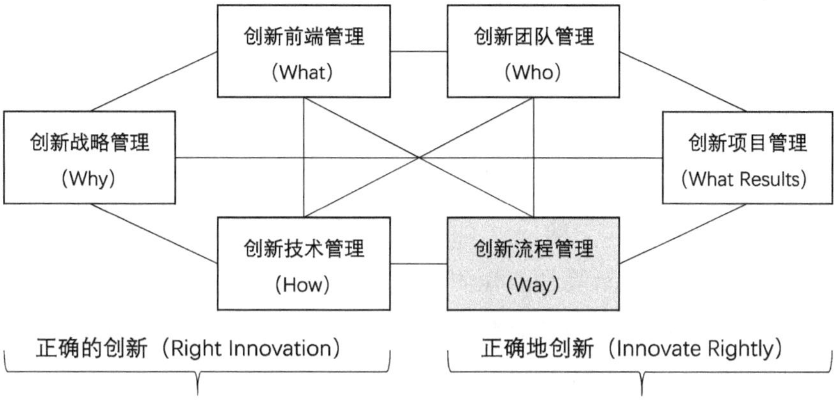

在知行信 RDIM® 体系中，创新流程管理是第五个子系统，回答“通过什么方式做（Way)”的问题。创新型企业应该由“人治”走向“法治”，应该成为“流程型组织”，建立起公司级的、端到端的、规范的产品创新管理流程体系，实现持续成功创新“可复制”。

创新流程管理包括流程体系简介、产品创新管理流程体系建设和订单交付管理流程体系建设等内容。

创新流程管理准则：规范流程体系，实现重复成功！

第六章
创新流程管理

在充满不确定性的时代，创新型企业需要通过流程体系的确定性应对市场（环境）的不确定性。

创新流程体系建设是 CPO 的核心工作，通过建设系统、完整、科学、高效的创新流程体系，帮助公司创新团队有效、高效地创新。

第一节，流程体系简介。本节主要介绍流程原理、流程文件构成、流程体系建设五步曲以及如何建立流程型组织等内容。

第二节，产品创新管理流程体系建设。本节重点介绍产品创新管理流程体系的各个阶段、各个子阶段和子流程。创新型企业可以参照梳理和建设自己的产品创新管理流程体系。

第三节，订单交付管理流程体系建设。本节从订单绩效管理、订单团队管理、订单流程管理以及订单项目管理等四个方面介绍如何建立订单交付管理流程体系。创新型企业可以参照梳理和建设自己的订单交付管理流程体系。

请 CPO 组织企业高层管理团队对照表 6-1，评估企业在创新流程管理方面是否存在以下常见问题，并从本章后续章节的介绍中寻求相关问题的解决方法。

表 6-1 创新流程管理常见问题描述

创新流程管理常见问题描述	公司现状描述
(1) 缺乏端到端的公司级的新产品开发流程，只有部门内部流程，部门内部的工作运行还可以，跨部门工作很难开展	
(2) 只有由研发部门负责的设计开发流程，缺乏创新前端管理流程、产品上市管理流程、产品生命周期管理流程以及产品退市管理流程，新产品开发工作主要是“技术”工作	
(3) 新产品开发和技术开发共用一个流程，没有将新产品开发和技术开发分开，在新产品开发过程中解决关键技术问题，导致新产品开发项目一再延期，或者中途夭折	
(4) 缺乏科学的项目评审流程，项目评审董事长拍脑袋决策，很多没有前景的项目进入了新产品开发流程	
(5) 不同复杂程度的项目走同样的流程，流程缺乏有效裁剪和变通，流程执行僵化、官僚，甚至流于形式，失去了流程提高项目质量和效率的本来意义	

第一节　流程体系简介

建立流程型组织，由“人治”走向“法治”，实现企业持续成功创新“可复制”。

CPO 思考

(1) 我们为不同类型的创新项目分别定义了不同的流程吗?

(2) 我们的创新流程是公司级的吗? 有效性如何?

(3) 我们的创新流程都能有效执行吗?

本节先简要介绍流程原理、流程体系构成和流程体系建设方法，为后续重点介绍产品创新管理流程体系和订单交付管理流程体系奠定基础。

一、流程原理

在英语里，流程（Process）一词是这样解释的：a series of things that are done in order to achieve a particular result。翻译成中文的意思就是“通过做一系列的事情以实现特定的结果”。从这个定义中可以看出，流程包含以下含义。

(1) 流程的目的是实现某一特定的结果。

(2) 流程中要做一系列的事情。

(3) 要有合适的人来做这些事。

(4) 要用合适的方法来做这些事情。

如同生产管理中提倡的“人、机、料、法、环”方法一样，流程也可以总结为“人、事、法、果”四大关键要素。“人”是团队，“事”是要完成的任务，“法”是完成各项任务的基于最佳实践的方法，“果”是完成每项任务需要提交的交付成果。

“管理”的最简单的定义为：管理就是让人做事并取得结果。可见，管理的定义与流程的定义高度一致。也可以说，管理就是流程(Management Is Process)！任何参与的人比较多，持续时间比较长，要做的事情比较复杂，要取得结果比较困难，需要多次进行的事项，都应该采取流程方法进行管理。

（一）流程结构

每个流程均由多个阶段和多个决策评审点组成，如图 6-1 所示。

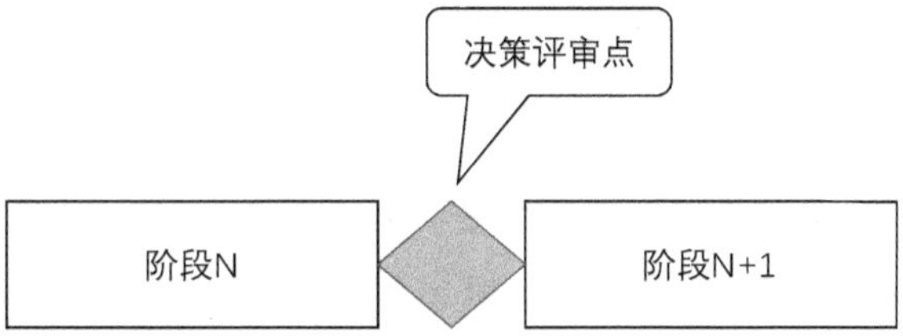

图 6-1 流程结构

每个流程阶段明确要做哪些事情，以及做事的方法；每个决策评审点检查上一阶段的交付成果，决定项目是否可以进入下一阶段。

（二）流程阶段

流程阶段（Stage）是“做事”的地方。项目团队成员在每个阶段完成关键任务，提交交付成果，为决策评审团队提供项目向下一阶段推进所需的决策信息。

规范流程阶段的主要作用。

（1）规范每个阶段要做的事情，避免重复犯同样的错误，提高工作效率和工作质量。

（2）能在已有流程的基础上，及时对流程中存在的问题及缺陷进行优化，实现持续改进，提升公司管理水平和竞争力。

（3）新进人员能够通过流程快速学习做事方法，减少对“师傅带徒弟”式学习模式的依赖，缩短学习周期，降低学习成本，快速为公司做出贡献。

（4）规范的流程还能实现隐性知识显性化，进行有效的知识管理，减少对个别“能人”的依赖，保证公司健康成长。

每个流程阶段需要定义的“人、事、法、果”内容如下所述。

1．项目团队成员及职责（人）

每个阶段的任务都是由团队共同完成的。团队是由各职能部门代表组成的跨职能团队，要明确每个团队成员的分工与职责。例如，产品开发阶段要明确项目团队由哪些职能代表组成，每个职能代表的分工和职责是什么，职能代表由谁担任等。关于创新团队管理的内容详见第五章。

2．本阶段需要完成的主要任务（事）

为了给决策评审团队提供必要的决策信息，项目团队必须在每个阶段高质量地完成很多任务。不同阶段有不同的任务，每个阶段的任务列表是基于最佳实践的总结。

如果一个流程阶段的项目任务比较多，每项任务可能需要再定义子流程，进一步具体明确要做的事项及做事的方法，指导项目团队更加有效和高效地完成各项流程任务。例如，在产品开发阶段，可以进一步定义硬件开发子流程、软件开发子流程、结构开发子流程和外观设计子流程等。

3．完成关键任务的方法（法）

要高质量地完成各项任务，必须要掌握相应的最佳实践方法。例如，要做好客户需求研究工作，就必须掌握有效的深度访谈、现场观察和焦点小组等市场研究方法。

完成关键任务的方法在流程中通过流程指南进一步描述，明确任务完成步骤和注意事项等，以指导相关项目团队成员更为有效和高效地完成各项任务。

4．各项任务完成后需要提交的交付成果（果）

每项任务完成后必须提交交付成果，而交付成果清单是在每个流程阶段开始时就需要明确定义的。项目决策评审团队基于项目团队提交的项目成果信息对项目进行决策。项目团队提交的项目成果必须完整和可信，否则项目决策评审团队将要求项目团队整改后重新提交。

明确定义的流程阶段有助于降低项目风险，主要原因如下所述。

（1）每个流程阶段的团队成员组成是跨职能的。跨职能团队由各职能部门代表组成，涵盖了完成本阶段任务所需的知识和技能。通过集思广益、群策群力的方式，跨职能团队共同完成各项阶段任务，共同提交阶段交付件。由跨职能团队并行地完成阶段工作，各项任务完成的速度更快，提交的交付件质量更有保证。

（2）每个阶段的任务列表、任务完成方法和交付件模板都是基于最佳实践的。这些内容都是绩效最好的公司的成功经验总结。跨职能团队采用最佳实践方法提交的决策信息质量更高。

（3）每个阶段都比前一阶段获得的信息更多，信息的质量也更高。随着不确定性降低，企业可以增加投入，这样项目风险就能得到有效管理。

（三）决策评审点

决策评审点（Decision Check Point, DCP）是检查上一流程阶段“做事”的质量，并决定项目是否可以进入下一阶段。决策评审点也称为入口（Gate）或阀点。

每个决策评审点的基本结构包括交付件、决策准则和输出等三个方面，如图 6-2 所示。项目决策评审的详细介绍请参见第三章第八节。

图 6-2 决策评审点的基本结构

规范决策评审点的主要作用如下所述。

（1）能让公司管理团队基于一致的流程和相同的决策评审准则对项目进行决策评审，降低公司管理团队成员之间的沟通成本，达成决策共识。

（2）能通过有效的决策评审，及时终止没有前景的项目，降低项目风险，提升公司项目资源投资回报率。

（3）能通过多次决策评审，分阶段承诺项目所需资源，降低项目决策风险，避免“一锤子买卖”。

（4）能通过对项目进行吸引力打分，排定多个项目的优先顺序，确保最有前景的项目能够优先获得项目资源，提升公司项目资源的整体投资回报率。

每个决策评审点需要定义的“人、事、法、果”内容如下。

1. 决策评审团队（人）

在每个决策评审点都有由跨职能的管理团队成员组成的决策评审团

队。不同决策评审点的团队组成成员数量会有所不同，越靠后的决策评审点，决策评审团队组成成员越多，人员的级别相应也越高。但对于每个项目应该有自始至终留在决策评审团队中的决策评审团队成员，以保持决策信息的连续性。例如，市场及技术负责人应该始终留在决策评审团队中。

2．主要任务事项（事）

在每个决策评审点，决策评审团队需要做的事情主要包括：事先制订决策评审准则、检查交付件、进行决策评审、审批下阶段行动计划、承诺下阶段所需资源等。

3．决策评审准则（法）

在每个决策评审点都应该有事先定义的决策评审准则。决策评审准则分为两类：一类是必须满足的准则；一类是应该满足的准则。必须满足的准则类似房屋建设中的“消防验收”，是“一票否决”式的决策准则，只要有1项不通过，则枪毙该项目。应该满足的准则用于对项目打分及排序。如果某个项目必须满足的准则都通过，则可以采用应该满足的准则对该项目打分。例如，如果打分分数低于60分，说明该项目的投资吸引力小，该项目也不能进入下一阶段。打分的分数还可以用于对多个项目进行开发的优先顺序排列。

4．决策评审结论（果）

决策评审输出包括通过、枪毙、搁置和重做等四种决策结论。四种决策评审结论的含义如下所述。

（1）通过。表示该项目可以进入下一阶段，决策评审团队要审批项目下一阶段的行动计划，并承诺项目下一阶段所需资源。

（2）枪毙。表示终止该项目，不再做有关该项目的任何工作，项目文档存档。

（3）搁置。表示该项目通过了决策评审，但是项目吸引力相对不够，需要等待释放出公司项目资源后再与其他项目一起排序，以决定是否可以进入下一阶段。

（4）重做。表示该项目提交的交付件不符合要求，需要返回上一阶段，项目团队重新做好上一阶段的工作后再提交评审。

决策评审团队必须在每个决策评审点对每个项目进行严格的生/杀决

策，不能拖延决策，更不能不做决策。

项目决策评审是降低项目风险，提升公司投资回报率的关键环节，原因如下。

（1）由跨职能的管理团队对项目进行决策评审，能大大提高项目决策的质量。很多错误的项目决策往往是个别领导“拍脑袋”“一言堂”的结果。

（2）基于事先定义的明确的决策准则进行决策评审，能大大提高决策的正确性。在没有明确的决策准则时，每个决策团队成员对项目是否应该继续下去缺乏一致的衡量标准，很可能出现从众现象，即“谁的嗓门大就听谁的”。

（3）规范的决策评审流程也能提升决策的质量。决策评审团队是在对交付件的完整性与可信度审查的基础上进行决策的，高质量的决策信息为高质量的决策评审提供了输入。

二、流程文件构成

一个标准的流程文件包括以下主要内容。

（1）流程概述：简要介绍流程目的、该流程与其他流程之间的关系。

（2）流程图：描述各项任务之间的逻辑关系。

（3）流程指南：详细介绍每件事应该如何做。

（4）表单模板：定义完成每项任务后的输出文档的格式、内容。

参与流程建设的所有成员均必须了解流程文件构成要素。企业可以根据自身实际情况定义流程文件的标准模板。

以上流程内容中，流程指南和表单模板是核心，这两部分承载了公司内外的最佳实践。以下分别简要介绍流程文件的各个构成要素。

（一）流程概述

流程概述主要包括流程目的、客户、适用范围、流程责任人、流程定义、流程输入输出等内容。简洁、清晰的流程概述能够帮助流程使用者快速熟悉流程，有效应用流程。

流程概述的主要内容总结如表 6-2。

表 6-2 流程概述内容

目的	解决什么问题，产生什么价值
客户	流程的产出交付者，流程的内外部客户
适用范围	描述流程的起点和终点，适用于哪些业务
流程责任人	描述责任人的所属部门、所属岗位
定义	名词、术语、缩写
流程框架	符合流程框架定义要求（上下游流程）
输入	流程运作过程中产生的信息流载体，如表单、报告等
输出	有价值的交付物
角色	流程活动的操作主体
流程图	图形化完整展现流程角色、活动、逻辑等要素
流程指南	流程本身的描述，以及活动的详细描述，规范性说明
流程绩效指标	评价流程价值，以及流程执行效果的指标
模板和指导书	流程规范执行过程中必须遵守的标准
IT 支撑	IT 系统的功能模块
参考文件	理解本流程所需的其他参考文件

（二）流程图

从角色维度和阶段维度绘制流程图。角色维度描述流程涉及的岗位角色，阶段维度描述流程活动开展的先后顺序及依赖关系。可通过“贴纸法”呈现流程涉及的主要活动，然后采用 VISIO 工具绘制流程图。

图 6-3 列示了一家生活电器研发企业的新产品开发项目小批量试产流程。

流程图绘制是一个集思广益、群策群力的过程，与流程相关的职能代表都应该参与。流程活动的呈现需要遵循“完全穷尽、相互独立”的原则，将流程涉及的任务活动“可视化”地呈现在流程图上。

（三）流程指南

流程指南描述每项流程活动的开展步骤和注意事项，是“流程带徒弟”的关键文件。好的流程指南不需要“培训”，流程使用者通过阅读流程指南文件就知道如何有效“做事”。

流程指南包括活动名称、主责人、输入、主要程序与注意事项、输出、时间与频次以及主要表单与模板等主要内容。图 6-4 为一个流程指南的示例。

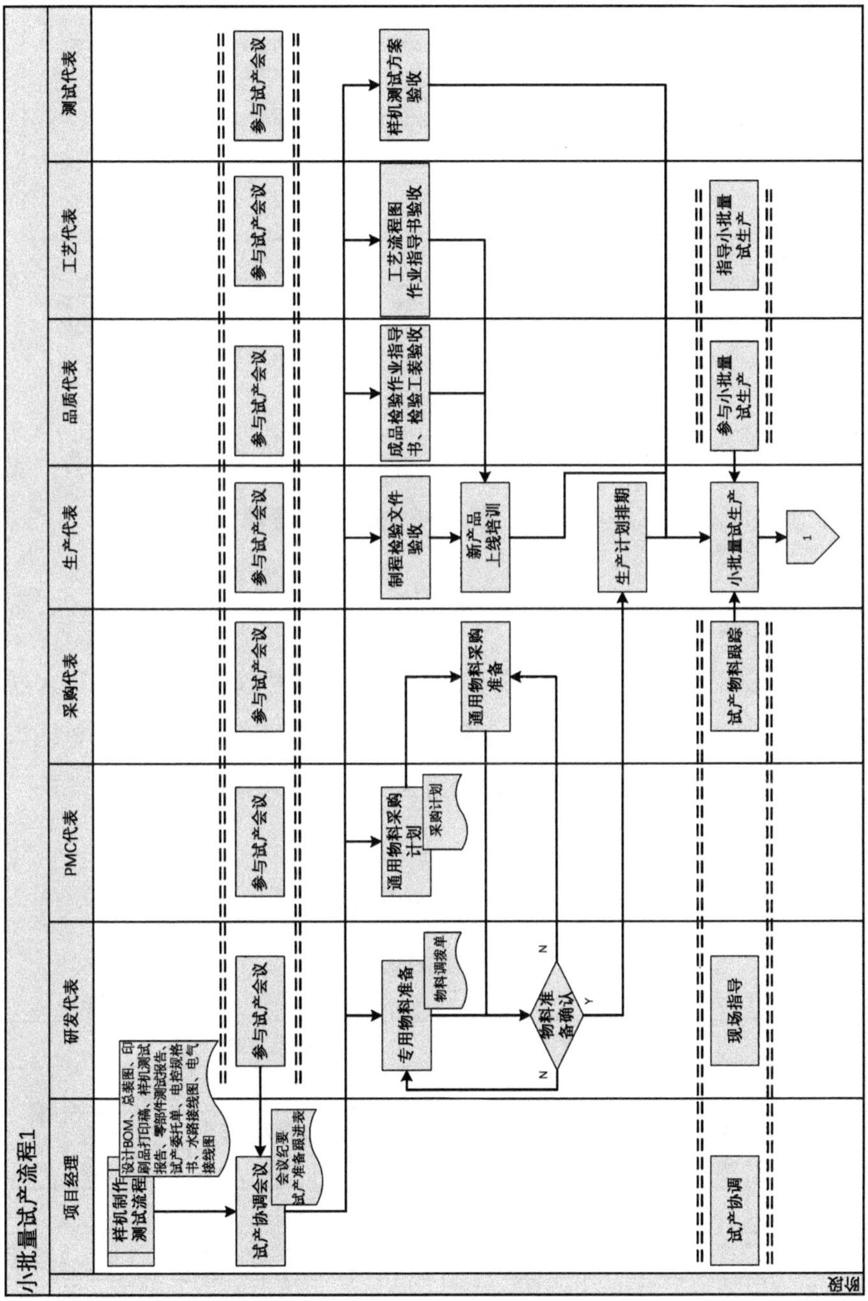

图 6-3　新产品开发项目小批量试产流程（示例）

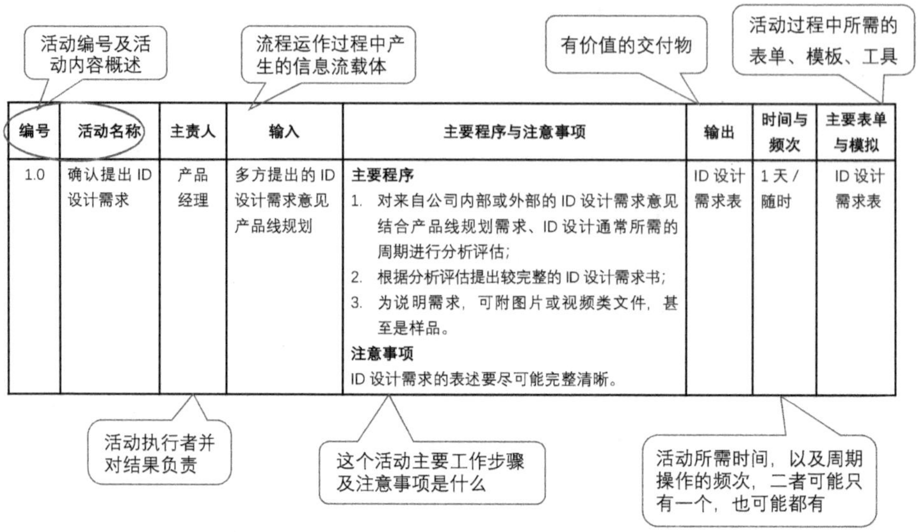

图 6-4　流程指南（示例）

流程指南撰写是企业流程规范中“隐性知识显性化”的关键环节，应该挑选企业中“最佳实践拥有者”撰写相关部分的流程指南。

（四）表单模板

表单模板是流程中信息流转的“载体”，表单模板设计的准确性很大程度上决定了流程的质量。在企业信息系统中，流程的流转实际上是表单模板的流转，流程图和流程指南的内容已经隐含在企业信息系统设计之中了。

表 6-3 为一个表单模板的示例。

表 6-3　表单模板示例

XX 安装接口表

XX-JS-QIV-A-61　项目名称：　　令号：　　交货期：　　供货数量：

序号	终点设备			安装要求	电缆敷设方式											备注
					桥架			硬管 / 拖链				软管				
	设备（功能描述）	代号	型号		类别	规格	m	规格	m	接头	数量	规格	m	接头	数量	
1																
2																
3																
4																
5																
6																

为使流程使用者能够准确、高效地做好工作，流程的表单模板最好有“范例”呈现。流程使用者通过阅读范例，能够更加直观、准确地理解表单模板中各项内容的真正含义，大幅减少理解“歧义”，大幅减少流程使用培训和指导的时间与精力投入。

三、流程体系建设五步曲

知行信创新咨询将流程体系建设总结为“梳写评用优五步曲”，如图 6-5 所示。

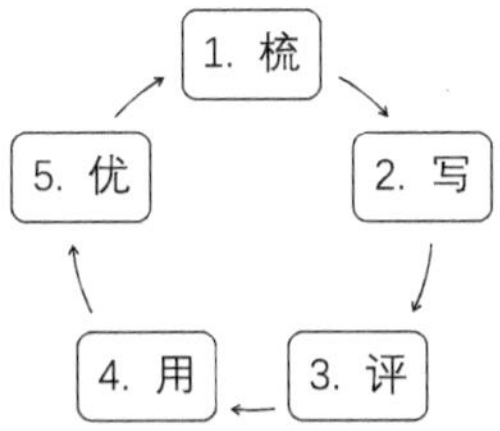

图 6-5　知行信流程体系建设五步曲

在系统梳理流程体系的基础上，撰写各个流程文件。流程文件通过评审后进行试用和使用，在流程使用过程中持续优化流程，“止于至善”。

以下简要介绍流程体系建设五步曲。

（一）流程梳理

流程梳理是指梳理公司流程现状、问题与根因，明确需要优先优化或建设的流程，制订流程体系建设计划并组织实施。

流程梳理包括企业流程体系梳理和单个流程梳理两个层面。

1．企业流程体系梳理

创新型企业可以参照知行信企业管理要素体系梳理企业流程体系，如图 6-6 所示。

流程体系建设应该遵循“系统诊断、整体规划、分步实施、急用先行”的原则展开。对创新型企业而言，日常管理最基础、最重要的流程体系包括创新管理、营销管理和运营管理。

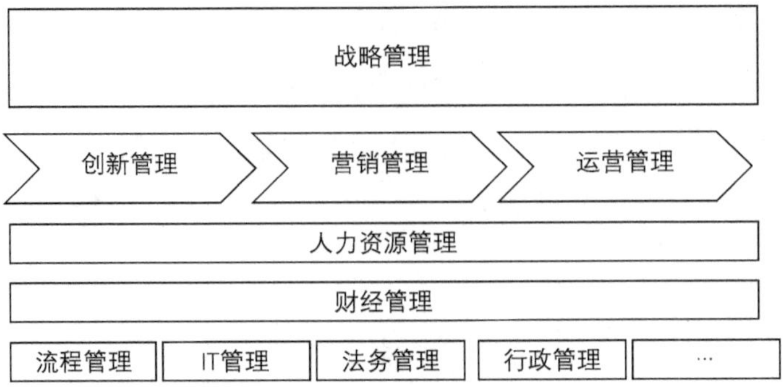

图 6-6 知行信企业管理要素框架

后续两节将展开介绍产品创新管理流程体系与订单交付管理流程体系（包括营销管理和运营管理的主要内容）的具体建设方法。

不同的企业流程体系建设的优先级是不一样的。如果企业订单交付老是延期，企业现金流很差，建议先开展订单交付管理流程体系建设，先解决生存问题。如果企业订单交付管理没有原则性的问题，但是产品同质化竞争激烈、市场竞争力不强，建议先开展产品创新管理流程体系建设。

企业需要建立流程优化领导小组和流程优化执行小组负责流程建设工作。企业流程体系梳理先由企业流程优化执行小组梳理出初稿，提交企业流程优化领导小组评审确定流程建设的先后顺序与计划。

企业流程优化执行小组成员选拔要求

（1）熟悉相应职能工作，是相应职能工作的内部“最佳实践拥有者”。

（2）能承诺时间用于流程建设与优化工作。

（3）逻辑思维能力强，学习能力强。

（4）工作认真细致，对结果负责。

（5）能与相关职能员工密切配合工作，团队精神强。

（6）能认识到流程建设与优化工作对公司的价值，有“志愿者”意识。

（7）有推动流程执行的意愿和能力，在同事中威信较高。

（8）是公司拟培养的潜在管理者。

2．单个流程梳理

单个流程梳理由负责该流程的流程经理主责，与该流程相关的职能部门派出专业代表参加梳理。单个流程梳理要点如下所述。

（1）明确端到端流程的各个阶段、各个决策评审点。

（2）明确每个流程阶段的各个子阶段、各个里程碑（技术评审点）。

（3）列出子流程清单。

图 6-7 列示了新产品开发流程梳理的层次。

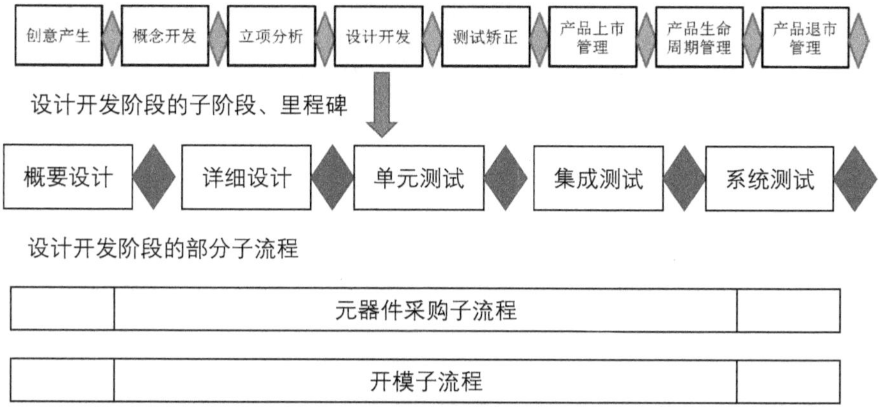

图 6-7　新产品开发流程梳理（示例）

单个流程梳理要点：

（1）需要采用“完全穷尽、相互独立”的方法列出所有流程清单。

（2）可以参考最佳实践企业的流程清单，结合企业实际情况编制流程清单，切忌贪大求全、照搬照抄。

（3）流程清单可以在流程撰写过程中逐步完善和更新，但主流程及关键的子流程必须优先明确，避免在流程撰写过程中出现逻辑冲突而导致返工。

（4）每个子流程都要有明确的优化主责人及优化团队成员，一定要坚持“让最熟悉流程的人写流程”的原则。

（二）流程撰写

在流程梳理的基础上，企业流程优化执行小组按照制订的流程建设计划和分工有序地开展流程建设工作。

流程撰写团队要在掌握流程撰写方法的前提下基于流程撰写要求进行

流程撰写，并对撰写完的流程进行“自检”。流程撰写团队要对所负责流程的有效性、易用性和扩展性等负责。

1．掌握流程撰写方法

所有参与流程撰写工作的成员均要熟练掌握流程撰写方法。以下是我们对如何有效学习流程撰写方法的建议。

（1）了解流程要素：流程概述、流程图、流程指南、表单模板。

（2）统一公司流程文件规范，使全公司在流程方面“用同一种语言”交流。

（3）掌握流程图画法、流程指南撰写方法、流程表单模板设计方法。

（4）掌握方法的最佳方法是“行动学习法”——“干中学、学中干”，在撰写流程的过程中学习和掌握流程撰写方法。

2．流程撰写要求

流程撰写的基本要求如下，各个流程的撰写要基于这些要求进行，确保“一次做对”。

（1）简洁：不简洁的流程，最终都会流于形式。

（2）易用：“一切为了用户”是流程设计者必须坚守的准则。

（3）可重复：不要为某个项目设计流程，要为一类项目设计流程。

（4）基于最佳实践：我们没有必要“重新发明轮子”，我们只要专注做好客户想要的“车”（产品）就可以了。

（5）可升级：根据项目的实际需要持续更新和优化流程，定期发布新的版本。

（6）有适用范围：流程可以进行裁剪，公司应该使用“同一种语言”的不同版本的流程适用于不同复杂程度的项目。

3．撰写各个流程

在掌握流程撰写方法的前提下，流程建设小组基于上述流程撰写要求撰写各个流程。流程撰写要点如下所述。

（1）每个流程明确流程撰写主责人和团队成员，负责流程撰写和自评。

（2）每个流程可以分段并行展开流程撰写，以节约流程撰写时间。

（3）如果流程是公司级的，流程撰写也需要组建跨职能团队进行。

（4）流程撰写是一个将隐性知识显性化的过程，流程指南及表单模板是流程知识的关键载体。

（5）一开始就要明确公司的流程文件规范，确保一个公司只有一种“流程语言”。可以通过做一个流程范例来统一规范公司流程。

（6）流程图主要直观地表明各项活动的先后顺序，明确每个角色在流程中的工作任务。

（7）流程指南主要指导每个角色高效、高质量地完成工作任务。每项活动的流程指南应该进行“模块化”设计，在IT系统中每个流程角色只要看到与自己相关的流程指南即可。

（8）表单模板是流程角色“工作的地方”，流程的流转其实是通过表单的流转进行的。表单的设计质量很大程度上决定了工作任务完成的质量。表单模板最好有标注或范例为使用者提供指导。

4．自评流程

撰写流程与软件开发一样，自己写的流程应该先“自检”，而不能将“测试”工作交给专业的测试部门。写得好的流程是评审部门提不出修改意见的流程，写得差的流程是评审部门认为还不如自己写更快、更好的流程。

流程撰写团队自评流程要点如下所述。

（1）通过一个团队成员都比较熟悉的已经做过的真实的项目“模拟”一遍流程，以发现流程中的问题，反思正是由于哪些流程环节的缺失或不规范影响了项目的哪些绩效方面。

（2）最好通过组建多个模拟的“跨职能团队”一字一句地“读”流程，发现流程问题，集思广益地完善流程。同时，“读”流程的过程也是流程培训和宣贯的过程。

（3）流程优化执行团队应对照流程评审准则，对流程进行自评，而不要把发现流程问题的重任“委托”给流程优化领导团队。

（三）流程评审

图6-8是流程评审的简要流程。

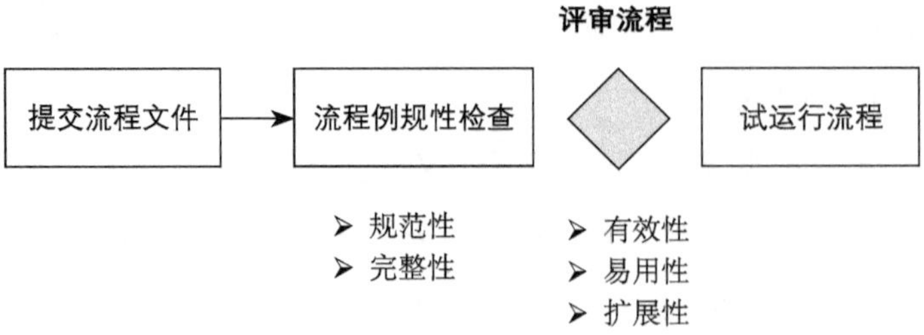

图 6-8　流程评审流程

流程撰写团队将“自评”通过的流程文件提交公司流程优化领导小组进行评审。公司流程管理部门应该从规范性和完整性等方面先检查流程文件等合规性。如果流程文件合规性有问题，应该退回流程撰写团队修订后再次提交评审。流程合规性检查通过的流程文件，提交公司流程优化领导小组进行评审，评审通过的流程进入试运行阶段。公司流程优化领导小组主要从有效性、易用性和扩展性等方面进行流程文件评审。

流程评审要点如下所述。

（1）流程优化领导团队依据事先设定的流程评审准则对每个流程进行评审。评审通过的流程进入试运行阶段。

（2）流程优化领导团队通过评审准则对流程进行检查，发现流程中存在的重大问题，提出流程改进意见。

（3）流程优化领导团队应该重点检查流程的有效性和易用性，不应将过多精力花费在流程细节上。

（4）对于存在重大问题的流程，需修改后再次提交评审才能进入试运行阶段。

（四）流程应用

评审通过的流程一般不能直接发布应用，往往需要通过“试用”优化后才能发布正式版本。越新颖、优化之处越多的流程越应该通过试用修订后再发布。很多流程只有通过“用”才能发现问题。

流程应用要点如下所述。

（1）写是为了用，写了不用的流程是毫无价值和意义的。

（2）通过试用，深入发现流程问题。每个流程最好通过 3 ～ 5 个实际项目进行试用，以便系统、完整、深入地发现问题。

（3）知易行难！流程使用是改变习惯的过程，流程使用是真正变革的开始。公司领导层一定要坚定不移地指导和支持新流程的推行。

（4）对于流程使用者，要求在应用了流程之后再提出问题，而不要还没有应用就对新流程说三道四。

（5）对于流程优化执行小组而言，流程试用阶段是很好的发现流程推行阻力和障碍的阶段。

（五）流程优化

流程优化是持续性的工作，流程优化要点如下所述。

（1）在试用的基础上对流程进行系统优化，解决流程存在的重大问题，提高流程的有效性和易用性。

（2）在优化的基础上再次对流程进行评审，通过评审后的流程可发布正式版。

（3）流程优化是持续进行的工作，每做一个项目均应该从流程视角反思流程是否有优化的必要性。

与软件一样，创新型企业也需要对流程进行“版本管理”，如图 6-9 所示。

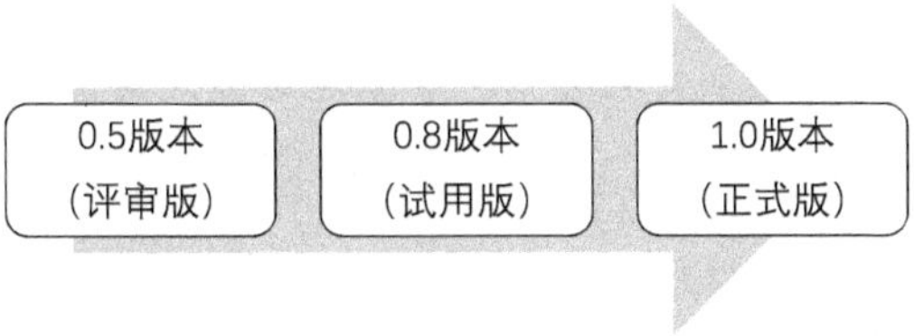

图 6-9　流程版本管理

流程经公司流程优化领导小组评审通过进入试用阶段时，发布 0.5 版本。流程试用修订后进入全面推行阶段，发布 0.8 版本。流程全面推行半年以上并修订后，发布正式版 1.0 版本。随着公司发展，流程持续优化，可以发布 2.0 版本、3.0 版本等。

华为公司的产品创新管理体系（IPD，集成产品开发）20 年来持续优化，持续进行版本升级，如图 6-10 所示。

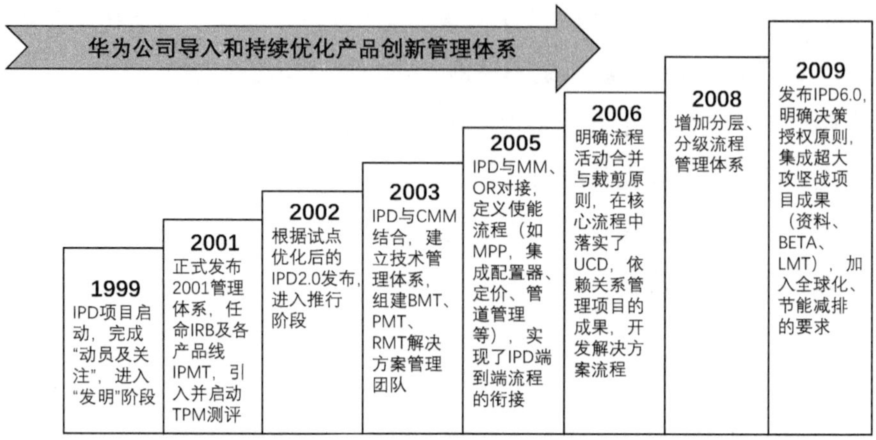

图 6-10　华为公司导入和持续优化产品创新管理体系（1999 ~ 2009）

1998 年，华为公司导入集成产品开发（IPD）流程时，华为公司采取的是“先僵化、后固化、再优化”的方法。

> 华为总裁任正非说，如果这双美国鞋子（IBM 公司总结的集成产品开发方法）你穿不进去，不是鞋子有问题，而是你的脚有问题。脚有问题怎么办？“削足适履”！把脚切掉一块穿进去。任正非说，IPD 不是愿不愿意采用的问题，而是谁不愿意用谁走人的问题。确实有很多人由于不能适应这双“美国鞋子”而不得不离开了华为公司。经过五年的不懈努力，华为公司终于穿好了这些“美国鞋子”。华为公司刚开始导入 IPD 流程时，年营业收入才 100 亿元人民币左右，主要业务收入来自国内，全部员工不到 2 万人。而 20 年后，华为公司已经发展为年营业收入超过 1000 亿美元，员工人数超过 18 万人，在全球 170 多个国家和地区开展业务，70% 以上的营业收入来自海外的全球化企业。试想一下，如果华为公司没有在 20 年之前开始在规范化管理方面打下良好的基础，能够取得如此快速、持续的增长吗？

对于大多数中小创新型企业而言，不一定照搬 IPD 流程方法，也不一定有条件采取“削足适履”的流程导入方法，但是华为公司的这种规范化管理的前瞻思维和积极变革、坚定执行的精神是值得我们学习的。

四、建立流程型组织

管理就是流程！一流的企业通过建设和持续优化流程体系来实现“重复成功”！

创新型企业需要重点建设产品创新管理、订单交付管理两大流程体系，做好 0—1 和 1—M 两件关键事项，如图 6-11 所示。

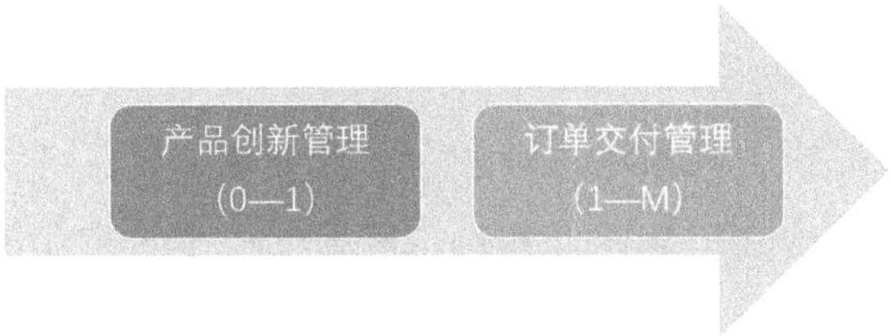

图 6-11 创新型企业两大流程体系

产品创新管理是 0—1 的过程，要做出“好卖”的产品；订单交付管理是 1—M 的过程，要将“好卖”的产品卖给尽可能多的人，赚很多很多钱（Much Much Money）。“好卖”是前提，“卖好”是保证，两者缺一不可，必须并重。产品本身不好卖，营销体系不可能卖好。产品越“好卖”，卖得会越好。产品卖得越好，就会有更多的钱投入研发和创新，企业就能开发出更多“好卖”的产品，从而实现企业“持续成功创新”的良性循环，“由胜利走向胜利”，甚至“除了胜利，已经无路可走”。

一些企业产品创新没做好，缺乏“好卖”的产品，却在宣传广告、产能扩展方面大肆投入，其最终结果必定是舍本逐末，走向衰亡。

流程体系建设是企业持续、健康、快速成长的保证。流程体系建设和管理能力不是企业的“软实力”，而是“硬实力”。企业之间的竞争最终是管理水平的竞争！高效创新、卓越运营是创新型企业基业长青的关键“抓手”。

（一）企业流程化管理不善的常见症状

创新型企业 CPO 可以对照以下企业流程化管理不善的常见症状描述，评估企业进行流程化管理的必要性与紧迫性。

1．高层领导总是很忙

很多企业规模不大，高层领导却非常忙碌。高层领导的大多数时间主要被以下事项占用。

（1）忙于开会。很多企业的典型特征就是“会多”。一些企业的中高层领导“开会就是工作，工作就是开会”。一些公司的中高层干部一个星期五天上班，有四天半以上在开会。一些企业需要“抢会议室”，一些企业是“夜总会”，经常晚上 9 点开始开会，经常开会开到凌晨一两点。很多企业的会议“只有起点、没有终点”，很多专题会议开成了“神仙会”，董事长东拉西扯，没完没了，谁都不知道会议何时结束。

（2）忙于听汇报、做指示。一些企业的下级事无巨细都要向高层管理者汇报，下属要听取高层管理者的指示后才知道下一步如何行动。企业很多重要的项目或任务在等待领导“指示”的过程中一再延期。某家机械类制造企业有 1000 多人，每位员工每月的薪酬核算和发放都必须由“董事长”确定。有些企业 500 元以上的费用报销都必须“董事长一支笔”签字确认，董事长的“董事长桌”上总是堆满了等待董事长签字的报销单据或“重要文件”。

（3）忙于迎来送往。很多企业的高层领导在接待客户、合作伙伴以及相关领导视察等方面也花费了大量时间。为了表示重视和支持，各种大小接待均需要董事长“出面”。前几年“酒文化”盛行时，有家企业的总经理苦笑着对作者说，我的主要日常工作就是一天两顿酒，每顿半斤，每顿三小时，经常中午的酒还没醒又要开始晚上的应酬了。

在企业高层管理者参加的创新战略研讨会上，作者经常会问一个问题：董事长从公司“消失（不参加远程视频会议、不接电话、不发邮件）”多长时间企业不会乱？有些企业的董事长说三天，有的董事长说一周，有的董事长开玩笑说如果自己一个月不在公司出现，那这家公司到时候还是不是自己的都不好说。

很多的企业的日常管理到了“国不可一日无君”的境地！这样的企业，董事长很累，中高层干部很累，员工也很累！公司高层管理者不能“用战术上的勤奋掩盖战略上的懒惰”，一定要静下心来，深入分析整日忙忙碌碌不能自拔的根本原因。这些企业的高层管理者要思考，是否由于公司缺乏规范的、有效的、得到严格执行的流程体系，导致“例行”事情太少，“例外”事情太多，公司高层领导无法“授权”，只能事必躬亲，终日忙于发号施令而不能自拔。

2．部门之间沟通协调困难

很多企业习惯了制造型企业的管理模式，部门内部的工作通常能够比较有序开展，但是牵涉到需要跨部门协调沟通的工作推进往往困难重重。

在新产品开发项目中，销售、研发、采购、生产等部门沟通协调困难是很多企业的常态。由于在部门之间的沟通协调中耗费了大量的时间和精力，新产品开发项目往往大幅延期，错过最佳上市“机会窗”，导致新产品开发项目投资回报不理想。一家3000人规模的军工研发企业的生产厂长对作者说，现在最大的苦恼就是平均每天要开八个会，每个会都很重要，每个会都需要自己亲自参加，但是自己一天最多只能参加五个会，没能参加的会议的召集人就会很不高兴，说自己不支持他们的工作。

在订单交付项目中，销售、售前、研发、采购、生产、工程、服务等部门沟通协调困难也是很多企业的常态。由于在部门之间的沟通协调中耗费了大量的时间和精力，订单交付项目往往大幅延期交付，导致客户延期付款甚至中途取消项目，企业现金流不好，订单项目利润率低甚至无利可图。一家软件集成企业有400人，各类大大小小的订单交付项目一年也有将近400个，几乎所有项目都延期。公司基本上放弃了订单项目管理，无视合同约定的订单交付期限，项目做到哪算哪，反正大家都没闲着。

新产品开发项目和订单交付项目都是“公司级”的项目，但是很多企业的流程却是“部门级”的流程，部门之间是“平级的”，任何一个部门对另外一个部门都没有指挥权，导致部门之间的工作配合只能通过会议、邮件以及请示领导方式协调进行。

部门之间工作沟通协调困难的企业要思考是否需要建立起端到端的“公司级”的流程体系，从而打破“部门墙”，炸掉“金字塔”，让跨职能团队有效、高效地运转起来。

3．基层员工总是“重复犯同样的低级错误”

一些缺乏规范、有效做事流程的企业，基层员工总是“重复犯同样的低级错误”。张三在A项目犯过的错误，在B项目继续犯；张三犯过的错误，李四重复犯。一家装备制造企业的研发工程师老是在设计图纸输出时重复犯低级错误，该公司总经理非常恼火地对研发部经理说，你有本事让你的员工犯些“高级”错误看看。

对于重复犯同样的低级错误的员工，一些企业的领导总是抱怨员工做事不认真、缺乏责任心，而不是从流程制度层面去反思，去填补漏洞，让员工没有重复犯同样的低级错误的机会。

（二）企业流程化管理的价值

流程化管理是现代企业可持续发展的必由之路。企业规模越大、部门越多、业务越复杂，流程化管理对企业的价值越大。企业越早进行流程体系建设，受益越早，受益越大。

具体而言，流程化管理能给企业带来如下显著价值。

1．释放中高层管理者的时间和精力，让高层管理者专注于“重要但不紧急”的战略性事项

规范、有效的流程化管理能够大大减少“例外”事项，能够帮助企业中高层管理者“放心”地授权下属去做好日常工作，能够将企业中高层管理者从“日理万机”的日常事务中解脱出来，有更多时间和精力去思考和决策战略性的“重要但不紧急”的事情。

企业高层管理者不要陷入“忙”“芒”“盲”的误区而不能自拔，要“忙到点子上”。在企业中，职位越高的领导者应该是越“不忙”的人，而不是相反。公司高层管理者应该将主要时间和精力放在发展战略机会识别、重大项目分析与决策、流程与制度体系建设、骨干团队规划与赋能等方面，而不是忙于日常经营细节。企业高层管理者“忙”得越有效，企业的经营效益将会越好。

2．提升员工赋能效率与质量

传统的员工培养模式是“师傅带徒弟”。师傅的水平不同、忙闲程度不同、对徒弟的态度不同，带出来的“徒弟”的水平差异也很大。而且，带徒弟要花费师傅很多时间和精力，影响师傅自身绩效目标的实现。

如果一个企业各个方面均有规范、有效的做事流程，流程就成为带徒弟的“师傅”。因为流程中已经涵盖了做事的最佳实践方法，每件事如何做都有流程指南作为指引，大大缩短了员工摸索做事方法的时间，大大减

少了员工做事犯错的概率，也大大减少了对指导“师傅”的依赖。

思科等国际一流的科技企业新员工入职都会发一个公司知识库账号，与此员工相关的流程、制度、方法工具，此员工均可自行上网学习，看不懂的地方再找相应“师傅”请教。这样的做法，大大提升了新员工的学习速度，大大降低了新员工的赋能成本。

3. 减少员工流动给公司带来的不利影响

“铁打的营盘流水的兵！”对任何企业而言，员工流动都是非常正常的事情。华为公司有近20万员工，30多年来从华为离职的员工也超过了20万人次。有些制造型企业年度员工流动率达到了30%～50%。当然，员工的过高流动率不是好事，企业要反思公司的人力资源政策。

既然员工流动是不可避免的，企业要做的是如何降低员工流动给公司带来的负面影响。上面提到的“铁打的营盘”不是指公司的厂房、写字楼和机器设备等固定资产，而是指公司的流程体系等知识资产。

如果公司做事的方法均已显性化，并已固化到各个流程之中，那么从原理上讲，任何一个岗位的任何一个员工离职，都能够很快找到替代者补充上来，并有效地开展工作。相反，如果某个岗位的某个人是“不可或缺的”，离开了他很多工作就会“停摆”，公司就会面临重大损失，那么说明这个岗位的知识没有固化到公司的流程体系中，而只是存在于这个人的“脑袋”中，这样公司就会非常被动。

有效的流程化管理应该帮助公司摆脱对个别“能人”的依赖。各个岗位的流程化管理能够帮助公司实现“有你更精彩，没你照样转”，这样的公司才是健康的、可持续的。相反，如果一家公司多个岗位是“有你不精彩，没你转不了”，这样的公司是不健康的，“暴雷”事件很可能会此起彼伏。

4. 提升公司经济效益

管理出效益！流程化管理是提升公司经济效益的关键抓手。

端到端的公司级的新产品开发流程规范了，新产品开发和上市周期会大幅缩短，新产品质量会大幅上升，新产品成本会大幅下降，新产品的市场竞争力会大幅提升，公司的创新投资回报也会相应大幅提升。

端到端的订单交付管理流程规范了，订单交付项目的交期会大幅缩短，订单交付的质量会大幅上升，订单交付的成本会大幅下降，客户满意度会大幅上升，公司现金流会大幅改善，公司订单效益也会相应大幅提升。

流程化管理最终会带来企业人均产值和人均利润的大幅提升，人均薪酬也会大幅改善，由此企业对优秀人才的吸引力也会大幅提升。华为公司的人均产值近400万元，人均薪酬达到60万元以上，其持续的流程建设与优化功不可没。华为公司总部流程管理部门专职从事流程建设和优化的流程经理就超过300人。

5．成为基业长青的可持续发展企业

一流的管理成就一流的企业！对于身处各种不确定性的企业而言，唯有以管理的确定性应对市场（环境）的不确定性！如果企业的管理体系是相对稳定的、是规范有效的，当机会来临时，这样的企业能够更好地抓住机会，促进发展；当威胁出现时，这样的企业也能够更加主动地应对风险，化险为夷。

一些企业快速扩张，然后“昙花一现”地轰然倒下，一个重要原因是企业的流程化管理没有跟上企业发展的速度。综观全球能够“基业长青”的长寿企业，都是管理非常规范、有效的企业，都是能够与时偕行，持续优化或变革管理体系的企业，如IBM、波音、西门子、微软、英特尔、苹果、谷歌等。

一些企业由于管理体系不健全、管理流程漏洞太多，导致企业遭受巨大损失。某手机企业采购负责人一年受贿金额超过1000万元，某医疗器械企业某重点新产品开发项目的所有资料被一个工程师打包用U盘拷走后卖了50万元，一家消费电子企业投资一个创业项目损失近两亿元！

（三）如何有效建立流程型组织

管理就是流程！一流的企业通过建设和持续优化流程体系来实现“重复成功”！成为流程型组织、项目型组织是现代企业面对环境不确定性、面对激烈的市场竞争、实现高效运转的必然选择。

以下关于建立流程型组织的建议供创新型企业高层管理者参考。

1．公司管理层认识到建立流程型组织的战略重要性

公司领导者的视野、格局、胸怀和观念对企业发展具有决定性的影响。公司领导者的决策、决心直接影响企业经营和管理的结果。在流程体系建设方面，一些企业的高层管理者特别是“董事长”存在如下情形。

（1）自认为“一切均在自己掌控之内”，自己能够有效掌管企业，搞流程建设反而会降低公司运作效率。一些董事长对所有人均听从自己的“指挥”感觉“很爽”，陷入“自嗨式”管理模式不能自拔。

（2）不认为流程建设是战略性的工作，安排辅助部门的中基层员工做些“形式上合规”的流程，主要是为了通过各种认证，符合内审外审的要求，实际操作根本不用这些流程。这也是很多企业认证很多，但实际运营时问题频出的主要原因。

（3）重视流程建设和推行，但是当流程建设与业务开展时间精力冲突时，选择业务开展优先，导致流程建设工作总是“进行时”，没有真正投入使用。

（4）一些公司领导认为流程主要是给中基层员工使用的，自己可以不遵守流程。这样做的结果是上行下效，流程的执行逐渐流于形式。

基础不牢，地动山摇！对现代企业而言，流程体系建设是“打基础、管长远”的工作，是“一劳长逸”的战略性工作，而不是可有可无、无足轻重的战术性工作。

华为公司在1999年就对流程体系建设的战略重要性有深刻的认识，并将流程体系建设写入《华为基本法》。

> 第八十四条　推行业务流程重整的目的是，更敏捷地响应顾客需求，扩大例行管理，减少例外管理，提高效率，堵塞漏洞。
>
> 业务流程重整的基本思路是，将推行ISO 9001标准与业务流程重整和管理信息系统建设相结合，为公司所有经营领域的关键业务确立有效且简捷的程序和作业标准；围绕基本业务流程，理顺各种辅助业务流程的关系；在此基础上，对公司各部门和各种职位的职责准确定位，不断缩小审批数量，不断优化和缩短流程，系统地改进公司的各项管理，并使管理体系具有可移植性。（摘自《华为基本法》）

2．成立专职的流程管理部门

体现一家公司对流程体系建设工作是否重视的直观标准就是公司是否设立流程管理部门，是否由公司主要领导亲自担任流程体系建设和管理的主责人，是否任命多位专职的流程经理。

基于作者的咨询服务经验，50人以上的公司如果还未进行流程化管理，人均产值、人均利润就很有可能下降。500人的公司，甚至5000人的公司如果流程化管理做得不好，不但人均效益下降，公司很有可能失去市场竞争力，走向衰落。

对于规模以上的企业，有必要由公司副总一级的领导负责流程体系建设和管理工作，有必要设立正式的流程管理部，应该由专职的流程经理分别负责不同的公司级的流程体系的建设和管理。例如，产品创新管理流程体系和订单交付管理流程体系应该分别有专职人员负责建设和管理。各个职能部门负责人应该是与该职能部门相关流程的第一责任人，各个职能部门应该根据需要设立部门级的专职或兼职的流程经理。

3．以价值创造为导向进行流程建设与推行

流程体系建设不是搞“形式主义”，不能“为了流程而流程”。企业应该明确流程是为经营服务的，流程要能创造价值，要能改善或提升经营效益。业务部门执行流程不是为了给流程管理部门“面子”。不能创造价值的流程是无效的流程，不能有效度量“绩效”的流程也是低效或无效的流程。不能真正创造价值的流程不应该推行，不能真正创造价值的流程最终都会流于形式。

每个流程都要给企业创新价值，都要有利于经营效益改善或提升。例如，新产品开发流程要有利于降低新产品开发风险，降低新产品开发失败率，提升新产品开发投资回报率，缩短新产品上市周期，提升新产品市场竞争力。

4．公司领导带头遵守流程

流程执行的严肃性与流程本身的有效性同等重要。破坏流程执行的人往往是公司领导。一些公司领导认为自己在流程面前是“例外”“有特权”。例如，有些公司的董事长不经过项目决策评审流程私自拍板一些新产品开发项目，并直接命令开发团队开发。

公司领导不遵守流程的直接后果就是上行下效，员工也学领导一样“走捷径”，最终流程执行流于形式。一家公司推行流程的最有效的方式就是公司领导以身作则、率先垂范，做流程遵守的榜样。现代企业要形成“在流程面前人人平等”的文化。

5．对不遵守流程的行为进行问责与处罚

对很多企业而言，新流程的建立与推行意味着强烈的“组织变革”，一定会遭遇较大阻力。每家企业总有一些“既得利益者”是不愿意改变现状的，是不愿意“公开透明”的，是不愿意被监督和管控的。企业领导者要有“不换思想就换人”的勇气和魄力，直面现实，坚定前行！

因此，对于流程执行，光“要求”“强调”还不够，还必须对不遵守流程的行为进行问责和处罚。部门员工不遵守流程，除了要处罚员工外，更要问责部门领导。部门领导作为管理者的核心职责就是让员工遵循流程，按时、按质、按量地做好各项工作。

深圳某装备制造企业由一名副总分管流程体系建设与推行工作，在流程推行前该副总经理分别与各个部门负责人谈话并签订流程执行责任状：部门有员工不遵守流程，员工罚款 200 元 / 次，部门负责人“连坐”罚款 800 元 / 次。通过采取这种比较严苛的做法，各个部门领导都“积极主动”地培训员工掌握流程方法，都“以身作则”地要求员工务必遵守流程。通过半年左右的时间，整个公司从“老路”走上了“新路”，而且习惯了走“新路”，“老路”再也回不去了。

6．与时偕行持续优化流程

前面反复提到，流程是为企业经营服务的。内外环境发生了变化，企业相应流程体系也应该“与时偕行”，持续优化或者重构，匹配企业业务发展的需要。没有一成不变的流程，只有因需而变的管理！

因此，企业高层领导者、流程管理部门要时刻关注企业经营环境的变化，及时做出流程优化与重构的决策。例如，有些科技企业原先主要面向 B2B 市场，现在开始面向 B2C 市场，那么就有必要为 B2C 业务建立新产品开发管理、订单交付管理等流程体系。

咨询实例

某软件企业流程体系建设

北京某软件企业主要面向集团用户提供软件开发与系统集成服务，随着客户订单的快速增长，公司在五年左右的时间内由几十人快速发展到将近500人，每年签约的订单项目将近400个，订单金额从几十万元到上千万元不等。公司总经理对咨询顾问说，公司当前不缺订单，缺的是如何及时完成订单，及时将钱收回来。

经过深入调研，顾问团队了解到该公司是一家“项目型”的公司，总是在一个又一个地“做项目”，而没有意识或者时间精力开发标准化的软件产品，导致每个订单项目的个性化定制开发太多，项目交付周期太长。在订单交付方面，也缺乏公司级的流程体系，缺乏公司级的项目管理，各个订单项目处于放任自流的状态。

顾问团队认为，该公司大多数订单交付项目严重延期的根本原因是该公司没有进行“产品化”管理，重复开发工作量太大，需要建立起软件产品开发与管理流程体系。但是，该公司的订单交付处于无序放任的状态，更是当务之急。公司管理层采纳了顾问团队将流程体系建设分两期进行的建议：先治标“止血”，建立规范的订单交付管理流程体系；再治本“清源”，建立规范的产品创新管理流程体系。

公司任命一名威望很高，对公司情况非常熟悉的副总经理负责订单交付管理流程建设工作。订单交付管理流程涵盖从销售线索获取，到回款及售后服务全过程。公司订单交付项目采用矩阵式组织模式，由各个职能部门代表组成跨职能项目团队共同对订单项目绩效目标负责。公司成立运营管理部，统筹公司所有订单交付项目的管理。运营管理部设多名项目总监，分别负责不同类型订单项目的统筹管理。通过培训和认证，公司任命多名专职或兼职项目经理，具体负责每个订单项目的管理。

在订单交付管理流程体系建立并进入试运行阶段后，公司启动了产品创新管理流程体系建设。产品创新管理体系建设的核心是帮助公司从“做项目”走向“做产品”，在标准化软件产品的基础上交付定制订单项目。产品创新管理体系建设的主要内容包括：技术重用管理、原材料/零部件归一化管理、模块化设计与运营管理、产品平台开发与运营管理、基型产品开发管理、定制研发管理等。

CPO 行动

我们公司应该优先建设和优化哪些流程体系？我们应该如何组建流程优化领导小组和流程优化执行小组？我们应该如何有效推进流程建设和应用？

本节小结

（1）管理就是流程！创新型企业都应该成为流程型组织，通过系统、规范、有效的流程体系保证公司持续、健康、快速成长。流程的质量很大程度上决定了企业经营管理的质量。

（2）流程由多个阶段和多个决策评审点组成。每个流程阶段和每个决策评审点都应该从人、事、法、果等四个方面进行规范。

（3）流程规范都有一个从不规范走向规范、从规范走向有效、从有效走向高效的过程。流程规范意味着重大的组织变革，创新型企业的领导者应该是流程变革的发起者、领导者和践行者。

（4）对绝大部分创新型企业而言，流程体系需要重构，而不只是优化！对现有流程的修修补补不能从根本上解决问题。

（5）流程重构是重大的组织变革，公司管理层需要具有坚定的意志，需要进行强力推进。流程变革的核心是改变现在错误的、低效的、不规范的做法。

（6）公司需要挑选有责任心的，代表公司各个职能最佳实践的人员参与流程梳理和撰写工作。

（7）通过流程试行发现流程存在的问题，找出流程变革的主要阻力源，并制订和实施针对性的变革风险管理方案。

（8）通过有效的流程管理制度持续优化创新流程，确保流程的有效性、易用性和高效性。

第二节 产品创新管理流程体系建设

建立高效创新体系，实现持续成功创新“可复制”。

CPO思考

（1）我们有公司级的、端到端的、高效的产品创新管理流程体系吗？

（2）我们的跨职能产品开发团队运作高效吗？

（3）我们每做一个新产品开发项目，都会系统反思和优化流程体系吗？

本节系统介绍产品创新管理流程体系的各个阶段，创新型企业CPO可以对照企业自身情况，明确改进重点。对于很多由制造型企业走向创新型企业的公司而言，创新前端管理和产品交付管理是流程优化或重构重点。

产品创新管理流程体系包括流程阶段、子阶段和子流程三个层面。

一、产品创新管理4D流程体系

知行信将产品创新管理体系总结为4D流程体系，如图6-12所示。

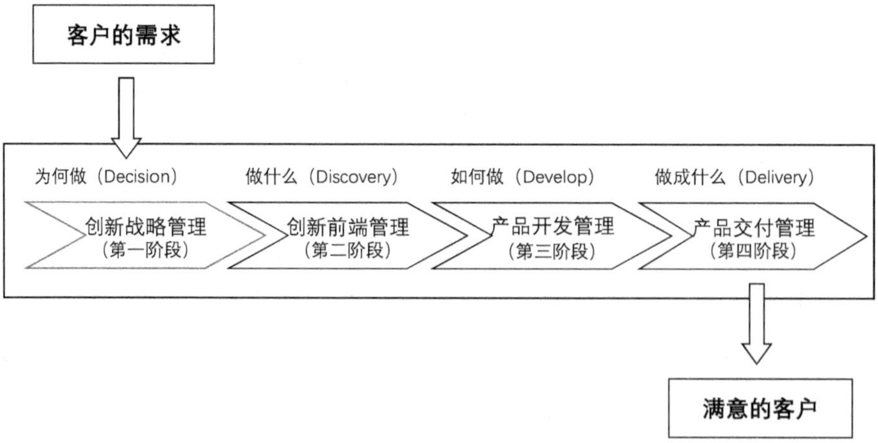

图6-12 知行信4D创新流程体系

创新战略管理主要回答进入什么业务领域；创新前端管理主要论证具体做什么产品；产品开发管理阶段的主要工作是开发、测试、上市新产品，实现盈亏平衡；产品交付管理阶段的主要工作是做好产品生命周期管理，实现尽可能大的投资回报。

创新战略管理的流程属性不是很强，可以通过制度性文件进行规范和管理。创新战略管理的主要内容请参见本书第二章。

创新前端管理的主要方法在本书第三章中有深入的介绍，产品开发管理和产品交付管理的主要方法请参见作者《产品经理实务》一书。

（一）产品创新管理流程体系的子阶段

从创意到退市的端到端的产品创新管理流程体系包括 8 个阶段和 8 个评审点，如图 6-13 所示。

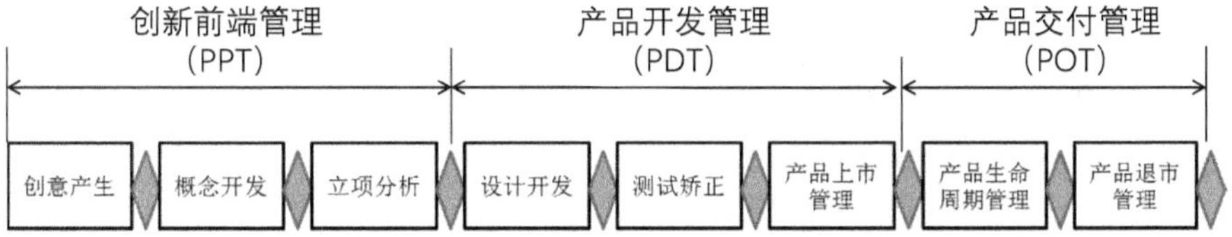

图 6-13 端到端的产品创新管理流程体系

创新前端管理包括创意产生、概念开发和立项分析三个子阶段。

产品开发管理包括产品设计开发、产品测试矫正和产品上市管理三个子阶段。

产品交付管理包括产品生命周期管理和产品退市管理两个子阶段。产品交付管理阶段的订单交付管理流程体系建设请参见本章第三节。

（二）产品创新管理流程体系的主要子流程

表 6-4 以软硬件结合产品开发企业为例，呈现了产品创新管理体系各个阶段的主要子流程，供创新型企业设计产品创新管理体系参考。

子流程包括各阶段子流程和共用子流程两部分。共用子流程是指在各个流程阶段都要用到的子流程。

表 6-4 产品创新管理体系各阶段的子流程（示例）

	创新前端管理	产品开发管理	产品交付管理
各阶段子流程	（1）创意产生与管理流程 （2）概念开发流程 （3）市场研究流程 （4）客户需求研究与管理流程 （5）产品定义流程 （6）概念测试流程 （7）项目可行性分析流程	（1）概要设计流程 （2）详细设计流程 （3）单元开发流程 （4）集成测试流程 （5）系统测试流程 （6）新品开发流程 （7）样机制作流程 （8）现场测试流程 （9）市场测试流程 （10）产品矫正流程 （11）小批量试产流程 （12）批量生产导入流程 （13）产品定价流程 （14）产品上市管理流程	（1）产品生命周期管理流程 （2）产品退市管理流程
共用子流程	（1）技术评审流程 （2）业务决策评审流程 （3）项目管理流程 （4）质量管理流程		

（三）流程裁剪

根据项目的不同类型，可以对标准的产品创新管理流程体系进行适当简化，在不牺牲项目质量的前提下提升流程运作效率。基于项目的范围、投资和风险水平，可以定义三类不同的创新项目，并定义相应的产品创新管理流程。表 6-5 列出了三类不同复杂程度的创新项目。

表 6-5 不同类型的项目及其适用的产品创新管理流程

	全新项目	重大改进型项目	微小改进型项目
项目特点	对公司来说是全新的	在现有产品的基础上有 30% 左右的变化	在现有产品基础上少于 10% 的改进
项目投资	大（500 万元以上）	中（300 万元以下）	小（100 万元以下）
项目周期	长（12 个月以上）	中（6 ～ 12 个月）	短（6 个月以下）
项目风险	高	中	低
团队成员	多（30 人以上）	中（20 人以下）	小（10 人以下）
适用流程	标准的六阶段六入口流程	简化的四阶段四入口流程	简化的三阶段三入口流程

注：表格中数据作为示例，仅供参考。

上表中列举的适用流程阶段是指从创意到上市的六个流程阶段，不包括产品生命周期管理阶段和产品退市管理阶段，因为这两个阶段对于任何新颖程度的新产品开发项目都是必须遵循的流程阶段，不能裁剪。

1．全新产品开发项目

全新产品开发项目包括两类。一类是对于企业而言是新的（New to the Company），但是对于市场而言不是新的。例如，某公司以前没生产过电视机，现在进入电视机研发领域。另一类是对于世界而言是新的（New to the World），即某企业做的是全世界“首发”产品。例如，某企业进入的消费级无人机市场。在两类“全新产品”中，相比较而言，对于世界而言的新产品风险更高，更需要通过产品创新管理流程体系有效管控风险和不确定性，提升新产品开发成功率。

全新产品开发项目应该走全流程，如图 6-13 所示。每个阶段都要高质量地完成各项工作，每个评审点都要按照评审准则对项目进行严格的生 / 杀决策（第 1、2 个评审点除外）。

2．重大改进型产品开发项目

重大改进型产品开发项目是指在已有产品的基础上进行的较大幅度的改进。这类产品的改进幅度一般在 30% 左右，包括增加功能或者提升性能指标等多个方面。

重大改进型产品开发的创新前端管理的三个阶段可以合并，但开发、测试和上市三个阶段原则上应该保留，如图 6-14 所示。

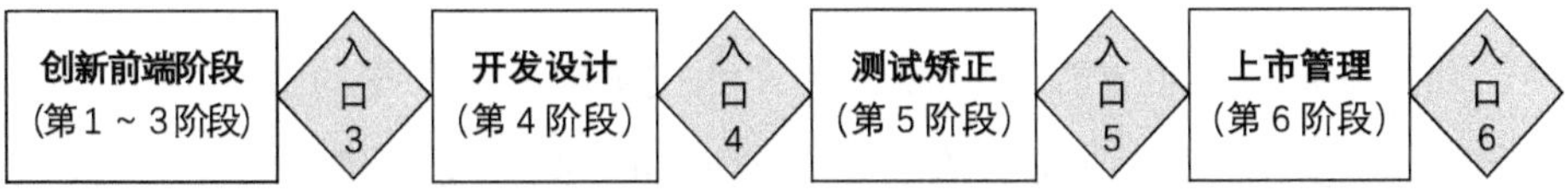

图 6-14　适合重大改进型产品开发项目的产品创新管理流程

该类项目可以简化创新前端阶段，即将创意产生、概念开发和立项分析阶段合并为一个阶段，只进行一次评审。阶段合并并不意味这些阶段的内容可以省略，只是这些阶段内容不需要每个阶段提交决策评审团队进行评审。项目团队可以自己对照决策评审准则进行内部评审。重大改进型产品开发项目由于客户需求比较明确，产品定义也可借鉴，故可以简化创新前端的第 1、2 个入口的评审。

3．微小改进型产品开发项目

微小改进型产品开发项目是指在现有产品的基础上进行的小改进，一般改进幅度小于 10%，改进的方面主要包括功能增加、性能提升或者成本降低（Cost Down）等。

微小改进型产品开发项目可以合并创新前端的三个阶段，开发过程等设计开发、测试矫正阶段，如图 6-15 所示。

图 6-15　适合微小改进型项目的产品创新管理流程

微小改进型产品开发项目的创新前端阶段相对比较简单，只是在原有的产品定义基础上进行部分的改动，故第 1 ～ 3 阶段可以合并。同时，改进型项目只是对现有产品的部分改动，故开发和测试阶段也可以合并。

二、产品创新管理流程体系各子阶段简介

下面从人、事、法、果视角简要介绍各个流程阶段，供创新型企业建设产品创新管理流程体系时参考。

（一）创新前端管理

创新前端包括创意产生、概念开发和立项分析三个子阶段。创新前端是承上启下的阶段，前面承接战略，后面为产品开发提供“输入”。很多公司做不出有独特差异化的产品，其根本原因是创新前端的客户需求洞察不够。创新前端是产品经理负责的核心阶段。表 6-6 列出了创新前端管理各阶段的人、事、法、果。

处于模仿阶段的企业普遍不重视创新前端，因为创新前端的客户需求研究等工作主要“友商”已经替自己做了。但处于领先阶段的企业必须自己“看路”，必须自己决定做什么样的产品。创新前端管理能力是领先型企业的核心能力。

表 6-6　创新前端管理各阶段的人、事、法、果

	创意产生阶段	概念开发阶段	立项分析阶段
团队（人）	创意提交人	概念提交人	立项分析小组
主要任务（事）	（1）创意激发 （2）创意提交 （3）创意评审	（1）概念完善 （2）概念分析 （3）概念评审	（1）市场研究 （2）客户需求研究 （3）产品定义 （4）概念测试 （5）项目可行性分析
用到的主要创新方法（法）	突破性新产品创意激发方法	概念开发方法	（1）市场研究方法 （2）客户需求研究方法 （3）产品定义方法 （4）概念测试方法 （5）项目可行性分析方法
主要交付成果（果）	创新提交表	概念开发表	（1）项目立项分析报告 （2）产品设计开发阶段工作计划

创新前端管理的口诀是“慢就是快”，在创新前端多花时间研究客户需求、多花时间进行项目可行性分析，在产品设计开发阶段就会大幅减少“返工（Rework）”，大幅缩短开发阶段的时间。

1．创意产生阶段

创意产生阶段的目的是源源不断地激发出尽可能多的突破性的新产品创意。创意产生阶段是新产品开发的源头，“为有源头活水来”！很多企业的新产品开发流程没有创意产生阶段，因而企业缺乏源源不断的、新颖的新产品创意也就不足为奇，因为根本没有人负责新产品创意的激发、收集和管理工作。

有些企业新产品开发流程的第一个框图是“董事长提出创意”，也就是说，公司董事长是新产品创意的唯一来源，董事长不提出创意就不会有新产品开发项目。董事长提出的是平庸的创意，据此开发出的新产品自然也很平庸。

建议创新型企业将创意产生阶段作为正式的流程阶段，建立创意激发、收集和管理的规范的流程，确保企业有源源不断的、突破性的新产品创意涌现。

2．概念开发阶段

概念开发是指对创意的完善、分析和评审，以确定新产品创意是否具

有进入立项分析阶段的机会。

一些企业董事长提出一个创意就直接进入立项分析阶段甚至设计开发阶段，这种“拍脑袋”决策的结果是企业做了很多项目，但是成功的项目非常稀少，大量创新资源被浪费。

概念开发阶段要对大量的新产品创意进行筛选，确保进入立项分析阶段的创意是真正值得深入研究的。毕竟在立项分析阶段，要成立正式的跨职能团队、花费较大的创新资源，对新产品项目进行比较深入的分析和论证。

3．立项分析阶段

立项分析阶段是新产品开发中非常重要的一个阶段，主要目的是论证一个项目是否值得进入设计开发阶段。项目一旦进入设计开发阶段，就要花费大量的人力、财力和时间资源，企业要尽可能提高创新资源的投资回报率。

很多企业的新产品开发工作总是“很忙”，没有多少时间精力投入客户需求研究、产品定义和项目可行性分析工作之中，其结果就是在产品设计开发阶段不断“返工”，新产品开发的整体周期反而大幅延长。

创新型企业应该严谨定义并严格遵循项目立项分析流程，通过项目前期的扎实的工作大幅减少产品开发过程中的返工，大幅降低新产品开发失败风险，大幅提升新产品开发成功率。

（二）产品开发管理

产品开发管理阶段包括产品设计开发、产品测试矫正和产品上市管理三个子阶段，而不是只包括“产品设计开发阶段”。表 6-7 列出了产品开发管理各阶段的人、事、法、果。

表 6-7　产品开发管理各阶段的人、事、法、果

	产品设计开发阶段	产品测试矫正阶段	产品上市管理阶段
团队（人）	跨职能团队	跨职能团队	跨职能团队
主要任务（事）	（1）产品设计 （2）产品开发 （3）产品测试 （4）客户需求变更管理 （5）项目可行性分析报告更新	（1）客户现场测试 （2）市场测试 （3）产品矫正 （4）小批量试产 （5）批量生产准备 （6）项目可行性分析报告更新	（1）小规模上市 （2）规模上市

续表

	产品设计开发阶段	产品测试矫正阶段	产品上市管理阶段
用到的主要创新方法（法）	产品设计方法（DFX）	（1）客户现场测试方法 （2）市场测试方法 （3）产品上市管理方法	（1）小规模上市方法 （2）规模上市方法
主要交付成果（果）	（1）试验环境下能够有效运转的样机 （2）项目可行性分析报告更新版 （3）测试矫正阶段工作计划	（1）经测试矫正后具备批量生产条件的产品 （2）项目可行性分析报告更新版 （3）产品上市方案 （4）产品上市管理阶段工作计划	（1）实现产品盈亏平衡 （2）产品上市后总结报告 （3）产品生命周期管理计划

很多企业的新产品开发团队在产品样机做出来之后就解散了，产品的现场测试、市场测试没人管，产品在上市过程中出现的问题更没人管。这种过早“解散”新产品开发团队的做法是导致很多新产品开发项目失败的重要原因。

新产品开发团队不是在样机做出来之后解散，也不是在测试转量产后解散，而要在产品上市并实现“盈亏平衡”后才能解散。“盈亏平衡”是指当产品实现一定的销售量后公司前期在该产品上的直接投入和间接投入都已经收回来了。这时候，公司才“不亏钱”，这时候也才是该产品“赚钱”的开始。产品实现“盈亏平衡”，也验证了产品上市后得到了足够多的客户的认可，产品可以进入生命周期管理阶段。

涵盖各个必要的职能代表的真正意义上的跨职能团队是公司级的产品开发管理流程规范的前提和基础。很多企业的新产品开发是“研发部”的工作，其主要原因就是新产品开发只有研发部参加，新产品开发流程是研发部内部流程，而不是公司级的流程。由研发部开发新产品走向全公司开发新产品对很多企业而言是重大的组织变革！

1．产品设计开发阶段

产品设计开发阶段的主要任务是开发出在实验环境下能够有效运转的样机。产品设计开发阶段一般投入的研发力量最多，需要销售、研发、采购、生产、财务等各职能部门密切配合，以有效实行“并行工程”，大幅缩短新产品开发周期。

产品设计开发阶段一般包括概要设计、详细设计、单元开发、集成测试和系统测试等多个子阶段。每个子阶段系统工程师（技术负责人）要组织项目团队进行技术评审，确保“一次做对”，减少开发工程中的返工。

在产品设计开发阶段，产品经理要持续洞察客户需求，要及时将客户需求信息融入开发中的产品中。产品开发团队不能拒绝需求变更，但是也不能随意变更需求，要在技术评审点“批量”地进行需求变更。产品的新颖性越高，在开发过程中变更需求的比例一般越大。

产品开发过程一般持续半年以上，有的产品开发过程持续好几年。产品经理要及时更新项目可行性分析报告，要随时思考项目是否还有“钱景”，是否还值得继续往前走。

2．产品测试矫正阶段

产品测试矫正阶段的主要任务是验证产品是否具有规模上市的条件。很多企业只进行产品测试和批量生产条件测试，忽略现场测试和市场测试。

现场测试是指到客户实际使用产品的情境下由客户使用产品，征求客户对产品的改进意见与建议。这是产品规模上市前非常重要的验证客户需求的方法。

市场测试是指通过模拟市场或受控市场测试验证产品的目标客户对象、市场规模、产品上市方案等，验证产品是否值得规模上市。

产品测试矫正不只是“技术”视角，更是客户和市场视角，一定要验证产品是否值得规模上市，是否值得投入大量的资源、资金进行广告宣传和批量生产。

3．产品上市管理阶段

产品上市管理阶段的主要任务是实现产品“盈亏平衡”。很多企业的新产品开发流程中上市管理阶段缺失，或者产品开发团队在“转量产”的时候就解散了，新产品“移交”给销售部门负责销售。其实，新产品上市时，战斗才刚刚打响，新产品很容易在上市阶段“夭折”。产品开发团队应该一鼓作气，全力以赴保证产品上市成功。

产品上市成功的标志是“盈亏平衡”，即当新产品的销售量达到一定的规模后，该产品前期投入的直接成本和间接成本均以收回，企业从这个点开始真正“赚钱”了。

产品上市管理阶段包括小规模上市和规模上市两个子阶段。产品的新颖性越高，越应该慎重对待小规模上市阶段。通过小规模上市验证市场规模、产品定价、上市方案的可行和规模交付订单的可行性等多个方面，为规模上市做好充分准备。

（三）产品交付管理

产品交付管理包括产品生命周期管理和产品退市管理两个阶段。表 6-8 列出了产品交付管理各阶段的人、事、法、果。

表 6-8　产品交付管理各阶段的人、事、法、果

	产品生命周期管理阶段	产品退市管理阶段
团队（人）	产品生命周期管理团队	产品退市管理团队
主要任务（事）	（1）订单交付管理 （2）产品不同生命周期的策略制订与实施	产品退市
用到的主要创新方法（法）	产品生命周期管理方法	产品退市管理方法
主要交付成果（果）	（1）实现预期的产品投资回报 （2）产品系列化 （3）产品改进升级 （4）产品退市建议报告	产品退市后总结报告

很多企业的产品创新管理体系是“前不着村、后不着店”，前面创新前端管理阶段缺失，后面产品交付管理阶段缺失，只有中间产品开发管理阶段。产品交付管理阶段是产品实现“投资回报”的阶段，产品管理团队不能将此阶段“移交”给运营团队，自己不再参与。相反，产品交付阶段是产品管理团队真正创造“价值”的阶段，产品管理团队需要全程管理，确保实现尽可能大的产品投资回报。

1．产品生命周期管理阶段

产品生命周期管理阶段是产品实现“投资回报”的阶段，需要产品经理组建跨职能的产品生命周期管理团队进行有效管理。在产品的不同生命周期阶段，产品生命周期管理团队需要采取不同的市场策略，尽可能在一定的时间周期内实现尽可能大的产品销售收入和利润。

在产品生命周期管理阶段，产品可能要改进升级，也可能要扩展开发系列化产品。这些衍生产品的开发，需要发起立项，再次走产品创新管理流程。

在产品生命周期管理中，企业通过有效、高效的订单交付管理实现产品预期的投资回报。下节将重点介绍产品订单交付管理流程。

2．产品退市管理阶段

很多企业的产品创新管理流程体系中没有产品退市管理阶段，因此产品就“只有上市、没有退市”，导致“产品货架”上堆积的产品越来越多。

产品创新管理需要“敬始善终”，产品有上市就会有退市。产品退市最好的策略是企业自己的新一代产品“替换”上一代产品，而不是自己的产品被友商的产品替代，只能被动退市。

产品退市需要成立跨职能的产品退市管理团队，需要规范产品退市管理流程，确保产品退市有序进行，确保保护客户已有投资，确保企业声誉不会受损。

三、产品创新管理流程体系建设要点

产品创新管理流程体系建设对于大部分企业而言，均意味着巨大的挑战。以下流程体系建设要点供创新型企业 CPO、流程管理部门参考。

1．建立跨职能产品开发团队组织模式

跨职能产品开发团队是创新型企业建立“公司级”的产品创新管理流程体系的前提。产品开发团队是部门级的，相应的产品创新管理流程体系也只能是“部门级”的，由“研发部”负责新产品开发就会成为“常态”。

创新型企业一定要认识到光靠“研发部”是不可能开发出“好卖”的新产品的。新产品开发一定是“全公司的事”，而不只是“研发部的事”。跨职能团队产品开发组织模式一定要成为创新型企业的“新常态”。各个职能部门甚至要“忘记跨职能”，要就新产品开发成功是各职能部门的共同职责达成共识，形成合力。

跨职能团队组织模式的详细介绍请参见第五章第二节。

2．结合内外最佳实践建立产品创新管理流程体系

在建立跨职能产品开发团队组织模式的基础上，创新型企业要结合内

外最佳实践建立公司级的、端到端的产品创新管理流程体系。

一些公司盲目、机械照搬照抄IPD（集成产品开发）等流程体系，形成“小人穿大衣”的尴尬局面，最终导致流程体系弃之不用。

有些企业自己“闭门造车”，在现有ISO 9000等流程体系的基础上“修修补补”，劳而无功。很多企业现有的流程体系“经验式”的痕迹很重，不系统、不完整、不科学，需要的不是“修补”，而是“重构”！

有效的流程体系建设方法应该是内外结合，求真务实。对于IPD及行业领先企业的流程体系需要借鉴吸收其原理与精华，而不能简单模仿其“表”。企业要认识到行业的特性及企业自身的管理特点，将内部的最佳实践做法融入产品创新管理流程体系中。

产品创新管理流程体系没有绝对的、统一的最佳实践，企业既需要借鉴外部的最佳实践，也要继承内部的有效做法，最终建设起一套真正有效、高效的适合自己的流程体系。

3．通过创新项目持续优化产品创新管理流程体系

流程体系建设不是一日之功，企业内外环境持续变化，流程体系也需要持续优化。企业每做一个创新项目，都要从流程体系层面进行反思。

（1）哪些流程是有效的，值得继续践行？

（2）哪些流程需要修订？重点修订哪些内容？

（3）哪些流程需要重构？

（4）哪些流程需要新增？

通过创新项目的实践，持续反思和优化流程，企业就会成为一家“学习型组织”，变得越来越“聪明”，流程体系越来越有效、高效，越来越具有适应性。

CPO行动

我们的产品创新管理体系现状如何？我们应该如何有效建立产品创新管理体系？我们应该如何有效实施产品创新管理体系？

本节小结

（1）跨职能产品开发团队组织模式是建立公司级的产品创新管理流程体系的前提。

（2）对大多数创新型企业而言，产品创新管理流程体系是重构，而不能在现有流程基础上“修修补补”。

（3）端到端的产品创新管理流程体系包括8个子阶段、8个评审点。根据不同创新项目的复杂程度，流程可以适当裁剪，在确保项目质量的前提下提升流程效率。

（4）通过持续优化，产品创新管理流程体系要由“有效”走向“高效”。

第三节　订单交付管理流程体系建设

建立卓越运营体系，实现预期投资回报。

CPO 思考

(1) 我们有公司级的、端到端的、高效的订单交付管理流程体系吗?

(2) 我们的跨职能订单交付团队运作高效吗?

(3) 我们每做一个订单交付项目，都会系统反思和优化流程体系吗?

本节以一家涵盖招投标、定制研发、采购生产、现场安装调试等环节的仪器类解决方案企业为背景，介绍订单交付管理流程体系。

知行信总结订单交付管理 4P 体系框架，如图 6-16 所示。

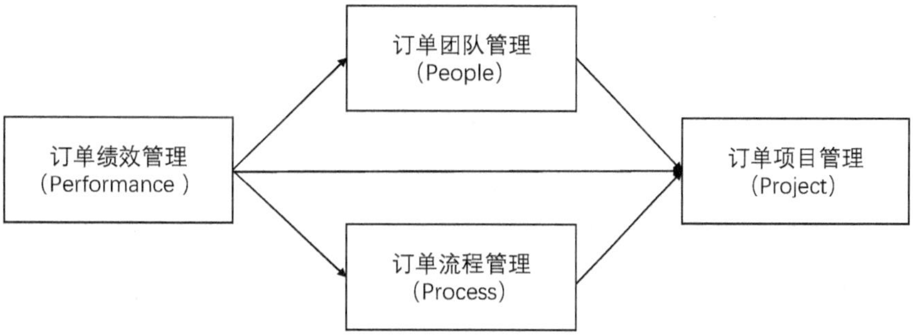

图 6-16　知行信订单交付管理 4P 体系框架

知行信订单交付管理 4P 体系包括订单绩效管理、订单团队管理、订单流程管理和订单项目管理等四部分。订单绩效管理明确订单交付的绩效目标，“以终为始”，实施目标管理。订单团队管理明确订单项目的组织模式，订单流程管理规范公司级的端到端的订单交付管理流程。基于跨职能的订单团队和端到端的公司级的订单交付管理流程，做好订单交付项目管理，实现订单交付绩效目标。

一、订单绩效管理

订单交付绩效指标包括公司级指标与项目级指标。订单交付管理的核心目标是实现预期的订单绩效目标。通过订单实际绩效表现与预期的绩效目标的对比，发现存在的问题，明确改进方向和重点，实施持续改进。

（一）订单绩效指标设定原则

以下订单绩效指标设定原则，供企业设计和选择订单绩效指标时参考。

（1）度量关键成功要素（KSF）。

（2）度量做得不好的方面。

（3）指标数据容易获取。

（4）从公司层面和项目层面进行度量。

（5）设定 3 ~ 5 项主要度量指标。

（二）公司级订单绩效指标

以下公司级订单交付绩效指标供企业参考。

（1）满意客户占比：客户满意度可以用客户对项目质量、项目完成及时性、服务态度等指标进行评价，也可以通过回款及时率反应客户满意度。

（2）及时回款率：年度所有项目中按照合同约定按时回款的合同数量比例或者金额比例。

（3）坏账比例：年度（或者过去三年累计）不能收回（或者账期超过 X 年已列入坏账计提的款项）的销售款项占比，坏账产生的原因可能是项目服务质量不好，也可能是客户关系处理不好，或者客户方本身的问题。

（4）项目费用比：合同金额 / 工程费用，工程费用主要包括项目实施人员工时（折算为人员薪酬金额）、差旅费用等。

公司级订单绩效指标主要考核运营管理部、项目总监。企业可以在以上公司级订单交付绩效指标中选取主要指标，并根据公司实际及与标杆企业对比设定各项指标的目标值。

（三）项目级订单绩效指标

以下项目级订单交付绩效指标供企业参考。

（1）客户满意度：可设计客户满意度评价表征求客户意见，从交付进度、交付质量、交付范围及服务态度等方面进行评价。

（2）进度符合度：实际进度 / 计划进度，度量各个里程碑节点和整个项目。

（3）项目工时符合度：重点度量定制开发和现场实施工时。

（4）项目费用符合度：重点考核销售费用和工程实施差旅费用。

项目级订单交付绩效指标主要考核订单交付项目经理、项目团队。企业可以在以上项目级订单交付绩效指标中选取主要指标，并根据公司实际及与标杆企业对比设定各项指标的目标值。

二、订单团队管理

与新产品开发类似，订单交付团队也应该是跨职能的，如图 6-17 所示。

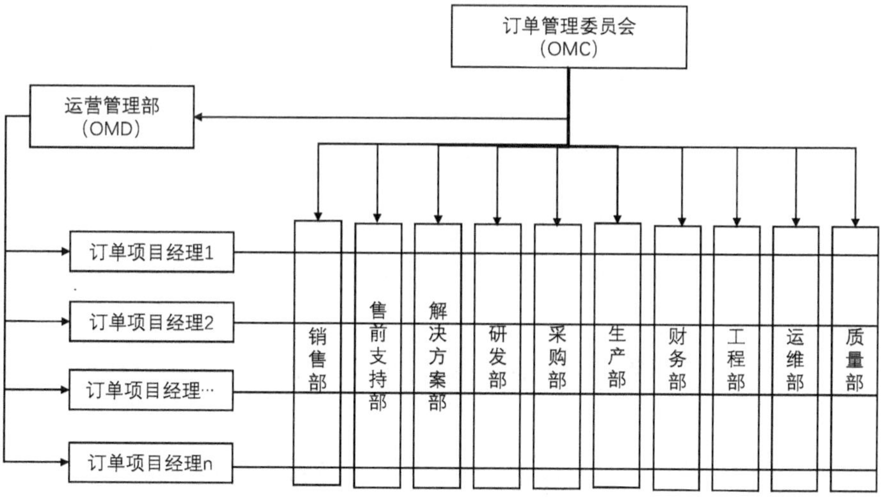

图 6-17　订单交付团队框架

订单交付团队由三部分组成：订单管理委员会、运营管理部和订单交付项目团队。订单管理委员会负责对订单进行决策，运营管理部负责订单项目的日常统筹管理，订单交付项目团队负责各个订单项目的管理和交付。

（一）订单管理委员会

订单管理委员会（Order Management Committee，OMC）是公司订单交付项目的决策机构，由公司总经理、分管运营副总经理、需要参与订单交付项目的各职能部门负责人组成，主要职责如下所述。

（1）组织建设与持续优化订单交付管理流程与制度体系。

（2）在关键节点对订单项目进行决策。

（3）审批订单项目下一阶段计划，承诺订单项目下一阶段所需资源。

（4）为多个订单项目进行排序决策与资源分配决策。

重大订单项目需要公司订单管理委员会决策和把关，一般项目可由运营管理部进行日常管理，必要时向订单管理委员会报告。

（二）运营管理部

运营管理部（Operation Management Department，OMD）是公司订单交付项目的日常管理部门，由运营管理部总监、订单管理总监、订单管理项目经理、订单管理项目工程师等职位人员组成，主要职责如下所述。

（1）为公司订单管理委员会的日常工作机构，负责公司所有订单项目的日常管理工作，对订单管理委员会负责。

（2）负责收集、预审订单项目决策评审资料。

（3）组织召开订单项目决策评审会议。

（4）监督落实订单管理委员会的决策事项。

（5）负责订单项目团队组建、订单项目经理任命及每个订单项目日常推进管理。

（6）及时向订单管理委员会汇报订单项目风险及订单项目存在的重大问题。

（7）组织订单项目总结评审，组织订单项目绩效考核工作。

（8）负责订单项目经理选拔、培训、培养和职级认定工作。

（9）负责订单项目文档、资料归档管理工作。

创新型企业应该将创新项目与订单交付项目进行分开管理。两类项目绩效考核指标不同、团队组成不同、遵循的流程不同，对项目经理的背景与素养要求也不同，不应该放在一个部门进行管理，更不应该一个项目经理兼做创新项目和订单交付项目。

对于订单交付项目数量多、类型多的企业，可以在运营管理部设置项目总监职位，分别负责不同类型的订单交付项目管理。例如，某系统集成企业分别设立硬件、软件、安全、集成类项目总监，分别负责相应类别项目的管理。

订单项目经理可以是兼职或者专职的，可以采取认证的方式进行管理。不同级别的项目经理分别负责不同复杂程度的订单项目的管理。对于订单项目较多的企业，应该在运营管理部部署一批专职的订单项目经理。

订单项目工程师部署在运营管理部，协助项目经理做好订单交付项目的日常管理工作。

（三）订单交付项目团队

订单交付项目团队由跨职能团队组成，如图 6-18 所示。订单交付项目团队分为三层：项目经理、核心团队和扩展团队。原则上，项目经理只负责领导和管理核心团队成员，扩展团队成员由各职能核心代表负责领导和管理。

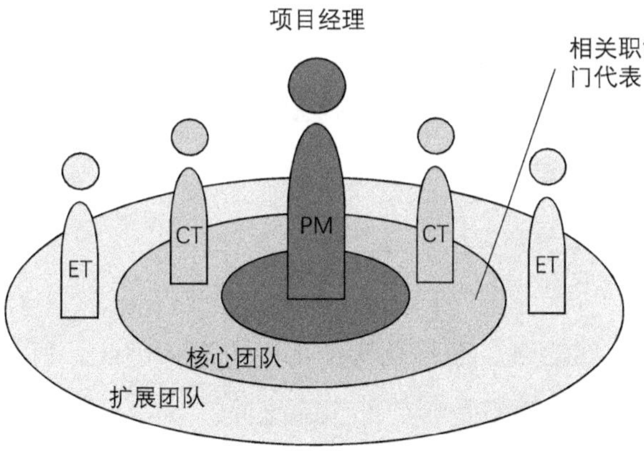

图 6-18 订单交付项目团队组成

1. 项目经理

订单交付项目经理部署在运营管理部，主要职责如下所述。

（1）负责订单项目全程管理。

（2）对订单项目的进度、质量和成本等关键绩效目标负责。

（3）负责领导与考核项目核心团队成员。

2．核心团队

核心团队由订单交付项目所必需的各职能部门代表组成，主要职责包括三个方面。

（1）完全代表所属职能，对订单项目中所属职能工作任务负责。

（2）在项目经理领导下负责协调与其他职能的工作。

（3）负责职能内项目扩展团队成员的工作任务安排、工作协调与绩效考核工作。

3．扩展团队

扩展团队成员由订单交付项目所必需的各职能部门相关人员组成，主要职责为：在相应职能代表领导下完成相关职能工作任务。例如，生产代表领导的扩展团队成员可能包括：生产计划、工艺、设备管理等相关专业人员。

4．职能部门

各个职能部门负责为订单交付项目培养和输送专业的、足够数量的项目团队成员，主要职责包括三个方面。

（1）为订单项目输送合格的职能代表与相应扩展团队成员。

（2）确保职能代表完成订单项目任务所需时间和资源。

（3）帮助职能代表解决订单项目中遇到的难题。

三、订单流程管理

订单交付是公司的事，而不是哪个部门的事。因此，订单交付流程也应该是公司级的流程，而不是哪个部门的流程。

（一）订单交付框架流程

订单交付流程一般可以分为前、中、后三个阶段，如图 6-19 所示。

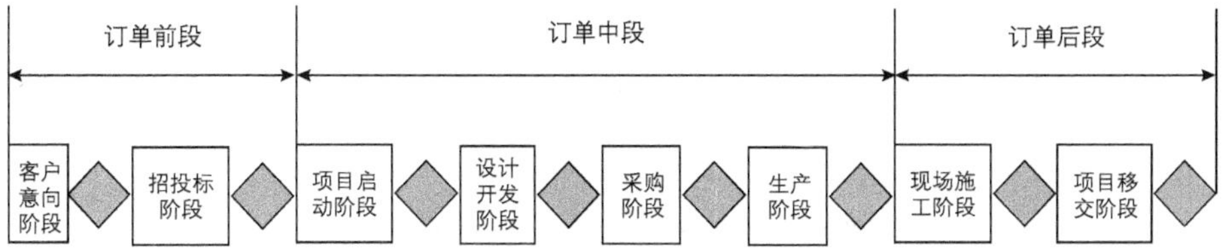

图 6-19　订单交付框架流程

1．订单前段流程

订单前段流程是从销售线索到签约，由销售团队主责，包括客户意向阶段和招投标阶段两个子阶段。

客户意向阶段是指销售团队通过拜访客户，确定客户有业务需求，然后申请公司参与投标，公司评审通过后，销售团队组织招投标工作。

招投标阶段是指从参与投标到中标签约的阶段，一般需要销售团队和售前支持团队紧密配合。销售团队主要负责客户关系管理，售前支持团队主要负责项目方案制订。如果项目有很多新的需求，解决方案团队要为售前支持团队提供技术支持。

客户经理、售前工程师和订单交付经理是订单交付项目的三个关键角色，共同构成订单交付管理的“铁三角”，如图 6-20 所示。

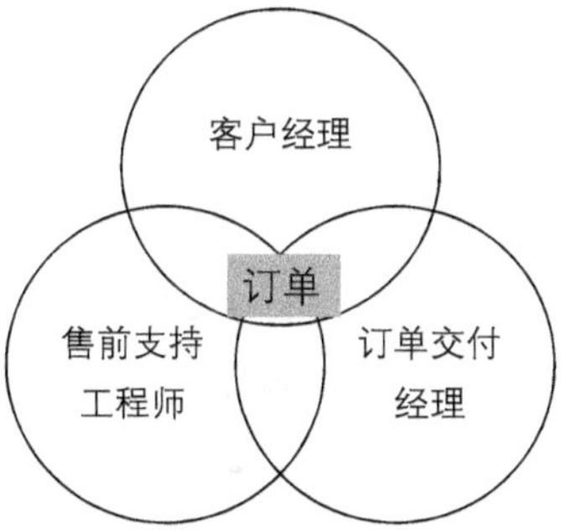

图 6-20　订单交付“铁三角”

在订单交付“铁三角”中，客户经理主要负责把握客户关系，售前支持工程师主要负责做好项目方案，两者配合，共同将项目订单签下来。订单交付经理则负责组织跨职能订单交付团队，交付客户满意的订单项目，将项目合同约定的金额及时、足额收回来。

2．订单中段流程

订单中段流程是从项目启动到齐套发货，由订单交付经理主责，包括项目启动、设计开发、采购和生产等四个子阶段。

项目启动阶段任命订单交付项目经理和项目团队，制订订单交付项目计划，明确项目团队成员任务分工，正式宣布项目启动。

设计开发阶段由研发代表主责，主要负责项目订单中的定制开发任务。

采购阶段由采购代表主责，主要负责采购和外协工作。

生产阶段由生产代表主责，主要负责订单产品生产和齐套发货工作。

设计开发、采购和生产阶段是一个大致的先后顺序，其实很多公司是"并行"展开的。

3．订单后段流程

订单后段流程是从现场施工到项目移交，由工程代表主责，包括现场施工阶段和项目移交两个子阶段。

现场施工阶段的主要工作包括设备安装、调试、试运行等工作。

项目移交阶段包括项目移交、客户培训等工作。项目"成功移交"的典型标志是客户全部付完了项目尾款，项目进入质保阶段。

（二）订单交付子流程

订单交付各个阶段由多个子流程组成，子流程包括阶段流程和共用流程，如表 6-9 所示。

表 6-9　订单交付子流程清单（示例）

阶段流程	1.0 订单交付前段流程	2.0 订单交付中段流程	3.0 订单交付后段流程
	1.1 意向信息分析流程	2.1 项目启动流程	3.1 工程分包管理流程
	1.2 客户拜访流程	2.2 总体方案设计与合同分解流程	3.2 进场准备流程
	1.3 立项可行性分析流程	2.3 定制研发流程	3.3 现场安装流程
	1.4 需求明确与方案设计流程	2.4 外购采购流程	3.4 现场调试流程
	1.5 投标前准备流程	2.5 外协采购流程	3.5 试运行与验收流程
	1.6 投标实施流程	2.6 分包采购流程	3.6 回款管理流程
	1.7 合同洽谈与签订流程	2.7 生产制造流程	3.7 运维移交流程
		2.8 齐套发货流程	3.8 项目总结流程
		2.9 物流管理流程	3.9 运维管理流程
共用流程	订单项目管理流程，项目评审流程，质量保证流程，项目变更管理流程，项目文档管理流程		

订单交付前中后段子流程共列举了25个，共用子流程共列举了5个。企业可以参照上表梳理企业订单交付各阶段子流程。

各个子流程等规范既要借鉴外部最佳实践，也要结合公司实际。应该选拔公司内部最佳实践拥有者撰写各个子流程。例如，现场安装流程应该请现场安装工作做得最好的同事主责撰写。

四、订单项目管理

有效的跨职能团队和端到端的公司级流程是做好订单交付项目的前提。订单项目经理的核心职责是采用有效的项目管理方法，基于端到端的订单交付管理流程，领导跨职能订单交付团队，实现订单项目绩效目标。

我们推荐订单项目经理采用项目管理五步法进行有效的订单交付项目管理，如图6-21所示。

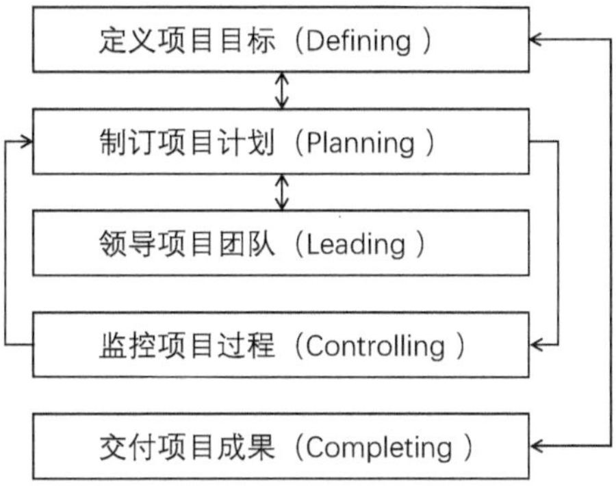

图6-21　项目管理五步法

以上项目管理方法将在第七章第二节详细介绍。订单项目经理既要熟悉订单交付管理流程，又要掌握项目管理方法，要基于订单交付管理流程采取有效的项目管理方法做好订单交付项目。

CPO行动

我们的订单交付管理体系现状如何？我们应该如何有效建立订单交付管理体系？我们应该如何有效实施订单交付管理体系？

本节小结

(1) 订单交付管理包括订单绩效管理、订单团队管理、订单流程管理和订单项目管理等四个方面。

(2) 订单绩效管理包括设定公司级的绩效目标和项目级的绩效目标。

(3) 订单交付是全公司的事，应该采用跨职能团队组织模式进行订单交付。

(4) 订单交付流程是公司级的、端到端的流程，包括前、中、后三段。前段流程由销售团队主责，中后段流程由订单交付项目经理主责。

(5) 在跨职能团队和公司级流程的基础上进行订单交付项目管理。项目管理包括定义项目目标、制订项目计划、领导项目团队、监控项目过程和交付项目成果等五个阶段。

知行信研发与产品创新管理体系（RDIM®）框架

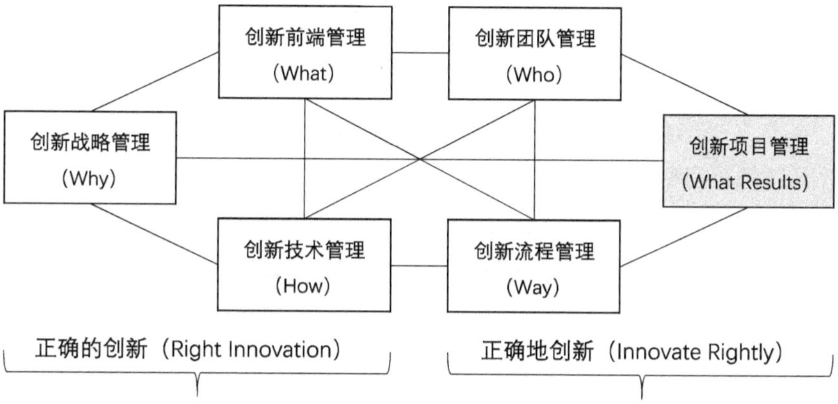

在知行信 RDIM® 体系中，创新项目管理是第六个子系统，回答“做成什么（What Results）”的问题。创新型企业最终需要通过“项目”取得结果，实现创新投资回报。跨职能项目团队组织模式和公司级的创新流程是企业做好创新项目的前提和基础。

创新项目管理包括单项目管理和组织级项目管理等内容。

创新项目管理准则：成果导向，创造价值！

第七章
创新项目管理

创新型企业通过创新项目取得成果，实现创新投资回报。

本章主要帮助 CPO 了解如何做好单项目管理，如何进行有效的组织级项目管理。

第一节，项目管理基础。本节简要介绍项目和项目管理的基本概念，并指出创新项目管理的常见误区。

第二节，单项目管理。本节主要介绍单项目管理五步法，包括定义项目目标、制订项目计划、领导项目团队、监控项目过程和交付项目成果等内容。

第三节，组织级项目管理。本节主要介绍项目组合管理、项目集管理方法，介绍项目管理办公室（PMO）如何有效运转，介绍如何建设项目型组织。

请 CPO 组织企业高层管理团队对照表 7-1，评估企业在创新项目管理方面是否存在以下常见问题，并从本章后续章节的介绍中寻求相关问题的解决方法。

表 7-1 创新项目管理常见问题描述

创新项目管理常见问题描述	公司现状描述
(1) 项目目标不明确，项目团队绩效难以考核，项目贡献难以评定，项目激励难以进行	
(2) 项目计划不严密，很多应该做的工作经常遗忘，难以进行“并行工程”，项目开发周期长，项目质量缺陷多	
(3) 项目经理的工作缺乏有效的流程和制度支持，项目经理领导和管理能力弱，无法有效把控项目，沦为项目协调人	
(4) 项目过程控制不严格，项目经常一再延期。项目资源冲突严重，缺乏有效的计划和协调，项目资源利用率低，有的人很忙，有的人无事可干	
(5) 项目缺乏有效的经验和教训总结，很多低级错误一犯再犯	

第一节　项目管理基础

成为流程型、项目型组织，是创新型企业打破“部门墙”，提升创新项目绩效的关键举措。

CPO 思考

（1）我们公司主要有哪些类型的创新项目？

（2）我们分别为不同的创新项目定义了不同的流程吗？

（3）我们是基于规范的流程进行项目管理的吗？

本节我们先对项目、项目管理的基本概念进行简要介绍，并指出创新项目管理中的常见误区，企业 CPO 可以对照企业实际，从后续章节介绍中寻求相关问题的解决方法。

一、什么是项目

在深入介绍创新项目管理方法前，我们有必要对项目的基本概念进行澄清。

在企业中，工作任务一般分为两类，一类是日常工作，一类是项目工作。例如，一名软件开发工程师，在参与新产品开发项目时，他是在从事项目工作。当他没有参与新产品开发项目，在研究一些新的软件开发工具时，他是在从事日常工作。企业中，有些职能岗位的员工主要从事的是日常工作，如生产线上的工人、人力资源部的招聘专员、财务部的出纳等。有些职能岗位的员工主要从事的是项目工作，如研发部的工程师、产品部的产品经理等。

项目（Project）是为取得特定的结果而进行的临时性的工作。项目通常是战略性的工作。

一般来说，项目可以在组织的任何层面上开展。一个项目可能只涉及一个人，也可能涉及很多人；可能只涉及一个组织单元，也可能涉及多个组织的多个单元。

1．项目工作与日常工作的相同之处

（1）都需要使用资源。不管做什么工作都需要使用资源，资源包括人、资本和设备等。新产品开发项目需要投入团队和设备。招聘工作也需要投入资金和人力。

（2）都是为了满足需要。无论是项目工作还是日常工作都是为了满足某些特定需要而进行的。例如，新产品开发项目是为了交付满足客户需要的产品。招聘工作是为了满足公司对人才的需求。

（3）都有目标。做任何工作都要实现相应的目标。做新产品开发项目要实现盈利，做招聘工作要在规定的时间内招聘到一定数量的合格的人员。

2．项目工作与日常工作的不同之处

项目是为取得特定的结果而进行的临时性的工作。项目工作与日常工作的不同主要体现在三个方面。

（1）项目是临时性的。临时性意味着项目有开始和结束，不是无休无止的。项目在得到审批后启动，在满足需求后结束。管理得好的项目必须有结束点。

（2）项目是独一无二的。每个项目都是新颖的或者不同的，没有两个项目是完全相同的。即使是开发类似的电信计费系统软件，第二个项目的功能可能会与第一个有所不同，或者采用的开发工具会有所变化。如果两个项目完全一样，那就没有必要再做一次。

（3）项目通常是分阶段进行的。项目通常会根据控制的需要划分阶段或步骤。例如，新产品开发项目通常划分为开发阶段、测试阶段和上市管理阶段等。

由以上比较可以看出，项目不是日复一日的重复性劳动，项目需要创造新的结果。项目通常是战略性的工作。项目的规模可大可小，周期可长可短，参与的人员可多可少。项目集（Program）、项目（Project）、任务（Task）的概念是相对的。但一般项目集通常是由多个项目组成的，项目又是由多项任务组成的。登月计划也可以看作是由多个项目组成的大项目。

微观地看，完成一项特定的任务也可以看作是一个项目。但我们通常指的任务一般是可以由一个人花费几小时或者几天的时间单独完成的工作。我们没有必要采用复杂的项目管理方法去完成一项不太复杂的任务。

3．创新项目类型

对创新型企业而言，可能有多种类型的项目，如图 7-1 所示。

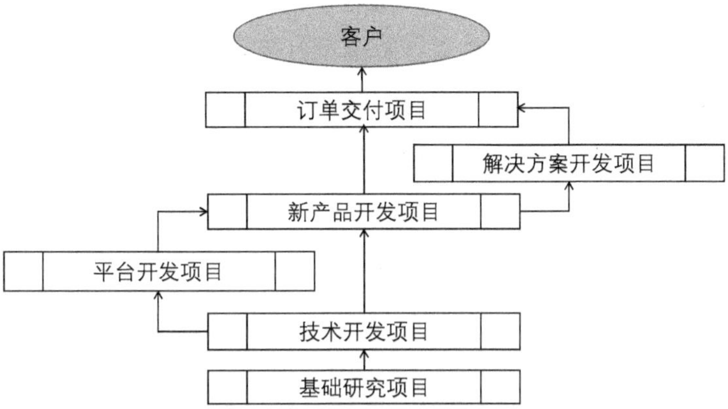

图 7-1　创新项目类型

基础研究项目服务于技术开发项目，技术开发项目服务于平台开发项目、新产品开发项目。新产品开发项目服务于解决方案开发项目、订单交付项目。解决方案开发项目也是服务于订单交付项目。

新产品开发和解决方案开发的目的是形成标准化的产品和解决方案。在标准化的产品和解决方案的基础上，企业通过交付客户个性化的订单创造价值，实现投资回报。

基础研究、技术开发和平台开发是新产品开发的前提和基础，需要基于产品线规划提前进行“预研”。

对于走向全球领先的创新型企业而言，基础研究已经成为企业构筑持续领先优势的必然选择。例如，华为公司的“2012 实验室”主要就是从事基础研究，华为公司“数学家、物理学家和化学家”合计已经超过 1000 名。华为公司 2016 年对基础科学的投入达 20 亿美元左右。未来，华为在基础科学研究的投入将逐渐增至研发费用的 20% ~ 30%。

不同类型的创新项目均应建立相应的流程，并基于流程进行项目管理。本书第六章对产品创新管理、订单交付管理流程体系建设进行了较为深入的介绍。

二、什么是项目管理

由于项目是复杂的、战略性的，因而需要采用有效的管理方法进行管理。项目管理方法应该能够有助于项目目标的实现。项目管理（Project Management）是用于项目的各种知识、工具和技能的应用。

本节项目管理的主要内容来自美国项目管理协会（PMI），希望深入了解的朋友可以参看该机构的《项目管理知识体系指南（第5版)》一书。

项目经理对项目管理的十大知识领域应该有比较深入的了解和认识。

（一）项目管理的十大知识领域

根据PMI的定义，项目管理包括十大知识领域，如图7-2所示。

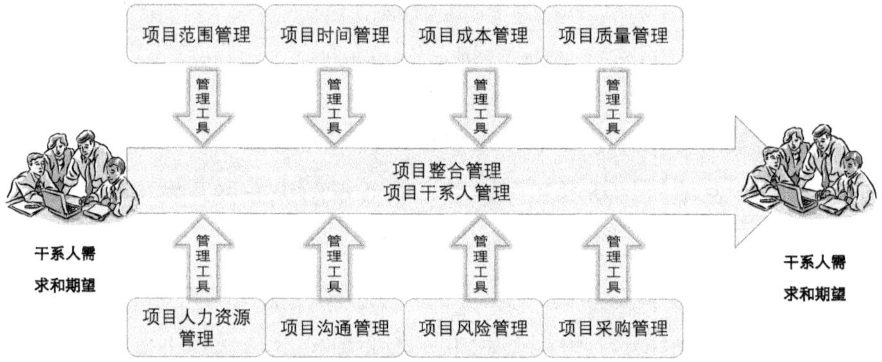

图7-2 项目管理的十大知识领域

PMI认为，这十大知识领域在大部分时间适用于大部分项目。管理一个项目通常包括如下方面。

（1）识别需求。

（2）在规划和执行项目时，处理干系人的各种需求、关注和期望。

（3）与干系人建立并维护积极的沟通。

（4）平衡相互竞争的项目制约因素，包括但不限于：范围、质量、进度、预算、资源和风险。

1．项目整合管理

项目整合管理是项目管理的起点，项目管理是集成的、综合的管理活动。项目团队要从整体的视角看待项目，不要将其他 9 大要素割裂开来。这些要素是相互影响、相互关联的。集成是项目管理的中心，也是区别卓越的项目经理与平庸的项目经理的关键。集成的经验与技术经验同等重要。集成为客户增值。

项目整合管理包括制订项目章程、制订项目管理计划、指导与管理项目工作、监控项目工作、实施整体变更控制和结束项目或阶段等内容。

2．项目范围管理

项目范围管理包括确保项目做且只做所需的全部工作，以成功完成项目的各个过程。

项目范围管理是指项目内容的边界，要明确哪些内容在范围内，哪些内容在范围外。对新产品开发项目而言有三种类型的范围。

（1）问题范围：定义问题或机会，经常称为需求。

（2）产品范围：项目要交付的产品的特性与功能。产品范围是满足客户需求的“解决方案”。

（3）工作范围：是指创造产品以满足需求需要做的工作。

项目范围管理包括规划范围管理、收集需求、定义范围、创建 WBS、确认范围和控制范围等内容。

3．项目时间管理

项目时间管理包括为管理项目按时完成所需的各个过程。

任何项目都需要有完成时限，项目需要进行时间进度安排。项目经理不但需要管理好时间进度，也要平衡好其他绩效目标的实现。应该在项目范围定义的基础上进行项目时间进度安排。

项目时间管理包括规划进度管理、定义活动、排列活动顺序、估算活动资源、估算活动持续时间、制订进度计划和控制进度等内容。

4．项目成本管理

项目成本管理包含为使项目在批准的预算内完成而对成本进行规划、估算、预算、融资、筹资、管理和控制的各个过程，从而确保项目在批准的预算内完工。

项目成本不但包括资金成本，也包括人员成本。项目成本管理需要预测、评估和管理资源。成本预测包括规划完成项目工作所需的资源，核实资源成本，计算出项目的总成本。成本预算是项目成本的基线计划，通过成本预算评估项目各阶段所需的资源及其变化。如果项目范围发生变化，预算也会随之改变，项目经理需要管理这些变化。

项目成本管理包括规划成本管理、估算成本、制订预算和控制成本等内容。

5．项目质量管理

项目质量管理包括执行组织确定的质量政策、目标与职责的各过程和活动，从而使项目满足其预定的需求。项目质量管理确保项目需求，包括产品需求，得到满足和确认。项目质量管理需要兼顾项目管理与项目可交付成果两个方面。

有四种感知质量的方法。

(1) 产品需求的满足。

(2) 标准和政策的符合。

(3) 产品缺陷的弥补。

(4) 使客户高兴。

项目中的一项重要活动就是定义产品和项目的质量。通常，根据客户的需求（已表达出来和未表达出来的需求）定义质量是最好的。项目经理通过质量规划、质量控制、质量保证和质量改进领导项目的质量工作。

6．项目人力资源管理

项目人力资源管理是指对人员及人员的技能的管理，包括组织规划、人员获取和团队开发等。好的项目经理能有效地利用团队成员，将团队成员作为重要的利益相关者。项目成功的衡量指标之一是团队成员感到他们的参与是有价值的。

项目人力资源管理包括规划人力资源管理、组建项目团队、建设项目团队和管理项目团队等内容。

7．项目沟通管理

项目沟通管理的目的是对信息进行正确的产生、收集、分发、存储以及最终处理。不同的项目利益相关者有不同的沟通需求。项目沟通管理的流程包括沟通规划、信息分发、过程汇报以及信息关闭。

8．项目风险管理

项目风险管理包括规划风险管理、识别风险、实施风险分析、规划风险应对和控制风险等各个过程。项目风险管理的目标在于提高项目中积极事件的概率和影响，降低项目中消极事件的概率和影响。

9．项目采购管理

项目采购管理包括从项目团队外部采购或获得所需产品、服务或成果的各个过程。项目组织既可以是项目产品、服务或成果的买方，也可以是卖方。

项目采购管理包括合同管理和变更控制过程。通过这些过程，编织合同或订购单，并由具备相应权限的项目团队成员签发，然后对合同或订购单进行管理。

项目采购管理包括规划采购管理、实施采购、控制采购和结束采购等内容。

10．项目干系人管理

项目干系人管理包括用于开展下列工作的各个过程：识别能影响项目或受项目影响的全部人员、群体或组织，分析干系人对项目的期望和影响，制订合适的管理策略来有效调动干系人参与项目决策和执行。

干系人管理还关注与干系人的持续沟通，以便了解干系人的需要和期望，解决实际发生的问题，管理利益冲突，促进干系人合理参与项目决策和活动。应该把干系人满意度作为一个关键的项目目标来进行管理。

项目干系人管理包括识别干系人、规划干系人管理、管理干系人参与和控制干系人参与等内容。

项目经理正确识别并合理管理干系人的能力，能决定项目的成败。

对新产品开发项目而言，项目干系人可以分为外部干系人和内部干系人两类。

（1）外部干系人：各类客户、供应商、合作伙伴、影响者（媒体、环保组织等）。

（2）内部干系人：公司领导、各相关部门、项目团队成员等。

（二）项目管理的五大阶段

PMI 将项目管理过程归纳为五大项目管理过程组：启动、规划、执行、监控和收尾。

基于创新项目的特点，我们建议创新团队基于以下项目管理五步法对创新项目进行管理，如图 7-3 所示。

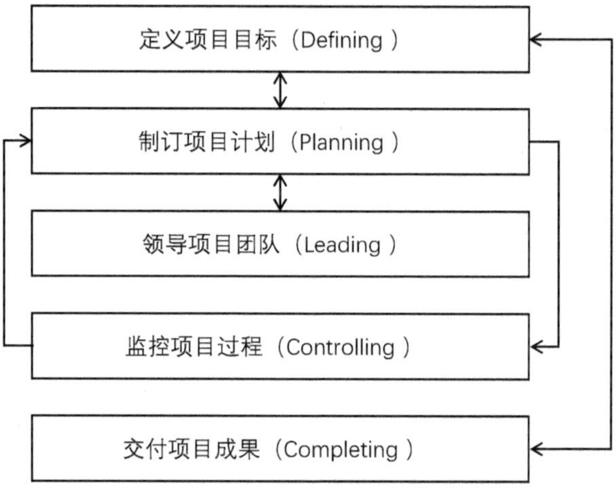

图 7-3　项目管理五步法

项目管理五步法包括定义项目目标、制订项目计划、领导项目团队、监控项目过程和交付项目成果。其中，项目目标定义与项目计划制订是相互影响的，项目计划制订与项目团队领导又是相互影响的。因此，这三项管理活动中有一项发生变化，都会引起其他两项的变化。项目计划制订会影响项目进程监控，而项目进程的变更可能需要修改项目计划。此外，项目成果交付与项目目标定义也是相互影响的。项目目标定义规定项目需要交付什么样的成果，而项目最终交付的成果与项目目标定义可能会有差异或变化。

项目管理就是对以上五大基本管理活动及其变化进行管理。

1. 定义项目目标（Defining）

项目不是在最后才失败的；项目可能从一开始就注定了失败的命运。项目经理需要为项目定义期望与边界。项目经理需要提出问题并且确定项目的产品性能需求与交付日期、成本的期望。好的项目目标要符合 SMART 原则。

2．制订项目计划（Planning）

项目计划制订包括预测资源需求、项目周期、预算等。项目团队成员也需要确定他们如何组织自身以满足客户的需求和内部的控制需求。

3．领导项目团队（Leading）

项目经理需要对团队成员、扩展人员以及合作伙伴进行管理，以便他们及时、有效地做好工作。

4．监控项目过程（Controlling）

项目经理需要及时评估项目绩效，以发现项目偏离计划的程度如何，并采取纠正措施。控制活动经常引致项目目标的调整。

5．交付项目成果（Completing）

项目经理需要确认项目范围符合产品需求，符合企业的需求（如文档要求和经验教训分享等）。

下节结合新产品开发项目的管理，按以上顺序简要介绍项目管理的五大基本管理活动。

（三）项目管理与流程管理的关系

创新型企业要成为流程型组织、项目型组织，要基于流程进行项目管理。首席产品官、产品经理、项目经理和流程经理的关系表述如图 7-4 所示。

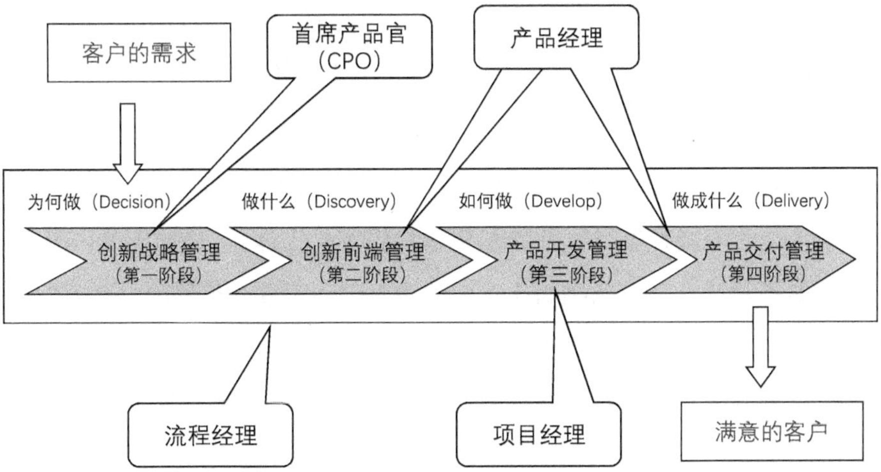

图 7-4　项目管理与流程管理的关系

在知行信 4D 创新流程中，首席产品官负责把握战略方向，产品经理负责从创意到退市的全产品生命周期管理。项目经理负责产品开发管理，流程经理负责产品创新管理流程体系建设与管理。

如果用开车来打个比方，首席产品官是指引方向的，产品经理是规划路线的，项目经理是负责开车的，而流程经理则是负责“修路”的。

流程可以理解为跑车的路（Way），而项目则是在路上跑的车。路是基本不变的，而车则是不断变化的。路修得越好，车跑得就越顺畅。路是服务于车的。

一些企业没有规范、有效的端到端的流程支持，只是依靠项目经理的经验和能力做项目，项目经理只能靠“刷脸”或“颜值”推进项目，不同水平的项目经理做的项目质量差别很大。

健康的企业应该在规范的流程的基础上做项目，项目经理基于规范的流程，采用有效的项目管理方法，领导跨职能团队推进项目。这样的企业，即使项目经理的能力有较大差异，但是不同的项目经理做的项目的质量差别不大。

项目管理的大多数“例行”的经验和最佳实践应该固化在流程体系中，每个项目的项目经理的主要精力用于处理项目中的“例外”事项。

三、创新项目管理的常见误区

在介绍有效的创新项目管理方法前，我们有必要对创新项目管理中的常见误区做一归纳。改正错误观念是学习有效管理方法的第一步。以下是创新项目管理中的常见错误观念。

1．将创新项目与其他项目混为一谈，简单套用传统的项目管理方法

很多企业一谈到项目管理就想到项目管理知识体系（PMBoK）所定义的十大知识领域，在创新项目上简单地套用这十大知识领域介绍的项目管理方法。由于该体系过于庞大，企业很难在项目中全部应用这些方法和工具，也很难对该体系内容进行裁剪，结果项目管理方法的应用流于形式，没有起到应有的作用。

最佳实践观点：PMBoK 是各种项目管理方法和工具的集成，是一种

“普适性”的方法，不同类型的项目应该基于该体系选择性地采用其中的方法和工具，最好形成一套适合企业实际需要的项目管理方法。

2．将项目管理与流程管理混为一谈

某从事自动控制的高科技企业导入了IPD流程体系，组建了有8人编制的项目管理部，但该公司的项目管理部经理对开发流程与项目管理方法的关系感到困惑：我们导入了开发流程后应该怎么进行项目管理？项目管理与开发流程之间到底是什么关系？这或许也是很多科技型企业的困惑。很多企业要么认为开发流程可以代替项目管理，或者项目管理可以代替开发流程。

最佳实践观点：创新型企业应该基于流程进行项目管理。开发流程是公司层面的管理体系，是技术开发与新产品开发最佳实践方法的总结，企业遵循有效的开发流程体系，能够“多、快、好、省”地开发和上市成功的新产品。项目管理方法主要用于每个项目的开发管理，目的是在有限的资源条件下，按时、按质、按量地完成开发项目，实现预期的项目目标。简单而言，流程体系主要关注公司整体的创新绩效，而项目管理方法主要关注每个创新项目本身的成功。流程体系和项目管理方法都是创新型企业不可或缺的创新管理工具，每个创新项目既要遵循流程体系向前推进，也要采用项目管理方法实现项目目标。两者不是相互替代的关系，而是相互补充的关系。流程管理将重复性的工作内容标准化，让项目团队将主要的时间和精力用于“项目”的创造性工作。产品创新的不同流程阶段的任务均可采用项目管理方法进行管理。例如，创意激发与筛选、客户需求研究、立项分析、开发管理、测试管理、上市管理、产品生命周期管理、产品退市管理等创新任务均可以采取项目管理方法进行管理。

3．将技术开发项目与新产品开发项目混为一谈

很多企业将技术开发项目“隐含”在新产品开发项目之中，即在开发新产品的过程中，解决主要的技术问题。很多时候由于重大的技术问题无法解决而导致新产品开发失败，或者新产品开发进度大幅延期，新产品错失了最佳的上市时机。

最佳实践观点：应该将技术开发与新产品开发分开，重大的技术问题必须在新产品项目正式进入开发阶段之前解决。技术开发与新产品开发在

项目的目标、团队组成、风险和交付成果等方面有很大的不同，应该区别对待。技术开发中提到的“预研”的意思就是“预先研究”，也就是说在新产品开发之前必须解决重大的、不确定性高的技术难题。关于技术预研的深入介绍请参见第四章第一节。

4．认为请几个有 PMP 证书的人来当项目经理就可以做好项目

一些企业将做好开发项目的希望寄托在通过 PMP（美国项目管理协会举办的项目管理专业认证考试）的人员身上，要么从外部聘请获得 PMP 认证的人员，要么鼓励内部员工通过 PMP 认证。这些企业将通过 PMP 认证的人员要么放在项目经理的职位上担当重任，要么放在项目管理办公室，作为项目管理工程师管理项目。但是，很多情况下，这些“科班出身”的项目管理专业人员并未有效发挥作用。

最佳实践观点：期望通过 PMP 认证就能做好项目管理与期望通过 ISO 9000 认证就能做好质量管理一样，非常不现实。通过 PMP 认证是有价值的，应该有助于提升项目管理能力。但是，理论是一回事，实践往往又是另一回事。卓有成效的项目管理人员不但要熟练掌握各种有效的项目管理方法，而且要具有卓越的领导能力和管理能力。此外，卓有成效的项目管理人员还应该对企业本身、企业的市场以及企业的产品有着较为深刻的认识。一个不了解企业产品的“专业的”项目管理人员是很难赢得项目团队的尊重和认可的。

5．谁的技术最好谁就当项目经理

一些企业认为只有技术最好的工程师才能服众，所以通常任命技术最好的工程师担任项目经理。但往往事与愿违，技术最好的工程师不但没有将项目管理好，自己专长的技术工作也没做好。

最佳实践观点：项目经理的人选最重要的是要有与人交往的兴趣和技能。技术出众的工程师往往更喜欢与机器和数字打交道，而不擅长与人打交道。具有技术专长的工程师应该尽可能发挥其技术特长，而不应该放在项目经理的岗位上。强迫技术专才当项目经理是一种巨大的创新资源浪费。

6．认为使用了项目管理软件就可以管理好项目

很多企业的开发项目周期长、参与的人员多、任务复杂，难于管理。

于是，一些企业的管理者引入了微软的Project等项目管理软件，希望通过IT工具的运用规范项目管理，提高项目管理的有效性。但是，以我们的观察，很多企业的IT工具的应用是“雷声大、雨点小”。一些企业在运用Project软件做了项目计划之后，项目计划就再也没有更新过。一些企业的项目管理IT工具在“强制”推行了一段时间之后，由于团队成员的强烈反对或者消极抵制，最后不了了之。

最佳实践观点：IT工具只是提高管理效率的“工具”，并不能代替管理。我们不要成为工具的“奴隶”！如果开发团队成员对项目管理方法本身没有深刻的认识，只是机械地套用项目管理软件，那么不但不能提高管理效率，而且会影响项目进度和质量。创新型企业应该首先对开发团队成员进行项目管理方法的培训，使开发团队成员在不使用IT工具的情况下也能有效地管理好项目，然后再导入合适的IT工具，以进一步提高管理效率。

7．将项目经理与产品经理混为一谈

在新产品开发中，一些企业认为项目经理就是产品经理，产品经理就是项目经理，要求项目经理承担产品经理的职责。

最佳实践观点：一般而言产品经理可以做项目经理，但项目经理不一定能够成为产品经理。产品经理是对产品全生命周期负责的人，其可能领导多位项目经理工作。新产品开发项目经理对新产品成功上市，实现盈亏平衡负责。项目经理管一段，产品经理管全程。如果要求某位项目经理对新产品开发的成败负责，那么他就不只是一位项目经理，而是一位产品经理。此外，一般来说，对产品经理的素质和能力要求比项目经理更高。

8．一切皆“项目”

一些企业只有“立项”才能有“项目奖金”，于是研发团队不停地提出项目立项，甚至为了增加项目数量，将大项目分拆为多个小项目。一家研发人员近500名的科技企业，A类项目有100多个，B类项目300多个，C类项目上千个。研发人员“互为项目经理”，两三个研发人员负责的项目近10个。

最佳实践观点：这是一种将项目“庸俗化”的做法。创新型企业项目立项一定要严肃，不能让大大小小的项目无序蔓延。只有周期长、投入大、风险高、参与人员多、复杂度高的项目才正式采用项目方式进行管理。

CPO 行动

我们公司应该定义哪些项目？我们应该如何规范各类创新项目的流程？我们应该采取什么样的项目管理方法管理创新项目？

本节小结

（1）创新项目有多种类型，创新型企业应该为各类创新项目分别定义不同的规范的端到端的流程体系。

（2）项目管理的十大知识体系领域是项目经理应该掌握的基础知识。

（3）创新型企业可以基于项目管理五步法对创新项目进行有效管理。

第二节 单项目管理

单项目管理方法是项目经理、项目团队"吃饭用的筷子"，每天都要使用，必须熟练掌握。

CPO 思考

（1）我们公司有系统的、有效的单项目管理方法吗？

（2）我们的项目经理均熟练掌握了项目管理方法吗？

（3）我们的项目管理能做到有效和高效吗？

本节我们以新产品开发项目为例，对项目管理五步法的主要内容简要介绍。项目管理五步法的主要内容应该是项目经理必须掌握的基础技能。

一、定义项目目标

进行项目管理从明确项目目标开始。项目管理的目标就是要在规定的时间内，用限定的资源，开发出符合客户需求的新产品。项目目标由相互关联、相互制约的三个方面组成，如图 7-5 所示。

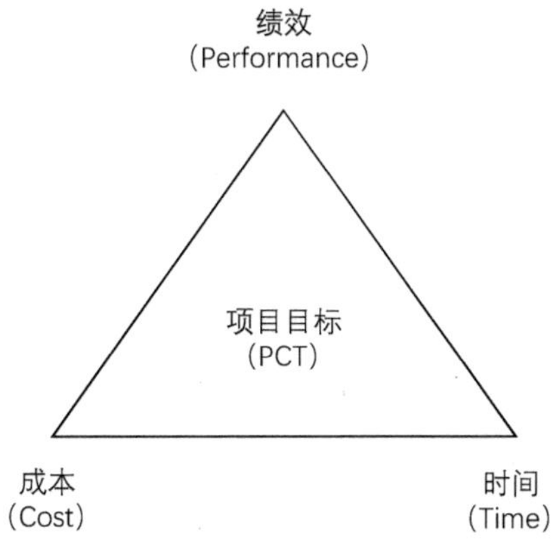

图 7-5 项目目标的三个方面

项目目标定义必须符合 SMART 原则。

（1）目标必须是具体的（Specific）。

（2）目标必须是可以衡量的（Measurable）。

（3）目标必须是经过努力可以达到的（Attainable）。

（4）目标要与其他目标具有一定的相关性 (Relevant)。

（5）目标必须具有明确的完成截止期限（Time-bound）。

1．绩效目标

在项目管理中，我们用绩效目标替代传统的“质量”目标。绩效目标主要是指满足客户的需求。对新产品项目而言，主要需要满足两类“客户”的需求。一类客户是指产品的购买方，即要满足产品的客户的需求。客户需求主要在产品定义中阐明。另一类客户是指项目的投资方，即批准该项目，并为该项目提供资源的企业。企业的主要需求是要开发出一个能够赚钱的新产品，企业的需求主要在立项分析报告中的财务分析中体现。所以，传统意义上的“质量”目标，不仅仅指开发出的产品本身没有“缺陷”，而是指要满足客户的需求，也要满足企业本身的需求。

如果一个产品客户不愿意购买，或者客户虽然愿意购买，但是企业赚不到钱，那这个产品就是一个有“质量”问题的产品。

2．时间进度目标

时间进度目标是指项目必须在限定的时间周期内完成。对新产品项目而言，上市时机非常重要。时间进度目标是新产品开发的关键绩效目标。项目团队需要列出项目活动清单，估计各项活动所需的时间周期，分析关键活动路径，估算出项目所需时间周期。

一个产品“质量”再好，成本再低，但是错过了上市的最佳“窗口期(Window of Opportunity)”，那么该产品也不可能取得好的绩效。

3．成本预算目标

项目成本包括人员、资金及设备等的投入。新产品项目是一种投资项目。投资的目的就是要获得预期的回报。控制投资成本和风险，提高投资回报率是企业始终追求的目标。

这三个目标之间是相互影响和相互制约的。一个目标的变化会影响其他一个或两个目标的变化。例如，新产品功能增加，如果时间周期不变，则需要加大人力资源的投入；如果人员投入不变，则需要延长时间周期。再如，如果需要缩短新产品开发周期，要么少开发一些产品功能，要么增加人力资源投入。企业需要根据项目必须满足的主要目标，在三个目标的指标值之间进行适当的权衡。

项目目标的设定是基于项目计划分析的。项目目标定义与项目计划制订往往是同时进行的，并且是反复多次后才最终确定。例如，要核算项目周期，必须进行项目任务分解，计算各项活动所需的资源与时间周期，再根据关键路径确定项目周期。

由于信息不充分，在项目正式启动前设定的项目目标一般不够准确和完整，在项目执行过程中可能需要对项目目标进行适当的调整。项目目标的调整必须由项目团队以书面的方式提出，在公司管理团队审批同意后变更。但是，企业不能因为项目目标会有变化就不设定目标！

为保证项目目标的实现，项目团队应该与公司管理团队签订书面的项目任务书。项目团队以项目任务书中约定的项目目标作为绩效承诺。如果项目有部分内容是外包或者合作开发，也同样应该签订项目合作合同。

表 7-2 是一个新产品开发项目任务书模板。

表 7-2　新产品开发项目任务书（模板）

开发项目名称	×× 产品开发项目		
项目经济	××		
立项评审时间	样机评审时间	产品上市时间	盈亏平衡时间
××年××月××日	××年××月××日	××年××月××日	××年××月××日
预计开发总时间	6 个月（从 2019 年 5 月到 2019 年 11 月）		
产品定义			
1. 产品主要面向 ×× 样的客户（目标顾客）； 2. 产品主要有以下卖点（需要重点或突出的顾客需求）： 2.1 …… 3. 设计特性优化方案： 3.1 ……			
财务预期概述：			
预计开发费用	290000.00	预计市场拓展费用	
预计制造成本		预计销售价格	

续表

预计销售毛利率		预计年销售量	
开发团队组成：			
××（市场）、××（硬件）、××（软件）、××（采购）、××（制造）…			
项目经理签名：	PM	产品审批委员会主席签名：	GM

由上表可以看出，项目任务书中约定的绩效目标包括产品定义和财务指标两大部分。时间进度目标包括新产品开发各阶段的时间节点及总体开发周期。成本预算目标包括资金投入与人员投入等。

在项目任务书最好也约定对产品开发团队的激励条款，即产品开发团队实现了什么样的绩效目标能够得到多少“项目奖金”。

二、制订项目计划

“凡事预则立，不预则废。”项目计划制订是项目管理中非常重要的一环。项目计划不是浪费时间，而是确保项目成功的必不可少的投资。不进行有效的项目计划，没有人知道项目目标实现的概率有多大；不进行有效的项目计划，项目团队很难开展工作。一个有效的项目计划能实现以下目的。

（1）识别决定项目成败的关键工作内容，并进行有效管理。

（2）评估项目所需资源，并提前进行准备。

（3）为公司决策评审团队提供决策输入信息，提升决策的有效性，提升公司决策评审团队对项目的信心。

（4）识别项目主要风险，并进行有效管理。

（5）与项目团队成员进行有效沟通，并达成共识。

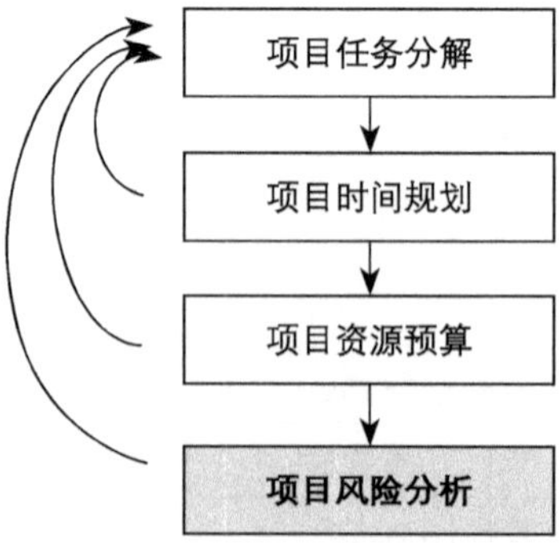

图 7-6　项目计划制订步骤

项目计划制订包括项目任务分解、项目时间规划、项目资源预算和项目风险分析等四部分，如图 7-6 所示。

项目任务分解是项目时间规划、项目资源预算以及项目风险分析的前提和基础。只有在对项目任务进行有效分解的基础上，才能对各项任务进行时间估计，才能估算出项目的总体时间周期。明确了项目任务，才有可能安排合适的人员去完成相应的任务。明确了项目时间周期，才有可能计算需要相应专业人员的人月。项目风险分析则是在以上三方面分析的基础上进行的。当然，项目计划是一个多次反复的过程，需要项目团队成员分工配合，集思广益。

（一）项目任务分解

项目任务分解的方法包括工作分解结构和工作包。

工作分解结构（Work Breakdown Structure，WBS）是分层列出所有的项目工作。

工作包（Work Package）是将项目工作分拆成可控的基本单元。工作分解结构的最小单元是工作包。

项目任务分解是相关工作启动的基础和前提。项目任务分解的主要作用如下所述。

（1）项目任务分解定义了工作范围，因而也就定义了项目。

（2）项目任务分解是项目时间规划的基础。

（3）项目任务分解是工作执行的基础。

（4）项目任务分解是项目成本预算的基础。

（5）项目任务分解是项目变更控制的基础。

（6）项目任务分解是项目职责沟通的基础。

（7）项目任务分解是项目风险管理的基础。

1．WBS 分解

项目任务分解的原则是“完全穷尽，相互独立”，列出成功地完成一个项目所需的全部工作内容。项目任务分解的基本单元是工作包。我们可以对新产品开发项目进行 WBS 分解，如图 7-7 所示。

根据项目的实际需要，可以对项目工作进行多层的 WBS 分解。WBS 的分解可以有三种方式。

（1）按系统分：开发大型的硬件产品通常按这种方式进行 WBS 分解。例如，开发一台汽车时，汽车可以分为引擎子系统、车架子系统、电气子系统、底盘子系统等。

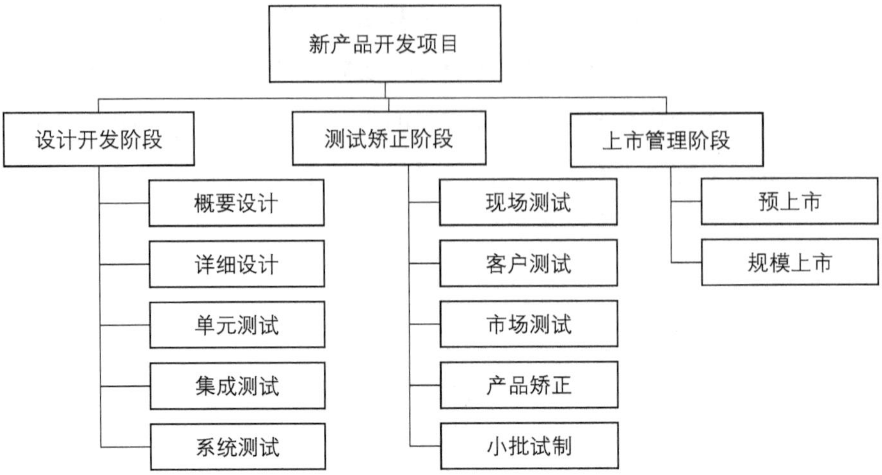

图 7-7　新产品开发项目的工作分解结构（示例）

（2）按职能部门分：这种方法通常用于在企业内部开发的项目，这些项目的不同功能由不同的部门完成，或者不同的部分在不同的地点完成。例如，休闲自行车的开发，可以分为车型开发子系统、制造子系统和营销子系统等。

（3）按时间阶段分：这种方式是按照项目生命周期的阶段进行 WBS 分解。上例中新产品开发项目的 WBS 分解的第一层就是按照项目进行的时间阶段划分的。这种划分方式的项目，一般是以项目团队的方式分阶段地完成项目的。新产品开发项目大多数是按时间阶段划分的，每阶段的 WBS 内容大部分能够标准化并且通过流程固化。通过标准化各个开发阶段的内容，能够大大提升新产品开发的速度和质量。

WBS 的分解可以采取由上到下或者由下到上的方式进行，最好是两种方式结合采用，并且由项目团队反复多次分解。根据项目的复杂程度不同，WBS 一般可以分解到 4 ～ 5 层，特别复杂的项目也可能分解到 8 ～ 10 层。如果一个项目的 WBS 分解到五层以上，说明这个项目过大、过于复杂，要考虑是否将五层以上的 WBS 内容外包出去。例如，华为公司的新产品开发项目的部分软件开发内容是外包给专门的软件外包公司去做的。

WBS 需要识别项目需要做的所有工作，也只需要识别项目必须做的工作。

2．工作包分解

WBS 分解的最后一层是工作包。工作包也可以称为任务（Tasks）或者活动（Activities）。通过工作包分解，项目经理和项目团队成员可以计划、执行和控制各项项目工作。工作包一般采用“动词 + 名词”即“做什么”的方式进行描述。例如，上例中“分析项目风险”就是这种描述方式。工作包的大小没有绝对的定义，一般每个工作包的工作量在 40 ~ 80 小时。每个工作包内的内容一般由 1 个人完成。

工作包的详细程度取决于项目控制的需要。工作包的划分应能够便于项目团队成员理解工作的范围、自己的角色与工作职责、需要的时间周期、所需的资源和成本、任务的风险、任务间的相互依赖关系等。项目经理一般不监控工作包内部的工作内容，工作包内部的工作内容由相应的项目团队成员负责完成。

（二）项目时间规划

在项目任务分解的基础上，可以结合对完成各个工作包任务所需时间的估计来规划项目所需时间周期。项目时间规划是项目预算的前提之一。对新产品开发项目而言，上市时机非常重要。通过项目时间规划缩短新产品开发和上市周期，是具有战略重要性的工作任务。

项目时间规划的工具主要有以下三种：条形图、里程碑图和网络图。

1. 条形图

条形图（Bar Charts）描绘了活动或任务的起止时间及时间周期。条形图的优势是简明易懂，适合与公司管理层及项目团队外部人员沟通。条形图的不足是过于粗略，难以体现不同任务之间的相互依赖关系。图 7-8 是一个条形图的示例。

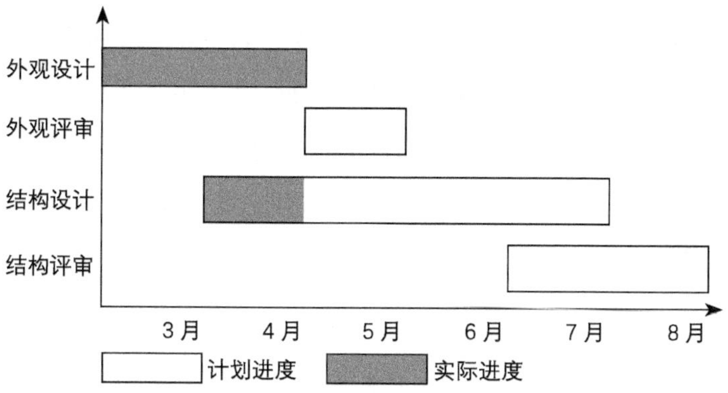

图 7-8　条形图（示例）

2．里程碑图

里程碑图（Milestone Charts）描述了关键事件的时间节点。里程碑图的好处是简明扼要地描述出整个项目的关键事件及其截止期限，适合对新产品开发项目进行关键评审点描述。不足之处是不能反映所有项目任务及任务之间的相互关系。里程碑图适合项目团队与公司项目决策评审团队及项目合作伙伴之间进行沟通。图 7-9 是一个里程碑图的示例。

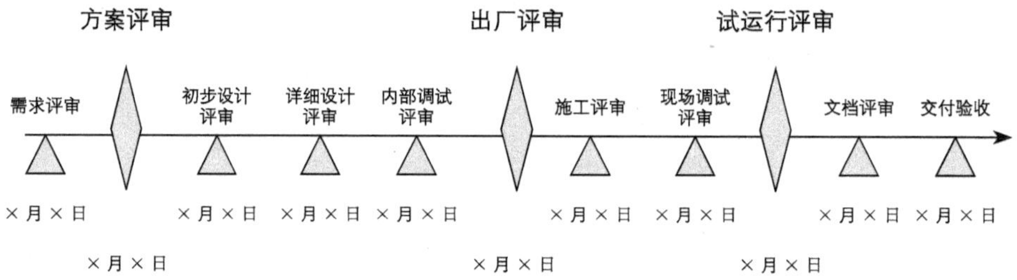

图 7-9　里程碑图（示例）

3．网络图

网络图（Network Diagrams）描述项目活动之间的先后顺序与依赖关系。网络图是最有效的时间规划工具。画出了网络图，就能很轻松地画出条形图和里程碑图。

如果项目团队不能正确地画出网络图，说明项目团队对要完成的项目任务缺乏真正的理解。网络图相对于条形图和里程碑图而言更为复杂，但是项目团队不能因为画网络图比较复杂就放弃网络图的绘制。绘制网络图并不一定要借助 Project 等软件工具。如果你在纸上画不出项目的网络图，你也很难在 Project 软件上画出正确的网络图。

通过绘制网络图，能够找出决定项目时间周期的关键路径（Critical Path），从而估计出项目的整体时间周期。通过绘制网络图，还可以发现哪些活动可以提前启动，哪些活动可以延后启动，哪些活动可以并行启动，以优化关键路径，缩短项目的整体时间周期。图 7-10 是一个网络图的示例，其中粗线条标注了项目的关键路径。

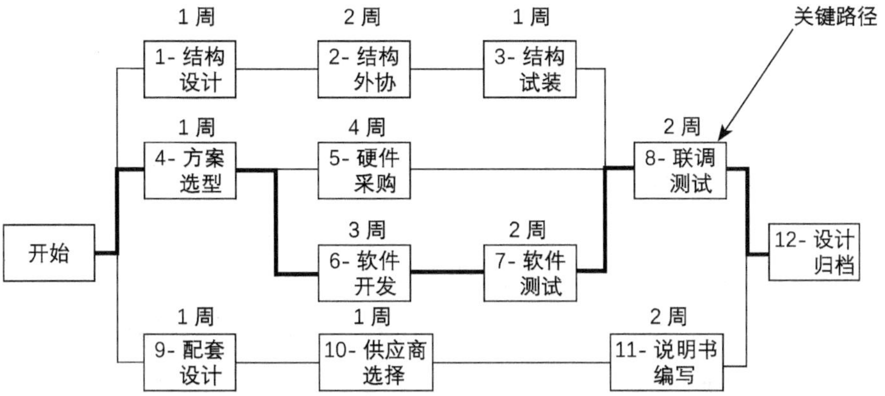

图 7-10　网络图及关键路径（示例）

项目时间规划要点：向关键路径要时间，向非关键路径要资源！

4．项目时间估计

通过绘制网络图，可以列出所有项目任务的时间周期及任务间的依赖关系。在此基础上，可以找出项目的关键路径并计算出完成关键路径任务所需的时间周期。但是，这些任务的时间周期估计都是不准确的。我们可以通过对每个活动估计三种时间周期来更为准确地估计完成各个活动所需的时间。

（1）最可能的时间（T_m）：最现实的时间估计。

（2）最乐观的时间（T_o）：可能的最短时间。

（3）最悲观的时间（T_p）：可能的最长时间。

基于以上三种时间估计，可以利用如下公式计算出期望的活动完成时间（T_e）：

$$T_e = \frac{T_o + 4T_m + T_p}{6}$$

比如某项任务最可能、最乐观和最悲观的时间估计分别是 10 天、5 天和 15 天，那么期望的任务完成时间估计应该是 10 天。

在计算出每项活动的期望时间后，结合关键路径分析，就可以计算出整个项目的期望时间周期。

5．缩短项目整体时间周期的方法

在采用以上方法对项目时间周期进行计算后，项目团队可能估算出的项目周期是 12 个月，但是公司管理层期望的项目周期可能是 9 个月。那么项目团队需要考虑如何在 9 个月内完成项目。考虑缩短项目整体时间周期的原则是：符合逻辑的规划，进行系统化的改善。以下方法可以帮助项目团队缩短项目周期。

（1）重新考虑任务时间估计。

一开始考虑的项目时间周期一般是偏保守的。项目团队成员可以反复对各项任务所需的时间周期进行比较深入的分析，看看可否再节省一些时间。如果每项任务都能缩短几天的时间，那么整体项目的时间周期就可能缩短 2 ～ 3 个月。在此，我们可以套用这么一句俗语：时间就像海绵里的水，只要你愿意挤，它总是有的。

（2）尽可能采用并行工程。

很多看似有先后顺序的任务，其实可以提前启动或推后结束。反复审视项目的关键路径，看看关键路径上的哪些任务可以并行，或者可以部分并行，以缩短整体项目周期。采用跨职能团队组织模式是实施并行工程的前提。并行工程往往能大幅缩短项目整体时间周期。

（3）增加资源。

有些项目任务能够采用增加资源的方式缩短时间周期。对于处于关键路径上的项目任务，可以考虑适当增加人手来缩短项目时间周期。例如，增加几个软件工程师可能可以缩短项目软件开发任务的整体时间周期。但是，资源的增加与项目任务时间的缩短并非线性关系。很多任务并非参与的人手越多，任务周期越短。此外，还要考虑资源的成本和资源的可获得性。

（4）简化项目任务。

缩短项目时间周期的最直接的方法就是简化项目任务。例如，新产品开发项目可以简化部分功能或者去掉一些功能。这些被简化或者去掉的功能可以在后续的升级产品中补充完善。不要试图一开始就开发出一个“完美的产品”，而要开发出一个符合客户需求，客户能够接受的产品。所以，考虑产品的系列化，对产品进行“版本规划和管理”是缩短单个新产品开发项目上市时间周期的有效方法。

（三）项目资源预算

项目团队需要在项目资源预算的基础上，估计项目的成本，进行项目成本预算。项目资源预算的目的是确定项目所需资源的类型与数量。项目资源预算需要回答以下三个问题。

（1）项目需要哪些资源？

（2）完成项目任务需要哪些技能？

（3）这些所需技能的可获得性如何？

以上三个问题的回答需要在项目任务分解的基础上进行。项目团队需要采取自上而下与自下而上相结合的方法估计完成每个工作包所需的资源。在此基础上，结合完成每个工作包所需的时间，预算完成每个工作包的成本。所有工作包成本的总和就是项目的总成本。成本一般包括人员成本和资金成本两类。人员成本需要根据投入的人员的数量、投入的时间和人员的单位成本（如每人每天的工资成本）折算成资金成本。资金成本主要包括元器件采购费用、外包或合作费用、差旅费用以及设备费用等。

虽然进行了比较详尽的资源预算，但是项目在实际运行过程中还是会经常出现资源冲突的问题。资源主要是指人和物，资源冲突主要体现在人方面。人力资源冲突主要表现在资源过载和资源闲置两方面。

资源过载表现在项目所需的人员数量不够，或者人员数量足够但是完成项目任务所需的技能不够。资源闲置主要是指有些人工作任务不饱和，或者未充分发挥其潜力和特长。人力资源的浪费是企业最大的浪费。项目资源管理是项目经理的重要任务。某种意义上说，管理项目就是管理人。

1．单项目的项目资源冲突解决方法

当只有一个项目时，企业可以采用以下方法解决资源冲突问题。

（1）保证关键路径上各项任务的资源需求。

（2）通过安排理想的启动时间，调节其他任务的资源需求。

（3）定期比较各项任务的资源需求与资源的可获得性，发现资源差距，提前制订应对措施。

2．多项目的项目资源冲突解决方法

如果在多个项目之间存在资源冲突，那么除了要采用以上方法解决资源冲突问题外，还可以采取以下措施解决资源冲突问题。

（1）排列多个项目的优先顺序。

（2）优先顺序最高的项目优先获得可用的资源。

（3）优先顺序排第二的项目，第二个获得剩余的可用资源，依此类推。

3．解决资源冲突的可能的应对措施

（1）调整有时间弹性的任务的启动日期。

（2）调整项目进度计划以减少资源闲置。

（3）提高劳动生产率（采用新的工具、改进人员与任务的匹配性、改进激励机制）。

（4）动态调整资源的可获得性（通过规划资源闲置时间、调整团队成员休假期、争取临时人员，或者外包部分任务等）。

（5）改变资源的可获得性（通过培训或提升员工的技能以满足需求，或者聘用新的人员）。

（6）改变时间安排（加速关键路径）。

（7）改变计划（改变性能规格、任务的顺序或标准等）。

（四）项目风险管理

项目风险是在项目中“可能会发生，也可能不会发生”的事情。有发生概率，并且一旦发生后会对项目产生不利影响的事情称为风险。而一定会发生，正在发生或者已经发生的事情是问题。风险是要考虑预防措施和应对策略的，而问题是必须解决的。

如果某个风险的发生概率是100%，那么这就不是风险，而是必须解决的一个问题。

根据风险的性质不同，可以将风险分为战略性风险和运营性风险。

战略性风险主要是指影响客户的满意度和公司的收入、利润等的风险。战略性风险如果不能有效应对和化解，很可能会导致项目失败。

运营性风险主要是指项目中与技术相关的风险，这些风险一般都能化解，只是需要时间和投入。项目团队需要区分战略性风险和运营性风险。

战略性风险应该由项目经理亲自负责跟踪和管理，而运营性风险主要交由项目团队中的专业人士负责跟踪和化解。纯粹与技术相关的风险，可以采用失效模型分析（FMEA）来应对。

项目风险管理要诀：防消结合，以防为主！

项目风险管理可以分为三大步骤。

1．识别项目风险

不同类型的项目有不同程度和概率的风险。突破性创新的项目（Radical Innovative Project）在项目启动前其需求确定性往往只有50%左右，因而出现风险的概率比较大，风险的破坏程度往往也比较高。而改良型的项目（Incremental Project）在项目启动前其需求确定性往往在80%以上，因而出现风险的概率比较小，风险的破坏程度往往也比较低。对创新性高的项目，企业应该有较高的风险容忍度。当然，创新性项目的风险管理能力也要求比较高。

项目风险的识别应该采取“集思广益、群策群力”的方式进行。企业可以从以下四个方面思考和分析项目风险的来源：技术风险、运营风险、管理风险和商务风险。识别出的风险可以按照风险发生的概率和风险的重要性进行排序。项目经理和项目团队应该重点关注发生概率高、重要性也高的风险。

2．制订风险管理策略

“不怕一万，就怕万一。”制订风险管理策略的目的就是以防万一。在计划阶段就制订可能风险的规避措施与应对措施，能大大减少项目团队成员的焦虑，降低风险发生后给项目带来的不良后果。

3．管理风险

项目风险管理不是一次性的工作，而是一个持续的流程。建议项目团队定期（如每月）更新项目风险跟踪表。在项目的决策评审点，项目团队应该向公司决策评审团队汇报项目风险管理情况。

风险管理的关键在预防，最有效的风险管理就是从来没有真正发生过风险！在风险发生的萌芽阶段就将风险转化为“问题”加以解决是最好的。一旦风险发生，要辨别风险发生的根本原因，注重从源头上应对风险，而不要让风险演变成危机。危机的产生往往是风险管理不当造成的。

三、领导项目团队

项目经理必须直面以下“挑战”。

（1）人不归我管，但我必须让人干活。

（2）有些项目团队成员职位比我高，资历比我老，也必须让其听我指挥。

（3）在资源不够的情况下必须按时、按质、按量完成项目任务。

（4）项目任务再紧也不能拒绝需求变更。

（5）不直接负责销售工作，但必须以销售业绩衡量项目绩效。

（6）项目开展过程中没有多少物质激励，但必须始终保持项目团队成员工作的积极性、主动性和团队精神。

（7）“拒绝”来自各级领导的“无理要求”。

在第五章我们重点讨论了产品开发团队组织模式以及项目经理人才的培养方法，本节我们重点讨论如何提升项目经理的领导力。

项目经理是项目的“首席执行官”。项目经理必须组织各种资源成功地完成项目，对项目的最终成败负责。

（一）组建项目团队

团队建设是项目经理最重要的职责之一。我们前面提到过，“管理项目就是管理人。”项目经理要为项目挑选合适的团队成员，并且要让这些团队成员充分发挥作用。

组建项目团队要点如下。

1．明确核心团队与扩展团队人员需求

如果项目比较复杂，项目周期较长，需要考虑采用核心团队组织模式。核心团队（Core Team）通常组成成员不超过 10 个人，是由各个职能部门代表组成的。核心团队成员自始至终留在项目中。稳定的核心团队有助于减少信息在不同团队成员之间传递造成的误解，也有助于提高团队成员对项目结果负责的承诺。

扩展团队（Extended Team）成员通常向某个核心团队成员汇报，负责完成某个核心团队成员交付的项目任务。扩展团队对项目任务的完成也非常重要，项目经理只有获得扩展团队成员的认可和承诺才能很好地完成项目任务。以下措施有助于获得扩展团队成员的认同与支持。

（1）争取让扩展团队成员参与项目论证过程。

（2）尽早启动扩展团队成员负责的任务事项。

（3）与扩展团队成员签订书面的项目任务书。

2．招募团队成员

采用以下步骤招募项目团队成员。

（1）明确需求。

满足客户和组织的需求是项目的任务。因此，首先要了解需要完成哪些任务（工作包），以及每个工作包的完成时限。

（2）匹配能力。

任何项目任务都需要由具有相应技能的人员来完成。项目经理需要分析每项工作任务需要由具备什么技能的人来完成。

（3）确认可获得性。

一旦你明确了需要具有什么技能的人来为项目工作，你就必须确定各种技能需要多少人，是需要全职还是兼职的人员，他们在哪里，我们能否获得这些人。

通过以上步骤，项目经理可以明确要找具备什么技能的团队成员，各种团队成员需要多少人，每人需要为项目工作多长时间，工作的起止时间等。接下来，项目经理就要去物色和招募所需的团队成员。

团队成员可能的来源主要有以下三个方面。

（1）项目论证期间的参与人员。

参与过项目论证的人员是最好的项目团队成员人选。他们了解项目的目的和意义，他们更加熟悉项目，他们更可能认同项目。对新产品开发项目而言，参与立项分析阶段工作的人员应该大多数成为项目的核心团队成员。

（2）公司内部的其他人员。

除了参加项目论证期间工作人员外，很多项目还需要从公司内部相关部门招募团队成员。例如，新产品开发项目需要从研发部门招募结构工程师、软件工程师、电气工程师等。

（3）公司外部人员。

如果通过以上两个途径还不能满足项目对人员的需要，项目经理还可以考虑从公司外部招募人员。例如，招募新的员工，聘请咨询顾问，招募合同制人员或者寻求合作伙伴等。

3．分配项目任务

项目经理必须将通过 WBS 分解和网络图明确的项目任务分配到各个团队成员。项目团队成员应该就负责的项目任务向项目经理提供详细的计划，说明如何完成任务、完成任务的周期、所需资源及协助等。项目经理需要根据项目任务计划按期检查项目进度。项目团队成员应该与项目经理签订书面的项目任务承诺书。

4．保持团队成员的稳定性

团队成员可能会由于种种原因进入或离开团队。正常流动的原因主要是工作任务完成后团队成员需要投入其他项目之中。非正常流动的原因主要有调动、生病、请假、离职、对项目没兴趣、与其他项目时间冲突等。

项目经理应该将人员流动作为常态来进行管理，这也是项目风险管理的内容之一。但是，要尽可能保证项目经理及项目的核心团队成员的稳定。有研究表明，项目经理的变更会导致项目三个月的延期；一个核心团队成员的变更，会导致项目一个月的延期。在知识密集型的新产品开发项目中，存在一种 Brook 法则的现象："增加人手应对延期的项目会使项目延期得更厉害"，因为现有项目团队成员必须花时间让新的团队成员上手。

5．管理不同类型的项目团队成员

很多企业的项目经理期望所有的团队成员只向自己汇报，全职为项目工作，而且从头到尾在项目中工作。这种不切实际的想法正是许多项目经理缺乏成就感，甚至对担当项目经理一职缺乏信心的原因。但是，实际上，项目团队成员的构成远比项目经理想象的要复杂，如表 7-3 所示。

表 7-3　不同类型的项目团队成员

汇报关系的特点		向项目经理汇报		为该项目工作但是向别的经理汇报	
项目任务的特点		只为该项目工作	还有其他任务	只为该项目工作	还有其他任务
在项目中工作的时间	从头到尾在项目中工作	C	C	E	E
	只在项目中工作一段时间	C	C	E	E

C= 核心团队成员；E= 外围团队成员

由上表可以看出，在一个典型的项目团队中可能有八种不同类型的团队成员。这些不同类型的团队成员需要项目经理采取不同的方式进行管理和沟通。项目经理理想中的团队成员只是左上角的一种。还有七种团队成员是项目经理感到难于管理的。项目经理应该将对以下团队成员的管理作为项目管理工作中的“常态”，而不是“例外”。

（1）项目团队成员同时为多个项目工作。

（2）项目团队成员为项目工作但是不向项目经理汇报。

（3）项目团队成员只为项目工作一段时间，不是从头到尾参与项目工作。

项目经理的领导和管理能力主要就是体现在协调好不同类型的团队成员，并让他们充分发挥作用，共同完成项目的各项任务。

6．提升团队精神

以下列出提升项目成员团队精神的10种方法，供项目经理进行团队建设时参考。

（1）公司领导在全公司营造跨职能团队合作的良好氛围。

（2）各级领导带头合作，以身作则，率先垂范。

（3）培养和选拔优秀的项目经理。

（4）培养和选拔合作精神强的项目团队成员。

（5）项目团队成员掌握必需的项目管理方法和工具。

（6）项目团队成员尽可能在一起办公。

（7）每周召开项目进展例会。

（8）采用网络工具共享项目信息。

（9）以结果为导向对项目团队进行绩效考核和激励。

（10）阶段性庆祝取得的项目成果。

（二）项目经理的九种影响力

项目经理有多种向项目团队成员施加影响的方式。以下是项目经理可以采用的九种影响方式。

（1）职权：公司正式授予的发布命令的权力。

（2）分配任务：分配团队成员任务的权力。

（3）预算：授权他人使用资金的权力。

（4）晋升：提拔他人的权力。

（5）工资：增加人员工资的权力。

（6）处罚：对团队成员进行处罚的权力。

（7）工作挑战：内在的激励因素，利用团队成员对某项特定任务的喜爱，为团队成员提供有挑战性的工作。

（8）专业技能：项目经理拥有的、为团队成员所看重的专业知识。

（9）友谊：项目经理和团队成员之间友好的个人关系。

以上第（1）项“职权”是公司正式赋予项目经理的，但是从上节可以看到，很多团队成员并非是向项目经理直接汇报的。此外，对知识工作者而言，简单的命令是无法让他们做好工作的。很多专业人员换工作就像换办公桌一样方便。很多专业人员换工作的原因就是“不爽”。因此，通过正式的权力命令知识工作者工作往往不是有效的方式。所以，知识工作者的管理并不像一些项目经理所说的“只要这些人归我管，我就一定能将项目做好”那样简单。

第（2）～（6）项也是很多项目经理“渴望”的权力。有些项目经理说：“只要给我考核和奖惩权，我就能把项目管好。”这些“权力”的使用往往是一柄双刃剑，用得好确实能对项目起到促进作用，但是用得不好反而会影响团队成员的士气和绩效。

第（7）项是非常重要的影响力。很多知识工作者参与项目最大的动机是能从事具有挑战性的工作。

第（8）项和第（9）项是项目经理必须具有的影响力。项目经理自身首先必须足够专业，才能赢得团队成员的信任和认可。其次，人与人之间的关系不只是工作关系，有着良好的个人关系能有效地促进沟通和合作。

此外，采用权力、金钱和处罚对项目团队成员施加影响，项目失败的概率往往更高。

（三）项目经理实践建议

“纸上得来终觉浅，绝知此事要躬行。”“在干中学（Learning by Doing）”是最快速、最有效的学习方法。项目经理需要将书本上学习到的各种管理技巧和方法用于项目管理实践，在实践中提升项目管理能力。

以下是一些项目经理的实践建议。

1．“打开门”欢迎项目团队成员即时沟通

打开办公室的门表示欢迎项目团队成员就相关工作进行交流和沟通，可以设定固定的沟通时间，如上班的第一个小时，或者下班前的最后一个小时。

2．“关上门”集中时间处理重要的工作

一天到晚敞开办公室的门也不是有效的项目经理的做法。项目经理必须有整块的时间集中精力处理重要的事情。这段时间建议不接电话、关闭即时通信工具，关闭电子邮件系统，不接受任何来访。一些项目经理忙忙碌碌一整天很辛苦，但是发现自己什么也没干，或者什么也没干成。其主要原因就是工作时间都被太多的琐事占用了，没有安排整块时间做“重要的事”。

3．“走出去”进行“现场办公”

光在办公室听取汇报只能获取二手信息，要知道项目团队成员的真实工作状况，最好的方法是实行“走动式办公”。在团队成员的工作现场办公通常能了解到很多意想不到的重要信息，也能更好地增进与项目团队成员之间的融洽关系。

4．以身作则，率先垂范

“领导领导，引领指导；干部干部，先干一步。”要想获得项目团队成员的尊重和信任，项目经理首先要成为大家学习的榜样。例如，上班早到晚走、开会准时守纪、做事认真细致、发言言简意赅、交流真诚有礼等都是项目经理应该做到的。

5．面对挑战，解决问题

不要回避问题，更不要隐藏问题，“要报喜，也要报忧”。首先通过团队成员集思广益解决项目问题，如果还有不能解决的问题应该寻求相关职能部门领导或者公司高层管理者的帮助。

6．动态调整资源分配

资源冲突是项目管理中的常态，项目经理应该基于项目任务的实际需要，动态地调整资源分配。简单地要求项目团队成员加班，或者给团队成员施加压力，不但不能解决问题，还会影响团队成员的工作情绪。

四、监控项目过程

“计划没有变化快。”项目不会按照项目启动前制订的计划自动完成。为了确保项目目标的实现，必须在项目执行过程中对照项目目标，发现项目实际进展与计划之间的偏离情况，采取有效的修正措施，确保项目最终目标的实现。项目过程监控包括进度、成本和绩效等三个约束条件的监控。

可能有些项目团队成员不太喜欢“监控”或者“控制”这样的字眼，认为自己承诺的每项任务都会尽力去做好，不需要谁来“监控”。但是，实践经验表明，缺乏有效监控的项目是不可能按照预定目标完成的。监控是保证项目顺利进行的必要的管理手段。理性的管理者从项目结果导向看问题，对于管理工具的采用准则是基于“是否必要”，而不是基于“是否喜欢”。

监控不是不信任，监控是保证项目顺利进行的必要的管理手段。

项目过程监控的主要内容包括项目进度监控、项目成本监控、项目变更管理和项目问题处理等。

（一）项目进度监控

在项目管理中，最不能妥协的是项目进度！但妥协最多的往往正是进度。Delay，Delay，Delay 成为很多项目的“常态”。

对新产品开发项目而言，应该将新产品上市时间作为项目截止期限(Dead Time)，倒推项目启动时间和项目各阶段时间。

企业可以建立公司、项目及任务等三个层面的项目进程监控体系，对公司的项目进行有效的进度管理，如表 7-4 所示。

表 7-4　三级项目进度监控表

监控层次	监控人	监控节点	交付件提交人	交付件
公司级	公司决策评审团队	项目的各个决策评审点	项目经理	决策评审报告
团队级	项目经理及项目核心团队	项目里程碑节点	项目工程师	里程碑报告
任务级	项目工程师	项目任务完成截止日期	任务小组或任务负责人	项目任务表

1．公司级项目进度监控

公司级项目进度监控是指由公司的项目决策评审团队对多个项目的进度进行监控。公司级项目监控一般在大的决策评审点进行。例如，新产品开发项目，公司级项目监控点一般包括立项评审、样机评审和上市评审等几个关键决策评审点。公司决策评审团队在这几个关键决策评审点对项目进行严格的生/杀决策评审，排定多个项目的开发顺序，并且为多个开发项目分配资源。

公司的项目管理办公室代表公司决策评审团队负责多项目的日常管理，及时协调解决多项目间的资源冲突问题。公司项目管理办公室可以采用多项目进度跟踪表对公司的所有项目进行“可视化”管理，如表 7-5 所示。

表 7-5 多项目进度跟踪表

	立项评审时间			样机评审时间			上市评审时间		
	计划	变更后	实际	计划	变更后	实际	计划	变更后	实际
项目 1	5 月 6 日		5 月 7 日	7 月 10 日	7 月 30 日	**9 月 30 日**	8 月 10 日	9 月 5 日	9 月 10 日
项目 2	9 月 1 日		9 月 1 日	12 月 1 日	12 月 30 日		1 月 15 日		
项目 3	2 月 4 日		**4 月 4 日**	5 月 1 日	**6 月 1 日**	**8 月 10 日**	6 月 30 日	**7 月 30 日**	**10 月 5 日**
项目 4	5 月 1 日	5 月 10 日	5 月 10 日	6 月 15 日	6 月 30 日	7 月 5 日	8 月 1 日	8 月 1 日	8 月 1 日
项目 5	7 月 5 日	7 月 15 日	7 月 20 日	9 月 10 日	9 月 30 日	**12 月 30 日**	11 月 5 日	12 月 5 日	
…									

上表中，设定实际进度与计划进度或变更后计划进度之间的偏离值小于 30 天为可接受的偏差范围。表中突出显示的日期表明实际进度偏离值大于计划进度 30 天以上。

上表横向看，可以一目了然地看到各个项目的计划进度、变更后进度及实际进度；纵向看，可以看到各个项目进入决策评审点的计划时间、变更后时间以及实际时间。项目管理办公室应该将类似的表格挂在墙上，对照该表格对各个项目进行可视化的“看板管理”。

通过分析该表，项目管理办公室还可以得出很多有价值的管理信息。横向看可以比较不同项目的项目管理水平。例如，上表中项目 3 在各个关键评审点都大幅延期，项目管理办公室要分析该项目管理不好的原因。

从纵向看，可以比较不同决策评审点的管理。例如，上表中的样机评审点延期的项目比较多，也要分析为何在该评审点有这么多的项目会延期。通过以上比较和分析，项目管理办公室找出造成绩效差距的主要原因，寻求改进对策。通过这样的持续改进，公司的流程管理和项目管理水平都会不断得到提升。

2．团队级项目进度监控

团队级项目进度监控主要是项目团队自身对两个决策评审点之间的里程碑节点进行内部监控。例如，在新产品开发项目的开发阶段，项目团队可以组织概要设计、详细设计和原型调试等多个里程碑节点的评审，如表 7-6 所示。

表 7-6 项目里程碑节点进度评审

序号	里程碑	计划评审时间	变更后评审时间	实际评审时间	评审交付件清单
1	概要设计				
2	详细设计				
3	原型测试				
4	系统测试				
5	……				

项目团队内部组织多个里程碑节点评审能够降低项目风险，及时发现项目中存在的问题。通过及时采取改正措施，能够减少项目进度的整体偏离值。

3．任务级项目进度监控

任务级项目进度监控是对各项项目任务完成的时间节点进行监控。项目的完成是各项任务完成的自然结果。如果项目的各个工作包能够按时完成，那么项目也能够按照进度向前推进。因此，项目的日常管理主要是对各个工作包的管理。项目团队最好有专人（如项目工程师或项目经理助理）负责监控各个工作包的管理。项目任务监控也应该采取可视化的方式进行管理，如表 7-7 所示。

表 7-7　项目任务进度监控表

序号	任务名称	责任人	开始时间	完成时间	前置任务	后续任务	所需资源
1	制订市场研究计划	张三	5月3日	5月10日	明确市场研究目标		李×，……
2	选择市场研究样本	李四	5月11日	5月16日	制订市场研究计划	预约拜访	
3	培训市场研究人员	王五	5月12日	5月15日	制订市场研究计划		李×，……
4	制作现场调研表格	赵六	5月12日	5月15日	制订市场研究计划		李×、王×、……
	……						

（二）项目成本监控

对企业而言，项目是实现企业业绩目标的手段。成功的项目必须给公司带来利润和回报。客户能接受但是企业不能接受的项目也不是好项目！

经验表明，很多复杂度较高的项目，项目实际周期一般是计划周期的一倍以上，项目实际成本也往往是计划成本的一倍以上。因而，对于成本敏感型的项目，项目成本监控是项目监控的重要方面。

项目成本监控可以采用项目成本报告表的方式进行，如表 7-8 所示。

表 7-8　项目成本报告表

工作包	人员成本（人天）		资金成本（元）	
	计划	实际	计划	实际
工作包 1				
工作包 2				
工作包 3				
…				
合计				

以工作包为单位进行项目成本监控，项目成本报告在里程碑节点及决策评审节点提交。

（三）项目变更管理

“唯一不变的是变化。”项目变更是项目管理的常态。导致项目变更的主要原因如下所述。

1. 客户需求变化

在新产品开发过程中，项目团队还需要及时倾听客户的声音，并将客户的需求融入开发中的项目之中。对于创新性很高的项目，在项目立项评审时，客户需求的确定性通常只有 50%，另外 50% 需要在开发过程中通过项目团队与客户的互动进行进一步的了解。可见，客户需求变化会影响项目的绩效目标、进度目标以及成本目标的变化。

2. 公司管理层期望变化

在样机评审及上市评审时，或者在项目开发的过程中，公司管理层可能会要求项目提前上市或者延后上市，也可能会要求提高项目利润率。这些期望都会影响项目的三个约束目标的变化。例如，如果管理层要求项目提前上市，项目团队可能需要考虑简化部分产品功能，或者要求增加开发人员。

3. 外部环境变化

外部环境变化主要包括市场环境变化以及竞争环境变化。例如，在企业新产品开发过程中，某竞争对手率先推出了比开发中的产品更为卓越的新产品。这时，项目团队可能要考虑调整项目的性能指标。

4. 其他干系人期望变化

我们上文提到，项目管理主要是管理各类干系人的期望。其他干系人，如法规制定者、供应商、项目团队成员等的期望的变化也会导致项目变更。例如，在新产品开发过程中，国家发布了一个相关的法规文件，项目团队可能需要对照该文件对产品的性能指标进行必要的调整。

由上可以看出，在项目进展过程中，变更是不可避免的。理性的项目经理和项目团队成员不会厌恶变更，更不会抵制变更，而会积极地管理变更。因为项目变更的目的是保证项目成功，而不是给项目团队成员添加“麻烦”。

但是，项目的变更管理必须非常严肃。任何项目变更都必须采取书面的方式提交，重大的变更必须得到公司决策评审团队的审批。企业需设定不同项目变更内容的审批权限。企业可以采用项目变更表的方式对项目进行变更管理，如表 7-9 所示。

表 7-9 项目变更表模板

申请变更名称		申请单编号	
申请人		申请时间	
项目当前所处阶段			
原项目目标			
变更后的项目目标			
项目变更的主要内容			
项目变更原因			
变更可能影响到工作（项目经理可以补充）			
项目经理意见（如不能独自批准，需在下栏指定其他联合审批人，或向公司产品审批委员会报批）			
联合审批人意见			
		签名	
产品审批委员会意见			
		签名	
本申请单批准后需发送的人员（或部门）			
本申请单生效时间		项目经理签名	

（四）项目问题处理

项目中会遇到技术问题、人员问题、管理问题和资源问题等等各种问题。“做项目”的过程实际上就是不断地分析问题和解决各种问题的过程。问题是不可避免的，如果发现和解决问题越快，项目取得成功也就会越快。遵循系统化的方法解决问题能收到“事半功倍”之效。

准确地定义问题等于解决问题的一半。最大的问题往往是“什么是真正的问题”。不要针对问题的“症状”直接采取解决方案。

例如，软件模块开发总是延期，跟不上项目的整体进度。那么由于软件开发进度延期而导致整个项目的开发进度延期是一个真正的问题。

要解决该问题就要分析导致软件模块开发进度延期的根本原因（Root Cause）。连续多问几次“为什么”是了解问题根本原因的最简便、最有效的方法。通过连续问几个“为什么”，我们可能发现导致软件开发项目进度延期的根本原因是某位关键的软件工程师的能力不能胜任该项目的开发工作。

基于该问题的根本原因，我们可以制订几种解决问题的方案。

（1）更换一个能够胜任该工作的软件工程师。

（2）请资深的软件工程师培训该工程师。

（3）请资深工程师直接指导该工程师的开发工作。

（4）将此部分工作分包给外部的合作伙伴。

基于项目的安全性考虑以及公司的实际资源情况，项目经理可以从这些方案中选择一个最优的方案来解决软件开发进度延期的问题。可能某家公司的选择是方案（3），即请资深工程师直接指导该工程师的开发工作。对于解决一个问题而言，最危险的解决方案是只有一个解决方案！项目团队需要通过集思广益，制订多个可能的解决方案，然后通过权衡各种解决方案的利弊，选择一个最佳的解决方案。

在执行最佳解决方案的过程中，需要就问题的解决方案与相关的项目团队成员及时沟通，让大家及时了解问题解决的进度。在问题解决后，应该召集相关人员对问题解决的结果进行评估。应该评估解决方案是否有效，评估问题是否解决，总结问题解决过程中的各种经验教训。如果问题具有典型性，应该将该问题的解决方案列入公司“经验库”，供其他项目团队成员参考。项目团队的能力正是在解决一个个难题的过程中提高的。

五、交付项目成果

做项目的最终目的是交付项目成果。项目成果交付是项目管理五大基本管理活动中的最后一项。项目成果交付不是一个单一时点的工作，而是一个有计划的过程。为了顺利完成项目成果交付，往往需要提前一个月甚至几个月开始启动项目成果交付工作。新产品开发项目的成果交付的标志是完成新产品上市后评审。新产品项目成果交付主要包括以下几个方面的内容。

1．客户认可上市后的新产品

新产品开发的成果首先必须得到客户的认可。客户认可的标志就是在新产品上市后一段时间内客户购买产品的数量能够实现预期的销售数量。在新产品的使用过程中，客户可能会发现产品的一些质量问题或者性能问题，产品开发团队需要迅速响应，及时解决客户反馈的“批量问题”。可见，新产品上市之日并不是项目团队解散之日，更不是项目团队“成果交付”之日。

2．公司认可新产品上市后取得的绩效结果

在新产品上市一段时间之后（如6个月），如果产品的销售数量和销售收入等指标能够实现项目任务书中承诺的目标，那么此项目对公司而言是一个“成功的项目”。一般而言，评估产品成功上市的指标是产品实现盈亏平衡。

3．项目通过上市后评审

在新产品上市实现盈亏平衡后，应该组织项目的上市后评审会议。项目团队应该提交完整的项目文件，并与“产品生命周期管理团队”进行项目交接。项目团队还应该总结项目的经验教训，评价项目团队成员的表现，对项目团队成员进行激励。此时，公司决策评审团队将正式宣布解散项目团队，项目交付工作正式完成。

CPO行动

我们公司是否应该采取项目管理五步法进行单项目管理？我们的项目经理都掌握了相应的项目管理方法和工具吗？我们在流程体系中将项目管理方法进行了“固化”吗？

本节小结

（1）对创新团队成员而言，项目管理方法就如同我们每天吃饭时使用的筷子。如果筷子使用得不好，那我们吃每顿饭时都会很难受。同样，如果没有掌握有效的项目管理方法，创新团队在做每个项目时都会非常吃力。因此，项目管理方法是每个创新团队成员必须掌握的基本的管理方法。

（2）遵循目标定义、计划制订、团队领导、过程监控、成果交付等五个简明易懂、相互关联的步骤，项目管理会更为简便和有效。

（3）有效的项目经理主要是通过影响力对项目团队成员进行“领导”，而不是通过正式的权力对项目团队成员进行“管理”。对项目经理而言，管理能力重要，领导能力更重要。

第三节　组织级项目管理

组织级项目管理的核心目的是实现企业整体创新投资回报最大化。

CPO 思考

(1) 我们是如何进行项目组合管理的?

(2) 我们是如何进行项目集管理的?

(3) 我们的项目管理办公室(PMO)能高效运转吗?

PMI 认为，组织级项目管理(Organizational Project Management，OPM)是一种战略执行框架，通过应用项目管理、项目集管理、项目组合管理及组织驱动实践，不断地以可预见的方式取得更好的绩效、更好的结果及可持续的竞争优势，从而实现组织战略。

组织级项目管理是指对公司各类创新项目进行统筹管理，以实现公司整体创新投资回报最大化。组织级项目管理包括项目组合管理、项目集管理两个层面。组织级项目管理的框架如图 7-11 所示。

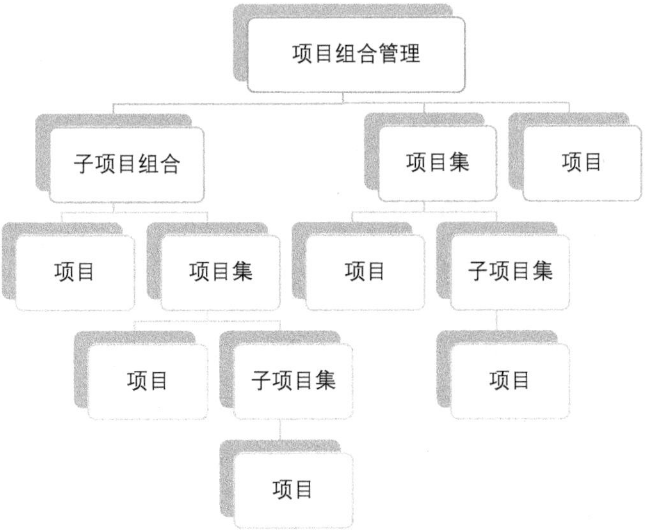

图 7-11　组织级项目管理框架

项目组合可能由子项目组合、项目集和项目组成。

项目集可能由子项目集和项目组成。

子项目集由多个项目组成。

最终是各类项目组成了子项目集、项目集、项目组合。因此，管理好每个项目，最终才能实现企业整体价值最大化。单项目管理是企业项目组合管理、项目集管理的基础。这也是上节我们花了较大篇幅介绍单项目管理的原因。

一、项目组合管理

项目组合管理（Portfolio Management）是为了实现战略目标而对一个或多个项目组合进行的集中管理。项目组合管理需要对为了实现战略目标而组合在一起管理的项目、项目集和子项目组合进行有效管理和运营。

项目组合管理是战略性的创新资源分配决策。同样的创新资源，分配不同，产生的回报可能会有几何级数的差异。项目组合管理的核心目标是通过有限的创新资源的有效分配，实现整体投资回报最大化。项目组合管理是各级领导者的核心职责。

对一家集团公司而言，可能会有多个层面的项目组合管理，如图 7-12 所示。

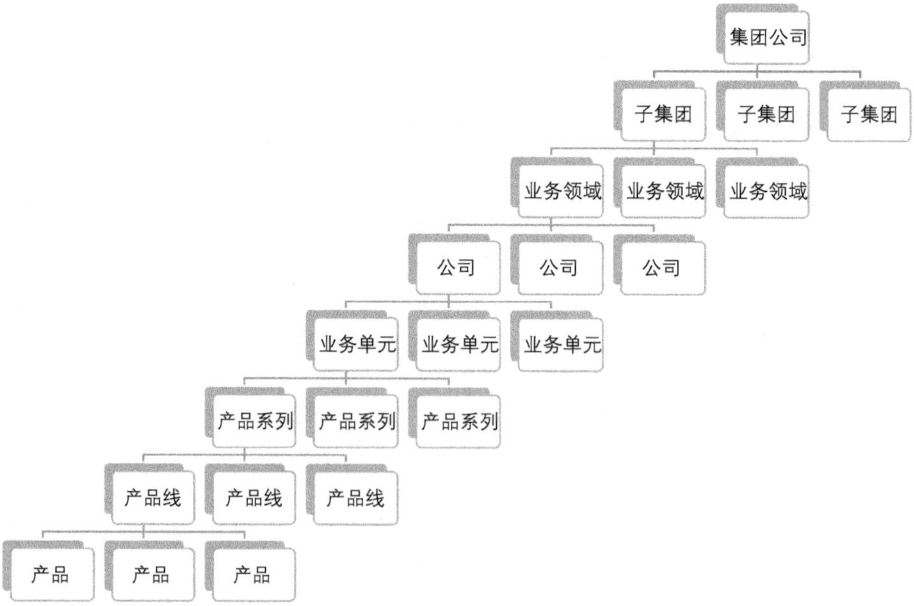

图 7-12　集团企业的项目组合管理层级

集团级的各种投资组合决策，也可以理解为集团级的项目组合管理。下面分别简要介绍各级项目组合管理。

1．集团级项目组合管理

一家集团公司通常是多元化经营，涵盖的业务领域可能非常广。多元化经营的业务可能是相关多元化，也可能是无关多元化。国内某机械工业集团是世界500强企业，旗下有近10个子集团，有10多家上市公司，员工总人数超过30万人。集团企业的业务扩展方式包括自研、合资、投资和并购等多种方式。

对集团级项目组合管理有如下建议。

（1）最好有集团明晰的“主航道”，主营业务应该非常明晰，并且要做强做大。例如，华为公司将通信业务作为主航道，“不在非战略机会点上消耗战略竞争力量”。

（2）最好不要涉足太多的业务领域，特别是不相关或者相关度很低的业务领域。例如，某家房地产公司涉足饮料业务，几年内饮料业务巨幅亏损，不得不退出该业务领域，房地产主营业务的品牌也被“稀释”。

（3）对于相关度较大的业务最好在一个子集团内进行管理，以促进相互合作，发挥协同效应。例如，上文中的机械工业集团将农业机械类业务放在一个子集团内进行管理。

（4）以自研为主的“有机”增长模式，应该是创新型企业的主要增长模式。例如，华为公司30年年营业收入从0做到7000亿元，主要是通过自主研发实现有机增长。华为公司45%以上的员工是研发人员，年收入的10%以上投入研发，研发经费中的10%以上投入基础研究。

（5）集团企业应该尽可能避免主要通过“并购”做大，人为“制造规模”，这样的做法很容易导致“大而不当”。近年国内一些企业拼命“买买买”，导致负债累累，业绩巨幅下滑，最终不得不通过“卖卖卖”断臂求生，回到原点，元气大伤。

（6）规模太大的集团企业要考虑“分拆”，以增强各业务板块的决策的及时性，降低管理成本。2018年惠普公司“一拆为五”，主要目的是减少管理层级，降低管理成本，增强各块业务面对市场的快速反应能力。例如，惠普企业业务和个人业务就分别分拆成了不同的子集团。

2．子集团级项目组合管理

子集团级项目组合管理与集团级项目组合管理需要遵循的原则基本相同，只是子集团应该更加聚焦，尽可能避免无关多元化，业务领域扩展应该主要在相关产业内进行。

3．业务领域级项目组合管理

一个子集团可能由多个业务领域组成，每个业务领域一般由一个子集团领导负责分管。一个业务领域可能由多家专业公司组成。

4．公司级项目组合管理

公司级项目组合管理是项目组合管理的基本组织单元，一个集团、子集团或业务板块的业绩最终是由各个专业公司实现的。集团、子集团、业务板块层面的项目组合管理通常相对宏观，专业公司层面的项目组合管理就应该非常“微观”和具体。因为项目组合管理的科学性和专业性直接影响了专业公司的经营业绩。

公司层面的项目组合管理要考虑公司战略一致性、长短期平衡和价值最大化。公司级项目组合管理的详细介绍请参见第二章第一节。

由多个业务单元组成的公司，要在各个业务单元进行战略性的创新资源分配。例如，一家安全软件公司，需要在硬件、软件和解决方案等业务单元进行创新资源分配。

由多条产品线组成的公司，要在各条产品线进行战略性的创新资源分配。

公司级项目组合管理应由企业董事长或企业首席产品官主责。

5．业务单元级项目组合管理

业务单元（Business Unit）实际上是企业内部的“虚拟公司”，需要进行独立经营核算。有多块相对独立业务的企业，可以采用事业部制进行管理，以提升各业务单元自主经营的积极性，降低企业管理成本。各业务单元需要在多个产品系列进行战略性的创新资源分配。例如，华为消费者业务单元，需要在手机、电脑、平板等产品系列间进行创新资源分配。

业务单元级的系列产品的项目组合管理应该由业务单元负责人或业务单元产品总监主责。

6．产品系列级项目组合管理

一个产品系列需要在多条产品线之间进行创新资源分配，例如，某电脑厂家可能需要在学生、商务等产品线进行项目组合管理。

产品系列级的项目组合管理应该由系列产品负责人主责 。

7．产品线级项目组合管理

创新项目组合管理的最基本单元是产品线管理。产品线经理需要主责在各款产品之间进行创新资源分配。

单款产品是产品组合管理的最基本的单元。集团、子集团、业务板块、公司、业务单元等各个管理层级的最终业绩来源于每款产品的市场表现。产品经理的专业性最终很大程度上决定了各款产品的市场表现和投资回报。这也是作者反复强调产品线经理重要性的原因。

各级首席产品官的关键职责就是建立起有效、高效的产品创新管理体系，确保各款产品的产品线经理均能有效、高效地开发和上市精品创新产品，实现预期的投资回报。

二、项目集管理

项目集管理（Program Management）是在项目集中应用知识、技能、工具与技术来满足项目集的要求，获得分别管理各项目所无法实现的利益和控制。项目集管理是对一组相互关联且被协调管理的项目、子项目集和项目集活动进行管理，以便获得分别管理所无法获得的利益。

项目组合管理是“战略层面的”，需要公司管理层决策；项目集管理是“战术层面的”，可以在项目管理办公室或项目总监的层面决策。

项目集管理是对相互关联的多个项目进行统筹管理，以实现多个项目整体利益最大化。

复杂产品开发项目可以采用项目集方法管理。例如，某大型软件开发项目，可以分解为多个子系统、多个功能模块。核心子系统、核心功能企业自己开发，非战略重要性的功能模块可以外包给多家专业的软件外包公司进行开发。这样既可以缩短新产品开发周期，也可以降低产品开发成本，还可以降低企业人员招聘、培养和管理的压力。

大型、复杂的订单交付类项目也可以采用项目集方法管理。例如，某软件企业承接了一个省级政府专用通信网络的集成项目，该项目金额达1亿元以上。该项目由省政府中心子项目和15个地级市子项目组成，一个地级市子项目的费用金额也达500万元以上。作为该项目的项目总监就要有效协同各子项目的进度，确保总体项目进度符合预期。

关于项目集管理，有以下要点与大家分享。

1．要任命强有力的项目总监统筹项目集管理

项目集涉及项目多、项目之间的关系复杂、项目周期长，一定要选拔和任命经验丰富、沟通协调能力非常强的资深项目经理担任项目总监。项目总监的经验、能力和魄力对项目集的成败具有至关重要的作用。

2．要厘清各子项目间的关键路径

项目总监要组织各子项目经理系统梳理各子项目之间的关系，要明确各子项目的起止时间，要厘清各子项目之间的依赖关系，绘制出项目集的关键路径，确保关键路径上的子项目能够按时、按质、按量地向前推进，以确保项目集整体时间进度符合预期。

3．要及时发现、分析和解决各子项目遇到的重大问题

项目集管理要建立项目例会制度，要建立重大事项及时汇报制度。项目总监要及时组织相关子项目经理及团队成员就项目重大问题进行研究，明确解决方案，跟进落实，尽量减少局部问题对项目集整体目标造成的不良影响。

三、项目管理办公室（PMO）的设立与运转

近年来，越来越多的企业设立了项目管理办公室（Project Management Office，PMO）。不同企业对项目管理办公室的职能有不同的理解，因而项目管理办公室在不同的企业起到的作用也各不相同。

不管如何定位PMO，PMO的设立对大多数项目很多的企业而言是具有积极意义的。企业有专门的团队监控所有项目的进展，有专门的团队负责提升项目团队的项目管理能力，有专门的团队负责管理和分配公司稀缺的项目资源。PMO的设立还有利于企业“批量”培养合格的项目经理。

总体而言，PMO是对所有创新项目进行统筹管理的部门，如图7-13所示。

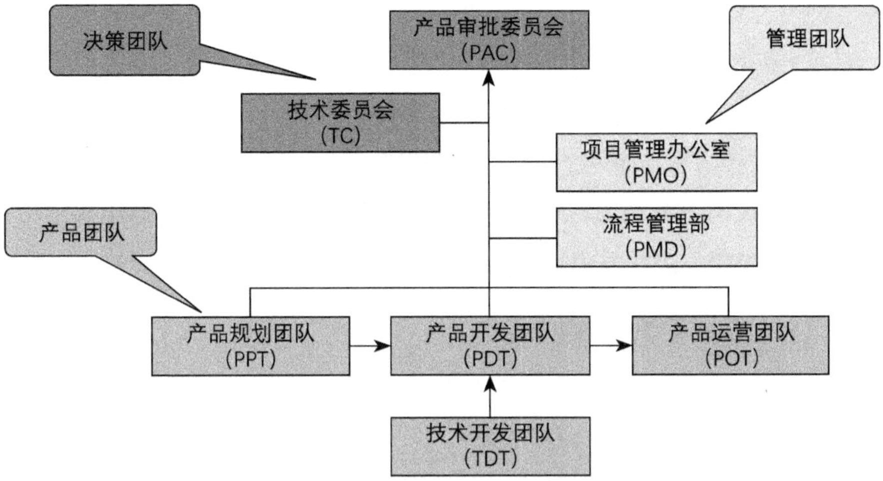

图7-13 创新型企业创新团队组织模式

PMO管理的创新项目应该包括技术预研项目、平台开发项目和新产品开发，不同类型的项目需要基于不同的流程进行管理，不同类型的项目需要任命不同背景和专业水平的项目经理。

关于PMO的设立与运转，有如下要点与大家分享。

1．要明确企业PMO的定位

一些企业将PMO作为内部的顾问部门，主要是为企业项目的运作提供项目管理方法和支持。PMO的主要职能包括培训项目团队成员掌握项目管理方法，导入项目管理软件，派出项目管理工程师指导和监督项目的进展以及及时解决项目开发中遇到的管理问题等。

另一些企业将PMO作为公司的项目管理部门，直接对项目的最终绩效结果负责。公司的所有项目均由PMO负责管理，所有项目均由PMO选派项目经理，PMO负责监控所有项目的进展，PMO负责分配和协调项目资源。

这是对PMO的两种比较极端的职责定位，企业可以根据自身的实际情况定位PMO的职责。

总体而言，不管企业如何定位PMO的角色，企业各类创新项目均应该能够得到有效管理，企业的创新资源均应该能够得到有效、高效的利用。

2．要将创新项目与运营项目分开管理

创新型企业一般有创新项目和运营项目两大类项目。一些企业将这两大类项目放在一个部门进行管理，造成了很多不必要的困扰。

这两类项目交付成果不同、走的流程不同、需要的团队资源不同、对项目经理的能力要求也不同，放在一个部门管理不但不能带来多少“合力”，反而会增大管理成本，降低管理效率。

我们建议创新类型项目放在PMO进行管理，订单交付类的运营项目公司设立运营管理部进行专项管理。关于订单交付管理详见第六章第三节。

3．要任命强有力的PMO主任

PMO主任的能力和水平很大程度上决定了PMO运转的效率和效果。PMO主任的选拔建议考虑以下方面。

（1）有丰富的项目管理经验，是企业内部项目管理、项目集管理专家。

（2）担任过多个大型、复杂项目的项目总监，并取得良好的管理效果。

（3）既有全局观，又能抓细节。

（4）具有高超的组织协调与沟通能力。

（5）诚实坚韧，对结果负责，不达目的不罢休。

4．要明确PMO的主要职责

PMO只有职责明确，才能有效开展工作。一般而言，PMO有如下主要职责。

（1）统筹管理公司所有创新项目，对所有创新项目绩效负责。

（2）统筹公司各类创新资源管理与分配。

（3）项目总监和项目经理的选拔、培养、任命与考核。

（4）建立项目“工时经验库”，合理评价各个项目、各项任务的工时量。

（5）协调解决项目内部、项目之间的难题。

（6）每做一个项目，组织项目团队从流程体系视角反思体系的有效性和高效性，持续优化各类创新流程体系。

5．要规范PMO的工作流程

各类创新项目要有项目管理流程，PMO本身也应该有明确的工作流程，方便项目总监、项目经理、项目管理工程师有效和高效地开展相关工作。

PMO 工作流程要明确 PMO 从项目启动到项目收尾全过程的工作职责、工作任务、工作方法与交付成果。有效的 PMO 工作流程能够让新的 PMO 团队成员快速上岗，并有效开展工作。

6．要选拔和培养强有力的项目总监和项目经理

“一将无能，累死三军。”项目总监和项目经理是项目集和项目推进的灵魂人物，PMO 要将项目总监、项目经理的选拔和培养作为自身的核心职责。

PMO 要从各个职能部门选拔具有较强组织管理能力的人作为项目经理人选，要从优秀的项目经理中选拔项目总监人选。PMO 要进行项目总监和项目经理认证，要认证一批兼职的项目经理和项目总监，也要根据公司需要部署一批专职的项目经理和项目总监。

7．要及时度量 PMO 的管理绩效

PMO 必须对单项目、多项目的绩效负责，要周期性地（比如以季度为单位）度量 PMO 的管理绩效，及时发现问题，提出改进方案并组织实施，形成持续改进机制，推动 PMO 组织由优秀走向卓越。

以下列出 PMO 管理绩效度量的主要方面，仅供参考。

（1）符合绩效目标的项目的比例。

（2）严重偏离绩效目标项目的比例（可具体定义）。

（3）创新资源利用效率。

（4）流程制度遵循度。

（5）项目总监、项目经理和项目管理工程师专业性。

四、建立项目型组织

创新型企业应该建立“流程型组织”“项目型组织”，以提升企业的市场适应力、竞争力，提升企业的管理效率、盈利能力。

跨职能团队组织模式为建立公司级的流程体系奠定了基础，公司级流程体系的建设又为项目型组织的实施提供了保障。

项目型组织是相对于职能型组织而言的。职能型组织的“好处”是稳定、有序，存在的主要问题是跨部门合作困难，容易滋生官僚主义和形式主义。

跨职能团队组织模式（项目型组织模式）的好处是可以“打破部门墙”“炸掉金字塔”，大幅提升组织运转效率，“坏处”是项目型组织难以真正“跨越职能部门”，容易“貌合神离”，难以真正形成合力。

总结项目型组织建设要点如下所述。

1．公司高层领导要有对组织模式变革必要性、重要性的深刻认识

公司高层领导特别是公司“一把手”的观念对于公司组织变革的发起与成功通常具有决定性的影响。观念决定决策，决策决定行动，行动决定结果。

很多从制造型企业走向创新型企业的企业存在严重的“路径依赖”，习惯了制造型组织模式“分工越细、效率越高”的组织模式，难以适应项目型组织模式带来的“混乱”与“无序”。

在十多年的咨询实践中，作者发现，偏爱制造型组织模式的企业很难真正有效创新。这些企业将新产品开发当成“研发部的事”，其他部门只是有空时“帮帮忙”，对新产品项目的成功没有真正意义上的承诺。这样的新产品开发项目通常大幅延期，开发出的产品成本很高，也很难真正满足客户的需求。基于职能式组织模式进行新产品开发的成功率非常低。或者说，成功是偶然现象，而不是必然的结果。

创新型企业高层管理者必须认识到，新产品开发是“全公司的事”，而不是“研发部的事”。跨职能团队组织模式是企业新产品开发的“必须的（Must）”组织模式，而不是一种选项。创新型企业需要做的是如何提升跨职能团队组织模式的有效性和效率，而不是在职能式组织模式与跨职能组织模式之间摇摆。

只有有效、高效的跨职能团队组织模式才有可能有效、高效地开发和上市成功的创新产品，实现企业预期的投资回报，“从胜利走向胜利”！

2．要引导部门领导形成“合力”

很多企业的部门领导往往是跨职能团队组织模式实施的“阻力源”。很多制造型企业的部门负责人习惯了“我的地盘我做主”的职能型组织模式，喜欢待在“舒适区”，喜欢“国不可一日无君”的感觉，喜欢下属事无巨细向自己汇报，喜欢只有通过自己的批准，员工才能与别的部门开展有限的合作。这些部门负责人不愿意与项目经理“分享”领导和管理员工

的“权力”。

建议这样的部门负责人要“以大局为重”，以配合公司开发出“精品创新产品”为重，而不是以“个人权力”为重，甚至以个人私利为重。

在项目型组织中，职能部门的主要职责是“练兵（赋能）”，为“各场战争（各个项目）”及时输送足够数量的、足够专业的“士兵（项目团队成员）”。各个职能部门负责人的主要业绩或者是成就感主要来自派出去的“士兵”打了多少胜仗，赢得了多少“缴获（奖金）”。部门负责人要甘当“绿叶”，甘为“人梯”。

对于不能与时偕行、主动求变的部门负责人，公司管理层可能要做出“不换思想就换人”的艰难的、坚定的决策。一个公司不能由于个别部门、个别人的不配合、不作为或者反对而影响了公司整体前行的步伐。

3．要建立起真正的跨职能团队组织模式

公司领导要对跨职能团队组织模式推行的困难和挑战有充分的思想准备，不能浅尝辄止，不能半途而废，必须一举成功！

真正的跨职能团队一定要具有以下特征。

（1）项目经理是坚强有力的，是责权利对等的，对项目团队成员要有选择、考核和评价的权力。

（2）确保项目成功所必需的职能部门都应该委派职能代表作为项目团队核心成员参与项目。

（3）各职能代表必须能够“完全代表”本职能部门，必须具备专业性，必须有充分的项目时间投入，必须能够调动本职能部门的资源。

（4）各职能部门负责人必须为项目成功提供及时的、必要的支持，包括技术、人员、人员的时间以及其他资源的支持。

4．要建立起公司级的、端到端的、有效的流程体系

跨职能团队组织模式确保事情“有人做”，流程体系建设确保团队成员均“会做事”。公司级的流程体系是跨职能团队组织模式有效运行的“基石”。

有如下流程体系建设建议，供企业参考。

（1）要成立公司级的流程管理部门，统筹公司级的流程体系建设工作。

（2）要任命副总级别的公司领导担任公司流程体系建设负责人，确保

能够建立起公司级的流程体系，确保公司级的流程体系能够得到有效推行。

（3）要任命专职（兼职）的公司级的流程经理，分别专责产品创新管理和订单交付管理等公司级流程体系的建设。

（4）公司级的流程体系建设也要成立由各相关职能部门代表组成的“跨职能项目团队”进行，而不只是各个部门各自撰写的流程的“汇总”。

（5）公司级的流程体系既要明确各职能代表的专业分工，更要强调项目成功是项目团队成员“共同的职责”。

（6）“流程面前，人人平等”。公司流程管理部门、质量管理部门、项目管理部门要敢于与流程破坏者“做斗争”。公司各级领导更要成为流程遵循的带头人，要以身作则，率先垂范。

（7）要明确“流程是为项目服务的”，有效的流程体系要能够提高项目运作的效率和质量，能够降低项目风险，提高项目成功率。企业不能“为了遵循流程而遵循流程”，不能机械地、僵化地执行不合时宜的流程。流程体系建设要“与时偕行”，根据公司业务的发展、组织结构的变化等适时优化、完善甚至重构。

5．PMO 部门要强势运转

建立起了真正的跨职能团队和公司级的流程体系，就一定要保证创新项目有效、高效地运行。PMO 部门是项目型组织的践行领导者，一定要坚持原则，遵循规范，通过项目绩效的大幅改善证明组建跨职能团队的必要性，证明建设公司级流程体系的必要性，给全公司成为项目型组织树立典范，坚定信心，形成习惯。

CPO 行动

我们应该如何进行有效的项目组合管理？我们应该如何进行有效的项目集管理？我们应该如何有效设立和运作 PMO？我们如何成为真正的项目型组织？

本节小结

(1) 项目组合管理是战略型的创新资源分配，需要兼顾战略一致性、长短期平衡以及利益最大化等目标。各个层面的项目组合管理是各级领导者的核心职责。

(2) 项目集管理的核心是要任命强有力的项目总监，要管理好多个关联项目之间的关系，实现项目集整体投资回报最大化。

(3) 项目管理办公室（PMO）统筹公司所有创新项目的管理，需要强有力的领导者和众多专业的项目总监、项目经理以及项目管理工程师。

(4) 成为项目型组织是创新型企业的必然选择。创新型企业要通过建立跨职能团队组织模式、建立公司级的流程体系，为创新项目的有效运行奠定基础。

第八章
首席产品官行动

知行合一，止于至善。

CPO 思考

(1) 我们的创新观念正确吗？

(2) 我们的创新体系系统、完整、科学、有效吗？

(3) 我们的创新人才类型、专业性和数量能匹配公司发展的需要吗？

(4) 公司能够持续成功创新吗？

只有“持续成功创新”的企业才能持续存活，才能持续成长。因此，追求永续经营的企业都必须能够持续成功创新。基于知行信顾问团队 10 年以上的创新研究、咨询与培训实践，作者总结了科技创新型企业“持续成功创新”的关键要素——转观念、建体系、提能力、出精品，如图 8-1 所示。

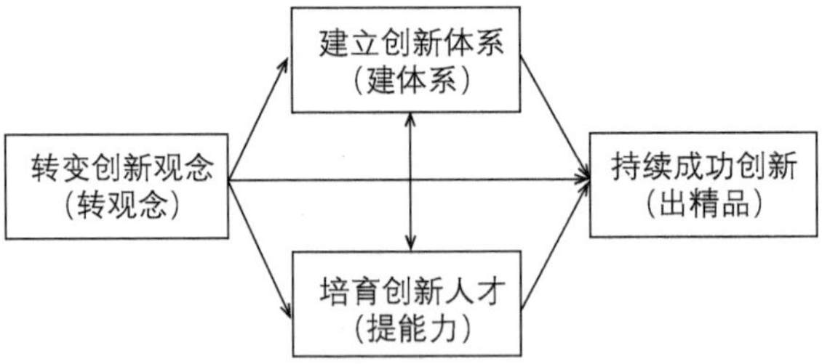

图 8-1　创新型企业“持续成功创新”的关键要素

“转观念”是前提，“建体系”“提能力”是手段，“出精品”是目标。

只有企业高层管理者树立正确的创新观念，建立高效的创新体系，培育专业的创新人才，企业才能在持续创新之路上“少走不必要的弯路、少犯不必要的错误、少冒不必要的风险、少交不必要的学费，多开发精品创新产品”，实现企业持续、健康、快速成长。

企业首席产品官要带领管理团队转变创新观念、建立创新体系、培育创新人才、实现持续成功创新。

一、转变创新观念（转观念）

观念决定决策，决策决定行动，行动决定结果。企业领导者，特别是企业“董事长”的经营观念对企业的生存和发展往往有着决定性的影响。过去成功的经验可能成为今后失败的原因。势易时移，变化宜焉！

以下是作者十多年与上百家大中型科技企业高层管理者深入交流后总结的大多数企业需要转变的十大创新观念，供创新型企业的首席产品官参考借鉴。

1．由商人转变为企业家

商人是机会主义导向，什么赚钱就做什么，缺乏做好一件事情的定力和耐性，虽然有时也能赚到一些钱，但很难成就一家伟大的公司。而企业家的导向是成就一番事业，目标是要将一件事做到极致，赚钱往往是“副产品”，赚钱往往是很自然的事。企业家善于抓住机会，但不是机会主义。企业家的典型特质是敢于冒险、善于创新。华为公司创始人任正非就是企业家的典型代表。任正非在创业早期曾说，中国五千年没有出过大企业，华为要立志成为大企业，赚钱不是最重要的。

2．由以董事长为中心转变为以客户为中心

一些企业的新产品开发流程图的第一步是“董事长提出创意”，也就是说，如果董事长不提出创意，后续工作就无法开展。一些企业的员工的行为准则是“面向董事长，屁股对着客户”，唯董事长马首是瞻。随着公司规模的扩大，董事长的时间、精力越来越分散，董事长很可能成为公司发展的“瓶颈”。创新型企业要由以董事长为中心转变为以客户为中心，“客户就是董事长”是以客户为中心进行创新，以客户为中心进行决策，以客户为中心进行组织模式优化，以客户为中心进行流程设计。以客户为中心，再错也错不到哪去；不以客户为中心，再对也对不到哪去。须知，客户是企业的衣食父母，客户是创新之母，创造客户是企业存在的目的。

3．由运营驱动走向创新驱动

运营驱动关注销售，关注降成本。创新驱动关注客户需求，关注创新产品开发和上市。创新是从 0 到 1，运营是从 1 到 M（Much Much Money）。从 0 到 1 做不好，从 1 到 M 不可能做好。企业 CPO 要从日常运营细节中走出来，要走向客户，去洞察创新机会。

4．由技术人员创新走向全员创新

很多高新技术企业的创新工作是“研发部的事”，其他部门只是有空时“帮帮忙”。研发部门只是技术实现部门，不可能独立开发出“伟大的产品”。创新不是研发部的事，创新是全公司的事。创新型企业应成立跨职能团队进行创新，充分发挥各职能部门的专业优势，实现持续成功创新。创新型企业应该在全公司营造积极的创新氛围，应该“人人创新、事事创新、时时创新、处处创新”。

5．由模仿走向引领

模仿只是企业起步阶段的阶段性的战略选择，不应该成为企业的长期战略。长期模仿的企业将失去创新动力与创新能力，最终极有可能走向衰亡。中国手机市场上曾经风光一时的模仿者基本上都不知所踪，而智能手机的引领者苹果公司则继续独步全球。在全球化竞争越来越激烈、知识产权保护越来越严格的今天，模仿战略的有效性将越来越有限。有志于成就卓越的企业应该由模仿走向引领，由跟随者走向领导者。成为“自主可控”的创新领导者是企业确保“战略安全”，走向“长治久安”的必然选择。

6．由区域走向全球

在全球化竞争日益加剧的今天，成为区域市场的领先者已经意义不大，成为全球市场领导者才会有持续竞争力。主动走向国际市场，进而走向全球市场是国内市场领导者的成长路线图。主动走向国际市场主要有两大好处：一是可以扩大市场空间，实现持续增长目标；二是可以与全球领袖企业同台竞技，学习全球领袖企业的经营理念与管理方法，提升企业经营管理水平。华为公司正是在国内取得领先地位后，主动走向国际市场，成长为在全球 170 多个国家和地区都有业务的全球性企业，2018 年营业收入超过 1000 亿美元。

7．由经验式管理走向规范化管理

一些企业的日常管理过度依赖“董事长”，即使一些年营业收入在20亿元以上的上市公司的日常管理也是董事长“一支笔”，董事长事无巨细地参与公司各个方面、各个层面的日常工作。董事长不发号施令，公司就无法有效运转。我经常通过一个度假设想来让企业董事长测试自己企业的规范化管理水平：即董事长关掉手机、不收发邮件，能“失联”多久公司不会乱。有的董事长说，不能超过一个星期，有的不能超过两个星期，很少有能超过一个月的。流程化管理能将董事长等高层管理者从日常事务中解脱出来，面向未来探寻战略性的成长机会。同时，董事长尽可能少地参与日常运作，也能有效地培养团队。创新型企业要通过建立公司级的、端到端的流程体系，“将能力建立在组织上”“由人治走向法治”。对于较大规模的企业而言，看起来“无所事事”的董事长是最好的董事长，整天疲于奔命的董事长，其企业前景堪忧。

8．由个人英雄走向团队卓越

在知识经济时代，单打独斗的个人英雄已经很难成功了。创新型企业要将个人能力转变为组织能力，要由个人英雄走向团队卓越，要培育“明星团队”而不是“明星员工”。任何一款复杂产品的开发都不是任何一个人可以胜任的，即使某个人可以“独自”完整地做出一款新产品，日趋紧迫的上市周期也不容许其“慢慢来”。密切配合的跨职能团队应成为创新型企业的标准组织模式。

9．由商业模式创新走向产品创新

商业模式回答的是如何低成本地快速销售产品，其前提是产品本身必须真正畅销。因此，应先做出“好卖的产品”，再“卖好产品”，而不能本末倒置。再炫、再酷、再时髦、再前卫的商业模式，如果没有有市场竞争力的产品支撑，终将昙花一现，走向衰亡。在咨询实践中，如果一家企业的董事长不停地谈论其商业模式如何如何好，而且这些商业模式很新奇难懂，但绝口不提产品，我将尽可能远离这样的董事长。如果一家企业的董事长详细地向我介绍客户的需求和痛点，介绍产品开发规划和思路，我会由衷地尊重这些董事长，并且期望提供力所能及的帮助。

10．由多元化走向精准化

一些企业年营业收入几个亿就宣称自己是“集团公司”，就有四五个事业部，甚至有上十家二级企业，就开始向产业链上下游扩张，就开始在多个行业领域进行“投资”。这些企业的前景堪忧，因为三五年之后，这些企业可能哪一块也做不好。在强者如林，竞争日趋激烈的市场环境下，一家企业聚焦一个领域都不一定能够胜出，何况同时涉足多个领域呢？企业有效的战略应该是少而精，精而准，要聚焦、聚焦、再聚焦！要像华为公司一样，涉足极少的业务领域，采取“针尖战略”，实施“饱和攻击”“不受任何非战略机会诱惑”。

正确观念源于实践、借鉴、总结、感悟。谦逊与坚毅是卓越领导者的两大共同品质。自负与机会主义是企业持续成功创新的大敌。巨变时代呼唤企业家精神，企业家是社会最宝贵的财富。企业家精神的核心特质是敢于冒险，善于创新。

二、建立创新体系（建体系）

通过十余年的持续深入研究和咨询实践，知行信顾问团队总结出一套具有自主知识产权的产品创新管理体系——RDIM®（Research and Development and Innovation Management）体系，如图 8-2 所示。

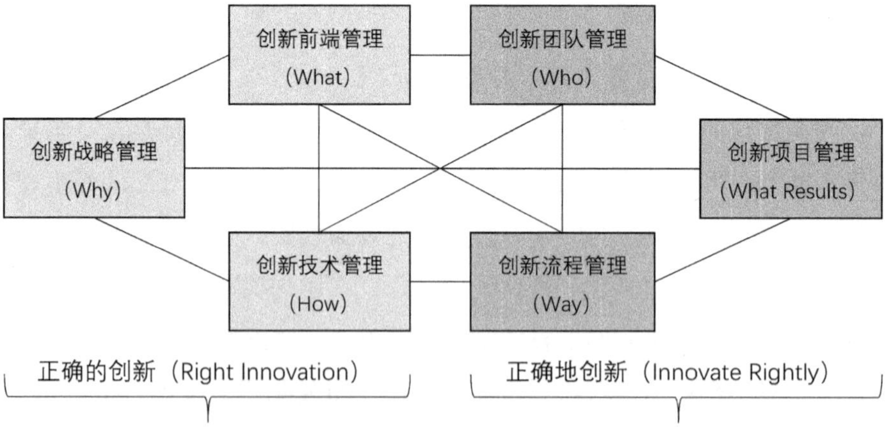

图 8-2　知行信研发的产品创新管理体系（RDIM®）

RDIM® 体系融合了门径管理体系（SGS）、集成产品开发体系（IPD）、产品生命周期优化方法（PACE）以及美国产品开发管理协会（PDMA）的新产品开发专业人士认证体系（NPDP）的精髓，具有系统性、完整性、针对性和实操性等特点。十余年来，RDIM® 体系在不同地域、不同行业、不同规模、不同发展阶段、不同管理素养的200多家科技企业中广泛应用，验证了其适应性与有效性。

RDIM® 体系分为六大子系统，每个子系统又分为若干管理模块。我们将RDIM® 体系的六大子系统总结为5W1H。其中，创新战略管理、创新前端管理和创新技术管理主要回答如何“做正确的事”，即如何做“正确的创新（Right Innovation）”；创新团队管理、创新流程管理和创新项目管理主要回答如何“正确地做事”，即“正确地创新（Innovate Rightly）”。

基于系统、完整、科学、高效的产品创新管理体系才能实现企业持续成功创新“可复制”。基础不牢，地动山摇。创新体系建设既需要体系化的最佳实践，也需要强力推动组织变革。创新体系建设对企业高层管理者的胆识、智慧和毅力都是巨大挑战。创新体系建设是企业持续、健康、快速成长必须做的事，哪怕有千难万险，也要勇往直前。

本书深入介绍了RDIM® 体系六大子系统的主要内容，创新型企业可以结合企业实际建立起适合自身发展需要的创新体系。

三、培育创新人才（提能力）

建立起系统、完整、科学、高效的产品创新管理体系非常重要，这是企业持续开发精品产品，持续实现卓越创新绩效的基础。但是，光有好的创新体系，缺乏足够数量的、足够专业的创新人才，创新体系也无法有效运转，创新绩效目标也无从实现。对于期待实现持续成功创新的企业而言，创新体系是基础，创新人才是保障！有方法，还要有能利用方法将活干好的人。

知行信顾问团队在十多年的创新咨询与培训实践中，总结出“1+6”创新人才培养体系，帮助创新型企业系统地培养企业持续成功创新所需要的各类创新人才，如图8-3所示。

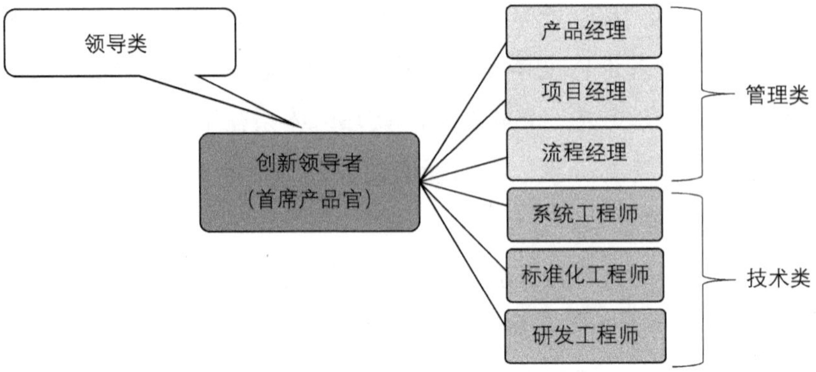

图 8-3　知行信“1+6”创新人才培养体系

知行信“1+6”创新人才培养体系将创新人才分为领导类、管理类和技术类等三类。须知，创新人才不只包括技术人才，创新领导人才和创新管理人才也是非常重要的创新人才，甚至比技术人才更重要。

（1）领导类：主要是指企业职能部门负责人以上的管理者。对公司创新投资回报负总责的首席产品官是重点培养对象。

（2）管理类：包括产品经理、项目经理和流程经理等三类关键创新人才。产品经理在各大创新型企业中普遍稀缺，是应该重点培养的人才类型。

（3）技术类：包括系统工程师、标准化工程师和研发工程师等三类创新人才。系统工程师和标准化工程师是重点培养对象。系统工程师是对产品或者产品线整体技术负责的人，与产品经理密切配合。标准化工程师是进行企业技术知识标准化和“重用”的骨干技术人才。

人才是企业宝贵的财富，企业要投资人才、善待人才、培养人才、用好人才。

四、持续成功创新（出精品）

转观念、建体系、提能力，出精品！如果企业树立了正确的创新观念，建立了高效的产品创新管理体系，培养了足够数量的专业的创新人才，企业就能够源源不断地开发出精品创新产品，实现持续成功创新“可复制”。能够持续成功创新的企业才能持续、健康、快速成长。

持续成功创新既是创新型企业的不懈追求，也是企业持续存活的基本要求。转观念、建体系和提能力是企业实现持续成功创新的关键抓手。

从流程视角，知行信将产品创新管理总结为4D流程，包括创新战略管理、创新前端管理、产品开发管理、产品交付管理等四大阶段，涵盖产品全生命周期的各个阶段：从摇篮（Cradle）到坟墓（Grave），如图8-4所示。

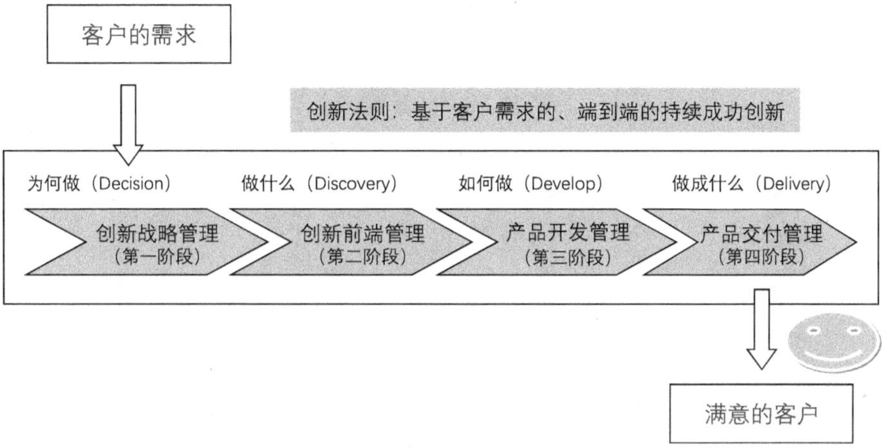

图8-4　知行信4D创新流程

创新战略管理阶段由产品规划团队主责，创新前端管理阶段由产品管理团队主责，产品开发管理阶段由产品开发团队主责，产品交付管理阶段由产品生命周期管理团队主责。公司首席产品官总体负责所有产品的全生命周期管理，产品线经理负责相应产品线的全生命周期管理。4D创新流程在作者《产品经理实务》一书中有深入介绍。

产品经理基于4D创新流程持续开发出精品创新产品，首席产品官基于RDIM体系确保企业持续成功创新"可复制"。

用以下两句话作为全书结语，与各位创新领导者、首席产品官共勉：

谦逊（Stay Hungry）——从善如流；

坚韧（Stay Foolish）——止于至善！

附录

企业创新能力成熟度（ICMM™）评估表

请对贵公司产品创新管理水平从以下六个方面进行评级，并根据评级结果与Ⅳ级标准对照发现差距和改进重点。

评级	Ⅰ级（不规范）	Ⅱ级（有规范）	Ⅲ级（有效）	Ⅳ级（高效）
1. 创新战略管理 （　）	• 无明确的新产品开发目标 • 无明确的新产品开发重点和方向，拍脑袋项目普遍存在 • 缺乏产品线概念，无明确的产品线战略规划 • 产品缺乏差异化，同质化竞争激烈，主要靠价格战进行竞争 • 研发投入为被动响应型，缺乏计划性	• 有不清晰的新产品开发目标，未对新产品开发目标进行有效分解 • 有不清晰的新产品开发重点和方向，有一些拍脑袋项目进入开发流程 • 有产品线概念，对针对不同细分市场的产品进行了大致划分 • 部分产品有些差异化，但差异化优势不明显，容易被模仿 • 比较注重研发投入，但计划性不够	• 有明晰的新产品开发目标，按产品线进行目标分解 • 有明晰的新产品开发重点和方向，新产品项目基于创新战略进行选择，很少有拍脑袋项目 • 有明晰的产品线规划，各产品线有明晰的技术路线图 • 产品有明显的差异化优势，差异化不易被模仿 • 基于创新战略进行创新资源规划和配置，不同类型项目有明确的创新资源分配比例	• 定义多个维度的创新战略目标，对照创新战略目标的实现差距进行持续改进 • 通过明晰的创新战略规划指导新产品项目的选择，所有项目的选择都是基于战略的 • 产品线战略规划符合“上市一代、开发一代、储备一代”的原则，能够有计划地推陈出新 • 能“定量”地实现产品差异化，差异化很难模仿，产品差异化能带来高附加值 • 创新资源规划和配置具有前瞻性，创新能力成为公司的核心能力

续表

评级	Ⅰ级（不规范）	Ⅱ级（有规范）	Ⅲ级（有效）	Ⅳ级（高效）
2. 创新前端管理 （ ）	• 新产品创意主要来源于个别领导 • 不能对新产品创意进行有效的完善、筛选和评审 • 基本上未进行系统的市场研究，新产品开发以模仿竞争对手产品为主 • 市场人员和技术人员沟通困难，技术人员很难真正了解市场要的是什么样的产品 • 认为技术基本可行，项目就进入开发阶段了	• 有专人负责收集新产品创意，但新颖的创意很少 • 会对新产品创意进行筛选，但缺乏有效的评审准则 • 主要通过销售人员做一些市场研究，但需求信息了解不系统、不完整 • 市场人员和技术人员会一起沟通客户需要什么样的产品，但沟通不够充分，技术人员对客户需求的理解不系统、不完整 • 主要对技术可行性进行一些分析，可行性分析报告不系统、不完整，难以作为项目决策评审的依据	• 有专人负责收集和管理新产品创意，有一些突破性的新产品创意 • 能对新产品创意进行有效筛选 • 有专职或兼职的市场研究人员，重要的新产品都进行比较系统和完整的需求研究，能对需求信息进行有效的分类与整理，在开发过程中还持续了解和验证客户需求 • 掌握了有效的产品定义方法，能将客户需求转化为产品功能定义，市场人员与技术人员之间沟通充分 • 进行比较系统的市场、技术和财务可行性分析，可行性分析报告能作为项目决策评审的依据	• 掌握有效的突破性创意激发方法，新产品创意中突破性创意较多 • 掌握有效的概念开发方法，能快速对新产品创意进行完善和筛选 • 由产品经理组织团队进行系统、完整的市场研究，通过深入洞察客户需求寻求产品差异化 • 掌握有效的产品定义方法，由市场人员与技术人员共同完成产品定义，“定量”地实现产品差异化 • 由产品经理组织跨职能团队进行项目可行性分析，项目可行性分析报告的完整性和可信度高，在新产品开发过程中还持续完善和修订项目可行性分析报告
3. 创新技术管理 （ ）	• 无技术研发战略规划，新产品开发中临时寻找或开发相关技术 • 没有专门的技术研发流程，技术研发流程与新产品开发流程混为一谈，在新产品开发过程中解决重大技术问题	• 列出了技术开发重点，但缺乏系统的技术战略规划 • 有专门的技术开发流程，但流程的执行有效性不高 • 任命了技术研发项目经理和项目小组，但是项目小组无须对项目最终结果负责	• 有规范的技术研发战略规划，并用于指导公司日常技术研发工作的开展 • 技术研发项目基于规范的技术研发流程进行，在重大技术问题解决后才进入新产品开发流程	• 在技术研发战略指导下，进行平台化、模块化开发，技术重用度高 • 技术研发流程有效用于技术开发和技术平台开发

续表

评级	Ⅰ级（不规范）	Ⅱ级（有规范）	Ⅲ级（有效）	Ⅳ级（高效）
	• 技术开发采用任务式管理，未成立项目组负责相关技术的开发 • 很少与外部合作进行技术研发 • 基本上没有技术专利	• 与外部一些高校及科研院所建立了一些合作关系，但是合作效果不理想 • 有一些技术专利，没有专人负责专利管理工作	• 技术研发团队对最终的研发结果负责，根据研发结果对项目团队进行激励 • 能根据实际需要与相关高校或研究院所进行合作，合作项目大多数能取得预期成果 • 技术专利数量在同行中处于领先地位，有专人负责专利管理工作	• 核心技术人员主要负责解决关键、共性技术问题，基本不参与日常“救火”项目的开发和维护 • 有系统地开展开放式创新、协同创新项目，有较大比例技术成果来自合作开发 • 有明确的技术专利战略，能运用专利战略保持公司竞争优势
4. 创新团队管理 （ ）	• 无项目评审团队，项目决策个人说了算 • 无产品经理岗位，无专人负责市场研究工作 • 新产品开发是“研发部”的事，各职能部门只是“帮忙”，部门之间沟通协调困难 • 无人对项目的过程监控和最终结果负责 • 无人对流程的有效性负责	• 有由相关领导组成的项目评审团队，但评审流于形式，主要还是董事长个人说了算 • 有兼职或专职人员负责市场研究工作，但是市场研究工作不够专业，对客户需求了解不够深入和完整 • 有项目经理负责制的产品开发团队，但组织形式比较松散，项目经理主要是起协调和跟进作用，项目团队并不承诺对项目的最终结果负责	• 评审团队基于事先定义的评审流程和评审准则对项目进行评审，项目由评审团队集体决策 • 产品线经理对整条产品线的收入及利润目标负责，产品线经理组织团队进行有效的市场研究、产品定义和项目可行性分析工作 • 产品开发采用项目经理负责制的跨职能团队进行，项目团队对项目的结果目标负责	• 不同类型的项目以及项目的不同阶段由不同的决策评审团队进行决策，在保证决策质量的前提下提升决策效率 • 产品线经理是客户的代言人，整个公司的创新工作围绕产品线经理展开，公司每条产品线都有称职的产品线经理 • 不同类型的新产品项目采用不同复杂程度的跨职能团队进行，在保证项目进度和质量的同时，能大大节省创新资源

续表

评级	Ⅰ级（不规范）	Ⅱ级（有规范）	Ⅲ级（有效）	Ⅳ级（高效）
		• 有项目工程师负责项目的跟进和监控工作，但对项目团队缺乏必要的影响力 • 有专人负责流程的设计和完善，但对各个项目是否走流程缺乏必要的影响力	• 成立项目管理办公室，对所有项目的进度和质量进行管理，项目管理办公室能较好地安排和调度创新资源 • 任命流程经理对流程的有效性负责，流程经理能有效监控项目是否走流程，能及时修订和完善流程	• 项目管理办公室持续培养项目管理人员，并给予项目团队成员及时的指导和帮助，根据项目绩效及时改进和优化项目管理方法 • 流程管理团队及时将公司最佳实践做法融入创新流程，创新流程成为公司的核心竞争力
5. 创新流程管理 (　　)	• 无规范的新产品开发流程，新产品开发活动管理混乱，效率低下 • 每个阶段要做什么事由经验丰富的前辈安排 • 项目无评审流程与评审准则，项目决策个人说了算	• 有基于 ISO 9000 等的流程，但流程的执行流于形式，很多人在实际工作中“忘记”了流程 • 大致规定了每个阶段的工作内容，但交付标准不清晰 • 由团队进行项目决策，但决策流程不规范，评审准则不科学	• 技术研发流程与新产品开发流程分开，新产品开发流程是基于跨职能团队的，是“公司级”的流程，大多数项目都能按照流程运行 • 明确规定了每个阶段的工作任务和交付件，每个阶段的工作任务有明确的说明指南，每个阶段的工作进度和质量基本符合预期 • 有明确的决策评审流程和决策评审准则，项目决策分多次进行，项目的风险能有效掌控	• 不同类型的项目适用于不同复杂程度的流程，每类项目都有适用的流程，所有项目均按流程运行 • 有明确的流程绩效目标，流程管理团队根据流程绩效目标定期对流程进行审计，及时修订和完善流程 • 不同类型项目及项目的不同阶段由不同的决策评审团队进行决策，在保证决策质量的同时提高了决策效率 • 将流程进行了 IT 化，IT 化的流程成为公司知识管理的重要组成部分

续表

评级	Ⅰ级（不规范）	Ⅱ级（有规范）	Ⅲ级（有效）	Ⅳ级（高效）
6. 创新项目管理（ ）	• 无明确的项目目标定义 • 无明确的项目进度计划 • 项目负责人及项目团队成员未接受过有效的项目管理方法培训 • 项目过程缺乏监控 • 项目结果缺乏评估	• 定义了项目目标，但项目团队未与公司决策评审团队签订书面的项目任务书 • 项目开始时制订了项目计划，但项目启动后基本没有按照项目计划实施 • 项目负责人及项目团队成员接受过一些项目管理方法和工具培训，但很少有效应用到实际项目管理中 • 过程中设定了里程碑，但很少在里程碑进行严格的节点检查 • 有项目结果验收，但未根据项目结果对项目团队进行绩效考核和激励	• 项目团队与公司决策评审团队签订书面的项目任务书，项目团队基于项目任务书设定的项目目标开展项目工作 • 制订严密的项目计划，项目依据项目计划展开，定期修订和更新项目计划 • 组建明确任命的跨职能项目团队，项目经理和项目团队成员掌握了必要的项目管理方法 • 采取“项目看板”等可视化方法对项目进程进行监控，及时发现项目进度偏差并采取有效方法纠正偏差 • 由公司决策评审团队进行正式的项目评审，根据项目结果对项目团队进行绩效考核和激励	• 项目任务书制订科学合理，绝大部分项目能基于设定的目标完成 • 双周滚动制订和更新项目计划，每周检查项目进展，项目实际进度与计划进度偏差控制在10%以内 • 跨职能团队组织模式成为项目组织模式的常态，项目团队成员之间配合默契，不同类型的项目采用不同强度的跨职能团队组织模式 • 通过可视化项目看板同时监控多个项目的进展，及时在不同项目之间动态调整创新资源 • 通过规范的项目总结评审总结项目经验和教训，通过创新流程与制度的优化避免重复再犯同样的错误，通过经验库的总结和分享缩短同类项目的开发周期

参考文献

1. McGrath Michael E. Product Strategy for High Technology Companies [M]. New York: The McGraw-Hill Companies, 2001.
2. Paul Belliveau, Abbie Griffin, Stephen M Soermeyer. The PDMA Toolbook 1 For New Product Development [M]. New York: John Wiley & Sons Inc., 2002.
3. Paul Belliveau, Abbie Griffin, Stephen M. Soermeyer. The PDMA Toolbook 2 For New Product Development [M]. Hoboken, New Jersey: John Wiley & Sons, Inc., 2004.
4. Robert G. Cooper. Winning at New Products: Accelerating the Process from Idea to Launch [M]. New York: Basic Books, 2001.
5. Robert G. Cooper, Scott J. Edgett, Elko J. Kleinschmidt. Portfolio Management For New Products [M]. New York: Basic Books, 2001.
6. Robert G. Cooper, Scott J. Edgett. Lean, Rapid, and Profitable New Product Development [M]. Burlington: Product Development Institute Inc., 2005.
7. Robert G. Cooper. Product Leadership: Pathways to Profitable Innovation [M]. New York: Basic Books, 2005.
8. Robert G. Cooper, Scott J. Edgett. Generating Breakthrough New Product Ideas: Feeding the Innovation Funnel [M]. Burlington: Product Development Institute Inc., 2007.
9. Robert G. Cooper, Scott J. Edgett. Product Innovation and Technology Strategy [M]. Burlington: Product Development Institute Inc., 2009.
10. Robin Karol, Beebe Nelson. New Product Development for Dummies [M]. Indianapolis: Wiley Publishing Inc., 2007.
11. Steven Haines. The Product Manager's Desk Reference[M]. New York: The McGraw-Hill Companies, 2009.
12. Tony Manning. Making Sense of Strategy [M]. Cape Town: Zebra, 2001.

13. W. Chan Kim, Renee Mauborgne. Blue Ocean Strategy [M]. Boston: Harvard Business School Press, 2005.
14. 彼得·德鲁克 . 创新与企业家精神 [M]. 蔡文燕，译 . 北京：机械工业出版社，2007.
15. 成海清 . 产品创新管理：方法与案例 [M]. 北京：电子工业出版社，2011.
16. 成海清 . 创新辞典 [M]. 北京：电子工业出版社，2015.
17. 成海清 . 华为“傻”创新 [M]. 北京：企业管理出版社，2016.
18. 成海清 . 产品经理实务 [M]. 北京：电子工业出版社，2018.
19. 柯林斯 . 从优秀到卓越 [M]. 北京：中信出版社，2006.
20. 柯林斯 . 基业长青 [M]. 北京：中信出版社，2006.
21. 老子 . 道德经 [M]. 长春：吉林文史出版社，2006.
22. 史蒂芬·柯维 . 高效能人士的七个习惯 [M]. 北京：中国青年出版社，2007.
23. 孙武 . 孙子兵法 [M]. 上海：上海古籍出版社，2006.

致谢

任何人类进步的取得，都是基于前人的工作。一本书的写作，更是与前人的工作及周边亲友的关心与支持密不可分。

首先，要感谢各位导师，在他们的指导和教诲下我逐步走上了创新管理实践、研究和咨询之路。他们分别是复旦大学的项保华教授，天津大学的李敏强教授，深圳现代计算机公司的顾学道教授以及浙江大学的吴晓波教授。

其次，要感谢引领我走上创新管理研究之路的多位“高人”。正是他们让我体味到了“书中自有颜如玉”“书中自有黄金屋”。他们分别是管理学大师彼得·德鲁克、新产品开发管理知名学者库珀教授以及一位不太“知名”的南非独立咨询顾问 Tony Manning。

再次，我要特别感谢十余年来为我们提供服务机会的咨询客户和培训学员。正是他们的支持和配合，让我们有了验证各种创新方法和工具的平台。在与咨询客户和培训学员的相互交流之中，我收获颇丰，教学相长。

我还要感谢知行信创新咨询公司的各位咨询顾问，可以说本书是知行信同仁共同研究和实践的结晶。

最后，我要感谢家人无微不至的关爱和对我阶段性“沉湎”于写作的“宽容”！